Deck · Reisekosten Private Wirtschaft

Reisekosten Private Wirtschaft

Vorsteuerabzug bei Reise-/Umzugskosten und privater Kfz-Nutzung

Erläuterungen, Beispiele und Übersichten zu Inlands- und Auslandsreisen

Von
Wolfgang Deck
Oberamtsrat im Bundesfinanzministerium

65. Auflage

Dieses Printprodukt ist auch als Online-Datenbank zu einem monatlichen Bezugspreis erhältlich:

www.stollfuss.de

Es ist außerdem Bestandteil des Online-Fachportals Stotax First:

www.stotax-first.de

Für Fragen und kostenlose Testzugänge steht Ihnen unser Kundenservice gerne zur Verfügung (0228 724-0 oder info@stollfuss.de).

Bibliografische Information Der Deutschen Nationalbibliothek
Die Deutsche Nationalbibliothek verzeichnet diese Publikation in Der Deutschen Nationalbibliografie; detaillierte bibliografische Daten sind im Internet über http://www.d-nb.de abrufbar.

ISBN: 978-3-08-311018-7
Stollfuß Medien GmbH & Co. KG 2018 · Alle Rechte vorbehalten
Satz: mediaTEXT Jena GmbH, Jena
Druck und Verarbeitung: Bonner Universitäts-Buchdruckerei (bub)

VORWORT ZUR 65. AUFLAGE

Liebe Leser und Anwender des steuerlichen Reisekostenrechts!

Die verzögerte Regierungsbildung nach den Bundestagswahlen in 2017 hat auch in diesem Ratgeber Spuren hinterlassen. Als bemerkenswert ist hervorzuheben, dass das Bundesfinanzministerium die neu zu beachtenden Rechtsauffassungen sowie die geänderten Auslandspauschalen schon recht frühzeitig – jedenfalls zeitiger als in den Vorjahren – veröffentlich hat. Vielleicht hat dies daran gelegen, dass der Fiskus keine Gesetzgebungsverfahren zur Änderung der Steuergesetze „auf den Weg" gebracht hatte.

Auch deshalb konnte dieser Ratgeber wieder zu dem von Ihnen gewohnten Erscheinungstermin herausgegeben werden.

In dieser 65. Auflage des seit vielen Jahren bewährten Ratgebers haben wir zahlreiche kleinere Änderungen des Steuerrechts umgesetzt. Denn auch ohne Gesetzesänderungen entwickelt sich das steuerliche Reisekostenrecht fort. So sind die Folgerungen der aktuellen Finanzrechtsprechung sowie der in 2017 herausgegebenen BMF-Schreiben eingearbeitet. Ferner finden Sie hier die ab dem Kalenderjahr 2018 geänderten Verpflegungs- und Übernachtungspauschalen für Auslandstätigkeiten. Wie stets, werden die zu beachtende Rechtslage sowie die Verwaltungsanweisungen übersichtlich dargestellt und mit einprägsamen Beispielen erläutert.

Deshalb bietet die 65. Auflage dieses Ratgebers weiterhin sowohl den mit den betrieblichen Reisekostenabrechnungen betrauten Mitarbeitern als auch den Angehörigen der steuerberatenden Berufe und anderen Rechtsanwendern zuverlässige Informationen über den aktuellen Rechtsstand. Unser Anliegen ist es nach wie vor, die rechtssichere Erstellung der Reisekostenabrechnungen zu unterstützen.

Für Anregungen zu Inhalt und Ausgestaltung dieses Ratgebers sind wir dankbar.

Bonn, im Dezember 2017   Autor und Verlag

Inhaltsübersicht

Die angegebenen Zahlen bezeichnen die Seitenzahlen

Abkürzungsverzeichnis		15
Erster Teil: Tabellen		21
A.	Reisekostensätze Inland	21
B.	Reisekostensätze Ausland	22
C.	Entfernungskilometer – Inland	31
D.	Entfernungskilometer – Europa	32
Zweiter Teil: Kurzdarstellung und Rechtsgrundlagen		35
A.	Kurzdarstellung: Die wichtigsten Regelungen zum Reisekostenrecht	35
	I. Einkünfte aus nichtselbständiger Arbeit	35
	1. Erste Tätigkeitsstätte des Arbeitnehmers	35
	2. Übersicht zur Ermittlung der ersten Tätigkeitsstätte – zusammenfassendes Schaubild	36
	3. Übersicht zur Ermittlung der ersten Tätigkeitsstätte – Detailprüfung	37
	4. Auswärtstätigkeit	38
	5. Verpflegungspauschalen Inland	38
	6. Verpflegungspauschalen Ausland	39
	7. Übernachtungskosten Inland	39
	8. Übernachtungskosten Ausland	39
	9. Doppelte Haushaltsführung	39
	10. Kfz-Nutzung	40
	II. Gewinneinkünfte	41
	1. Betriebsstätte	41
	2. 1 %-Regelung	41
	3. Aufwendungen für Wege zwischen Wohnung und (erster) Betriebsstätte	42
	4. Reisekosten	42
	5. Mehraufwendungen bei doppelter Haushaltsführung	42
	III. Umsatzsteuer	43
B.	Rechtsgrundlagen	44
	I. Gesetze und Durchführungsverordnungen	44
	II. Verwaltungsanweisungen	44
	III. Lebenspartner und Lebenspartnerschaften	45
Dritter Teil: Inlandsreisen		49
A.	Selbständige/Gewerbetreibende	49
	I. Begriff der Geschäftsreise	49
	1. Voraussetzungen, Reisekostenarten	49
	2. Betriebsstätte	49
	a) Begriff	49
	b) Bestimmung der ersten Betriebsstätte	50
	c) Keine erste Betriebsstätte	51

Inhaltsübersicht

	3. Abgrenzung bei betrieblicher und privater Veranlassung	52
II.	Studien-, Erholungs-, Informations-, Bildungs- und Incentive-Reisen	54
	1. Studienreisen/Fachkongresse	54
	2. Begleitpersonen	55
	3. Incentive-Reise	55
	4. Gemischt veranlasste Auswärtstätigkeiten/Veranstaltungen	56
III.	Begriff der Reisekosten	57
IV.	Fahrtkosten.	58
	1. Tatsächliche Fahrtkosten	58
	2. Einsatz privater Fahrzeuge	60
	a) Pauschale Kilometersätze	60
	b) Tatsächliche Aufwendungen	60
V.	Verpflegungskosten	60
	1. Allgemeines	60
	2. Keine offensichtlich unzutreffende Besteuerung	62
	3. Buchmäßige Behandlung	62
	4. Begleitpersonen	63
VI.	Übernachtungskosten	64
VII.	Reisenebenkosten	66
VIII.	Fahrten zwischen mehreren Betriebsstätten.	66
IX.	Private Nutzung betrieblicher Kfz	67
	1. Versteuerung der privaten Kfz-Nutzung	68
	2. Fahrten zwischen Wohnung und Betriebsstätte	69
	a) Ermittlung des Nutzungswerts, Listenpreis des Fahrzeugs	70
	b) Berücksichtigung der Entfernungspauschale	71
	3. Private Mitbenutzung betrieblicher Kfz	73
	a) Pauschale Nutzungswerte	73
	b) Nutzungswerte nach Fahrtenbuch	76
	aa) Grundsätze	76
	bb) Elektronisches Fahrtenbuch	76
	cc) Fahrtenbuch mit Webportal/Intranetportal	77
	dd) Inhalt des Fahrtenbuchs, Ordnungsmäßigkeit	77
	4. Besonderheiten bei der privaten Nutzung betrieblicher Kfz	79
	a) Leasing-Fahrzeuge	79
	b) Nutzung mehrerer Kraftfahrzeuge	79
	aa) Einzelunternehmen	79
	bb) Personengesellschaft	80
	c) Kostendeckelung	80
	d) Methodenwahl	82
	e) Erstmalige Privatnutzung	82
	f) Nutzung privateigenes Kfz	82
X.	Nutzung im Rahmen unterschiedlicher Einkunftsarten	83
XI.	Doppelte Haushaltsführung	83
	1. Allgemeines	83

		2.	Eigener Hausstand	84
		3.	Berücksichtigungsfähige Aufwendungen	84
			a) Fahrtkosten	84
			b) Verpflegungsmehraufwendungen	85
	XII.	Bewirtung und Geschenke		85
		1.	Allgemeines	85
		2.	Begriff der Bewirtungskosten	86
		3.	Abzugsbeschränkungen	87
		4.	Bewirtung im Privathaushalt	88
		5.	Bewirtung außerhalb des Privathaushalts	89
		6.	Nachweis der Bewirtungskosten	89
		7.	Bewirtung in einer Gaststätte	91
		8.	Bewirtung in Büro und Praxis	92
		9.	Bewirtungskosten bei freien Berufen	93
		10.	Bewirtung auf Geschäftsreisen	93
		11.	Bewirtung von Geschäftsfreunden durch Arbeitnehmer	94
		12.	Bewirtung von Mitarbeitern	94
		13.	Aufzeichnungspflicht für Bewirtungskosten	96
		14.	Kundschaftstrinken	97
		15.	Geschenke an Geschäftsfreunde	97
		16.	Geschenke an Arbeitnehmer	99
		17.	Bewirtung in Gästehäusern, auf Jagden, Jachten und Schiffen	99
		18.	Besondere Aufzeichnungspflichten	99
B.	**Arbeitnehmer**			**101**
	I.	Reisekostenbegriff		101
		a)	Bedeutung	101
		b)	Abgrenzung der privaten von der beruflichen Veranlassung	101
		c)	Auswärtstätigkeit	102
		d)	Nachweis der beruflichen Auswärtstätigkeit	102
	II.	Erste Tätigkeitsstätte		102
		1.	Ortsfeste betriebliche Einrichtung	103
		2.	Dauerhafte Zuordnung	105
			a) Tätigkeitsart, Tätigkeitsstätte	105
			b) Unbefristete Tätigkeit	106
			c) Befristetes Dienstverhältnis	107
			d) 48-Monatsgrenze	107
			e) 48-Monatsgrenze bei Tätigkeitsbeginn vor 2014	109
			f) Abgrenzung zwischen Versetzung und Abordnung	109
		3.	Nicht eindeutige Zuordnung des Arbeitgebers	110
			a) Ausfüllende Absprachen oder Weisungen	110
			b) Tarifvertragliche Regelungen, Betriebsvereinbarung	110
		4.	Quantitative Voraussetzungen	110

Inhaltsübersicht

	5.	Mehrere Tätigkeitsstätten des Arbeitnehmers	113
	6.	Prognoseentscheidung des Arbeitgebers	114
		a) Grundsatz	114
		b) Planmäßige Änderung für die Zukunft	114
		c) Nicht vorsehbare Änderung für die Zukunft	114
	7.	Grenzüberschreitende Arbeitnehmerentsendung	115
	8.	Erste Tätigkeitsstätte: Zusammenfassung/Folgen für Arbeitgeber	116
	9.	Lohnkonto/Dokumentation	116
III.	Beruflich veranlasste Auswärtstätigkeit		116
	1.	Allgemeines	116
	2.	Bildungsmaßnahmen	118
		a) Außerhalb eines Dienstverhältnisses	118
		b) Berufliche Bildungsmaßnahme	118
IV.	Fahrtätigkeit		119
V.	Einsatzwechseltätigkeit		119
VI.	Aufwendungsarten bei Auswärtstätigkeit		120
	1.	Fahrtkosten	120
		a) Fahrtkosten bei üblicher Auswärtstätigkeit	120
		b) Fahrtkosten bei Einsatzwechseltätigkeit	121
		c) Fahrtkosten bei Fahrtätigkeit	122
		d) Fahrtkosten bei Sammelpunkt	122
		e) Fahrtkosten bei weiträumigem Tätigkeitsgebiet	124
	2.	Mehraufwendungen für Verpflegung bei Auswärtstätigkeit	125
		a) Verpflegungspauschalen Inland	125
		aa) Eintägige Abwesenheit	125
		bb) Mehrtägige Abwesenheiten	126
		b) Verpflegungspauschalen Ausland	127
		c) Dreimonatsfrist bei Auswärtstätigkeiten	128
		d) Verpflegungspauschalen bei Fahrtätigkeit, Einsatzwechseltätigkeit	130
		e) Begleitperson auf Auswärtstätigkeit	132
		f) Mahlzeitengestellung auf Auswärtstätigkeit	132
	3.	Übernachtungs-/Unterkunftskosten bei Auswärtstätigkeit	133
	4.	Begrenzte Berücksichtigung von Unterkunftskosten bei Auswärtstätigkeit	136
	5.	Reisenebenkosten bei Auswärtstätigkeit	137
	6.	Barlohnumwandlung als Reisekostenvergütung	138
	7.	Bewirtung von Geschäftsfreunden/Geschenke	139
VII.	Arbeitgeber ersetzt die Reisekosten		140
	1.	Allgemeines	140
	2.	Ersatz von Verpflegungskosten	141
	3.	Mahlzeitengestellung des Arbeitgebers	142
		a) Ansatz Sachbezugswert bei Mahlzeitengestellung	143
		b) Keine Versteuerung des Sachbezugswerts bei Auswärtstätigkeit	144

Inhaltsübersicht

		c) Versteuerung des Sachbezugswerts bei Mahlzeitengestellung....	145
		d) Kürzung der Verpflegungspauschalen bei Mahlzeitengestellung ..	145
		e) Zuzahlungen des Arbeitnehmers bei Mahlzeitengestellung	147
		f) Bescheinigungspflicht Großbuchstabe „M"................	150
	4.	Kfz-Kosten als Reisekosten	151
		a) Pauschale Zahlungen/Kilometersätze	151
		b) Kosten des Führerscheins...........................	152
	5.	Unfallversicherung	152
	6.	Miles and More	153
VIII.	Arbeitgeber zahlt feste Sätze		153
	1.	Pauschalabgeltung steuerpflichtig	153
	2.	Pauschalierte Verpflegungskosten	153
		a) Verpflegungspauschalen bei Auswärtstätigkeiten	153
		b) Lohnsteuer-Pauschalierung von Verpflegungsmehraufwendungen bei Auswärtstätigkeiten	154
		c) Lohnsteuer-Pauschalierung bei gestellten Mahlzeiten.........	155
		d) Zusammenrechnung der Aufwendungsarten	156
		e) Abwälzung/Übernahme der pauschalen Lohnsteuer	158
	3.	Pauschalierte Übernachtungskosten bei Auswärtstätigkeit/doppeltem Haushalt...	158
	4.	Ausweis Übernachtung in Hotelrechnung	160
		a) Allgemeines.....................................	160
		b) Fallgestaltung 1: Das Hotel weist den Frühstückspreis in der Rechnung gesondert neben dem Übernachtungspreis aus......	160
		c) Fallgestaltung 2: Das Hotel weist in der Rechnung neben dem Übernachtungspreis einen „Sammelposten" als gesonderten Betrag für Leistungen aus, die dem allgemeinen Umsatzsteuersatz (19 %) unterliegen (einschließlich Frühstück)	160
	5.	Pauschalierte Gesamt-Reisekosten........................	161
	6.	Nachweis	161
IX.	Arbeitgeber zahlt Auslösungen		161
X.	Fahrtkostenersatz, Nutzung Firmenfahrzeug		162
	1.	Fahrtkostenersatz für Wege zwischen Wohnung und erster Tätigkeitsstätte...	162
		a) Nutzung eines Pkw................................	162
		b) Nutzung eines anderen Fahrzeugs	165
	2.	Unentgeltliche Überlassung eines Pkw durch den Arbeitgeber......	165
		a) Gestellung eines betrieblichen Kfz.....................	165
		b) Einzelnachweis der Kfz-Aufwendungen/Fahrtenbuch	167
		c) Aufzeichnungserleichterungen für Fahrtenbuch.............	169
		d) Ermittlung des privaten Nutzungswerts	169
		e) Pauschaler Nutzungswert für private Kfz-Nutzung	171
		aa) Privatnutzung................................	172
		bb) Nutzung für Wege zwischen Wohnung und erster Tätigkeitsstätte..	172
		cc) Wahlrecht zwischen 0,03 %-Regelung und Ansatz der Einzelfahrten	173

Inhaltsübersicht

		dd)	Wahl der Bewertungsmethode	174
		ee)	Ermittlung des Nutzungswerts nach der 0,002 %-Regelung	175
		ff)	Park and Ride/unterschiedliche Verkehrsmittel	176
		gg)	Minderung des pauschalen Nutzungswerts	176
		hh)	Doppelte Haushaltsführung	178
	f)	Ermittlung Listenpreis Kfz		178
	g)	Abstimmung Ermittlungsmethode		180
	h)	Sonderregelungen bei der Pkw-Gestellung		180
		aa)	Dienstliche Nutzung für Fahrten zwischen Wohnung und erster Tätigkeitsstätte	180
		bb)	Nutzungsverbot	181
		cc)	Park and Ride	181
		dd)	Begrenzung des pauschalen Nutzungswerts (sog. Kostendeckelung)	182
	i)	Pkw-Gestellung für mehrere Arbeitnehmer		182
		aa)	Sammelbeförderung	182
		bb)	Fahrzeugpool	182
	j)	Gestellung von Omnibussen und Flugzeugen		183
	k)	Pkw-Gestellung bei Einsatzwechseltätigkeit		183
	l)	Pkw-Gestellung bei behinderten Arbeitnehmern		183
	m)	Pkw-Gestellung und Autwendungen für eine Garage		184
	n)	Pkw-Gestellung und Unfallkosten		184
	o)	Pkw-Gestellung und Zuzahlung des Arbeitnehmers zu den Anschaffungskosten		185
	p)	Barlohnumwandlung bei Pkw-Gestellung		185
	q)	Gestellung eines Kfz mit Fahrer		186
	r)	Überlassung mehrerer Pkw		187
	s)	Pkw-Gestellung und andere Einkünfte		188
XI.	Wege zwischen Wohnung und erster Tätigkeitsstätte: Entfernungspauschale und Job-Ticket			188
	1.	Grundsätzliches		188
	2.	Höchstbetrag von 4 500 €		190
	3.	Eigenes Fahrzeug/Leasing-Fahrzeug		190
	4.	Mehrere Wege an einem Arbeitstag		191
	5.	Art des Verkehrsmittels		191
	6.	Bestimmung der Entfernung zwischen Wohnung und erster Tätigkeitsstätte		191
	7.	Maßgebende Wohnung		193
	8.	Fahrgemeinschaften		195
	9.	Wege bei mehreren Dienstverhältnissen oder mehreren Tätigkeitsstätten		195
	10.	Besonderheiten bei öffentlichen Verkehrsmitteln, Flügen und Sammelbeförderung		196
	11.	Körperbehinderte Arbeitnehmer		196
	12.	Anrechnung von Arbeitgeberleistungen auf die Entfernungspauschale		197
	13.	Teilstrecken		197

Inhaltsübersicht

	14.	Abgeltungswirkung der Entfernungspauschale	198
	15.	Pauschalierung der Lohnsteuer	199
	16.	Job-Ticket	200
XII.	Mehraufwendungen wegen doppelter Haushaltsführung		201
	1.	Allgemeines	201
	2.	Berufliche Veranlassung der doppelten Haushaltsführung	202
	3.	Aufwendungen und Höchstbetrag für Unterkunftskosten bei doppelter Haushaltsführung	204
	4.	Steuerfreie Erstattung durch den Arbeitgeber – Werbungskostenabzug	206
	5.	Eigener Hausstand bei doppelter Haushaltsführung	207
	6.	Fahrtkosten bei doppelter Haushaltsführung	208
	7.	Familienferngespräche	208
	8.	Verpflegungsmehraufwendungen bei doppelter Haushaltsführung	208
	9.	Ausländische Tätigkeitsstätte	209
	10.	Weitere Fälle beruflicher Veranlassung	209
	11.	Familienheimfahrten, Besuchsfahrten bei doppelter Haushaltsführung	210
XIII.	Umzugskosten		211
	1.	Allgemeines	211
	2.	Umzüge im Inland	211
	3.	Auslandsumzüge	215

Vierter Teil: Auslandsreisen . . . 219

A. Selbständige . . . 219

- I. Allgemeines zur Abzugsfähigkeit von Auslandsreisekosten . . . 219
- II. Verpflegungskosten . . . 219
  1. Eintägige Reisen . . . 219
  2. Mehrtägige Reisen . . . 220
  3. Flugreisen . . . 221
  4. Schiffsreisen . . . 222
  5. Dreimonatsfrist . . . 222
- III. Übernachtungskosten . . . 223
- IV. Reisenebenkosten . . . 224

B. Arbeitnehmer . . . 225

- I. Arbeitnehmer trägt die Reisekosten selbst . . . 225
  1. Allgemeines . . . 225
  2. Gemischt veranlasste Reisen . . . 225
  3. Verpflegungspauschalen bei Auswärtstätigkeit . . . 225
     - a) Eintägige Reisen . . . 227
     - b) Mehrtägige Reisen . . . 227
  4. Übernachtungskosten bei Auswärtstätigkeit/doppelter Haushaltsführung . . . 228
  5. Verpflegungspauschalen bei doppelter Haushaltsführung . . . 229
  6. Reisenebenkosten, Fahrtkosten . . . 229
- II. Arbeitgeber ersetzt die Reisekosten . . . 229
  1. Allgemeines . . . 229

Inhaltsübersicht

2.	Fahrtkosten	229
3.	Verpflegungs- und Übernachtungskosten	229
	a) Berufliche Auswärtstätigkeit	230
	b) Doppelte Haushaltsführung	230
4.	Reisenebenkosten	230
5.	Belege, Lohnkonto	231

Fünfter Teil: Umsatzsteuer ... 235

A. Vorbemerkung: Umfang der Reisekosten ... 235

B. Ausstellung von Rechnungen ... 236
    I. Rechnungsausstellung mit gesondertem Steuerausweis ... 236
    II. Kleinbetragsrechnungen ... 240
    III. Fahrausweise als Rechnungen ... 240

C. Vorsteuerabzug ... 243
    I. Allgemeines ... 243
    II. Kleinbetragsrechnungen ... 243
    III. Vorsteuerabzug für Umzugskosten ... 243
    IV. Fahrausweise und Reisegepäck ... 244
    V. Vorsteuerabzug bei Übernachtungs- und Verpflegungskosten ... 245
        1. Vorsteuerabzug aus Übernachtungskosten des Unternehmers ... 245
        2. Vorsteuerabzug aus Übernachtungskosten des Arbeitnehmers ... 246
        3. Vorsteuerabzug aus Verpflegungskosten des Unternehmers ... 247
        4. Vorsteuerabzug aus Verpflegungskosten des Arbeitnehmers ... 247
    VI. Reisekosten-Pauschbeträge ... 248
        1. Allgemeines ... 248
        2. Reisekosten-Pauschbeträge des Unternehmers ... 248
        3. Reisekostenersatz an Arbeitnehmer ... 248
        4. Sammeltransport ... 249
    VII. Kfz-Gestellung an Arbeitnehmer/Geschäftswagen ... 249
        1. Umsatzsteuerliche Behandlung der Kfz-Gestellung an Arbeitnehmer ... 249
        2. Umsatzsteuerliche Behandlung der Privatnutzung von Geschäftswagen durch den Unternehmer ... 254
            a) Fahrtenbuchmethode ... 255
            b) 1 %-Methode ... 255
            c) Privater Nutzungsanteil bei Kraftahrzeugen, die nicht zu mehr als 50 % betrieblich genutzt werden ... 256
            d) Schätzung des privaten Nutzungsanteils ... 256
            e) Fahrten zwischen Wohnung und Betrieb/doppelte Haushaltsführung ... 257
            f) Behandlung außergewöhnlicher Kfz-Kosten ... 257
    VIII. Unternehmerische Nutzung privater Kfz ... 258

D. Verbot des Vorsteuerabzugs ... 259
    I. Steuerfreie Umsätze ... 259
    II. Besteuerung der Kleinunternehmer ... 259

Stichwortverzeichnis ... 261

Abkürzungsverzeichnis

ABl.EG	Amtsblatt der Europäischen Gemeinschaft
Abl.EU	Amtsblatt der Europäischen Union
Abs.	Absatz
Abschn.	Abschnitt
a.F.	alte Fassung
AfA	Absetzung für Abnutzung
AG	Arbeitgeber; Amtsgericht
AktG	Aktiengesetz
AmtshilfeR-LUmsG	Amthilferichtlinie-Umsetzungsgesetz
AN	Arbeitnehmer
ÄndRL	Änderungsrichtlinie
AO	Abgabenordnung
AUV	Auslandsumzugskostenverordnung
Az.	Aktenzeichen
BB	Betriebs-Berater (Zeitschrift)
BdF	Bundesminister der Finanzen
BFH	Bundesfinanzhof
BFH/NV	Sammlung amtlich nicht veröffentlichter Entscheidungen des Bundesfinanzhofs
BGBl.	Bundesgesetzblatt
BMF	Bundesfinanzministerium
BRKG	Bundesreisekostengesetz
BStBl	Bundessteuerblatt
BT-Drucks.	Bundestags-Drucksache
Buchst.	Buchstabe
BUKG	Bundesumzugskostengesetz
BVerfG	Bundesverfassungsgericht
bzw.	beziehungsweise
ca.	circa
DB	Der Betrieb (Zeitschrift)
d.h.	das heißt
DM	Deutsche Mark
DStR	Deutsches Steuerrecht (Zeitschrift)
DStRE	Deutsches Steuerrecht – Rechtsprechung
EDI	Electronic Data Interchange
EFG	Entscheidungen der Finanzgerichte
EStDV	Einkommensteuer-Durchführungsverordnung
EStG	Einkommensteuergesetz
EStH	Einkommensteuerhandbuch (amtliches)
EStR	Einkommensteuer-Richtlinien
EG	Europäische Gemeinschaft
EU	Europäische Union
EuGH	Gerichtshof der Europäischen Union
evtl.	eventuell
ff.	fortfolgende
FG	Finanzgericht
FinMin	Finanzministerium
ggf.	gegebenenfalls
GrS	Großer Senat
H	Hinweis in den Einkommensteuer-Richtlinien

Abkürzungsverzeichnis

h	Stunde
Halbs.	Halbsatz
HBeglG	Haushaltsbegleitgesetz
HFR	Höchstrichterliche Finanzrechtsprechung (Zeitschrift)
i.d.F.	in der Fassung
i.d.R.	in der Regel
i.H.v.	in Höhe von
i.R.	im Rahmen
i.S.d.	im Sinne des
i.S.v.	im Sinne von
IT	Informationstechnologie
i.V.m.	in Verbindung mit
Kfz	Kraftfahrzeug
km	Kilometer
KraftStG	Kraftfahrzeugsteuergesetz
kWh	Kilowattstunde
Lkw	Lastkraftwagen
LStDV	Lohnsteuer-Durchführungsverordnung
LStH	Hinweis zu den LStR
LStR	Lohnsteuer-Richtlinien
m.E.	meines Erachtens
Nr.	Nummer
m.w.N.	mit weiteren Nachweisen
MwStDVO	Mehrwersteuer-Durchführungsverordnung
MwStSystRL	Mehrwertsteuersystemrichtlinie
MS	Microsoft
n.v.	nicht veröffentlicht
o.a.	oben angegeben
o.Ä.	oder Ähnliches
OHG	Offene Handelsgesellschaft
OFD	Oberfinanzdirektion
Pkw	Personenkraftwagen
R	Abschnitt der Einkommensteuer- oder Lohnsteuer-Richtlinien
Rz.	Randziffer
s.	siehe
SGB IV	Viertes Buch Sozialgesetzbuch – Gemeinsame Vorschriften über die Sozialversicherung
s.o.	siehe oben
sog.	so genannte
StÄndG	Steueränderungsgesetz
StEd	Steuer-Eildienst (Zeitschrift)
STEK	Sammlung Steuererlasse in Karteiform
StEntlG	Steuerentlastungsgesetz
Stpfl.	Steuerpflichtige/r
StRK	Steuerrechtskartei
StVBG	Steuerverkürzungsbekämpfungsgesetz
StVereinfG	Steuervereinfachungsgesetz
Tz.	Textziffer
u.Ä.	und Ähnliches
u.a.	unter anderem
u.g.	unten genannt
u.E.	unseres Erachten
UR	Umsatzsteuer-Rundschau
USt	Umsatzsteuer
UStAE	Umsatzsteuer-Anwendungserlass
UStDV	Umsatzsteuer-Durchführungsverordnung

Abkürzungsverzeichnis

UStG	Umsatzsteuergesetz
UStR	Umsatzsteuer-Richtlinien
usw.	und so weiter
v.a.	vor allem
Vfg.	Verfügung
v.g.	vor genannte
vgl.	vergleiche
z.B.	zum Beispiel
XML	Extensible Markup Language
zzgl.	zuzüglich

Erster Teil:
Tabellen

Erster Teil: Tabellen A. Reisekostensätze Inland

A. Reisekostensätze Inland

Übersicht über die seit dem Kalenderjahr 2014 ansetzbaren Pauschbeträge für Verpflegungsmehraufwendungen und Übernachtungskosten anlässlich einer Auswärtstätigkeit, einer doppelten Haushaltsführung sowie einer betrieblich veranlassten Geschäftsreise im Inland:

1

	Pauschbeträge für **Verpflegungsmehraufwendungen**[1] pro		Pauschbetrag für **Übernachtungskosten** bei Übernachtung in einer Unterkunft[2]
	Tag mit einer Abwesenheitsdauer von 24 Stunden (= Tage zwischen An- und Abreisetage – mit einer Übernachtung)	An- und Abreisetag sowie pro Kalendertag mit einer Abwesenheitsdauer von mehr als 8 Stunden	
	€	€	€
Bei beruflich veranlasster Auswärtstätigkeit, Dienstreise einschl. Fahrtätigkeit[3] und Einsatzwechseltätigkeit[3] eines Arbeitnehmers sowie bei betrieblich veranlasster Geschäftsreise[3]	24	12	20 je Übernachtung
Bei doppelter Haushaltsführung pro Abwesenheitstag von der Familienwohnung	24[4]	12[4]	Für die ersten drei Monate 20 € des doppelten Haushalts je Übernachtung und in der Folgezeit 5 € je Übernachtung

Zahlungen des Arbeitgebers **bis** zur Höhe der o.g. Pauschbeträge sind steuerfrei.

Möchte der Arbeitgeber seinem Arbeitnehmer höhere Verpflegungsgelder zahlen, kann er die Lohnsteuer für diese Gelder (bis zu 100 % des steuerfreien Pauschbetrags) mit 25 % pauschal erheben. Einzelheiten hierzu → Rz. 222.

Der Arbeitgeber kann die Lohnsteuer für kostenlos gestellte übliche Mahlzeiten mit 25 % pauschal erheben → Rz. 223, wenn

– ihm keine Abwesenheitszeiten des Arbeitnehmers bekannt sind bzw. sie nicht vorliegen,

– die Abwesenheitsdauer des Arbeitnehmers nicht mehr als 8 Stunden beträgt oder

– die Steuerfreiheit der Verpflegungspauschale nach Ablauf der Dreimonatsfrist entfallen ist.

---

1) Seit dem Kalenderjahr 2014.
2) Nur anwendbar für steuerfreie Vergütungen des Arbeitgebers an Arbeitnehmer bei Übernachtung in einer Unterkunft im Inland; jedoch nicht bei Übernachtung in einem Fahrzeug (→ Rz. 226). Selbständige/Unternehmer dürfen für die Übernachtung im Inland keine Pauschbeträge ansetzen; sie müssen solche Aufwendungen als Betriebsausgaben nachweisen (→ Rz. 58); dieser Grundsatz gilt auch für den Ansatz von Werbungskosten bei Arbeitnehmern (→ Rz. 346).
3) Bei Auswärtstätigkeiten ist der Vorsteuerabzug unter bestimmten Voraussetzungen (→ Rz. 369 ff.) möglich.
4) Begrenzt auf 3 Monate.

B. Reisekostensätze Ausland[1]

2 Übersicht über die ab dem Kalenderjahr **2018** anzuwendenden Pauschbeträge für Verpflegungsmehraufwendungen und Übernachtungskosten bei beruflich und betrieblich veranlassten Auslandsreisen:[2]

Bei Auslandsreisen nach Land	Pauschbeträge für Verpflegungsmehraufwendungen		Pauschbetrag für Übernachtungskosten[3]
	bei einer Abwesenheitsdauer von mind. 24 Std. je Kalendertag	für den An- und Abreisetag sowie bei einer Abwesenheitsdauer von mehr als 8 Std. je Kalendertag	
	€	€	€
A			
Afghanistan	30	20	95
Ägypten	**41**	**28**	**125**
Äthiopien	27	18	86
Äquatorialguinea	36	24	166
Albanien	29	20	113
Algerien	51	34	173
Andorra	34	23	45
Angola	77	52	265
Antigua und Barbuda	53	36	117
Argentinien	34	23	144
Armenien	23	16	63
Aserbaidschan	30	20	72
Australien			
– Canberra	**51**	**34**	**158**
– Sydney	**68**	**45**	**184**
– im Übrigen	**51**	**34**	**158**
B			
Bahrain	45	30	180
Bangladesch	30	20	111
Barbados	58	39	179
Belgien	**42**	**28**	**135**
Benin	40	27	101
Bolivien	30	20	93
Bosnien und Herzegowina	18	12	73

---

1) Für die in der Übersicht nicht erfassten Länder ist der für Luxemburg geltende Pauschbetrag maßgebend; für die in der Übersicht nicht erfassten Übersee- und Außengebiete eines Landes ist der für das Mutterland geltende Pauschbetrag maßgebend (R 9.6 Abs. 3 Satz 2 LStR 2015). Die Pauschbeträge gelten entsprechend für doppelte Haushaltsführungen im Ausland.

2) Die zuletzt vom BMF geänderten und aktualisierten Beträge werden in der Tabelle durch Fettdruck kenntlich gemacht.

3) Nur anwendbar für steuerfreie Vergütungen des Arbeitgebers an Arbeitnehmer (→ Rz. 58, 351 f.). Selbständige/Unternehmer können bei Übernachtungen im Ausland keine Pauschbeträge ansetzen; sie müssen solche Aufwendungen als Betriebsausgaben nachweisen (→ Rz. 58, 336 ff.). Dieser Grundsatz gilt auch für den Ansatz von Werbungskosten bei Arbeitnehmern (→ Rz. 346 f.).

Erster Teil: Tabellen B. Reisekostensätze Ausland

Bei Auslandsreisen nach Land	Pauschbeträge für Verpflegungsmehraufwendungen		Pauschbetrag für Übernachtungskosten
	bei einer Abwesenheitsdauer von mind. 24 Std. je Kalendertag	für den An- und Abreisetag sowie bei einer Abwesenheitsdauer von mehr als 8 Std. je Kalendertag	
	€	€	€
Botsuana	40	27	102
Brasilien			
– Brasilia	**57**	**38**	**127**
– Rio de Janeiro	**57**	**38**	145
– Sao Paulo	53	36	**132**
– im Übrigen	**51**	**34**	**84**
Brunei	48	32	106
Bulgarien	22	15	90
Burkina Faso	44	29	84
Burundi	47	32	98
C			
Chile	**44**	**29**	**187**
China			
– Chengdu	35	24	105
– Hongkong	74	49	145
– Kanton	40	27	113
– Peking	46	31	142
– Shanghai	50	33	128
– im Übrigen	50	33	78
Costa Rica	46	31	93
Côte d'Ivoire	51	34	146
D			
Dänemark	**58**	**39**	**143**
Dominica	40	27	94
Dominikanische Republik	**45**	**30**	**147**
Dschibuti	**65**	**44**	**305**
E			
Ecuador	44	29	97
El Salvador	44	29	119
Eritrea	46	31	81
Estland	27	18	71
F			
Fidschi	34	23	69
Finnland	**50**	**33**	**136**
Frankreich			
– Lyon	53	36	**115**
– Marseille	**46**	**31**	**101**

B. Reisekostensätze Ausland

Bei Auslandsreisen nach Land	Pauschbeträge für Verpflegungsmehraufwendungen		Pauschbetrag für Übernachtungskosten
	bei einer Abwesenheitsdauer von mind. 24 Std. je Kalendertag	für den An- und Abreisetag sowie bei einer Abwesenheitsdauer von mehr als 8 Std. je Kalendertag	
	€	€	€
– Paris[1]	58	39	**152**
– Straßburg	**51**	**34**	**96**
– im Übrigen	44	29	**115**
G			
Gabun	62	41	278
Gambia	30	20	125
Georgien	**35**	**24**	**88**
Ghana	46	31	174
Grenada	51	34	121
Griechenland			
– Athen	46	31	132
– im Übrigen	36	24	89
Guatemala	28	19	96
Guinea	**46**	**31**	**118**
Guinea-Bissau	24	16	86
Guyana	41	28	81
H			
Haiti	**58**	**39**	**130**
Honduras	48	32	101
I			
Indien			
– Chennai	34	23	87
– Kalkutta	41	28	117
– Mumbai	32	21	125
– Neu Delhi	50	33	144
– im Übrigen	36	24	145
Indonesien	38	25	130
Iran	**33**	**22**	**196**
Irland	44	29	92
Island	47	32	108
Israel	56	37	191
Italien			
– Mailand	39	26	156
– Rom	52	35	160
– im Übrigen	34	23	126

---

1) Sowie die Departments 92 (Hauts-de-Seine), 93 (Seine-Saint-Denis) und 94 (Val-de-Marne).

Bei Auslandsreisen nach Land	Pauschbeträge für Verpflegungsmehraufwendungen		Pauschbetrag für Übernachtungskosten
	bei einer Abwesenheitsdauer von mind. 24 Std. je Kalendertag	für den An- und Abreisetag sowie bei einer Abwesenheitsdauer von mehr als 8 Std. je Kalendertag	
	€	€	€
J			
Jamaika	54	36	135
Japan			
– Tokio	**66**	**44**	**233**
– im Übrigen	51	34	156
Jemen	24	16	95
Jordanien	46	31	126
K			
Kambodscha	39	26	94
Kamerun	50	33	180
Kanada			
– Ottawa	**47**	**32**	**142**
– Toronto	**51**	**34**	**161**
– Vancouver	**50**	**33**	**140**
– im Übrigen	**47**	**32**	**134**
Kap Verde	30	20	105
Kasachstan	39	26	109
Katar	56	37	170
Kenia	42	28	223
Kirgisistan	29	20	91
Kolumbien	41	28	126
Kongo, Republik	50	33	200
Kongo, Demokratische Republik	68	45	171
Korea, Demokratische Volksrepublik	39	26	132
Korea, Republik	58	39	112
Kosovo	23	16	57
Kroatien	28	19	75
Kuba	**46**	**31**	**228**
Kuwait	42	28	185
L			
Laos	33	22	**96**
Lesotho	24	16	103
Lettland	30	20	80
Libanon	44	29	120
Libyen	45	30	100
Liechtenstein	53	36	180

B. Reisekostensätze Ausland

Bei Auslandsreisen nach Land	Pauschbeträge für Verpflegungsmehraufwendungen		Pauschbetrag für Übernachtungskosten
	bei einer Abwesenheitsdauer von mind. 24 Std. je Kalendertag	für den An- und Abreisetag sowie bei einer Abwesenheitsdauer von mehr als 8 Std. je Kalendertag	
	€	€	€
Litauen	24	16	68
Luxemburg	47	32	130
M			
Madagaskar	34	23	87
Malawi	47	32	123
Malaysia	34	23	88
Malediven	52	35	170
Mali	41	28	122
Malta	45	30	112
Marokko	42	28	129
Marshall Inseln	63	42	70
Mauretanien	39	26	105
Mauritius	54	36	220
Mazedonien	29	20	95
Mexiko	41	28	141
Mikronesien	56	37	74
Moldau, Republik	24	16	88
Monaco	42	28	180
Mongolei	27	18	92
Montenegro	29	20	94
Mosambik	42	28	147
Myanmar	35	24	155
N			
Namibia	23	16	77
Nepal	28	19	86
Neuseeland	56	37	153
Nicaragua	36	24	81
Niederlande	46	31	119
Niger	41	28	89
Nigeria	63	42	255
Norwegen	80	53	182
O			
Österreich	36	24	104
Oman	60	40	200

B. Reisekostensätze Ausland

Bei Auslandsreisen nach Land	Pauschbeträge für Verpflegungsmehraufwendungen		Pauschbetrag für Übernachtungskosten
	bei einer Abwesenheitsdauer von mind. 24 Std. je Kalendertag	für den An- und Abreisetag sowie bei einer Abwesenheitsdauer von mehr als 8 Std. je Kalendertag	
	€	€	€
P			
Pakistan			
– Islamabad	30	20	165
– im Übrigen	27	18	68
Palau	51	34	166
Panama	39	26	111
Papua-Neuguinea	60	40	234
Paraguay	**38**	**25**	**108**
Peru	30	20	93
Philippinen	30	20	107
Polen			
– Breslau	33	22	92
– Danzig	29	20	77
– Krakau	28	19	88
– Warschau	30	20	105
– im Übrigen	27	18	50
Portugal	36	24	**102**
R			
Ruanda	46	31	141
Rumänien			
– Bukarest	32	21	100
– im Übrigen	26	17	62
Russische Föderation			
– **Jekatarinburg**	28	19	84
– Moskau	30	20	110
– St. Petersburg	26	17	114
– im Übrigen	24	16	58
S			
Sambia	36	24	130
Samoa	29	20	85
San Marino	34	23	75
São Tomé – Príncipe	47	32	80
Saudi-Arabien			
– Djidda	38	25	234
– Riad	48	32	179
– im Übrigen	48	32	80
Schweden	50	33	168

B. Reisekostensätze Ausland — Erster Teil: Tabellen

Bei Auslandsreisen nach Land	Pauschbeträge für Verpflegungsmehraufwendungen		Pauschbetrag für Übernachtungskosten
	bei einer Abwesenheitsdauer von mind. 24 Std. je Kalendertag	für den An- und Abreisetag sowie bei einer Abwesenheitsdauer von mehr als 8 Std. je Kalendertag	
	€	€	€
Schweiz			
– Genf	64	43	195
– im Übrigen	62	41	169
Senegal	45	30	128
Serbien	20	13	74
Sierra Leone	39	26	82
Simbabwe	45	30	103
Singapur	53	36	188
Slowakische Republik	24	16	85
Slowenien	33	22	95
Spanien			
– Barcelona	32	21	118
– Kanarische Inseln	32	21	98
– Madrid	41	28	113
– Palma de Mallorca	32	21	110
– im Übrigen	29	20	88
Sri Lanka	42	28	100
St. Kitts und Nevis	45	30	99
St. Lucia	54	36	129
St. Vincent und die Grenadinen	52	35	121
Sudan	35	24	115
Südafrika			
– Kapstadt	27	18	112
– Johannisburg	29	20	124
– im Übrigen	22	15	94
Südsudan	34	23	150
Suriname	41	28	108
Syrien	38	25	140
T			
Tadschikistan	26	17	67
Taiwan	51	34	126
Tansania	47	32	201
Thailand	32	21	118
Togo	35	24	108
Tonga	39	26	94
Trinidad und Tobago	54	36	164
Tschad	64	43	163

B. Reisekostensätze Ausland

Bei Auslandsreisen nach Land	Pauschbeträge für Verpflegungsmehraufwendungen		Pauschbetrag für Übernachtungskosten
	bei einer Abwesenheitsdauer von mind. 24 Std. je Kalendertag	für den An- und Abreisetag sowie bei einer Abwesenheitsdauer von mehr als 8 Std. je Kalendertag	
	€	€	€
Tschechische Republik	35	24	94
Türkei			
- Istanbul	35	24	104
- Izmir	42	28	80
- im Übrigen	40	27	78
Tunesien	**40**	**27**	**115**
Turkmenistan	33	22	108
U			
Uganda	35	24	129
Ukraine	32	21	98
Ungarn	22	15	63
Uruguay	44	29	109
Usbekistan	34	23	123
V			
Vatikanstaat	52	35	160
Venezuela	**47**	32	**120**
Vereinigte Arabische Emirate	45	30	155
Vereinigte Staaten von Amerika (USA)			
- Atlanta	62	41	175
- Boston	58	39	265
- Chicago	54	36	209
- Houston	63	42	138
- Los Angeles	56	37	274
- Miami	64	43	151
- New York City	58	39	282
- San Francisco	51	34	314
- Washington, D. C.	62	41	276
- im Übrigen	51	34	138
Vereinigtes Königreich von Großbritannien und Nordirland			
- London	62	41	224
- im Übrigen	45	30	115
Vietnam	38	25	86
W			
Weißrussland	**20**	**13**	**98**

B. Reisekostensätze Ausland

Bei Auslandsreisen nach Land	Pauschbeträge für Verpflegungsmehraufwendungen		Pauschbetrag für Übernachtungskosten
	bei einer Abwesenheitsdauer von mind. 24 Std. je Kalendertag	für den An- und Abreisetag sowie bei einer Abwesenheitsdauer von mehr als 8 Std. je Kalendertag	
	€	€	€
Z			
Zentralafrikanische Republik	46	31	74
Zypern	45	30	116

Anmerkung: Für die Abgrenzung der in der Übersicht aufgelisteten Städte und Regionen sind die Grenzen der jeweiligen politischen Gemeinde maßgebend, soweit nichts Abweichendes angegeben ist. Z.B. werden für die Stadt Paris auch die zum großstädtischen Ballungsraum gehörenden Departements 92, 93 und 94 gesondert aufgeführt. In Zweifelsfällen wird empfohlen, die örtliche deutsche Auslandsvertretung um Auskunft zu bitten.

C. Entfernungskilometer – Inland

Straßen-km*) / Bahn-km*)	Aachen	Augsburg	Berlin	Bonn	Braunschweig	Bremen	Chemnitz	Düsseldorf	Dresden	Frankfurt/M.	Freiburg	Hamburg	Hannover	Karlsruhe	Kassel	Kiel	Köln	Leipzig	Mannheim	München	Münster	Nürnberg	Rostock	Saarbrücken	Stuttgart	Trier	Wiesbaden	Würzburg	Wuppertal
Aachen		593	633	91	412	378	593	80	659	259	505	488	353	372	330	581	70	585	317	648	211	475	696	246	446	166	235	369	121
Augsburg	644		586	509	627	755	416	566	488	364	354	784	641	229	484	877	523	427	289	68	660	137	794	373	162	437	371	205	570
Berlin	659	614		598	227	377	271	572	205	555	819	289	282	686	378	370	569	179	631	584	437	437	248	745	624	749	581	537	518
Bonn	100	540	622		383	349	509	77	575	175	421	459	324	288	260	552	27	501	233	564	182	391	650	237	362	150	151	286	84
Braunschweig	430	594	226	394		167	293	351	304	338	602	196	61	469	150	289	346	196	414	625	243	452	322	528	543	590	364	355	297
Bremen	397	700	412	371	183		429	317	470	466	730	119	125	597	278	212	312	362	542	753	171	580	291	656	671	556	469	483	263
Chemnitz	652	458	298	560	322	472		563	76	403	660	488	353	511	323	581	516	80	479	418	489	271	462	593	458	597	429	371	570
Düsseldorf	92	614	567	74	338	300	619		629	232	478	427	292	345	276	520	47	558	290	621	135	448	577	332	419	220	208	343	29
Dresden	725	537	226	633	334	517	84	692		469	728	502	364	578	389	571	589	108	545	484	555	337	422	659	524	663	495	437	639
Frankfurt/M.	294	362	534	189	381	478	443	264	516		276	495	352	143	193	588	189	395	201	395	326	241	675	222	217	189	32	116	236
Freiburg	529	326	812	425	657	753	726	498	801	278		759	616	135	457	852	435	659	201	412	572	391	947	279	207	343	283	385	482
Hamburg	525	759	291	496	189	119	537	423	552	539	814		154	626	307	93	422	391	571	782	271	609	181	685	700	666	521	512	373
Hannover	376	577	287	342	61	119	388	285	400	357	632	180		483	164	247	287	256	428	639	184	466	328	542	557	531	378	369	238
Karlsruhe	395	272	678	291	523	620	562	365	636	144	134	680	498		324	719	302	526	68	287	439	241	785	144	82	208	150	230	349
Kassel	356	447	433	313	192	290	355	267	428	200	481	353	172	347		400	249	318	269	482	166	309	482	383	398	372	219	209	222
Kiel	633	867	371	605	298	227	639	531	628	647	922	109	288	788	462		515	484	664	875	364	702	190	778	793	759	614	605	466
Köln	71	574	590	34	361	337	568	41	648	222	458	463	309	325	284	571		515	247	578	150	405	613	289	376	177	165	300	55
Leipzig	644	470	197	551	216	398	88	614	41	435	725	430	282	579	350	532	567		518	425	438	278	399	585	465	589	421	378	562
Mannheim	331	309	620	223	467	564	527	301	600	119	195	625	443	61	289	733	260	518		347	384	277	718	132	142	196	92	172	294
München	704	62	675	600	655	761	460	674	532	423	388	820	639	330	508	929	634	468	371		715	167	794	431	220	495	429	281	625
Münster	225	736	472	196	243	173	538	127	611	385	621	291	184	487	220	400	163	482	423	796		542	468	426	513	389	302	436	96
Nürnberg	531	138	477	427	480	586	298	500	371	238	427	646	464	252	329	754	462	306	279	199	623		643	395	187	459	254	108	452
Rostock	696	794	248	650	322	291	462	577	422	675	947	181	181	785	482	190	613	399	718	794	468	643		866	864	774	666	706	557
Saarbrücken	290	423	738	261	322	291	652	318	725	204	285	743	575	151	413	846	277	643	134	485	560	426	866		226	80	165	290	336
Stuttgart	467	178	681	363	595	639	504	437	657	207	397	727	545	92	406	835	397	511	223	240	353	200	864	245		336	225	180	423
Trier	201	547	781	173	570	527	472	229	729	241	287	656	500	262	362	764	190	648	83	612	347	488	774	89	336		205	382	299
Wiesbaden	254	401	575	152	552	517	657	225	544	42	347	580	398	153	245	688	185	463	178	458	347	280	666	186	225	205		149	212
Würzburg	429	220	515	325	423	484	472	398	481	136	347	543	362	213	227	652	360	416	300	281	520	103	706	329	180	382	177		347
Wuppertal	111	613	546	80	317	291	627	28	703	262	498	415	260	364	243	523	47	618	300	673	117	500	557	317	436	230	224	397	

*) Kilometerangaben ohne Gewähr.

D. Entfernungskilometer – Europa

D. Entfernungskilometer – Europa

4

Straßen-km*) / Bahn-km*)	Amsterdam	Ankara	Athen	Belgrad	Berlin	Brüssel	Budapest	Frankfurt a.M.	Genf	Hamburg	Helsinki	Kopenhagen	Lissabon	London	Luxemburg	Madrid	München	Oslo	Paris	Prag	Rom	Stockholm	Straßburg	Warschau	Wien
Amsterdam		3210	3070	1831	685	198	1442	454	1038	496	1860	803	2267	344	405	1735	843	1397	475	956	1766	1427	674	1275	1177
Ankara	3566		1644	1379	2696	3165	1774	2756	2838	3320	3444	3157	4813	3539	2939	4169	2367	3736	3198	2348	2416	3766	2743	2448	2039
Athen	3125	1928		1239	2556	3025	1634	2616	2698	2845	3416	3017	4673	3399	2799	4029	2227	3596	3058	2208	1417	3626	2603	2308	1899
Belgrad	1903	1663	1222		1317	1786	395	1377	1459	2055	2177	1778	3434	2160	1560	2790	988	2357	1819	969	1321	2387	1364	1069	660
Berlin	676	3217	2736	1544		789	922	555	1139	289	1430	461	2892	996	768	2360	584	1040	1100	348	1529	1070	775	590	657
Brüssel	237	3528	3087	1865	816		1397	409	817	661	1952	968	2088	374	216	1556	798	1562	296	911	1545	1592	434	1379	1132
Budapest	1515	2017	1576	354	1039	1472		988	1294	1211	1782	1383	3241	1771	1229	2709	711	1962	1561	574	1349	1992	1087	674	265
Frankfurt a.M.	495	3090	2649	1427	534	451	1027		612	495	1797	813	2365	783	241	1833	395	1407	573	502	1312	1437	220	1145	723
Genf	1064	3338	2897	1675	1146	1020	1461	584		1090	2381	1397	1947	1036	601	1415	583	1991	571	948	986	2021	383	1729	1029
Hamburg	496	3480	3039	1817	291	682	1110	539	1148		1291	307	2764	840	640	2435	782	901	972	637	1712	931	726	879	1122
Helsinki	2072	5050	4609	3387	1524	2259	3003	2096	2716	1584		984	4055	2131	1931	3523	2078	914	2263	1739	3003	360	2017	1108	1787
Kopenhagen	930	3908	3467	2245	661	1117	1861	954	1574	442	1139		3071	1147	947	2539	1094	594	1279	809	2019	624	1033	953	1118
Lissabon	2447	5491	5050	3828	2976	2210	3739	3013	2401	2842	4419	3277		2257	2124	644	2530	3665	1792	2816	2730	3695	2193	3482	2976
London	412	3892	3451	2229	1180	365	1843	815	1071	1046	2623	1481	2362		590	1725	1172	1741	465	1285	1002	1771	808	1586	1506
Luxemburg	394	3324	2883	1661	825	231	1326	294	784	709	2286	1144	2270	595		1592	572	1541	332	743	1329	1571	218	1358	964
Madrid	2010	4695	4254	3032	2539	1773	2943	2217	1605	2405	3982	2840	679	1925	1833		1998	3133	1260	2284	2086	3163	1661	2950	2444
München	899	2667	2226	1004	653	854	744	423	704	820	2388	1246	2827	1225	658	2390		1688	831	365	925	1718	376	996	446
Oslo	1580	4558	4117	2895	1311	1767	2511	1604	2224	1092	1190	647	3927	3490	1794	3490	1896		1873	1388	2613	554	1627	1553	1697
Paris	552	3586	3387	1923	1021	315	1672	734	604	947	2524	1382	1895	467	375	1457	920	2032		1075	1437	1903	455	1690	1296
Prag	1098	2879	2494	1272	372	1061	667	611	1130	1018	2585	1443	3253	1425	914	2816	524	2093	1250		1290	1418	623	631	309
Rom	1774	3150	2709	2301	1620	1730	1398	1322	984	1794	3362	2220	2992	2198	1494	2196	974	2870	1643	1411		2643	1111	1921	1251
Stockholm	1573	4551	4110	2888	1304	1760	2504	1597	2217	1085	499	640	3920	2124	1787	3483	1889	817	2025	2086	2863		1657	1583	1727
Straßburg	681	3082	2633	1419	762	630	1168	230	429	765	2333	1191	2399	390	271	2107	416	1841	504	746	1139	1834		1365	822
Warschau	1252	3165	2780	1558	577	1114	953	1179	1855	867	2380	1238	3978	1756	1639	3541	1168	1888	1975	804	2016	1881	1407		685
Wien	1242	2529	2082	866	771	1199	273	754	1117	1162	2730	1588	3311	1570	1033	2874	488	2232	1399	350	1197	2231	835	685	

*) Kilometerangaben ohne Gewähr.

Zweiter Teil:
Kurzdarstellung und Rechtsgrundlagen

A. Kurzdarstellung: Die wichtigsten Regelungen zum Reisekostenrecht

Dieser Ratgeber erläutert, wie Reisekosten und Umsatzsteuer bei Gewerbetreibenden, selbständig Tätigen, Arbeitgebern sowie Arbeitnehmern steuerlich zu behandeln und rechtssicher abzurechnen sind. Die bei den Einkünften aus Vermietung und Verpachtung sowie ggf. aus Kapitalvermögen anfallenden Reisekosten sind als Werbungskosten entsprechend zu ermitteln.

Zur Einführung werden zunächst die wichtigsten **Grundbegriffe** und Regelungen zum aktuellen **Reisekostenrecht** kurz erläutert.

I. Einkünfte aus nichtselbständiger Arbeit

1. Erste Tätigkeitsstätte des Arbeitnehmers

Im steuerlichen Reisekostenrecht ist stets zu entscheiden, ob bzw. an welchem Ort der Arbeitnehmer eine bzw. seine „erste Tätigkeitsstätte" innehat. Der Begriff der „ersten Tätigkeitsstätte" ist mit dem neuen Reisekostenrecht ab 2014 eingeführt worden. Er führt als wichtige Neuerung den früheren Begriffsumfang der „regelmäßigen Arbeitsstätte" grundsätzlich fort. Der Arbeitnehmer kann je Dienstverhältnis höchstens eine erste Tätigkeitsstätte, ggfs. aber auch keine erste, sondern nur eine oder mehrere auswärtige Tätigkeitsstätten innehaben.

Erste Tätigkeitsstätte ist die ortsfeste betriebliche Einrichtung des Arbeitgebers, eines verbundenen Unternehmens (§ 15 AktG) oder eines vom Arbeitgeber bestimmten Dritten, der der Arbeitnehmer dauerhaft zugeordnet ist. Von solch einer dauerhaften Zuordnung kann insbesondere dann ausgegangen werden, wenn der Arbeitnehmer

– unbefristet,
– für die Dauer des Dienstverhältnisses oder
– über einen Zeitraum von 48 Monaten hinaus

an einer solchen Tätigkeitsstätte tätig werden **soll**.

Die Bestimmung der ersten Tätigkeitsstätte erfolgt **vorrangig** anhand der arbeits- oder dienstrechtlichen Festlegungen. Nur wenn eine solche Festlegung **nicht** vorhanden oder diese nicht eindeutig ist, sind hilfsweise **quantitative Kriterien** heranzuziehen, z.B. Umfang der zu leistenden arbeitsvertraglichen Arbeitszeit an der Tätigkeitsstätte sowie das arbeitstägliche Aufsuchen einer Tätigkeitsstätte. Nicht maßgebend sind „qualitative Elemente". Im Zweifel ist die räumliche Nähe zur Wohnung des Stpfl. ausschlaggebend.

Die Tätigkeit außerhalb der ersten Tätigkeitsstätte, also an einer oder an weiteren (auswärtigen) Tätigkeitsstätten ermöglicht einen steuerfreien Arbeitgeberersatz in Höhe der tatsächlich entstandenen, beruflich veranlassten sowie notwendigen Mehraufwendungen bzw. einen solchen Werbungskostenabzug.

A. Kurzdarstellung   Zweiter Teil: Kurzdarst./Rechtsgrundlagen

2. Übersicht zur Ermittlung der ersten Tätigkeitsstätte – zusammenfassendes Schaubild

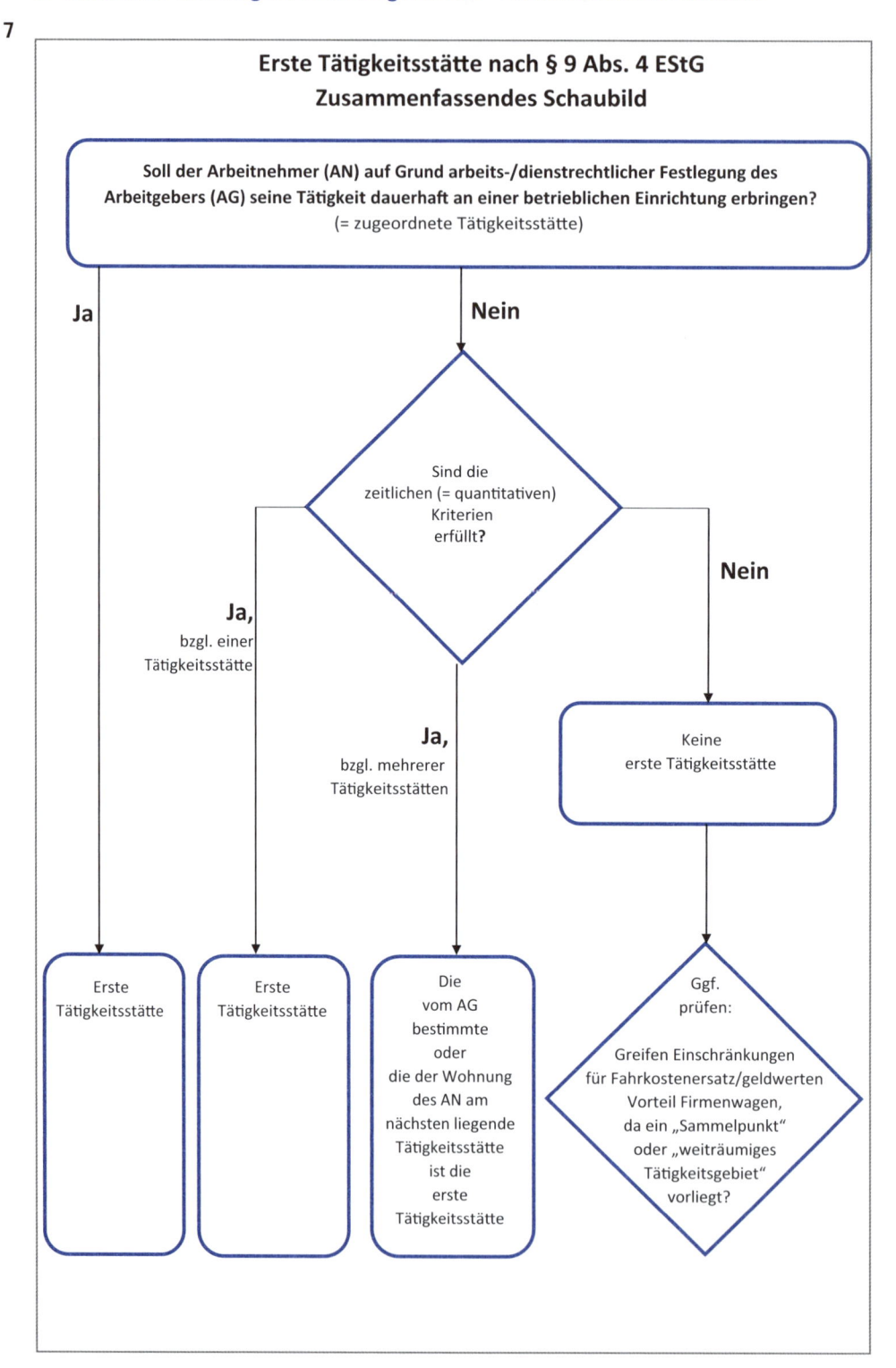

7

Erste Tätigkeitsstätte nach § 9 Abs. 4 EStG
Zusammenfassendes Schaubild

Soll der Arbeitnehmer (AN) auf Grund arbeits-/dienstrechtlicher Festlegung des Arbeitgebers (AG) seine Tätigkeit dauerhaft an einer betrieblichen Einrichtung erbringen?
(= zugeordnete Tätigkeitsstätte)

- **Ja** → Erste Tätigkeitsstätte
- **Nein** → Sind die zeitlichen (= quantitativen) Kriterien erfüllt?
  - **Ja, bzgl. einer Tätigkeitsstätte** → Erste Tätigkeitsstätte
  - **Ja, bzgl. mehrerer Tätigkeitsstätten** → Die vom AG bestimmte oder die der Wohnung des AN am nächsten liegende Tätigkeitsstätte ist die erste Tätigkeitsstätte
  - **Nein** → Keine erste Tätigkeitsstätte
    - Ggf. prüfen: Greifen Einschränkungen für Fahrkostenersatz/geldwerten Vorteil Firmenwagen, da ein „Sammelpunkt" oder „weiträumiges Tätigkeitsgebiet" vorliegt?

Zweiter Teil: Kurzdarst./Rechtsgrundlagen A. Kurzdarstellung

3. Übersicht zur Ermittlung der ersten Tätigkeitsstätte – Detailprüfung

Erste Tätigkeitsstätte
Detailprüfung nach § 9 Abs. 4 EStG

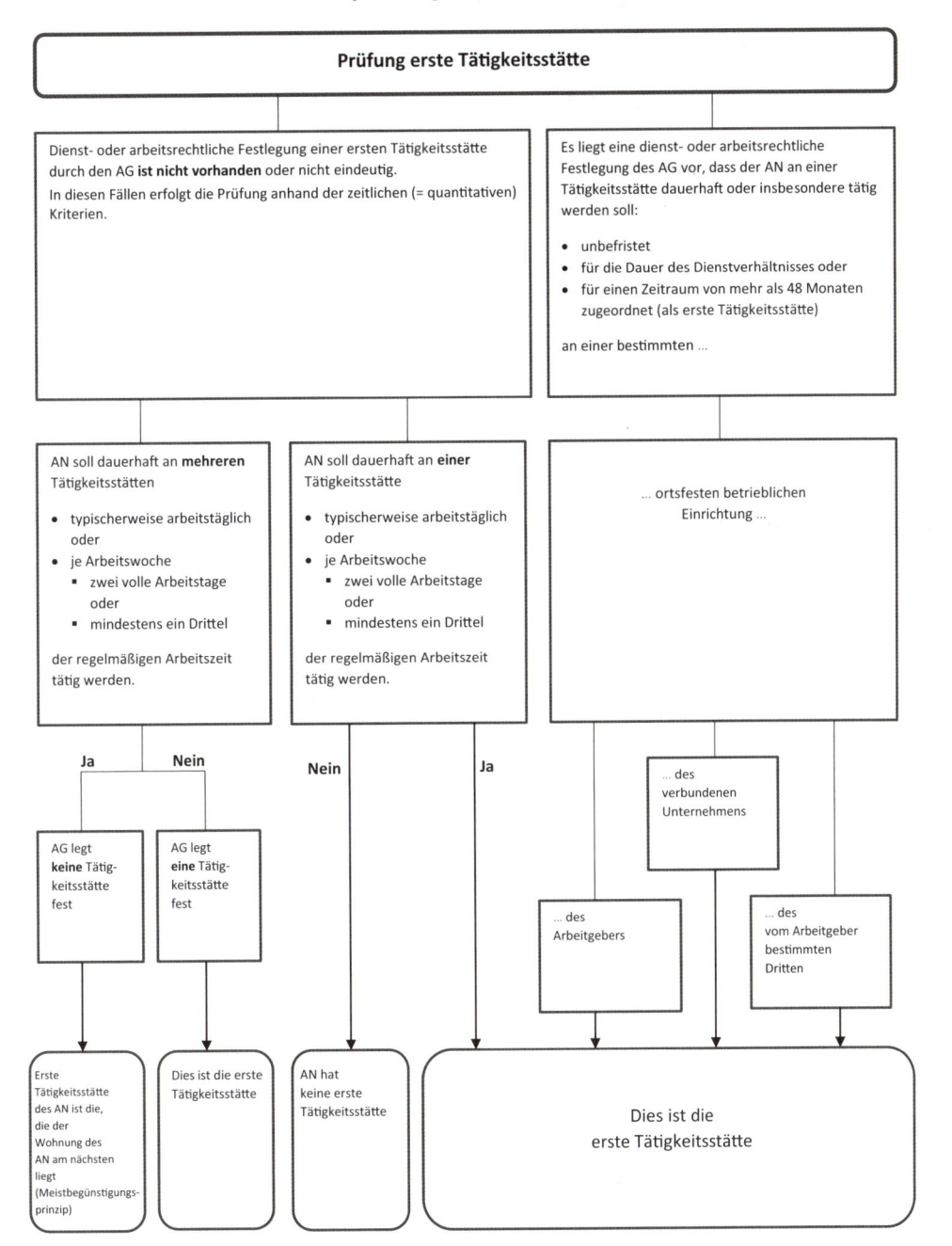

Prüfung erste Tätigkeitsstätte

Linker Zweig:
Dienst- oder arbeitsrechtliche Festlegung einer ersten Tätigkeitsstätte durch den AG **ist nicht vorhanden** oder nicht eindeutig.
In diesen Fällen erfolgt die Prüfung anhand der zeitlichen (= quantitativen) Kriterien.

Rechter Zweig:
Es liegt eine dienst- oder arbeitsrechtliche Festlegung des AG vor, dass der AN an einer Tätigkeitsstätte dauerhaft oder insbesondere tätig werden soll:

- unbefristet
- für die Dauer des Dienstverhältnisses oder
- für einen Zeitraum von mehr als 48 Monaten zugeordnet (als erste Tätigkeitsstätte)

an einer bestimmten …

AN soll dauerhaft an mehreren Tätigkeitsstätten

- typischerweise arbeitstäglich oder
- je Arbeitswoche
  - zwei volle Arbeitstage oder
  - mindestens ein Drittel

der regelmäßigen Arbeitszeit tätig werden.

AN soll dauerhaft an einer Tätigkeitsstätte

- typischerweise arbeitstäglich oder
- je Arbeitswoche
  - zwei volle Arbeitstage oder
  - mindestens ein Drittel

der regelmäßigen Arbeitszeit tätig werden.

… ortsfesten betrieblichen Einrichtung …

Ja → AG legt **keine** Tätigkeitsstätte fest
Nein → AG legt **eine** Tätigkeitsstätte fest

Nein / Ja

… des verbundenen Unternehmens
… des Arbeitgebers
… des vom Arbeitgeber bestimmten Dritten

Erste Tätigkeitsstätte des AN ist die, die der Wohnung des AN am nächsten liegt (Meistbegünstigungsprinzip)

Dies ist die erste Tätigkeitsstätte

AN hat keine erste Tätigkeitsstätte

Dies ist die erste Tätigkeitsstätte

4. Auswärtstätigkeit

9 Eine Auswärtstätigkeit liegt vor, wenn der Arbeitnehmer **vorübergehend** außerhalb seiner Wohnung und nicht an seiner ersten Tätigkeitsstätte beruflich tätig wird. Der seit 2008 verwendete (lohn)steuerliche Oberbegriff der beruflich veranlassten vorübergehenden **Auswärtstätigkeit** umfasst Dienstreisen, Einsatzwechsel- und Fahrtätigkeiten des Arbeitnehmers. Sie werden weitgehend einheitlich behandelt. Gleichwohl ist es vorteilhaft, für den Ansatz der Pauschbeträge für Verpflegungsmehraufwendungen (§ 4 Abs. 5 Satz 1 Nr. 5 und § 9 Abs. 4a EStG) weiterhin zwischen den einzelnen Arten der Auswärtstätigkeiten zu unterscheiden. Folgende Grundsätze des Reisekostenrechts sind dabei hervorzuheben:

– Die Frage, **wo** sich die erste Tätigkeitsstätte befindet, entscheidet grundsätzlich der Arbeitgeber durch seine auf Dauer angelegte Zuordnung des Arbeitnehmers (Prognose). Die **Tätigkeiten** außerhalb der ersten Tätigkeitsstätte sind Dienstreisen bzw. Auswärtstätigkeiten. Auf die Entfernung der auswärtigen Tätigkeitsstätte und die Zeitdauer der Auswärtstätigkeit kommt es nicht an. Auch nach Ablauf der für die steuerfreien Verpflegungspauschalen zu beachtenden Dreimonatsfrist ist die auswärtige Tätigkeitsstätte keine neue erste Tätigkeitsstätte.

– Es gilt eine einheitliche **Dreimonatsfrist** für die steuerliche Berücksichtigung der **Pauschbeträge** für **Verpflegungsmehraufwendungen** für sämtliche Arten der Auswärtstätigkeiten. Nach Ablauf dieser Frist darf der Arbeitgeber die Verpflegungspauschalen nicht mehr steuerfrei zahlen; ebenso ist ein Abzug als Werbungskosten ausgeschlossen.

– Für den Ansatz der **Fahrtkosten** nach Reisegrundsätzen bei beruflich veranlassten Auswärtstätigkeiten ist **keine** Dreimonatsfrist zu beachten.

5. Verpflegungspauschalen Inland

10 – Es wird zwischen eintägigen und mehrtägigen Auswärtstätigkeiten unterschieden

– für sämtliche Auswärtstätigkeiten im Inland sind zur Abgeltung der Verpflegungsmehraufwendungen die nach Dauer der Abwesenheit gestaffelten **Pauschbeträge** (**Verpflegungspauschalen**) i.H.v. **24 €/12 €** anzusetzen (→ Rz. 1);

– die Abwesenheitszeiten mehrerer Auswärtstätigkeiten am selben Kalendertag werden zusammengezählt.

– **Beginnt** eine Auswärtstätigkeit an einem Kalendertag und **endet** sie am nachfolgenden Kalendertag, ohne dass eine Übernachtung stattfindet, wird die gesamte Tätigkeitsdauer dem Kalendertag der überwiegenden Abwesenheit zugerechnet.

– Wollen Arbeitgeber über die steuerfreie Verpflegungspauschale hinaus höhere Verpflegungsgelder zahlen, kann die Lohnsteuer für diese Gelder (bis zu 100 % der steuerfreien Pauschale) mit 25 % pauschal erhoben werden. Einzelheiten → Rz. 222 ff.

– Seit 2014 hat der Arbeitgeber die Möglichkeit, vom Sachbezugswert für gestellte übliche **Mahlzeiten** (Preis nicht über 60 €), die er oder auf seine Veranlassung ein Dritter

– dem Arbeitnehmer während einer beruflichen Auswärtstätigkeit unentgeltlich oder verbilligt zur Verfügung stellt und

– deren Besteuerung auf Grund des nicht möglichen Werbungskostenabzugs (nach § 8 Abs. 2 Satz 9 EStG) vorgenommen werden muss,

die **Lohnsteuer** mit 25 % pauschal zu erheben → Rz. 223. Diese Pauschalbesteuerung kommt insbesondere dann in Betracht, wenn der Arbeitnehmer auf einer Auswärtstätigkeit ohne Übernachtung nicht mehr als 8 Stunden auswärts tätig ist oder die 3-Monatsfrist für den Ansatz steuerfreier Verpflegungspauschalen abgelaufen ist.

6. Verpflegungspauschalen Ausland

Für **Auslandsreisen** bestimmt das Steuerrecht nach Ländern geordnet unterschiedliche Pauschbeträge für Verpflegung; diese richten sich nach den Regelungen des BRKG und wurden für die Zeit ab dem Kalenderjahr **2017** z.T. **neu festgesetzt** (→ Rz. 2). Bei Auslandsreisen mit Abwesenheiten von 24 Stunden werden 120 % der höchsten Auslandstagegelder und bei einer Abwesenheit von über 8 aber unter 24 Stunden werden 80 % der höchsten Auslandstagegelder nach dem BRKG angesetzt. Bei Anwendung der Tabelle „Reisekostensätze Ausland" **entfällt** diese komplizierte Berechnung; dort (→ Rz. 2) können die maßgebenden Beträge unmittelbar **abgelesen** werden.

Auch bei Auslandsreisen ist für Zahlungen, die über den steuerfreien Auslandstagegeldern liegen, die Lohnsteuer-Pauschalierung möglich. Einzelheiten → Rz. 345, 351.

7. Übernachtungskosten Inland

- **Übernachtungskosten im Inland** können grundsätzlich nur bei **Nachweis** angesetzt werden. Für die steuerfreie **Arbeitgebererstattung** bei Auswärtstätigkeiten gilt eine Pauschale i.H.v. bis zu 20 € pro Übernachtung. Für die Abrechnung einer (derselben) Auswärtstätigkeit (Dienstreise) ist ein Wechsel zwischen dem Ansatz des Übernachtungspauschbetrags und den tatsächlich nachgewiesenen Übernachtungskosten zulässig.

- Nach **Ablauf** von **48 Monaten** einer längerfristigen beruflichen Tätigkeit an einer (derselben) Tätigkeitsstätte, die nicht erste Tätigkeitsstätte ist, können als Unterkunftskosten nur noch bis zu 1 000 € im Monat angesetzt werden. Eine Unterbrechung der beruflichen Tätigkeit an derselben Tätigkeitsstätte führt nur dann zu einem Neubeginn der 48-Monatsfrist, wenn die Unterbrechung mindestens sechs Monate dauert (→ Rz. 192).

8. Übernachtungskosten Ausland

- Bei Übernachtungen im Ausland können ebenfalls grundsätzlich nur die **tatsächlichen** Übernachtungskosten angesetzt werden. Diese sind durch Rechnungen nachzuweisen.

- Der Arbeitgeber hat jedoch die Wahl. Er kann für die Übernachtungen des Arbeitnehmers im Ausland entweder die tatsächlichen Aufwendungen oder einen Betrag **bis** zur Höhe des jeweils maßgebenden amtlichen **Pauschbetrags** für Übernachtungskosten (auch Übernachtungspauschale genannt) steuerfrei zahlen. Diese Übernachtungspauschalen werden von der Finanzverwaltung für das jeweilige Land festgesetzt → Rz. 2.

9. Doppelte Haushaltsführung

Das Steuerrecht spricht von einer doppelten Haushaltsführung, wenn der Arbeitnehmer **außerhalb** des Ortes, in dem er einen eigenen **Hausstand** unterhält, beschäftigt ist und auch am Beschäftigungsort übernachtet. Seit 2014 sind die strengeren Anforderungen für das Führen eines doppelten Haushalts zu beachten. Nunmehr **setzt** das Vorliegen eines eigenen Hausstands das **Innehaben** einer Wohnung sowie eine **finanzielle** Beteiligung an den Kosten der Lebensführung voraus.

Hat der Arbeitnehmer neben der Wohnung bzw. Unterkunft am (auswärtigen) Tätigkeitsort keine andere Wohnung/Unterkunft, liegt **kein** doppelter Haushalt vor. Von dieser Regelung sind insbesondere ledige Arbeitnehmer betroffen, die im Haushalt der Eltern ein oder mehrere Zimmer unentgeltlich bewohnen.

Bei einer doppelten Haushaltsführung sind die Pauschbeträge für **Verpflegungsmehraufwendungen** unter Berücksichtigung der Dreimonatsfrist (→ Rz. 9) ansatzfähig. Aufwendungen des Arbeitnehmers für eine **Zweitwohnung** können grundsätzlich unbefristet in Höhe der nachgewiesenen (und ggf. auch notwendigen) Aufwendungen steuerfrei ersetzt werden.

Führt der Arbeitnehmer einen doppelten Haushalt **und** übt er **zugleich** eine Auswärtstätigkeit aus (z.B. Einsatzwechseltätigkeit), können nicht etwa zwei in Betracht kommende **Verpflegungspauschalen** angesetzt werden, sondern jeweils nur die höchste Pauschale.

Als Unterkunftskosten **im Inland** können seit 2014 die tatsächlichen Aufwendungen für die Nutzung der Unterkunft, begrenzt auf höchstens **1 000 €** im Monat, angesetzt werden. Weiterhin sind die entstandenen Aufwendungen nachzuweisen. Jedoch darf die Finanzverwaltung nicht prüfen, ob die Aufwendungen notwendig und angemessen sind.

Wird der doppelte Haushalt **im Ausland** geführt, gelten die Regelungen vor 2014 unverändert weiter. Danach sind nur die **notwendigen** angemessenen Aufwendungen ansatzfähig.

Ohne Einzelnachweis kann der Arbeitgeber die notwendigen Kosten für eine Zweitwohnung am Beschäftigungsort im **Inland** für die ersten drei Monate mit einem Pauschbetrag bis zu 20 € und für die Folgezeit mit einem Pauschbetrag bis zu 5 € **je Übernachtung** steuerfrei ersetzen.

Liegt die Zweitwohnung im **Ausland**, kann der Arbeitgeber die notwendigen Aufwendungen des Arbeitnehmers ohne Einzelnachweis für die ersten drei Monate bis zu dem für die Auswärtstätigkeit geltenden Pauschbetrag für Übernachtungskosten und in der Folgezeit mit bis zu 40 % dieses Pauschbetrags, steuerfrei erstatten.

Einzelheiten zur doppelten Haushaltsführung → Rz. 296 ff.

10. Kfz-Nutzung

15 Die Regelungen für die Ermittlung des Nutzungswerts einer privaten Nutzung des betrieblichen Kfz gelten gleichermaßen sowohl für Selbstständige bzw. Unternehmer sowie für Arbeitnehmer. Der Wertansatz für eine **private Kfz-Nutzung** ist

– entweder durch den Einzelnachweis der tatsächlichen Kosten (Fahrtenbuchmethode → Rz. 240 ff.) oder

– durch Zugrundelegung gesetzlicher Pauschalierungen zu ermitteln; mit der 1 %-Regelung/-Methode (pro Kalendermonat) für die Privatnutzung (→ Rz. 18, 239, 243 ff.) und zusätzlich für die Wege zwischen Wohnung und Betriebsstätte bzw. erster Tätigkeitsstätte mit 0,03 % des Pkw-Bruttolistenpreises für jeden Kalendermonat für jeden Kilometer der Entfernung zwischen Wohnung und Betriebsstätte bzw. erster Tätigkeitsstätte(→ Rz. 6).

Alternativ darf der geldwerte Vorteil für jede Fahrt zwischen Wohnung und erster Tätigkeitsstätte anhand einer Einzelbewertung der tatsächlichen Fahrten mit 0,002 % des Bruttolistenpreises pro Entfernungskilometer und Fahrt ermittelt werden (→ Rz. 78).[1]

Für Selbstständige und Gewerbetreibende ist die pauschale Ermittlungsmethode für die private Kfz-Nutzung nur dann zulässig, wenn das Kfz zu mehr als 50 % betrieblich genutzt wird (→ Rz. 78). Diese Grenze ist nicht zu beachten, wenn der Arbeitgeber dem Arbeitnehmer einen Firmenwagen unentgeltlich oder verbilligt zur privaten Nutzung überlasst.[1]

Zur **umsatzsteuerlichen** Behandlung der Kfz-Gestellung → Rz. 387–397.

---

1) BFH v. 22.9.2010, VI R 57/09, BStBl II 2011, 359; BMF v. 1.4.2011, IV C 5 – S 2334/08/10010, BStBl I 2011, 301.

II. Gewinneinkünfte

Die im lohnsteuerlichen Bereich zu beachtenden Regelungen des Reisekostenrechts werden für den betrieblichen Bereich und für die Ermittlung des Gewinns entsprechend angewandt. Dies gilt auch zur Bestimmung der (ersten) Betriebsstätte.[1]

16

Einzelheiten zum Betriebsausgabenabzug → Rz. 26 ff.

1. Betriebsstätte

Unter Betriebsstätte ist die von der Wohnung getrennte dauerhafte Tätigkeitsstätte des Stpfl. (Selbständigen, Gewerbetreibenden bzw. Betriebsinhabers → Rz. 26 ff.) zu verstehen, d.h. eine **ortsfeste betriebliche** Einrichtung i.S.d. Lohnsteuerrechts[2] des Stpfl., des Auftraggebers **oder** eines vom Auftraggeber bestimmten Dritten, an der oder von der aus die steuerrechtlich relevante **Tätigkeit dauerhaft ausgeübt** wird. Eine hierauf bezogene eigene Verfügungsmacht des Stpfl. ist – im Unterschied zur Geschäftseinrichtung i.S.d. § 12 Satz 1 AO – nicht erforderlich. Ein häusliches Arbeitszimmer ist keine Betriebsstätte.

17

Die geforderte **Dauerhaftigkeit** liegt vor, wenn die steuerlich erhebliche Tätigkeit an einer Tätigkeitsstätte **unbefristet**, für eine Dauer von voraussichtlich **mehr als 48 Monaten** oder für die **gesamte Dauer** der betrieblichen Tätigkeit ausgeübt werden soll.

Für die **Prognose** der voraussichtlichen Dauer kann auf die Dauer des Auftragsverhältnisses abgestellt werden. Wird das Auftragsverhältnis zu einem späteren Zeitpunkt verlängert, ist die Prognoseentscheidung für **zukünftige** Zeiträume neu zu treffen. Dabei sind bereits vergangene Tätigkeitszeiträume in die Prüfung des 48-Monatszeitraums nicht mit einzubeziehen.

Weichen die tatsächlichen Verhältnisse durch unvorhersehbare Ereignisse, wie etwa Insolvenz des Kunden von der ursprünglichen Prognose ab, bleibt die zuvor getroffene Prognoseentscheidung für die Vergangenheit bezüglich des Vorliegens einer Betriebsstätte maßgebend.

Der Stpfl. kann an mehreren Betriebsstätten tätig sein; für jeden Betrieb kann jedoch **höchstens** eine ortsfeste betriebliche Einrichtung die erste Betriebsstätte sein.

Übt der Stpfl. seine betriebliche Tätigkeit an **mehreren** Betriebsstätten aus, ist die erste Betriebsstätte anhand **quantitativer** Merkmale zu bestimmen. Danach ist erste Betriebsstätte die Tätigkeitsstätte, an der der Stpfl. **dauerhaft** typischerweise (im Sinne eines Vergleichs mit einem Arbeitnehmer)

- arbeitstäglich oder
- je Woche an zwei vollen Arbeitstagen oder
- mindestens zu einem Drittel

seiner regelmäßigen Arbeitszeit tätig werden will. Treffen diese Kriterien auf mehrere Tätigkeitsstätten zu, ist die der Wohnung des Stpfl. **näher** gelegene Tätigkeitsstätte die erste Betriebsstätte. Die Fahrten zu **weiter** entfernt liegenden Tätigkeitsstätten sind als Auswärtstätigkeiten zu beurteilen.

Einzelheiten zur Betriebsstätte bei Gewinneinkünften → Rz. 27 f.

2. 1 %-Regelung

Bei einem Unternehmer bzw. einem Stpfl. mit Gewinneinkünften ist für die private Nutzung eines betrieblichen Kfz eine gewinnerhöhende Entnahme anzusetzen, wenn das betriebliche Kfz auch für private Zwecke tatsächlich genutzt wird. Die Entnahme erhöht

18

---

1) BMF v. 23.12.2014, IV C 6 – S 2145/10/10005 :001, BStBl I 2015, 26.
2) BMF v. 23.12.2014, IV C 6 – S 2145/10/10005 :001, BStBl I 2015, 26, Rz. 1.

den Gewinn. Gehören zum Betriebsvermögen eines Steuerpflichtigen mehrere Kfz, die dieser auch für private Zwecke nutzt, ist für jedes der Kfz eine Entnahme anzusetzen.

Die Ermittlung des privaten Nutzungswerts erfolgt grundsätzlich nach der pauschalen 1 %-Regelung (→ Rz.15). Sie wird typisierend angesetzt und kann nur durch ein ordnungsgemäß geführtes Fahrtenbuch widerlegt werden. Mit einem Fahrtenbuch ist der betriebliche Nutzungsumfang des Kfz im Einzelfall nachzuweisen.

Nach der 1 %-Regelung ist der Wert für die monatliche Privatnutzung mit 1 % des auf volle Hundert abgerundeten Bruttolistenpreises des Kfz zum Zeitpunkt der Erstzulassung zuzüglich Sonderausstattung anzusetzen. Der Bruttolistenpreis ist gleichbedeutend mit der unverbindlichen Preisempfehlung des Herstellers und schließt die Umsatzsteuer ein.

Ermittelt der Unternehmer die private Nutzung nach der 1 %-Regelung, sind auch die Aufwendungen für Fahrten zwischen Wohnung und erster Betriebsstätte pauschal anzusetzen (mit monatlich 0,03 % des Kfz-Bruttolistenpreises im Zeitpunkt der Erstzulassung).

Einzelheiten zur privaten Mitbenutzung eines betrieblichen Kfz → Rz. 78 ff.

3. Aufwendungen für Wege zwischen Wohnung und (erster) Betriebsstätte

19   Aufwendungen des Stpfl. für die Wege zwischen Wohnung und erster Betriebsstätte sind keine Reisekosten. Ihr Abzug ist auf die Entfernungspauschale beschränkt.

Einzelheiten zu Fahrten zwischen Wohnung und Betriebsstätte → Rz. 69 ff.

4. Reisekosten

20   Bei der Gewinnermittlung sind die lohnsteuerlichen Regelungen zu den Reisekosten sinngemäß anzuwenden. Reisekosten sind

- Fahrtkosten,
- Mehraufwendungen für Verpflegung,
- Übernachtungskosten und
- Reisenebenkosten.

Wird der Betriebsinhaber (Stpfl.) **typischerweise nur**

- an ständig **wechselnden** Tätigkeitsstätten, die keine Betriebsstätten sind, tätig oder
- an einer **nicht** ortsfesten betrieblichen Einrichtung (z.B. Fahrzeug, Flugzeug, Schiff) betrieblich tätig,

sind die Aufwendungen für die Fahrten zwischen Wohnung und Tätigkeitsstätte (Fahrtkosten) grundsätzlich unbeschränkt als Betriebsausgaben abziehbar.

Mehraufwendungen für die **Verpflegung** des Betriebsinhabers (Stpfl.) sind nur dann als Betriebsausgaben abziehbar, wenn er vorübergehend von seiner Wohnung und dem Mittelpunkt seiner dauerhaft angelegten betrieblichen Tätigkeit entfernt betrieblich tätig wird. Der Begriff des Mittelpunktes der dauerhaft angelegten betrieblichen Tätigkeit entspricht grundsätzlich dem Begriff der Betriebsstätte. Bei **ständig wechselnden Tätigkeitsstätten** oder an einer **nicht ortsfesten betrieblichen Einrichtung** ist ein Abzug von Verpflegungsmehraufwendungen entsprechend den lohnsteuerlichen Regelungen zulässig.

Einzelheiten zu den betrieblichen Reisekosten → Rz. 38 ff.

5. Mehraufwendungen bei doppelter Haushaltsführung

21   Die für Arbeitnehmer zu beachtenden lohnsteuerlichen Regelungen zum Ansatz der Mehraufwendungen bei doppelter Haushaltsführung sind dem Grunde und der Höhe nach entsprechend anzuwenden. Zu diesen Mehraufwendungen zählen

- Fahrtkosten aus Anlass der Wohnungswechsel zu Beginn und am Ende der doppelten Haushaltsführung,
- die Fahrtkosten für wöchentliche Heimfahrten an den Ort des eigenen Hausstandes oder statt der Heimfahrten die Aufwendungen für wöchentliche Familien-Ferngespräche sowie
- Verpflegungsmehraufwendungen,
- Aufwendungen für die Zweitwohnung und die
- Umzugskosten.

Einzelheiten zur doppelten Haushaltsführung bei Gewinneinkünften → Rz. 91 ff.

III. Umsatzsteuer

Für den Reisekostenbereich ist aus umsatzsteuerlicher Sicht von Bedeutung: 22

Seit dem StÄndG 2003[1)] ist der Vorsteuerabzug aus Fahrtkosten für Kfz, Übernachtungskosten und Verpflegungsmehraufwendungen des Unternehmers und der Arbeitnehmer unter bestimmten Voraussetzungen wieder zugelassen worden (→ Rz. 378 ff.) und auf die Einsatzwechsel-, Fahrtätigkeit (seit 2008 Auswärtstätigkeit) und doppelte Haushaltsführung ausgedehnt worden. Auch bei den Bewirtungskosten ist der Vorsteuerabzug wieder in vollem Umfang zugelassen.

Durch das Haushaltsbegleitgesetz 2006[2)] wurde der Umsatzsteuersatz in § 12 Abs. 1 UStG mit Wirkung ab dem 1.1.2007 von 16 % auf 19 % angehoben. Durch das Zweite Bürokratieentlastungsgesetz vom 30.6.2017[3)] ist rückwirkend zum 1.1.2017 eine Anhebung der Grenze für Kleinbetragsrechnungen auf 250 € erfolgt.

Durch Art. 5 Nr. 1 Wachstumsbeschleunigungsgesetz[4)] wurde ein neuer § 12 Abs. 2 Nr. 11 UStG eingeführt. Diese Vorschrift sieht die Anwendung eines ermäßigten Steuersatzes für die Vermietung von Wohn- und Schlafräumen vor, die ein Unternehmer zur kurzfristigen Beherbergung von Fremden bereithält.

Nach § 19 UStG ist die Umsatzsteuer, die ein **Kleinunternehmer** für seine steuerpflichtigen Umsätze schuldet, unter bestimmten Voraussetzungen nicht zu erheben. Die Umsatzgrenze, bis zu der die Umsatzsteuer nicht erhoben wird, beträgt seit dem 1.1.2003[5)] **17 500 €**. Kleinunternehmer, die von dieser Regelung Gebrauch machen, können Vorsteuern generell – also auch aus den Reisekosten – nicht geltend machen. Insbesondere Kleinunternehmer mit einem Jahresumsatz bis zu 17 500 € sollten daher prüfen, ob sie zur Umsatzsteuer optieren wollen (§ 19 Abs. 2 Satz 1 UStG). Optiert ein Kleinunternehmer zur Besteuerung nach den allgemeinen Vorschriften, hat er zwar den Vorsteuerabzug, soweit er nicht steuerfreie, den Vorsteuerabzug ausschließende Umsätze nach § 4 Nr. 8 bis 28 UStG ausführt. Er muss aber auch die für steuerpflichtige Umsätze anfallende Umsatzsteuer an das Finanzamt abführen. An die Option ist er im Übrigen zumindest für fünf Jahre gebunden (§ 19 Abs. 2 Satz 2 UStG).

---

1) Zweites Gesetz zur Änderung steuerlicher Vorschriften (Steueränderungsgesetz 2003 – StÄndG 2003) v. 15.12.2003, BGBl. I 2003, 2645.
2) Haushaltsbegleitgesetz 2006 (HBeglG 2006) v. 29.6.2006, BGBl. I 2006, 1402.
3) Zweites Gesetz zur Entlastung insbesondere der mittelständischen Wirtschaft von Bürokratie (Zweites Bürokratieentlastungsgesetz) v. 30.6.2017, BGBl. I 2017, 2143.
4) Gesetz zur Beschleunigung des Wirtschaftswachstums (Wachstumsbeschleunigungsgesetz) v. 22.12.2009, BGBl. I 2009, 3950.
5) Durch Art. 5 i.V.m. Art. 10 des Gesetzes zur Förderung von Kleinunternehmern und zur Verbesserung der Unternehmensfinanzierung (Kleinunternehmerförderungsgesetz) v. 31.7.2003, BGBl. I 2003, 1550, wurde mit Wirkung zum 1.1.2003 die Umsatzgrenze von 16 620 € auf 17 500 € angehoben.

B. Rechtsgrundlagen

I. Gesetze und Durchführungsverordnungen

23 Die Rechtsgrundlagen für das steuerliche Reisekostenrecht 2018 ergeben sich je nach Steuerart aus den folgenden Gesetzen und Verordnungen:

Steuerart	Rechtsvorschrift
Einkommensteuer	Einkommensteuergesetz (EStG)[1]
	Einkommensteuer-Durchführungsverordnung (EStDV)[2]
	Lohnsteuer-Durchführungsverordnung (LStDV)[3]
Umsatzsteuer	Umsatzsteuergesetz (UStG)[4]
	Umsatzsteuer-Durchführungsverordnung (UStDV)[5]

II. Verwaltungsanweisungen

24 Die einschlägigen **Verwaltungsanweisungen an die Finanzämter** zur steuerlichen Behandlung der Reisekosten wurden berücksichtigt und sind in die Erläuterungen eingearbeitet; dies sind

– für die Einkommensteuer die aktuellen Einkommensteuer-Richtlinien (EStR 2012) sowie die Einkommensteuer-Hinweise (EStH 2016; s. ggf. ergänzend die später veröffentlichten EStH 2017);

– für die Lohnsteuer die neuen Lohnsteuer Richtlinien (LStR 2015), insbesondere in R 8.1, 9.1 bis 9.11 LStR 2015, und die neuen Lohnsteuer-Hinweise (LStH 2018) sowie das ergänzte BMF-Schreiben zur Reform des steuerlichen Reisekostenrechts ab 1.1.2014[6] und das für die Gewinneinkünfte maßgebende Schreiben zur ertragsteuerlichen Beurteilung von Aufwendungen für Fahrten zwischen Wohnung und Betriebsstätte und von Reisekosten unter Berücksichtigung der Reform des steuerlichen Reisekostenrechts zum 1.1.2014[7],

– für die Umsatzsteuer seit dem 1.11.2010 der Umsatzsteuer-Anwendungserlass (UStAE), insbesondere in den Abschn. 14.6, 14.7, 15.4 und 15.5 UStAE.

Seit 2015 sind auch erstmals Regelungen bzw. Erläuterungen des BMF zu beachten, welche die Verwaltungsanweisungen klarstellend ergänzen sollen. So hat das BMF ein

---

1) Einkommensteuergesetz (EStG) v. 16.10.1934, in der Fassung der Bekanntmachung v. 8.10.2009, BGBl. I 2009, 3862, zuletzt geändert durch das Gesetz zur Stärkung der Altersversorgung und zur Änderung anderer Gesetze (Betriebsrentenstärkungsgesetz) v. 17.8.2017, BGBl. I 2017, 3214, BStBl I 2017, 1278.
2) Einkommensteuer-Durchführungsverordnung v. 21.12.1955, BGBl. I 1955, 756, in der Fassung der Bekanntmachung der Einkommensteuer-Durchführungsverordnung 2000 (EStDV 2000) v. 10.5.2000, BGBl. I 2000, 717, zuletzt geändert durch das Gesetz zum Ausschluss verfassungsfeindlicher Parteien von der Parteienfinanzierung v. 18.7.2017, BGBl. I 2017, 2730, BStBl I 2017, 1218.
3) Lohnsteuer-Durchführungsverordnung (LStDV 1990), in der Fassung der Bekanntmachung v. 10.10.1989, BGBl. I 1989, 1848, zuletzt geändert durch das Gesetz zur Stärkung der betrieblichen Altersversorgung und zur Änderung anderer Gesetze (Betriebsrentenstärkungsgesetz) v. 17.8.2017, BGBl. I 2017, 3214, BStBl I 2017, 1278.
4) Umsatzsteuergesetz v. 26.11.1979, BGBl. I 1979, 1953, in der Fassung der Bekanntmachung v. 21.2.2005, BGBl. I 2005, 386, zuletzt geändert durch das Gesetz zur Durchführung der Verordnung (EU) Nr. 910/2014 des Europäischen Parlaments und des Rates vom 23. Juli 2014 über elektronische Identifizierung und Vertrauensdienste für elektronische Transaktionen im Binnenmarkt und zur Aufhebung der Richtlinie 1999/93/EG (eIDAS-Durchführungsgesetz) v. 18.7.2017, BGBl. I 2017, 2745.
5) Umsatzsteuer-Durchführungsverordnung vom 29.12.1979, BGBl. I 1979, 2359, in der Fassung der Bekanntmachung vom 21.2.2005, BGBl. I 2005, 434, zuletzt geändert durch die Vierte Verordnung zur Änderung steuerlicher Verordnungen v. 12.7.2017, BGBl. I 2017, 2360.
6) BMF v. 24.10.2014, IV C 5 – S 2353/14/10002, BStBl I 2014, 1412.
7) BMF v. 23.12.2014, IV C 6 – S 2145/10/10005 :001, BStBl I 2015, 26.

Schreiben an die Spitzenverbände der Industrie, des Handels sowie der Arbeitgeber gerichtet zur „Bestätigung von Rechtsansichten betreffend das Reisekostenrecht".[1]

In der zweiten Jahreshälfte 2017 hat das BMF ein aktualisierendes Schreiben zur lohnsteuerlichen Behandlung der vom Arbeitnehmer selbst getragenen Aufwendungen bei der Überlassung eines betrieblichen Kfz veröffentlicht.[2] Darin wird die Anwendung der beiden rechtsändernden BFH-Urteile vom 30.11.2016 erläutert.[3]

III. Lebenspartner und Lebenspartnerschaften

Die Gleichbehandlung von Ehegatten und Lebenspartnern ist im gesamten EStG gesetzlich geregelt. Der § 2 Abs. 8 EStG stellt sicher, dass Verheiratete/Ehegatten/Ehen sowie eingetragene Lebenspartner/Lebenspartnerschaften bei der Einkommensteuer gleich behandelt werden. In den Gesetzestexten und Verwaltungsregelungen werden die Lebenspartner und Lebenspartnerschaften regelmäßig nicht ausdrücklich genannt.

Entsprechend der Festlegung im EStG, wonach die Regelungen zu Ehegatten und Ehen auch auf Lebenspartner und Lebenspartnerschaften anzuwenden sind, weisen die Erläuterungen dieses Ratgebers nicht stets ausdrücklich auf die sinngemäße Anwendung ehegattenbezogener Vorschriften für Lebenspartner und Lebenspartnerschaften hin, z.B. in den Erläuterungen zur doppelten Haushaltsführung. Hierdurch bleiben die bewährte Textform und Übersichtlichkeit erhalten.

Durch die Regelungen des Gesetzes zur Einführung des Rechts auf Eheschließung[4] können seit dem 1.10.2017 auch Personen gleichen Geschlechts eine Ehe schließen. Zudem kann eine Lebenspartnerschaft in eine Ehe umgewandelt werden. Weil Lebenspartnerschaften ab dem 1.10.2017 nicht mehr begründet werden können, wird die vorgenannte sprachliche Differenzierung in Zukunft an Bedeutung verlieren.

---

1) BMF v. 15.5.2015, IV C 5 – S 2353/15/10002, DOK 2015/0364577.
2) BMF v. 21.9.2017, IV C 5 – S 2334/11/10004-02, BStBl I 2017, 1336.
3) BFH v. 30.11.2016, VI R 49/14, BStBl II 2017, 1011 und VI R 2/15, BStBl II 2017, 1014.
4) Gesetz vom 20.7.2017, BGBl. I 2017, 2787.

Dritter Teil:
Inlandsreisen

A. Selbständige/Gewerbetreibende

I. Begriff der Geschäftsreise

1. Voraussetzungen, Reisekostenarten

Die Bezeichnung Geschäftsreise bestimmt das einkommensteuerliche Reisekostenrecht für Steuerzahler mit sog. Gewinneinkünften. Als steuerliche Gewinneinkünfte werden die Einkünfte aus Land- und Forstwirtschaft, aus Gewerbebetrieb und aus selbständiger Arbeit bezeichnet. **26**

Eine Geschäftsreise liegt vor, wenn ein Gewerbetreibender, Freiberufler oder Land- und Forstwirt vorübergehend aus betrieblichen Gründen **außerhalb** seiner Wohnung und seiner **regelmäßigen Betriebs-/Tätigkeitsstätte** tätig wird. Unterhält er keine Betriebsstätte, beginnt die Geschäftsreise ab dem Verlassen der Wohnung bis zur Rückkehr dorthin. Die Abgrenzung erfolgt grundsätzlich nach denselben Kriterien wie für die berufliche Auswärtstätigkeit bei einem Arbeitnehmer. Dabei ist es unerheblich, ob die Geschäftsreise von der Wohnung oder vom Betrieb bzw. der Betriebsstätte aus angetreten wird.

Eine solche Auswärtstätigkeit wird als **vorübergehend** angesehen, wenn der Stpfl., z.B. Gewerbetreibende oder selbständig Tätige, voraussichtlich in den Betrieb bzw. an die regelmäßige/erste Tätigkeitsstätte zurückkehren und dort seine berufliche Tätigkeit fortsetzen wird.[1] Der erforderliche Ortswechsel muss folglich nur vorübergehend sein. Für diese Abgrenzungen gelten dieselben Grundsätze wie für die Bestimmung der beruflichen Auswärtstätigkeit eines Arbeitnehmers (→ Rz. 147 f.).

Auch bei der Gewinnermittlung rechnen zu den Reisekosten die

– Fahrtkosten,
– Mehraufwendungen für Verpflegung,
– Übernachtungskosten und
– Reisenebenkosten.

Hingegen sind die Aufwendungen für die Wege zwischen **Wohnung** und erster Betriebsstätte keine Reisekosten. Ihr Ansatz richtet sich nach der abziehbaren Entfernungspauschale (§ 4 Abs. 5 Satz 1 Nr. 6, § 9 Abs. 1 Nr. 4 Satz 2 bis 6 EStG).

Reisekosten können auch in den Einkunftsarten ohne eine einkommensteuerliche Gewinnermittlung anfallen (sog. Überschusseinkünfte), z.B. bei Vermietung und Verpachtung einer Immobilie. Für sie gelten die Ausführungen dieses Teils entsprechend, wobei für die Ausgaben die einkommensteuerlichen Regelungen zum Werbungskostenabzug maßgebend sind. Die steuerliche Behandlung im Rahmen der Einkünfte aus **nichtselbständiger Arbeit** (bei Arbeitnehmern) wird im Teil B (→ Rz. 143) gesondert behandelt.

Voraussetzung für die steuerliche Berücksichtigung von Aufwendungen des Stpfl. ist, dass die Geschäftsreise **aus betrieblichem oder geschäftlichem Anlass** (→ Rz. 31) unternommen wird. Die **Entfernung** zwischen regelmäßiger Betriebs-/Tätigkeitsstätte bzw. Wohnung und auswärtigem Geschäftsort ist **unerheblich**.

2. Betriebsstätte

a) Begriff

Eine Geschäftsreise setzt eine **regelmäßige** Betriebs-/Tätigkeitsstätte voraus, von der der Geschäftsreisende vorübergehend abwesend ist. Regelmäßige Betriebs-/Tätigkeitsstätte in diesem Sinne ist der Mittelpunkt der auf Dauer angelegten betrieblichen oder freiberuflichen Tätigkeit. **27**

---
[1] BFH v. 10.10.1994, VI R 2/92, BStBl II 1995, 137.

Für Stpfl. mit Gewinneinkünften sind die lohnsteuerlichen Regelungen des Reisekostenrechts weitgehend übernommen worden. Dies regelt das für Gewinneinkünfte bestimmte BMF-Schreiben vom 23.12.2014[1].

Im Bereich der Gewinneinkünfte ist unter der reisekostenrechtlichen **Betriebsstätte** die von der Wohnung getrennte **dauerhafte** Tätigkeitsstätte des Stpfl. zu verstehen. Dies ist eine **ortsfeste betriebliche** Einrichtung

– des Stpfl. (Selbständigen, Gewerbetreibenden bzw. Betriebsinhabers),
– des Auftraggebers oder
– eines vom Auftraggeber bestimmten Dritten,

an der oder von der aus die steuerrechtlich relevante Tätigkeit **dauerhaft** ausgeübt wird[2]. Eine hierauf bezogene eigene Verfügungsmacht des Stpfl. ist – im Unterschied zur Geschäftseinrichtung i.S.v. § 12 Satz 1 AO – nicht erforderlich.

Die geforderte **Dauerhaftigkeit** liegt vor, wenn die steuerlich erhebliche Tätigkeit an einer Tätigkeitsstätte

– unbefristet,
– für eine Dauer von voraussichtlich mehr als 48 Monaten oder
– für die gesamte Dauer der betrieblichen Tätigkeit

ausgeübt werden **soll**.

Für die **Prognose** der voraussichtlichen Dauer kann auf die Dauer des Auftragsverhältnisses abgestellt werden. Wird das Auftragsverhältnis zu einem späteren Zeitpunkt verlängert, ist die Prognoseentscheidung für zukünftige Zeiträume neu zu treffen. In diese Prüfung des 48-Monatszeitraums sind bereits vergangene Tätigkeitszeiträume nicht mit einzubeziehen.

Weichen die tatsächlichen Verhältnisse durch unvorhersehbare Ereignisse wie etwa Krankheit, politische Unruhen am Tätigkeitsort, Insolvenz des Kunden o.Ä. von der ursprünglichen Prognose ab, bleibt die zuvor getroffene Prognoseentscheidung für die Vergangenheit bezüglich des Vorliegens einer Betriebsstätte maßgebend.

Ein **häusliches Arbeitszimmer** ist keine Betriebsstätte i.S. dieser Regelung (§ 4 Abs. 5 Satz 1 Nr. 6 EStG).[3]

Der Stpfl. kann an mehreren Betriebsstätten tätig sein; für jeden Betrieb kann jedoch höchstens **eine** ortsfeste betriebliche Einrichtung Betriebsstätte (**erste** Betriebsstätte) sein. Als Betriebsstätte gilt auch eine **Bildungseinrichtung**, die vom Stpfl. aus betrieblichem Anlass zum Zwecke eines Vollzeitstudiums oder einer vollzeitlichen Bildungsmaßnahme aufgesucht wird.[4]

b) Bestimmung der ersten Betriebsstätte

28 Übt der Stpfl. seine betriebliche Tätigkeit an **mehreren** Betriebsstätten aus, ist die erste Betriebsstätte anhand quantitativer Merkmale zu bestimmen. Dazu sind die lohnsteuerrechtlichen Regelungen (§ 9 Abs. 4 Satz 4 EStG) heranzuziehen (→ Rz. 147 ff.). Folglich ist erste Betriebsstätte die Tätigkeitsstätte, an der der Stpfl.

– dauerhaft typischerweise (i.S. eines Vergleichs mit einem Arbeitnehmer) arbeitstäglich oder
– je Woche an zwei vollen Arbeitstagen oder
– mindestens zu einem Drittel seiner regelmäßigen Arbeitszeit

---

1) BMF v. 23.12.2014, IV C 6 – S 2145/10/10005 :001, BStBl I 2015, 26.
2) BMF v. 23.12.2014, IV C 6 – S 2145/10/10005 :001, BStBl I 2015, 26, Rz. 1–3.
3) BMF v. 23.12.2014, IV C 6 – S 2145/10/10005 :001, BStBl I 2015, 26, Rz. 3.
4) BMF v. 23.12.2014, IV C 6 – S 2145/10/10005 :001, BStBl I 2015, 26, Rz. 4.

tätig werden will.[1] Treffen diese Kriterien auf mehrere Tätigkeitsstätten zu, ist die der Wohnung des Stpfl. näher gelegene Tätigkeitsstätte erste Betriebsstätte (entsprechend § 9 Abs. 4 Satz 7 EStG). Hierdurch sind die Fahrten zu der oder den weiter entfernt liegenden Tätigkeitsstätte/n als Auswärtstätigkeit/en zu beurteilen.

Beispiele zur Bestimmung der ersten Betriebsstätte

1. Einzelunternehmen ohne Filialen

Der Stpfl. wohnt in A und betreibt in B ein Einzelunternehmen, das er arbeitstäglich während der Öffnungszeiten aufsucht.

Folge: Bei den Fahrten handelt es sich um Fahrten zwischen Wohnung und Betriebsstätte; die Aufwendungen sind in Höhe der Entfernungspauschale als Betriebsausgaben abziehbar.

2. Einzelunternehmen mit Filialen

Der Stpfl. wohnt in A und betreibt ein Einzelunternehmen mit Filialen in B (Entfernung zur Wohnung 15 km) und C (Entfernung zur Wohnung 10 km). Die Filiale in B sucht er arbeitstäglich während der Öffnungszeiten auf, die Filiale in C nur einmal wöchentlich.

Folge: Erste Betriebsstätte ist die Filiale in B. Bei den Fahrten zur Filiale in B handelt es sich um Fahrten zwischen Wohnung und Betriebsstätte; der Abzug der Aufwendungen als Betriebsausgaben richtet sich nach § 4 Abs. 5 Satz 1 Nr. 6 EStG (Entfernungspauschale). Die Betriebsstätte in C ist keine erste Betriebsstätte, weshalb die Aufwendungen für die Fahrten von der Wohnung zu dieser Betriebsstätte wie auch die Aufwendungen für die Fahrten zwischen den Betriebsstätten in voller Höhe als Betriebsausgaben abziehbar sind.

3. Dozent an verschiedenen Volkshochschulen

Der Stpfl. wohnt in A und bereitet in seinem häuslichen Arbeitszimmer seine Dozententätigkeit vor, die er in den Volkshochschulen in B (Entfernung zur Wohnung 15 km) und C (Entfernung zur Wohnung 10 km) ausübt. Die Volkshochschule in B sucht er an drei Tagen und die in C an 2 Tagen auf. Die Tätigkeiten beruhen auf unterschiedlichen unbefristeten Auftragsverhältnissen.

Folge: Liegen – wie hier – die o.g. Kriterien des zur Bestimmung nach den quantitativen Merkmalen (Tätigkeit je Woche an zwei vollen Arbeitstagen an einer Tätigkeitsstätte) für mehrere bzw. beide Tätigkeitsstätten vor, ist die der Wohnung näher gelegene Tätigkeitsstätte C als erste Betriebsstätte zu beurteilen. Die Aufwendungen für die Fahrten nach C sind i.H. der Entfernungspauschale und die Fahrten nach B in voller Höhe abziehbar.

4. Handelsvertreter für verschiedene Unternehmen

Der Stpfl. wohnt in A und ist als Handelsvertreter für verschiedene Unternehmen tätig. Bei der Firma XY in B wird ihm ein Büro zur Verfügung gestellt, das er an zwei vollen Tagen wöchentlich nutzt. Das Auftragsverhältnis ist unbefristet. Die Bürotätigkeiten für die übrigen Auftraggeber wickelt er in seinem häuslichen Arbeitszimmer ab.

Folge: Da das Büro in der Firma XY eine Betriebsstätte des A darstellt und der Stpfl. dort dauerhaft tätig wird, sind die Fahrten dorthin als Fahrten zwischen Wohnung und Betriebsstätte zu beurteilen und die Aufwendungen daher i.H. der Entfernungspauschale abziehbar.

5. Versicherungsmakler

Der Stpfl. ist als Versicherungsmakler tätig und erledigt in seinem häuslichen Arbeitszimmer die anfallenden Bürotätigkeiten. Die Beratungsleistungen erbringt er regelmäßig beim Kunden.

Folge: Der Stpfl. hat keine Betriebsstätte. Die Fahrten zu seinen Kunden sind in voller Höhe abziehbar.

---

c) Keine erste Betriebsstätte

Eine Tätigkeitsstätte muss nicht auch eine Betriebsstätte sein. Wird der Stpfl. typischerweise nur an ständig wechselnden Tätigkeitsstätten, die keine Betriebsstätten sind, oder an einer nicht ortsfesten betrieblichen Einrichtung (z.B. Fahrzeug, Flugzeug, Schiff) betrieblich tätig, sind die Aufwendungen für die Fahrten zwischen Wohnung und Tätigkeitsstätte grundsätzlich unbeschränkt als Betriebsausgaben abziehbar.[2]

29

---

1) BMF v. 23.12.2014, IV C 6 – S 2145/10/10005 :001, BStBl I 2015, 26, Rz. 5.
2) BMF v. 23.12.2014, IV C 6 – S 2145/10/10005 :001, BStBl I 2015, 26, Rz. 6 f.

> **Beispiel: Keine erste Betriebsstätte**
>
> Der Stpfl. erbringt Bauleistungen bei wechselnden Kunden. Die Büroarbeiten erledigt er im häuslichen Arbeitszimmer.
>
> **Folge:** Der Stpfl. hat keine Betriebsstätte. Die Aufwendungen für die Fahrten zu den Kunden oder zu deren Baustellen sind unbeschränkt als Betriebsausgaben abziehbar.

Hat der Stpfl. keine erste Betriebsstätte und sucht er nach den Auftragsbedingungen dauerhaft denselben Ort oder dasselbe weiträumige Tätigkeitsgebiet **typischerweise** täglich auf, sind die Aufwendungen für die Fahrten zwischen der Wohnung und diesem Ort oder die Fahrten zwischen der Wohnung und dem nächst gelegenen Zugang zum Tätigkeitsgebiet mit der Entfernungspauschale als Betriebsausgaben abziehbar.[1]

> **Beispiel: Selbständiger Paketzusteller**
>
> Der Stpfl. ist selbständiger Paketzusteller und als Subunternehmer eines Paketdienstes tätig. Das zeitlich unbefristete Auftragsverhältnis mit dem Paketdienst sieht vor, dass der Paketzusteller als Zustellbezirk den Landkreis B übernimmt. Der Paketzusteller wohnt in A, das 5 km von der Landkreisgrenze entfernt liegt. Der Lieferwagen wird auf dem Wohngrundstück abgestellt.
>
> **Folge:** Die Aufwendungen für die Fahrten von der Wohnung in A zum Zustellbezirk Landkreis B (5 km) sind mit der Entfernungspauschale als Betriebsausgaben abziehbar. Die Aufwendungen für die Fahrten innerhalb des Zustellbezirks sind in voller Höhe als Betriebsausgaben abziehbar.

30 Bei einer längerfristigen Geschäftsreise/Auswärtstätigkeit von Stpfl. (wie Gewerbetreibende oder Selbständige) ist für die Berücksichtigung der **Verpflegungspauschalen** die für Arbeitnehmer geltende **Dreimonatsfrist** zu beachten; zur Dreimonatsfrist → Rz. 182. Die Dreimonatsfrist gilt **nicht**, wenn die Tätigkeit an täglich mehrmals wechselnden Tätigkeitsstätten ausgeübt wird, z.B. bei selbständigen Handels- oder Reisevertretern. Durch eine Auswärtstätigkeit anfallende **Fahrtkosten** können zeitlich unbegrenzt angesetzt werden.

31 Wie in → Rz. 26 beschrieben, setzt die Geschäftsreise eine **betriebliche oder geschäftliche Veranlassung** voraus. Solch eine Veranlassung ist dann gegeben, wenn zwischen dem Anlass der Reise und dem Betrieb oder der geschäftlichen Tätigkeit ein wirtschaftlicher Zusammenhang besteht. Ob die Reise wirtschaftlich sinnvoll ist, ist letztlich unbeachtlich. Es kommt allein auf die Entscheidung des Gewerbetreibenden oder des Selbständigen an, dass die Reise im Interesse des Betriebs durchgeführt wird. Die betriebliche oder geschäftliche Veranlassung liegt immer dann vor, wenn ein konkreter Zusammenhang zur betrieblichen oder geschäftlichen Tätigkeit besteht (z.B. Verkaufsverhandlungen). Aber auch Reisen, bei denen ein solcher Zusammenhang *noch* nicht besteht (z.B. zur Erkundung von Einkaufs- oder Verkaufsmöglichkeiten, zu Messen, Fachtagungen usw.) sind in aller Regel betrieblich oder geschäftlich veranlasst. Die Häufigkeit der Reisen ist unerheblich.

3. Abgrenzung bei betrieblicher und privater Veranlassung

32 Dient eine Reise **teils betrieblichen und teils privaten Zwecken,** besteht nach dem Urteil des Großen Senats des BFH kein allgemeines Aufteilungs- und Abzugsverbot für Aufwendungen, die sowohl durch die Einkunftserzielung als auch privat veranlasst sind (sog. gemischte Aufwendungen[2]). Dies hat Folgen für die als Betriebsausgaben/Werbungskosten anzusetzenden Reisekosten; insbesondere für die An- und Abreise zum Ort der geschäftlichen, betrieblichen oder beruflichen Veranlassung.

Weil die Finanzverwaltung dieser Auffassung folgt, sind gemischte Aufwendungen eines Stpfl. grundsätzlich aufteilbar

---
1) Vgl. hierzu auch BMF v. 24.10.2014, IV C 5 – S 2353/14/10002, BStBl I 2014, 1412, Rz. 40–43, und BFH v. 29.4.2014, VIII R 33/10, BStBl II 2014, 777.
2) BFH v. 21.9.2009, GrS 1/06, BStBl II 2010, 672.

- in als Betriebsausgaben (oder Werbungskosten) abziehbare Teile sowie
- in privat veranlasste und damit nicht abziehbare Teile.

Dieser Grundsatz gilt nicht, soweit gesetzlich etwas anderes geregelt ist oder es sich um Aufwandspositionen handelt, die durch das steuerliche Existenzminimum abgegolten werden oder als Sonderausgaben bzw. als außergewöhnliche Belastungen abziehbar sind.[1] Dies sind z.b. Aufwendungen für Wohnung, Ernährung, Kleidung, allgemeine Schulausbildung usw.; also Aufwandsposten, die vor dem o.a. Urteilsspruch schon nicht als Betriebsausgaben/Werbungskosten berücksichtigungsfähig waren.

Als weitere Einschränkung ist zu beachten, dass die betriebliche/berufliche **Mitveranlassung** mindestens 10 % betragen muss. Ansonsten sind die Aufwendungen in vollem Umfang nicht als Betriebsausgaben/Werbungskosten abziehbar. Entsprechend ist bei umgekehrtem Sachverhalt zu verfahren. Liegt die **private** Mitveranlassung unter 10 %, sind die Aufwendungen in **vollem** Umfang als Betriebsausgaben/Werbungskosten abziehbar. Sie sind nahezu ausschließlich betrieblich/beruflich veranlasst.

Von einer **untergeordneten** privaten Mitveranlassung der Kosten für die **Hin- und Rückreise** zum Ort der geschäftlichen, betrieblichen oder beruflichen Veranlassung ist auch dann auszugehen, wenn der Reise ein **eindeutiger** unmittelbarer betrieblicher/beruflicher Anlass zu Grunde liegt, z.B.

- ein Unternehmer tätigt einen ortsgebundenen Geschäftsabschluss oder ist Aussteller auf einer auswärtigen Messe,
- ein Arbeitnehmer reist auf Grund einer Weisung seines Arbeitgebers zu einem ortsgebundenen auswärtigen Pflichttermin oder
- der Stpfl. verbindet eine betriebliche/berufliche Reise mit einem vorangehenden oder nachfolgenden Privataufenthalt.

Als Kriterium ist somit der eindeutige unmittelbare betriebliche/berufliche Anlass maßgeblich.

Die Aufteilung der Aufwendungen für solch gemischt veranlasste Aufwendungen (bzw. für solche Geschäftsreisen) hat nach einem an objektiven Kriterien orientierten Maßstab der Veranlassungsbeiträge zu erfolgen. Als sachgerechte **Aufteilungskriterien** für die Ermittlung der betrieblich/beruflich und privat veranlassten Teile der Reiseaufwendungen werden regelmäßig die **Zeitanteile** der betrieblichen/beruflichen Tätigkeit und des privaten Aufenthalts in Betracht kommen. Ferner ist z.B. eine Aufteilung nach Köpfen möglich, wenn mehrere Personen reisen. Für andere Aufwendungen können als Maßstab ggf. Mengen- oder Flächenanteile angesetzt werden.

Ist eine verlässliche Aufteilung der Aufwendungen nur mit unverhältnismäßigem Aufwand möglich, ist die Aufteilung im Wege der **Schätzung** vorzunehmen. Fehlt es an einer geeigneten Schätzungsgrundlage oder sind die Veranlassungsbeiträge nicht trennbar, gelten die Aufwendungen als insgesamt privat veranlasst.

Wird ein Sachverhalt bzw. eine Geschäftsreise insgesamt als **privat** veranlasst eingestuft und werden die Aufwendungen dementsprechend steuerlich nicht berücksichtigt, so können eindeutig und klar abgrenzbare und ausschließlich betrieblich/beruflich veranlasste Aufwendungen (z.B. Kostenbestandteile der Reise) für sich genommen **dennoch** als Betriebsausgaben oder Werbungskosten abziehbar sein. Ergänzende Hinweise zur steuerlichen Beurteilung gemischter Aufwendungen enthält das BMF-Schreiben vom 6.7.2010.[2]

Der erforderliche **Nachweis** oder zumindest die Glaubhaftmachung, dass es sich um **33** eine **Geschäftsreise** oder um eine aus betrieblichen Gründen durchgeführte Reise gehandelt hat, muss gegenüber der Finanzverwaltung stets erbracht werden. Dies kann

---
1) BMF v. 6.7.2010, IV C 3 – S 2227/07/10003 :002, BStBl I 2010, 614.
2) BMF v. 6.7.2010, IV C 3 – S 2227/07/10003 :002, BStBl I 2010, 614.

A. Selbständige/Gewerbetreibende — Dritter Teil: Inlandsreisen

z.B. durch Vorlage von Reiseberichten und der vorausgegangenen geschäftlichen Korrespondenz oder durch Vorlage der Fahrkarten, der Fahrtenbücher, Tankstellenquittungen oder durch Hotelrechnungen usw. geschehen.

Beispiele für Abgrenzung bei betrieblicher und privater Veranlassung

1. Urlaub mit Besuch von Geschäftsfreunden

Ein Unternehmer aus Bonn verbringt seinen 14-tägigen Winterurlaub in Garmisch-Partenkirchen. Wegen der schlechten Wetterlage besucht er mit seinem betrieblichen Pkw an einem Tag Geschäftsfreunde in München, um mit ihnen Verkaufsverhandlungen zu führen.

Folge: Die dabei entstehenden Kosten sind, weil sich diese eintägige Reise eindeutig vom Erholungsaufenthalt abtrennen lässt, als Betriebsausgaben abziehbar. Die Aufwendungen für die Urlaubsreise sind nicht anteilig abziehbar, weil die betriebliche Mitveranlassung nicht mindestens 10 % der Reisedauer beträgt (von 14 Reisetagen entfällt lediglich ein Tag auf die betriebliche Geschäftsreise).

2. Geschäftsreise mit privatem Abstecher in einen Erholungsort

Ein Hamburger Unternehmer fährt mit der Deutschen Bahn nach München, um dort Geschäftsfreunde aufzusuchen. Da er übers Wochenende nicht geschäftlich arbeiten kann, nutzt er die Zeit am Samstag zu einer Fahrt nach Garmisch-Partenkirchen und kehrt von dort am Sonntag zurück nach München, wo er am Montagmorgen seine geschäftlichen Verhandlungen fortsetzt.

Folge: Sowohl die privat veranlassten Fahrtkosten für den Abstecher nach Garmisch-Partenkirchen als auch die beim dortigen Aufenthalt angefallenen Verpflegungs- und Übernachtungskosten sind von den Aufwendungen der Geschäftsreise zu trennen und – da privat veranlasst – nicht abziehbar. Die Kosten für die Geschäftsreise sind hingegen Betriebsausgaben. Sie sind vollständig dem betrieblichen Bereich zuzurechnen und daher nicht aufzuteilen.

3. Besuch eines auswärtigen Fachkongresses

Ein niedergelassener Arzt besucht einen Fachkongress in London. Er reist Samstag früh an. Die Veranstaltung findet ganztägig von Dienstag bis Donnerstag statt. Am Sonntagabend reist er nach Hause zurück.

Zu beachten ist: Reisen bzw. Reiseaufwendungen sind nicht in jedem Fall einheitlich und als Ganzes zu behandeln.

Folge: In diesem Beispielsfall können die Aufwendungen für zwei Übernachtungen (von Dienstag bis Donnerstag) sowie die Kongressgebühren ausschließlich dem betrieblichen Bereich zugeordnet werden; folglich sind sie vollständig als Betriebsausgaben abziehbar.

Die Flugkosten sind privat und betrieblich („gemischt") veranlasst und entsprechend dem Veranlassungszusammenhang aufzuteilen. Sachgerechter Aufteilungsmaßstab ist das Verhältnis der betrieblichen und privaten Zeitanteile der Reise (betrieblich veranlasst sind 3/9).

Ein Abzug der Verpflegungskosten als Betriebsausgaben ist nur in Höhe der Verpflegungspauschalen für die Tage mit der betrieblichen Tätigkeit zulässig.

4. Mitveranstalter eines auswärtigen Fachkongresses

(Abwandlung des Beispiels Nr. 3)

Der freiberuflich tätige Arzt fährt als Mitveranstalter zu einem Fachkongress in London. Er reist ebenso Samstag früh an. An den Tagen vor Veranstaltungsbeginn werden die vorbereitenden Arbeiten durchgeführt. Die Veranstaltung selbst findet ganztägig von Dienstag bis Donnerstag statt. Am Sonntagabend reist der Arzt nach Hause zurück.

Folge: Weil der Reise ein eindeutiger unmittelbarer betrieblicher Anlass zu Grunde liegt, sind die Kosten für die Hin- und Rückreise vollständig dem betrieblichen Bereich zuzurechnen und daher nicht aufzuteilen.

II. Studien-, Erholungs-, Informations-, Bildungs- und Incentive-Reisen

1. Studienreisen/Fachkongresse

34 Für Reisen zur beruflichen bzw. betrieblichen Fortbildung (sog. **Studienreisen**) gelten die vorgenannten Grundsätze entsprechend. Die für solche Reisen geleisteten Ausgaben sind abziehbar, wenn sie so gut wie ausschließlich betrieblich/geschäftlich (oder beruflich) bedingt sind.

Bei Fortbildungsreisen bereitet die **Abgrenzung** zu den nichtabziehbaren Kosten für bloße Erholungs- und Vergnügungsreisen oder zu Reisen, die der allgemeinen Wissensbereicherung dienen, oftmals gewisse Schwierigkeiten. Solche Ausgaben werden regelmäßig nur dann als Betriebsausgaben (oder Werbungskosten) anerkannt, wenn die Reise im Rahmen einer lehrgangsmäßigen Organisation oder nach Art eines beruflichen Praktikums oder in einer Weise durchgeführt wird, welche die Möglichkeit eines anderen (privaten) Reisezwecks so gut wie ausschließt.

Haben nicht nur betriebliche bzw. berufliche Gründe den Stpfl. zur Reise bewogen, ist zu prüfen, ob die betrieblichen/beruflichen und privaten Veranlassungsbeiträge voneinander abgrenzbar sind. Im Fall der Abgrenzbarkeit sind die Reisekosten in Betriebsausgaben/Werbungskosten und Aufwendungen für die private Lebensführung aufzuteilen. Als sachgerechter Aufteilungsmaßstab kommt v.a. das Verhältnis der betrieblich bzw. beruflich und privat veranlassten Zeitanteile in Betracht.[1]

Es genügt für die Anerkennung der Reisekosten nicht, dass diese Reisen in Gebiete führen, die für die Betriebs-/Berufsausübung wertvoll und förderlich sind. Denn für viele Stpfl. gehören Reisen zur privaten Lebensgestaltung. Andererseits steht dem Betriebsausgaben-/Werbungskostenabzug der Kosten für die Teilnahme an einer Fortbildungsveranstaltung nicht entgegen, wenn diese Veranstaltung mit einem **Urlaubsaufenthalt** an demselben Ort verbunden wird.

2. Begleitpersonen

Wird ein Stpfl. auf seiner Reise von einer nicht im Betrieb beschäftigten bzw. tätigen Person begleitet (z.B. seiner Ehefrau), legt die Finanz-Rechtsprechung den Schluss nahe, dass zumindest die Reisekosten der mitreisenden Person nicht betrieblich/beruflich veranlasst sind. Anders verhält es sich, wenn zweifelsfrei nachgewiesen wird, dass hierfür ein enger Zusammenhang zu Beruf oder Betrieb besteht.[2] Allein der Umstand, dass die Ehefrau oder sonstige Familienangehörige mitreisen, kann schon den Anschein erwecken, dass es sich nicht um eine betrieblich oder beruflich veranlasste Reise handelt. Ist die mitreisende Ehefrau oder der Familienangehörige jedoch gleichzeitig Angestellte(r) des Betriebs, sprechen die Umstände für einen betrieblichen Anlass und damit für einen Ansatz der entstandenen Reisekosten.[3]

35

3. Incentive-Reise

Incentive-Reisen werden von Unternehmen oder Arbeitgebern gewährt, um Geschäftspartner oder die Arbeitnehmer für erbrachte Leistungen zu belohnen und zu Mehrarbeit und Höchstleistungen zu motivieren. Sie werden v.a. Händlern und Verkäufern gewährt, um Verkaufsergebnisse zu steigern. Regelmäßig werden Reiseziel, Unterbringung, Transport und Auswahl des Teilnehmerkreises von dem die Reiseleistung gewährenden Unternehmen festgelegt. Für die Abgrenzung zur privaten oder beruflichen/betrieblichen Veranlassung gelten die vorstehenden Ausführungen zu den Studienreisen entsprechend (→ Rz. 34).

36

Bei Incentive-Reisen kann regelmäßig davon ausgegangen werden, dass hier der touristische, also der private Charakter überwiegt. D.h., der Vorteil ist regelmäßig als Betriebseinnahme oder Arbeitslohn zu erfassen; Reisekosten dürfen nicht angesetzt werden.

Bei Reisen mit **Geschäftspartnern** ist zu prüfen, ob die Reise als **Belohnung** – also als zusätzliche Gegenleistung für einen Geschäftsabschluss – oder zur Anknüpfung, Sicherung oder Verbesserung von Geschäftsbeziehungen gewährt wird. Liegt eine zusätzliche Gegenleistung vor, sind die Aufwendungen für die Reiseleistungen (Unterkunft und Transport) als Betriebsausgabe abzugsfähig. Für die Unterkunft gilt dies nicht bei der

---
1) BFH v. 21.4.2010, VI R 5/07, BStBl II 2010, 687.
2) Vgl. BFH v. 18.2.1965, IV 209/63 U, BStBl III 1965, 282.
3) BFH v. 13.2.1980, I R 178/78, BStBl II 1980, 386.

A. Selbständige/Gewerbetreibende

Unterbringung in einem eigenen Gästehaus. Aufwendungen für Mahlzeiten sind als Bewirtungskosten (→ Rz. 98 ff.) nur zu 70 % abzugsfähig (§ 4 Abs. 5 Satz 1 Nr. 2 EStG).

Sollen dagegen erst Geschäftsbeziehungen angeknüpft werden, handelt es sich bei der zugewendeten Reise um ein Geschenk, welches nach § 4 Abs. 5 Satz 1 Nr. 1 EStG hinsichtlich der Transport- und Unterbringungskosten den Gewinn nicht mindern darf; für Bewirtungsaufwendungen gilt § 4 Abs. 5 Satz 1 Nr. 2 EStG. Beim Geschäftspartner (Empfänger) führt der Wert der Reise zu einer Betriebseinnahme. Ein solches Geschenk ist regelmäßig anzunehmen, wenn der Stpfl. einem Geschäftsfreund ohne rechtliche Verpflichtung und ohne zeitlichen und sonstigen Zusammenhang mit einer Leistung des Empfängers eine Bar- oder Sachzuwendung gibt.

Erhält der **Arbeitnehmer** die Incentive-Reise vom Arbeitgeber, so sind die Aufwendungen für die Reise beim Arbeitgeber in voller Höhe als Betriebsausgaben abzugsfähig und vom Arbeitnehmer als Arbeitslohn zu versteuern. Der als sonstiger Bezug anzusetzende Arbeitslohn kann entweder

– nach den (elektronischen) Lohnsteuerabzugsmerkmalen,

– mit dem betriebsindividuellen Pauschsteuersatz nach § 40 Abs. 1 EStG („größere Zahl von Fällen") oder

– mit dem Pauschsteuersatz nach § 37b EStG (30 %)

besteuert werden.

Der Wert der Reise ist in ihrer Gesamtheit mit dem üblichen Endpreis am Abgabeort anzusetzen (§ 8 Abs. 2 EStG). Dies ist regelmäßig der um übliche Nachlässe gekürzte Preis von Reiseveranstaltern von Gruppenreisen. Ggf. sind die am freien Markt angebotenen Gruppenreisen mit vergleichbaren Reiseleistungen heranzuziehen. Wertminderungen – seien sie auch subjektiver Art – sind nicht zu berücksichtigen; lediglich die Kürzung des Endpreises um 4 % ist zulässig (R 8.1 Abs. 2 Satz 3 LStR 2015). Nicht in Betracht kommt die Bewertung mit Sachbezugswerten. Der Rabatt-Freibetrag (1 800 € im Kalenderjahr) kann nur angesetzt werden, wenn der Arbeitgeber des begünstigten Arbeitnehmers solche Reisen geschäftsmäßig selbst veranstaltet bzw. anbietet.

Nimmt ein Außendienstmitarbeiter des Arbeitgebers zur **Betreuung** der teilnehmenden Händler an einer Incentive-Reise teil, kann nach Auffassung des BFH[1] in der Teilnahme des Arbeitnehmers an der Incentive-Reise ein überwiegend eigenbetriebliches Interesse des Arbeitgebers liegen, wenn die mit der Reise verbundenen Ziele nur durch die Teilnahme des Arbeitnehmers verwirklicht werden können. In diesem Fall erhält der Arbeitnehmer keinen (steuerpflichtigen) Arbeitslohn.

Aufwendungen, die Unternehmern und Arbeitnehmern im Zusammenhang mit der Teilnahme an einer privaten Incentive-Reise entstehen, dürfen von diesen nicht als Betriebsausgaben bzw. Werbungskosten geltend gemacht werden.

4. Gemischt veranlasste Auswärtstätigkeiten/Veranstaltungen

37 Zur Frage, wie bei einer gemischt veranlassten Auswärtstätigkeit oder Veranstaltung mit Mahlzeitengestellung die steuerfreien Verpflegungspauschalen zu ermitteln sind, gelten die vorgenannten allgemeinen Aufteilungsregelungen (betrieblich veranlasster Anteil und der Lebensführung zuzurechnender Anteil[2]). Ergänzende Regelungen enthält das lohnsteuerliche BMF-Schreiben v. 24.10.2014[3] zu den Reisekostenregelungen ab 2014 → Rz. 32.

---

1) BFH v. 5.9.2006, VI R 65/03, BStBl II 2007, 312.
2) BFH v. 18.8.2005, VI R 32/03, BStBl II 2006, 30.
3) BMF v. 24.10.2014, IV C 5 – S 2353/14/10002, BStBl I 2014, 1412, Rz. 88.

III. Begriff der Reisekosten

„Reisekosten" ist ein lohnsteuerlicher Begriff, der die steuerlich berücksichtigungsfähigen Aufwendungen des Arbeitnehmers anlässlich einer beruflichen Auswärtstätigkeit umschreibt. Bei der (ertragsteuerlichen) Gewinnermittlung sind die lohnsteuerlichen Regelungen zu den Reisekosten in den LStR entsprechend anzuwenden, soweit die Regelungen zum Betriebsausgabenabzug nicht dagegen sprechen (R 4.12 Abs. 2 EStR). Hiermit sind die Regelungen in § 4 Abs. 5 Satz 1 Nr. 7 EStG gemeint, wonach privat veranlasste sowie unangemessene Aufwendungen (Betriebsausgaben) den Gewinn nicht mindern dürfen. Jedoch ist ein Ansatz der gesetzlich festgelegten pauschalen Kilometersätze als Betriebsausgaben stets zulässig, wenn private Beförderungsmittel (z.B. privater Pkw) betrieblich eingesetzt werden. **38**

Folglich sind die anlässlich einer Geschäftsreise (→ Rz. 26) entstandenen Reisekosten grundsätzlich als Betriebsausgaben ansatzfähig. Auch für die Gewinnermittlung umfasst der Begriff Reisekosten die

– Fahrtkosten,
– Mehraufwendungen für Verpflegung,
– Übernachtungskosten und
– Reisenebenkosten.

Damit gehören zu den **betrieblichen Reisekosten** alle Ausgaben, die unmittelbar durch die Geschäfts- oder Berufsreise verursacht werden. Dies sind z.B. die

– entstandenen Aufwendungen für den Eisenbahnfahrschein oder die Schiffsfahrkarte, für den Flugschein oder die Kfz-Kosten,
– Verpflegungsmehraufwendungen in Form der gesetzlichen Verpflegungspauschalen,
– entstandenen Unterbringungs-/Unterkunftskosten während der Reise und am Reiseziel sowie
– Aufwendungen für die Beförderung und Aufbewahrung von Gepäck, für eine Reisegepäckversicherung, für Telefongespräche, Porto, Garage, Parkplatzbenutzung, für die Fahrt mit der Straßenbahn oder einem anderen Fahrzeug am Reiseort u.Ä.

Als durch die Reise entstanden müssen auch Aufwendungen gelten, die mit einer Erkrankung des Stpfl. während der Reise zusammenhängen. Wegen der Aufwendungen zur Beseitigung von Gesundheitsschäden s. BFH v. 13.10.1960[1]. Auch Aufwendungen für Versicherungen, die ausschließlich betriebliche oder berufliche Unfälle und Risiken außerhalb einer nicht ortsgebundenen Betriebsstätte beinhalten, zählen zu den Reisenebenkosten. Das gilt ebenso für Kosten zur Beseitigung der Folgen eines **Verkehrsunfalls**, der sich auf einer ausschließlichen Geschäfts- oder Berufsfahrt mit dem Pkw ereignet hat (unabhängig von der Art des Unfalls, → Rz. 47).

Keine Reisekosten sind **Aufwendungen**, die nur **mittelbar durch die Reise entstehen**, wie z.B. für die Anschaffung von spezieller Kleidung und Wäsche (z.B. Tropenkleidung), von Reisekoffern und sonstigen Reiseutensilien usw. **39**

Die Kosten für die **Bewirtung von Geschäftsfreunden** während der Reise sind **keine** Reisekosten, wenn sie auch vielfach gerade anlässlich von Geschäftsreisen entstehen und regelmäßig als Betriebsausgaben oder Werbungskosten abziehbar sein mögen (→ Rz. 115 ff.). **40**

Eine Bewirtung von Geschäftsfreunden während einer Geschäftsreise führt **nicht** zu einer Kürzung der gesetzlichen bzw. amtlichen Verpflegungspauschalen (→ Rz. 50). **41**

---
1) BFH v. 13.10.1960, IV 196/59 S, BStBl III 1960, 511.

A. Selbständige/Gewerbetreibende — Dritter Teil: Inlandsreisen

42 Aufwendungen für **Fahrten zwischen Wohnung und Betriebsstätte** rechnen zu den **Betriebsausgaben**; solche Fahrten sind jedoch **keine** Geschäftsreisen. Folglich können diese Aufwendungen nicht als Reisekosten, etwa unter Anwendung von Verpflegungspauschalen, angesetzt werden.

IV. Fahrtkosten

1. Tatsächliche Fahrtkosten

43 Zu den betrieblich veranlassten Fahrtkosten rechnen die Aufwendungen zur unmittelbaren Durchführung der Reise selbst, sei es mit **Eisenbahn, Schiff, Flugzeug, Taxi oder** eigenem sowie gemietetem **Pkw**. Zu den Fahrtkosten zählen **auch** die **Kosten der Unfallversicherung** oder der **Flugversicherung**, wenn sich diese Versicherungen auf die einzelne Reise beziehen. Allgemeine Unfallversicherungen, insbesondere bei Einschluss des Privatbereichs, rechnen nicht zu den Fahrtkosten, sondern zu den Aufwendungen, die im Rahmen der Regelungen zu den Sonderausgaben als Vorsorgeaufwendungen abziehbar sein können.

44 Die tatsächlichen Fahrtkosten müssen der Finanzverwaltung einzeln, d.h. durch Vorlage von Fahrkarten, Flugscheinen, Taxiquittungen, Tankstellenquittungen usw. **nachgewiesen** werden können oder sind zumindest durch Vorlage der Geschäftskorrespondenz bzw. von Reiseberichten **glaubhaft** zu machen. Allein die Abrechnung des Stpfl. (Betriebsinhabers, Reisenden) mit seiner Kasse im Betrieb reicht nicht aus.

45 **Die Art des Beförderungsmittels** (z.B. Flugzeug statt Eisenbahn oder Taxi statt Straßenbahn) bestimmt der Stpfl. selbst, nicht das Finanzamt. Auch liegt es im Ermessen des Betriebsinhabers, die von ihm zu benutzende Wagenklasse selbst zu wählen. Zu beachten ist allerdings, dass die durch ein besonders **aufwändiges Kfz** entstehenden Kosten bei der steuerlichen Berücksichtigung auf das angemessene Maß reduziert werden können. Denn nach höchstrichterlicher Rechtsprechung ist bei Nutzung eines (sehr) hochpreisigen Kfz nach Sachlage des Einzelfalles zu vermuten, dass das Fahrzeug in der Absicht angeschafft worden ist, es in größerem Umfang privat zu nutzen.[1]

Zuletzt hat der BFH mit Urteil v. 29.4.2014[2] entschieden, dass Maßstab für die Feststellung des angemessenen Teils der Betriebsausgaben die Sicht eines ordentlichen und gewissenhaften Unternehmers ist, der in derselben Situation wie der Stpfl. ist. Folglich sei für einen Tierarzt mit Kleintierpraxis ein Sportwagen mit 400 PS kein angemessenes und deshalb von der Steuer absetzbares Betriebsfahrzeug. Allerdings sei der berücksichtigungsfähige Aufwand für die betrieblichen Fahrten sachgemäß zu schätzen.

In diesen Fällen gilt: Die Anschaffungskosten eines als „unangemessen" anzusehenden Kfz fallen als solche nicht unmittelbar unter das Abzugsverbot. Gehört das Fahrzeug zum Betriebsvermögen, sind sie vielmehr in vollem Umfang zu aktivieren. Zu den unter das Abzugsverbot fallenden Kfz-Aufwendungen gehören dann v.a. die Abschreibungen (AfA). Diese können nur insoweit als Betriebsausgabe abgezogen werden, als sie auf den als „angemessen" anzusehenden Teil der Anschaffungskosten entfallen. Die übrigen Betriebskosten, wie Kfz-Steuer und Versicherung, Kraftstoff, Instandsetzungs-, Wartungs- und Pflegekosten, Garagenmiete usw., sind i.d.R. nicht als „unangemessen" anzusehen, da solche Aufwendungen auch für ein „angemessenes" Fahrzeug anfallen würden.

46 Wird für die Geschäftsreise ein Kfz genutzt, ist für den Ansatz der betrieblich veranlassten Aufwendungen zu unterscheiden, ob es dem Betriebsvermögen oder dem Privatvermögen zugeordnet ist. Für diese Frage der Nutzungsart gelten die allgemeinen Grundsätze von R 4.2 EStR. Danach

– ist ein Kfz, das zu mehr als 50 % eigenbetrieblich genutzt wird, in vollem Umfang notwendiges Betriebsvermögen,

---
1) BFH v. 8.10.1987, IV R 5/85, BStBl II 1987, 853 m.w.N.
2) BFH v. 29.4.2014, VIII R 20/12, BStBl II 2014, 679.

- kann ein Kfz, das zu mindestens 10 % und bis zu 50 % betrieblich genutzt wird, in vollem Umfang als gewillkürtes Betriebsvermögen behandelt werden,
- gehört ein Kfz mit einer Privatnutzung von mehr als 90 % in vollem Umfang zum notwendigen Privatvermögen.

Benutzt der Stpfl. für die Geschäftsreise ein zum **Betriebsvermögen** gehörendes Fahrzeug, dürfen **keine** pauschalen Kilometersätze für die Geschäftsreise angesetzt werden. D.h., eine Abrechnung der Fahrzeugkosten für die einzelne Geschäftsreise ist nicht zulässig. Dies ist auch berechtigt, weil **sämtliche Aufwendungen** für den Betrieb eines solchen Fahrzeugs – also auch für die Geschäftsreisen –, wie Treibstoffkosten, Reparaturen, Reinigungskosten usw., die im Wirtschaftsjahr entstanden sind, als Betriebsausgaben verbucht werden können. Entfällt von den Fahrzeugkosten ein Anteil auf Privatfahrten bzw. auf Fahrten zwischen Wohnung und Betriebsstätte, sind die Betriebsausgaben entsprechend zu kürzen.

Wie allgemein üblich, müssen die Aufwendungen dem Finanzamt auf Verlangen nachgewiesen werden können.

> **Hinweis: Aufwendungen bei Firmenwagennutzung nicht als Reisekosten buchen**
> Wird für Geschäftsreisen ein Firmenwagen genutzt, sind die für die Nutzung des Firmenwagens entstandenen Aufwendungen, z.B. Benzinkosten, nicht über das Konto „Reisekosten", sondern über das entsprechende Kfz- bzw. Aufwandskonto zu buchen.

Zu den Gesamtkosten eines Fahrzeugs gehören die Betriebsstoffkosten, die Wartungs- und Reparaturkosten, die Kosten einer Garage am Wohnort, die Kfz-Steuer, die Aufwendungen für die Halterhaftpflicht- und Fahrzeugversicherungen, die Absetzungen für Abnutzung von den Anschaffungskosten sowie die Zinsen für ein Anschaffungsdarlehen.[1] Auch **Unfallkosten** rechnen zu den Gesamtkosten, falls sie nicht vorab der ausschließlichen privaten Nutzung zuzurechnen sind.[2] Ferner gehören zu den Anschaffungskosten des Fahrzeugs die Aufwendungen für ein Autoradio, nicht jedoch die für ein Autotelefon.

47

Zu den Besonderheiten durch die für Arbeitnehmer bestimmte Steuerfreiheit für den Bezug von Ladestrom für Elektrofahrzeuge und Hybridelektrofahrzeuge → Rz. 242.

Die Absetzung für Abnutzung (Abschreibung) ist bei Pkws und Kombi-Fahrzeugen grundsätzlich mit sechs Jahren Nutzungsdauer zu bemessen (= 16,67 %). Bei einer hohen Fahrleistung kann auch eine kürzere Nutzungsdauer anerkannt werden. Bei Kfz, die im Zeitpunkt der Anschaffung nicht neu gewesen sind, ist die entsprechende Restnutzungs-(Abschreibungs-)dauer unter Berücksichtigung des Alters, der Beschaffenheit und des voraussichtlichen Einsatzes des Fahrzeugs zu schätzen. Zur Ermittlung des anzusetzenden Listenpreises, insbesondere für Elektrofahrzeuge und extern aufladbare Hybridelektrofahrzeuge → Rz. 70.

Bei einem geleasten Fahrzeug gehören die Leasingraten und eine **Leasingsonderzahlung** im Kalenderjahr der Zahlung in voller Höhe zu den Gesamtkosten.[3]

Nicht zu den Gesamtkosten gehören z.B.

- Park- und Straßenbenutzungsgebühren,
- Aufwendungen für Insassen- und Unfallversicherung sowie
- Verwarnungs-, Ordnungs- und Bußgelder.

Diese Aufwendungen sind mit Ausnahme der Verwarnungs-, Ordnungs- und Bußgelder als **Reisenebenkosten** (→ Rz. 61 ff.) absetzbar.

---
[1] BFH v. 1.10.1982, VI R 192/79, BStBl II 1983, 17.
[2] BMF v. 18.11.2009, IV C 6 – S 2177/07/10004, BStBl I 2009, 1326, mit Änderung durch BMF v. 15.11.2012, IV C 6 – S 2177/10/10002, BStBl I 2012, 1099.
[3] BFH v. 5.5.1994, VI R 100/93, BStBl II 1994, 643.

A. Selbständige/Gewerbetreibende Dritter Teil: Inlandsreisen

2. Einsatz privater Fahrzeuge
a) Pauschale Kilometersätze

48 Wird die **Geschäftsreise** mit einem **privaten** Pkw oder einem anderen **privaten** motorbetriebenen Fahrzeug (z.B. privaten Motorrad) ausgeführt, können ebenfalls Betriebsausgaben angesetzt werden. In diesen Fällen hat der Stpfl. die Wahl zwischen pauschalen KM-Sätzen oder den anteiligen tatsächlichen Kosten.

Als **pauschale** Kilometersätze dürfen seit dem Kalenderjahr 2014 ohne Einzelnachweis **je gefahrenem Kilometer** angesetzt werden:

– bei Benutzung eines Kraftwagens **0,30 €** und
– bei Benutzung eines anderen motorbetriebenen Fahrzeugs **0,20 €**.

Wird die Geschäftsreise mit einem privaten **Moped oder Mofa** durchgeführt, beträgt seit 2014 der Kilometersatz pro gefahrenem Kilometer wie bei anderen motorbetriebenen Fahrzeugen **0,20 €**. Für nicht motorbetriebene private Fahrzeuge sind seit 2014 grundsätzlich die tatsächlichen Kosten anzusetzen.

Ein Ansatz der früheren Pauschale von 0,05 €/Kilometer bei Nutzung eines **Fahrrads** ist nicht mehr zulässig. Ebenso ist der früher mögliche **pauschale Zuschlag** für die auf einer Geschäftsreise **mitgenomme(n) Person(en)** seit 2014 entfallen. Weil seit 2014 der Ansatz von pauschalen Kilometersätzen gesetzlich festgeschrieben ist, darf die Finanzverwaltung nicht mehr prüfen, ob sie im Einzelfall zu einer offensichtlich unzutreffenden Besteuerung führen würden.

b) Tatsächliche Aufwendungen

49 An Stelle der pauschalen Kilometersätze können die Stpfl. (Gewerbetreibende und Selbständige ebenso wie Arbeitnehmer) für das auf Geschäftsreisen bzw. Auswärtstätigkeiten eingesetzte **private Fahrzeug** entsprechend der Fahrtenbuchmethode die anteiligen tatsächlichen Kosten ansetzen (→ Rz. 242). Dazu ist aus den Gesamtaufwendungen für das Fahrzeug und der Gesamtfahrleistung des Fahrzeugs ein **Kilometersatz** zu **ermitteln**.

Dieser sog. **Einzelnachweis** muss für einen Zeitraum von zwölf Monaten geführt werden, der allerdings nicht dem Kalenderjahr entsprechen muss. Der sich so ergebende individuelle Kilometersatz darf so lange angesetzt werden, bis sich die Verhältnisse wesentlich ändern. Eine solch wesentliche Änderung liegt z.B. dann vor, wenn der Abschreibungszeitraum für das Fahrzeug abgelaufen ist oder sich bei einem Leasingfahrzeug die Leasinggebühren ändern. In diesem Fall ist der individuelle Kilometersatz neu zu ermitteln, es sei denn, der Stpfl. kehrt zum steuerlich zulässigen pauschalen Kilometersatz von 0,30 € zurück.

Werden die amtlichen Kilometersätze von 0,30 €/0,20 € angesetzt, können daneben **Unfallkosten** anlässlich eines Unfalls auf einer Geschäftsreise in vollem Umfang als Betriebsausgaben abgezogen werden. Für die Anerkennung von Unfallkosten als Betriebsausgaben gelten die Ausführungen zu → Rz. 47, 290 entsprechend.

Zu den Besonderheiten durch die für Arbeitnehmer bestimmte Steuerfreiheit für den Bezug von Ladestrom für Elektrofahrzeuge und Hybridelektrofahrzeuge → Rz. 242.

V. Verpflegungskosten
1. Allgemeines

50 Mehraufwendungen für die Verpflegung des Stpfl. sind nur dann als Betriebsausgaben abziehbar, wenn er vorübergehend von seiner **Wohnung** und dem Mittelpunkt seiner dauerhaft angelegten betrieblichen Tätigkeit entfernt betrieblich tätig wird. Der Begriff des Mittelpunktes der **dauerhaft angelegten betrieblichen** Tätigkeit des Gewerbetreibenden/Selbständigen (Stpfl.) entspricht dem Begriff der (ersten) Betriebsstätte (→ Rz. 27 f.).

Auf Geschäftsreisen liegen die Aufwendungen für Verpflegung üblicherweise über denen am Wohnort. Gleichwohl ist der Abzug der Verpflegungsmehraufwendungen anhand von Einzelnachweisen anlässlich von Geschäftsreisen nicht zugelassen. Steuerlich sind Verpflegungsmehraufwendungen nur im Rahmen von gesetzlich festgelegten **Pauschbeträgen** berücksichtigungsfähig. Dabei gelten für sämtliche Geschäftsreisen im Inland **einheitliche Verpflegungspauschalen**. Übersteigen die tatsächlichen Verpflegungsmehraufwendungen die nachfolgenden Pauschbeträge, so können Gewerbetreibende/Selbständige den überschießenden Betrag nicht als Betriebsausgabe abziehen. Dies ist durch § 4 Abs. 5 Satz 1 Nr. 5 EStG ausgeschlossen.

Die Pauschbeträge zur Abgeltung des Verpflegungsmehraufwands (sog. Verpflegungspauschalen) bei **Geschäftsreisen** (→ Rz. 26) im **Inland** betragen je Kalendertag bei einer Abwesenheit von

- 24 Stunden 24 €,
- weniger als 24 Stunden, aber mehr als 8 Stunden 12 €,
- beliebiger Dauer am ersten Reisetag bzw. Anreisetag einer mehrtägigen auswärtigen Tätigkeit mit einer auswärtigen Übernachtung sowie für den Reisetag nach einer solchen Übernachtung (Rück-/Abreisetag) 12 €.

Beispiele: Berechnung der Verpflegungspauschalen

1. Eintägige Geschäftsreise

Der Unternehmer A besucht aus betrieblichem Anlass eine eintägige Tagung. In der Mittagspause nimmt er in einem Restaurant eine Mahlzeit für 39 € ein. Die Abwesenheit von der Wohnung und der ersten Betriebsstätte beträgt 9 Stunden.

Folge: Dem Unternehmer steht zur Abgeltung seiner tatsächlich entstandenen betrieblich veranlassten Aufwendungen eine Verpflegungspauschale i.H.v. 12 € zu (§ 4 Abs. 5 Satz 1 Nr. 5 i.V.m. § 9 Abs. 4a Satz 3 Nr. 3 EStG). Diese kann er als Betriebsausgabe ansetzen. Ein Abzug der tatsächlichen Verpflegungskosten als Betriebsausgabe ist nicht zulässig.

2. Mehrtägige Geschäftsreise

Der Unternehmer A war auf einer betrieblichen Geschäftsreise. Sie dauerte 3 Tage; am Anreisetag war er 5 Stunden und am Rückreisetag 21 Stunden unterwegs bzw. von der Wohnung und der ersten Betriebsstätte abwesend.

Folge: Zur Abgeltung des Verpflegungsmehraufwands kann er für den An- und Abreisetag eine Verpflegungspauschale i.H.v. jeweils 12 € (zusammen 24 €) und für den zweiten Tag mit der Übernachtung 24 € ansetzen. Als Betriebsausgabe sind somit 48 € anzusetzen.

Für weitere Einzelheiten zu den Verpflegungspauschalen bei mehrtägigen Geschäftsreisen s. das Beispiel zu → Rz. 59.

Werden an einem Kalendertag **mehrere** Geschäftsreisen durchgeführt, sind die Abwesenheitszeiten an diesem Kalendertag **zusammenzurechnen**.

Beispiel: Mehrere Auswärtstermine an einem Tag

Der Unternehmer U besucht am Vormittag von 8.00 Uhr bis 13.00 Uhr seinen Lieferanten L. Er kehrt anschließend in sein Büro zurück, erledigt dort anfallende Arbeiten und trifft sich außerhalb seiner ersten Betriebsstätte mit seinem Kunden K zu einer geschäftlichen Besprechung von 16.00 Uhr bis 23.00 Uhr.

Folge: Der Unternehmer U war an diesem Kalendertag insgesamt mehr als acht Stunden von der Betriebsstätte und der Wohnung abwesend, er kann als Verpflegungsmehraufwendungen 12 € als Betriebsausgabe ansetzen.

Treffen an demselben Kalendertag Verpflegungsmehraufwendungen auf Grund einer anderen Auswärtstätigkeit zusammen (z.B. wegen einer Geschäftsreise oder wegen einer doppelten Haushaltsführung), ist nur die auf eine der beiden Tätigkeiten entfallende höchste Verpflegungspauschale anzusetzen (keine Zusammenrechnung).

Bei einer eintägigen betriebsbedingten Abwesenheit von bis zu acht Stunden ist kein Abzug von Verpflegungsmehraufwendungen als Betriebsausgaben möglich. Die für Arbeitnehmer mögliche Pauschalbesteuerung der steuerpflichtigen Verpflegungspauschalen mit 25 % Lohnsteuer ist hier nicht zulässig.

Neben der v.g. Zusammenrechnung von Abwesenheitszeiten ist folgende **besondere** Zurechnungsregelung zu beachten: Eine Geschäftsreise/auswärtige Tätigkeit, die an einem Kalendertag beginnt und am nachfolgenden Kalendertag beendet wird, ohne dass eine Übernachtung stattfindet, ist mit der gesamten Abwesenheitsdauer dem Kalendertag der überwiegenden Abwesenheit zuzurechnen (vgl. § 4 Abs. 5 Satz 1 Nr. 5 Satz 2 EStG).

> **Beispiel: Zurechnung der Abwesenheitsdauer bei Rückkehr am Folgetag ohne Übernachtung**
>
> Der selbständige Spediteur S liefert Materialien von Köln nach Würzburg. Er tritt seine Geschäftsreise von Köln aus um 17.00 Uhr an und macht sich unmittelbar nach Ablieferung der Materialien auf den Rückweg. Die Rückkehr erfolgt am nächsten Morgen um 7.30 Uhr.
>
> **Folge:** Die betriebsbedingte Abwesenheit beträgt an den jeweiligen Tagen weniger als acht Stunden. Für den Ansatz der Verpflegungspauschale werden die betriebsbedingten Abwesenheiten an beiden Tagen fiktiv zu einer eintägigen Geschäftsreise zusammengerechnet. Da die Abwesenheit an beiden Tagen mit insgesamt 12.30 Stunden acht Stunden übersteigt, ist eine Verpflegungspauschale i.H.v. 12 € anzusetzen und dem Tag der Rückkehr zuzurechnen, da an diesem Tag die Dauer der Abwesenheit überwog.

Die Verpflegungspauschalen sind auch dann **nicht zu kürzen**, wenn von dritter Seite Mahlzeiten unentgeltlich oder verbilligt zur Verfügung **gestellt werden** oder wenn der Stpfl. anlässlich einer betrieblich veranlassten Reise an einer Bewirtung teilnimmt und deren Aufwendungen selbst trägt. Die für den Arbeitnehmerbereich in § 9 Abs. 4a Satz 8 EStG vorgeschriebenen Kürzungen der Verpflegungspauschalen gelten nicht für den Betriebsausgabenabzug.

Allerdings ist der Abzug von Verpflegungsmehraufwendungen entsprechend der Regelung in § 9 Abs. 4a Satz 6 EStG auf die ersten **drei Monate** einer längerfristigen betrieblichen Tätigkeit an **derselben** Tätigkeitsstätte beschränkt (Dreimonatsfrist → Rz. 30).

2. Keine offensichtlich unzutreffende Besteuerung

51 Weil Verpflegungsmehraufwendungen ausschließlich durch Pauschbeträge berücksichtigungsfähig sind, entfällt ein Nachweis anhand von Einzelbelegen. Auf Grund der gesetzlich festgelegten Höhe der Pauschbeträge für Verpflegungsmehraufwendungen darf das Finanzamt nicht prüfen, ob der Ansatz der Pauschbeträge zu einer unzutreffenden Besteuerung führt.[1]

3. Buchmäßige Behandlung

52 Zur eindeutigen Trennung der abzugsfähigen und der nicht abzugsfähigen Betriebsausgaben schreibt das EStG die einzelne sowie getrennte Aufzeichnung bestimmter Aufwendungen vor. Nach § 4 Abs. 7 EStG sind folgende Betriebsausgaben einzeln und getrennt von den sonstigen Betriebsausgaben **aufzuzeichnen**:

- Aufwendungen für Geschenke und Bewirtungen, für Gästehäuser, Jagden, Fischerei, Segeljachten, Motorjachten sowie
- andere Aufwendungen, welche die Lebensführung des Stpfl. oder anderer Personen berühren (unangemessene Aufwendungen),

mit Ausnahme der Verpflegungspauschalen. Diese Verpflichtung zur besonderen Aufzeichnung ist erfüllt, wenn diese Aufwendungen

---

1) BFH v. 4.4.2006, VI R 44/03, BStBl II 2006, 567.

- vom Stpfl. mit Gewinnermittlung durch Betriebsvermögensvergleich (Bilanzierung) fortlaufend auf besonderen Konten im Rahmen der Buchführung gebucht und
- vom Stpfl. mit Gewinnermittlung durch Aufzeichnung von Betriebseinnahmen und Betriebsausgaben (nach § 4 Abs. 3 EStG) von Anfang an getrennt von den sonstigen Betriebsausgaben fortlaufend und einzeln aufgezeichnet werden.

Statistische Zusammenstellungen genügen nicht. Es ist aber ausreichend, wenn für all diese Aufwendungen *ein* Konto oder *eine* Spalte geführt wird. In diesem Fall muss sich aus jeder Buchung oder Aufzeichnung die Art der Aufwendung ergeben. Nicht zu beanstanden ist, wenn die Verpflegungspauschalen anlässlich einer Geschäftsreise zusammen mit den anderen Reisekosten verbucht werden. Voraussetzung hierfür ist, dass sich aus dem Reisekostenbeleg eine eindeutige Trennung der Aufwendungen ergibt.

Ein Verstoß gegen diese Aufzeichnungspflicht hat zur Folge, dass die nicht besonders aufgezeichneten Aufwendungen nicht als Betriebsausgaben abzugsfähig sind.

Die Ordnungsmäßigkeit der Buchführung wird nicht beanstandet, wenn der Stpfl. die Aufwendungen in Höhe der Verpflegungspauschalen verbucht und wenn die tatsächlichen Verpflegungskosten niedriger oder höher gewesen sind. **53**

Im Übrigen sind **Vorschüsse**, die ein Unternehmer seiner Geschäftskasse für Reisekosten entnimmt, keine Entnahmen und nach der Geschäftsreise eingezahlte, unverbraucht gebliebene Vorschüsse keine Einlagen im steuerlichen Sinne. Die Verbuchung erfolgt unmittelbar über Reisekosten. Wird jedoch der unverbraucht gebliebene Teil des entnommenen Reisegelds als privat verbraucht behandelt, also nicht wieder eingelegt, dann ist nichts dagegen einzuwenden, wenn die als Vorschüsse gebuchten Betriebsausgaben um die nicht verbrauchten Beträge gekürzt werden. Es ergeben sich dann zwei Möglichkeiten der Verbuchung des überschüssigen Betrags. **54**

Verbuchungsmöglichkeiten von unverbraucht gebliebenen Vorschüssen	
1. Bei privater Verwendung	2. Bei Einzahlung (nach der Geschäftsreise)
Privatkonto an Konto Reisekosten bzw. Reisekostenvorschüsse	Kassenkonto an Konto Reisekosten bzw. Reisekostenvorschüsse.

Dieser (Buchungs-) Vorgang berührt nicht die Ordnungsmäßigkeit der Buchführung als solche.

4. Begleitpersonen

Die Verpflegungspauschalen können ebenso wie andere Reisekosten auch für Personen angesetzt werden, die den Stpfl. (Unternehmer) aus betrieblichen oder beruflichen Gründen auf der Geschäftsreise begleiten; z.B. ein Kraftwagenfahrer, ein Sekretär oder eine Dolmetscherin. **55**

Dieser Grundsatz gilt auch für die Begleitung durch **Angehörige** (z.B. durch die Ehefrau), wenn dies aus zwingenden **gesundheitlichen** oder **betrieblichen** Gründen nachgewiesenermaßen erforderlich ist. Betriebliche Gründe liegen regelmäßig dann vor, wenn der mitreisende Angehörige durch seine Mithilfe eine sonst erforderlich werdende Arbeitskraft einspart; also etwa notwendige Tätigkeiten eines Chauffeurs oder als Sekretär leistet oder im Zusammenhang mit Messen und Ausstellungen beim Aufbau des Messestands o.Ä. tätig wird. **56**

Da an den Nachweis, ob die Begleitung des mitreisenden Angehörigen aus **gesundheitlichen** Gründen notwendig ist, hohe Anforderungen durch die Finanzverwaltung gestellt werden, empfiehlt sich die gleichzeitige Bereitstellung geeigneter Unterlagen, etwa eines amtsärztlichen Zeugnisses oder bei Kriegsbeschädigung oder Körperbehinderung durch amtliche Rentenbescheide u.Ä. (→ Rz. 35).

A. Selbständige/Gewerbetreibende   Dritter Teil: Inlandsreisen

57 Wird der Gewerbetreibende/Selbständige als Arbeitgeber auf einer Geschäftsreise von seinen Arbeitnehmern begleitet, kann er ihnen die Reisekosten nach den gesetzlichen Regelungen steuerfrei ersetzen (→ Rz. 199 ff.). Für den Arbeitgeber liegen in diesen Fällen stets und unabhängig von den steuerfreien Höchstbeträgen Betriebsausgaben vor. Weitere Einzelheiten zu Reisekostenzahlungen an Arbeitnehmer → Rz. 143 ff.

VI. Übernachtungskosten

58 Notwendige Unterkunfts- bzw. Übernachtungskosten zwischen den Reisetagen sowie am Reiseziel während einer mehrtägigen Geschäftsreise sind in der nachgewiesenen Höhe abzugsfähig. Eine bloße Glaubhaftmachung genügt nicht. Grundsätzlich ist der **Einzelnachweis erforderlich**. Ausnahmsweise kann die Höhe der Übernachtungskosten **geschätzt** werden, wenn die Entstehung dem Grunde nach unbestritten ist.[1] Ein **pauschaler** Ansatz von Übernachtungskosten ist steuerlich nur für **Zahlungen** des Arbeitgebers **an Arbeitnehmer** bei Inlandsreisen (→ Rz. 226) sowie bei Auslandsreisen (→ Rz. 336 ff.) möglich.

Ein Nachweis von Unterkunfts- bzw. Übernachtungskosten ist stets durch die auf den Namen des Stpfl. lautende Rechnung des Hotels, Gasthofs usw. zu erbringen. Der Stpl. muss die Unterkunft persönlich in Anspruch genommen haben. Benutzt der Reisende ein **Mehrbettzimmer** gemeinsam mit Personen, die aus privaten Gründen mitreisen bzw. zum Reisenden oder seinem Arbeitgeber in keinem Dienstverhältnis stehen, gilt Folgendes: Es sind die Aufwendungen steuerlich maßgebend, die bei Inanspruchnahme eines **Einzelzimmers** im selben Haus entstanden wären. Führt die weitere Person auch eine Geschäftsreise/Auswärtstätigkeit durch, so sind die tatsächlichen Unterkunftskosten gleichmäßig aufzuteilen.

Zu den Unterkunfts- bzw. Übernachtungskosten zählen z.B. die Kosten für die Nutzung eines Hotelzimmers, Mietaufwendungen für die Nutzung eines (ggf. möblierten) Zimmers oder einer Wohnung sowie Nebenleistungen (z.B. Kultur- und Tourismusförderabgabe, Kurtaxe/Fremdenverkehrsabgabe, bei Auslandsübernachtungen die besondere Kreditkartengebühr bei Zahlungen in Fremdwährungen).

59 Die **Kosten des Frühstücks** (regelmäßig auf der Zimmerrechnung aufgeführt) gehören zu den Verpflegungs-, nicht zu den Übernachtungskosten. Seitdem der Umsatzsteuersatz für das Hotelwesen und Übernachtungsgewerbe auf 7 % abgesenkt wurde, ist bei Übernachtungen im **Inland** ein getrennter Ausweis der Übernachtungsleistungen mit 7 % USt und für die eingenommenen Mahlzeiten mit 19 % USt erforderlich.

Mit Schreiben vom 5.3.2010[2] sowie dem für Gewinneinkünfte bestimmten Schreiben vom 23.12.2014[3] hat das BMF Stellung genommen zur pauschalen Ermittlung des Frühstückspreises i.V.m. der Übernachtung bei einer Auswärtstätigkeit (des Arbeitnehmers). Danach ist folgendes zu beachten:

Wird durch Zahlungsbelege

- nur ein **Gesamtpreis** für Unterkunft und Verpflegung oder
- neben der Beherbergungsleistung nur ein **Sammelposten** für Nebenleistungen einschließlich Verpflegung

nachgewiesen und lässt sich der Preis für die Verpflegung deshalb nicht feststellen (z.B. bei einer Tagungspauschale), so ist dieser Gesamtpreis zur Ermittlung der Übernachtungs- oder Reisenebenkosten wie folgt zu **kürzen**:

---

[1] BFH v. 17.7.1980, IV R 15/76, BStBl II 1981, 14.
[2] BMF v. 5.3.2010, IV D 2 – S 7210/07/10003, BStBl I 2010, 259, Rz. 16.
[3] BMF v. 23.12.2014, IV C 5 – S 2353/08/10006 :005, BStBl I 2015, 34.

Anzusetzende Kürzungsbeträge	
Für ein Frühstück um	20 %*
Für ein Mittag- und Abendessen um	jeweils 40 %*

*der für den Unterkunftsort maßgebenden Verpflegungspauschale bei einer Auswärtstätigkeit mit einer Abwesenheitsdauer von mindestens 24 Stunden.

Für das **Inland** ergeben sich als Kürzungsbeträge für das **Frühstück 4,80 €** und für ein **Mittag- und Abendessen** jeweils **9,60 €**. Der sodann verbleibende Betrag der Hotelrechnung stellt die Kosten der Unterbringung dar.

> **Beispiel: Kürzung des Gesamtpreises bei Übernachtung**
>
> Im Rahmen einer betrieblich veranlassten Auswärtstätigkeit übernachtet der Stpfl. im Hotel. Das Hotel stellt (netto) 100 € für die Übernachtung und zusätzlich (netto) 22 € für ein Business- oder Servicepaket (inkl. Frühstück) in Rechnung.
>
> Der Stpfl. kann für den An- und Abreisetag jeweils eine Verpflegungspauschale von 12 € als Betriebsausgabe abziehen.
>
> Daneben können die Übernachtungskosten i.H.v. 100 € und die Aufwendungen für das Business- oder Servicepaket i.H.v. 17,20 € (22 € abzgl. 4,80 €) abgezogen werden. Der Kostenanteil für das Frühstück (anzusetzen mit 4,80 €) ist vom Betriebsausgabenabzug ausgeschlossen.

Ebenso kann verfahren werden, wenn in einer Hotelrechnung neben der Beherbergungsleistung ein **Sammelposten** für andere, dem allgemeinen Umsatzsteuersatz unterliegende Leistungen einschließlich Frühstück ausgewiesen wird. Der verbleibende Teil dieses Sammelpostens ist als Reisenebenkosten i.S.v. R 9.8 LStR 2015 zu behandeln, wenn **kein** Anlass für die Vermutung besteht, dass in diesem Sammelposten etwaige nicht als Reisenebenkosten anzuerkennende Nebenleistungen enthalten sind (etwa Pay-TV, private Telefonate, Massagen).

Unschädlich ist insbesondere, wenn dieser Sammelposten auch mit Internetzugang, Zugang zu Kommunikationsnetzen, näher bezeichnet wird und der hierzu ausgewiesene Betrag nicht so hoch ist, dass er offenbar den Betrag für Frühstück und steuerlich anzuerkennende Reisenebenkosten übersteigt. **Anderenfalls** ist dieser Sammelposten steuerlich in voller Höhe als privat veranlasst zu behandeln.[1]

Diese dort getroffenen Vereinfachungsregelungen finden über den Generalverweis der R 4.12 Abs. 2 EStR 2012 (Reisekosten) auch Anwendung bei den Gewinneinkünften, z.B. bei gewerblicher oder freiberuflicher Tätigkeit.[2]

> **Beispiel: Kürzung bei Frühstück, Sammelposten**
>
> Unternehmer U ist auf einer Geschäftsreise. Der Übernachtungspreis für das Hotelzimmer beträgt 150 € zzgl. 30 € für das sehr umfangreiche Frühstücksbüffet (Übernachtung im Inland).
>
> **Folge:** Die Beherbergungsleistung ist mit 150 € als Betriebsausgabe ansetzbar. Die 30 € für das Frühstücksbüffet dürfen nicht als Betriebsausgabe angesetzt werden.
>
> Weist das Hotel hingegen einen **Sammelposten** für andere, dem allgemeinen Umsatzsteuersatz unterliegende Leistungen einschließlich Frühstück aus, so ist die vorgenannte Vereinfachungsregelung anwendbar und für das Frühstück 20 % des maßgebenden Pauschbetrags für Verpflegungsmehraufwendungen (24 €) = 4,80 € anzusetzen. Der verbleibende Teil dieses Sammelpostens (25,20 €) ist regelmäßig als Reisenebenkosten ansetzbar.
>
> Zusätzlich ansetzbar sind die jeweiligen Verpflegungspauschalen.

Bei **Übernachtungen im Ausland** wird in der **Hotelrechnung** mitunter ein **Gesamtpreis** für Übernachtung und Frühstück oder **ausschließlich** der Preis für die Übernachtung

---

1) BMF v. 5.3.2010, IV D 2 – S 7210/07/10003, BStBl I 2010, 259, Rz. 16.
2) Vgl. auch Erlass des FinMin Schleswig-Holstein v. 8.4.2010, VI 304 – S 2145 – 110, www.stotax-first.de.

ausgewiesen. Zur Ermittlung der **Übernachtungskosten** gelten die vorgenannten Regelungen zur **Aufteilung** und Kürzung des Gesamtpreises entsprechend. Wird hingegen glaubhaft gemacht, dass in einer nicht spezifizierten Hotelrechnung Kosten für ein Frühstück nicht enthalten sind, so ist der **Gesamtbetrag** der Hotelrechnung als Kosten der Unterbringung anzusehen.[1)]

Zu beachten ist, dass bei den Gewinneinkünften die Verpflegungspauschalen **nicht** zu kürzen sind, wenn dem Stpfl. von dritter Seite Mahlzeiten unentgeltlich oder verbilligt zur Verfügung **gestellt** werden oder wenn der Stpfl. anlässlich einer betrieblich veranlassten Reise Bewirtungsaufwendungen selbst trägt.

60 Bei **privater Unterbringung**, z.B. bei Geschäftsfreunden oder Verwandten, erhält der Reisende i.d.R. keine Belege über Übernachtungskosten. Anstelle solcher Ausgaben entstehen dann Aufwendungen für ein Gastgeschenk, z.B. Blumen oder sonstige Geschenke an die Ehefrau des Gastgebers, Geschenke an die Kinder des Gastgebers, Trinkgeld an dessen Hausangestellte usw. Wenn der Nachweis vorliegt, dass die auswärtige Übernachtung im betrieblichen oder beruflichen Interesse erforderlich gewesen ist, sollte die Glaubhaftmachung solcher Nebenkosten für den Ansatz als Betriebsausgaben genügen.

VII. Reisenebenkosten

61 Reisenebenkosten sind Aufwendungen, die nicht den vorgenannten Kostenarten zugerechnet werden können; z.B. die Kosten für Beförderung und Aufbewahrung von Gepäck während der Reise, Telefon und Telegramme, Porto, Garage, Straßen- und Parkplatzbenutzung, Straßenbahn oder Kraftwagen am Reiseziel, Garderobenbenutzung und Versicherungen, soweit sie reisebezogen sind.

Ferner rechnet dazu ein Verlust der auf der Reise abhanden gekommenen oder beschädigten Gegenstände, die der Stpfl. auf der Reise verwenden musste; vorausgesetzt, der Verlust ist auf Grund einer reisespezifischen Gefährdung eingetreten. Berücksichtigt wird der Verlust bis zur Höhe des Werts, der dem Gegenstand zum Zeitpunkt des Verlustes beigemessen wird.

Diese Kosten sind in der nachgewiesenen oder glaubhaft gemachten Höhe **abziehbar**.

62 Zu den abziehbaren Reisenebenkosten gehören auch die Trinkgelder an das Bedienungspersonal in Gasthäusern, an den Taxifahrer, den Schlafwagenschaffner usw., auch z.B. an das Dienstpersonal eines besuchten Geschäftsfreundes. Es empfiehlt sich, die angefallenen Reisenebenkosten in einem Reisebericht aufzuführen, diesen mit der eigenen Unterschrift zu versehen und die **Belege** zu den Akten/Buchungsbelegen zu nehmen.

63 Zu den Nebenkosten zählen ebenfalls die Aufwendungen für die Inanspruchnahme eines Hotelzimmers lediglich für Zwecke des Umziehens, zur Vorbereitung auf eine anstehende geschäftliche Verhandlung, zur erforderlichen Ruhepause usw. (sog. Tageszimmer). Aus der Hotelquittung muss in solchen besonderen Fällen ersichtlich sein, dass eine Übernachtung nicht stattgefunden hat.

VIII. Fahrten zwischen mehreren Betriebsstätten

64 Die Aufwendungen für Wege **zwischen** mehreren Betriebsstätten können – anders als für Wege zwischen Wohnung und erster Betriebsstätte – in vollem Umfang als Betriebsausgaben abgezogen werden; selbst dann, wenn sich eine Betriebsstätte am Hauptwohnsitz des Unternehmers befindet.[2)] Dies gilt auch, wenn sich eine Betriebsstätte in der Wohnung des Unternehmers befindet und dieser Teil der Wohnung von der übrigen Wohnung baulich abgetrennt ist und eine in sich geschlossene Einheit bildet.[3)] Ein häusli-

---

1) Erlass des Thüringer FinMin v. 22.2.2001, S 2353 A – 7/01 – 240.1.
2) BMF v. 23.12.2014, IV C 5 – S 2353/08/10006 :005, BStBl I 2015, 34.
3) BFH v. 6.2.1992, IV R 85/90, BStBl II 1992, 528.

ches Arbeitszimmer allein reicht dagegen für die Annahme einer Betriebsstätte nicht aus.[1]

Aus der Rechtsprechung des BFH muss der Schluss gezogen werden, dass eine Betriebsstätte auf dem Privatgrundstück steuerlich nur dann anerkannt wird, wenn es sich räumlich um einen getrennten Anbau oder um ein eigenes Gebäude auf demselben Grundstück handelt.[2]

> **Beispiel: Fahrten zwischen Firmensitz und Fertigungsstätte**
>
> Ein Unternehmer hat in A sein Einfamilienhaus und den Sitz der Geschäftsleitung seines Betriebs. Eine Fertigungsstätte des Unternehmens befindet sich in B, die der Unternehmer regelmäßig aufsucht.
>
> **Folge:** Die Fahrten zwischen dem Sitz der Geschäftsleitung und der Fertigungsstätte in B sind in vollem Umfang als Betriebsausgaben abzugsfähig.

Einzelheiten zur Bestimmung der (ersten) Betriebsstätte und der Behandlung der Fahrtkosten → Rz. 27 f.

> **Beispiel: Fahrten zwischen eigener Kanzlei im Einfamilienhaus und Zweitkanzlei**
>
> Ein Rechtsanwalt unterhält in seinem Einfamilienhaus eine vom Wohnbereich abgetrennte Kanzlei, in der er auch Mandanten empfängt. In der Stadt hat er eine weitere Kanzlei.
>
> **Folge:** Die Fahrten von der Kanzlei im Einfamilienhaus (erste Betriebsstätte) zur Kanzlei in der Stadt sind in vollem Umfang als Betriebsausgaben abzugsfähig.

65 Benutzt der Unternehmer/Selbständige für die Fahrten zwischen mehreren Betriebsstätten einen **privaten PKW** und verzichtet er auf den Einzelnachweis der tatsächlichen Kfz-Aufwendungen, kann er stattdessen den Kilometersatz von 0,30 € je gefahrenen Kilometer ansetzen (→ Rz. 48).

66 **Verpflegungsmehraufwendungen** können für die Fahrten zwischen **mehreren Betriebsstätten nicht** geltend gemacht werden. Es handelt sich bei diesen Fahrten nicht um Geschäftsreisen, auch wenn für die Fahrten **betriebliche** (nicht jedoch geschäftliche) Gründe ausschlaggebend waren. Der Begriff „Geschäftsreise" fordert, dass der Stpfl. die Reise zu einem Ort unternimmt, der nicht Ort der eigenen auswärtigen Betriebsstätte ist (→ Rz. 27 ff.).

Zu einer am Ort der auswärtigen Betriebsstätte notwendigen Übernachtung hat der BFH in einem Urteil v. 22.4.1998[3] entschieden, dass gelegentliche Hotelübernachtungen am Ort der auswärtigen Betriebsstätte keine doppelte Haushaltsführung begründen, weil eine gelegentliche Hotelübernachtung nicht die Begriffe des Wohnens und des eigenen Hausstands im Sinne einer doppelten Haushaltsführung erfülle. Solche Übernachtungskosten können als allgemeine Betriebsausgaben angesetzt werden.

IX. Private Nutzung betrieblicher Kfz

67 Wird ein zum Betriebsvermögen gehörendes Kfz auch privat genutzt, ist der **private Nutzungsanteil** zu **versteuern**. Die bloße Behauptung, das Kfz werde nicht für Privatfahrten genutzt oder Privatfahrten würden ausschließlich mit anderen Kfz durchgeführt, reicht nicht aus, um von dem Ansatz eines privaten Nutzungsanteils abzusehen.[4] Dies gilt auch für gemietete oder geleaste Kfz.

---

1) BFH v. 7.12.1988, X R 15/87, BStBl II 1989, 421.
2) S. z.B. BFH v. 5.12.2002, IV R 7/01, BStBl II 2003, 463; BFH v. 23.1.2003, IV R 71/00, BStBl II 2004, 43; BFH v. 15.1.2013, VIII R 7/10, BStBl II 2013, 374 sowie BMF v. 6.10.2017, IV C 6 – S 2145/07/10002 :019, BStBl I 2017, 1320.
3) BFH v. 22.4.1998, XI R 59/97, DStRE 1998, 828.
4) BFH v. 13.2.2003, X R 23/01, BStBl II 2003, 472.

Kfz im Sinne dieser Regelung **sind** Fahrzeuge, die typischerweise nicht nur vereinzelt und gelegentlich für private Zwecke genutzt werden.[1] Hierzu zählen z.B. auch Gelände-Kfz, wobei die kraftfahrzeugsteuerrechtliche Einordnung unerheblich ist. Keine Kfz in diesem Sinne sind Zugmaschinen oder Lastkraftwagen, die kraftfahrzeugsteuerrechtlich „andere Kfz" darstellen.

Kann der Stpfl. glaubhaft machen, dass bestimmte betriebliche Kfz ausschließlich betrieblich genutzt werden, weil sie für eine private Nutzung **nicht** geeignet sind (z.B. bei sog. Werkstattwagen)[2] oder diese ausschließlich eigenen Arbeitnehmern zur Nutzung überlassen werden, ist für diese Kfz kein pauschaler Nutzungswert zu ermitteln. Dies gilt entsprechend für Kfz, die nach der betrieblichen Nutzungszuweisung nicht zur privaten Nutzung zur Verfügung stehen. Hierzu können z.B. Vorführwagen eines Kfz-Händlers, zur Vermietung bestimmte Kfz oder Kfz von Stpfl., die ihre Tätigkeit nicht in einer festen örtlichen Einrichtung ausüben oder die ihre Leistungen nur durch den Einsatz eines Kfz erbringen können, gehören.

Ein betriebliches Kfz wird **privat** genutzt, wenn es für **Freizeitfahrten** eingesetzt wird. Dies sind **private** Einkaufsfahrten, Fahrten zu Freunden/Bekannten, zu Arztbesuchen, zur Sportausübung, zu Sport- und sonstigen Veranstaltungen sowie Urlaubsfahrten usw.

Die Versteuerung der privaten Nutzung betrieblicher Fahrzeuge erfolgt durch eine **Begrenzung** der Betriebsausgaben oder durch die Ermittlung einer Nutzungsentnahme. In beiden Fällen erhöht sich der Gewinn und somit die ertragsteuerliche/einkommensteuerliche Bemessungsgrundlage. Zu den Voraussetzungen für eine Zuordnung zum Betriebsvermögen → Rz. 46.

Steuerlich ist jeweils ein Nutzungswert anzusetzen:

– Wahlweise entweder für die tatsächlich durchgeführten Privatfahrten oder für die Möglichkeit, Privatfahrten durchführen zu können,
– für Fahrten zwischen Wohnung und erster Betriebsstätte sowie
– für Familienheimfahrten.

Für die **Ermittlung** des Nutzungswerts schreibt das EStG **zwei** verschiedene Berechnungsmethoden vor, die nachfolgend erläutert werden. Hierbei ist zu berücksichtigen, dass die Fahrten zwischen Wohnung und erster Betriebsstätte sowie Familienheimfahrten i.R. einer doppelten Haushaltsführung nicht zu den Privatfahrten rechnen. Sie gelten als betrieblich veranlasst; jedoch ist die Höhe des Betriebsausgabenabzugs begrenzt. Dafür spielt die Entfernung zwischen Wohnung und Betriebsstätte oder dem doppelten Wohnsitz keine Rolle.

1. Versteuerung der privaten Kfz-Nutzung

68 Der geldwerte Vorteil für die Privatnutzung des Firmenwagens ist nach

– der 1 %-Methode (→ Rz. 78, 239, 243 ff.) oder
– der sog. Fahrtenbuchmethode (→ Rz. 79, 240 ff.)

zu ermitteln. Beide Methoden (nach pauschalem Prozentsatz oder nach Fahrtenbuch) gelten ebenso für die Fahrten zwischen Wohnung und erster Betriebsstätte (→ Rz. 69 ff.) sowie bei doppelter Haushaltsführung (→ Rz. 95). Nutzt der Stpfl. nebeneinander mehrere betriebliche Fahrzeuge privat, darf er für jedes Fahrzeug eine der beiden Methoden wählen.[3] Erkennt die Finanzverwaltung das Fahrtenbuch nicht an (da nicht ordnungsgemäß geführt), muss der geldwerte Vorteil für die Privatnutzung anhand der 1 %-Methode (Pauschalverfahren) ermittelt werden.

---

[1] BFH v. 13.2.2003, X R 23/01, BStBl II 2003, 472.
[2] BFH v. 18.12.2008, VI R 34/07, BStBl II 2009, 381.
[3] BFH v. 3.8.2000, III R 2/00, BStBl II 2001, 332.

Für die steuerliche Behandlung eines betrieblichen Kfz im Betriebsvermögen sind folgende Grundsätze zu beachten:

- Das Finanzamt unterstellt stets die private Mitbenutzung eines betrieblichen Kfz, wenn dem Unternehmer/Selbständigen kein gleichwertiges Privatfahrzeug zur Verfügung steht.
- Wird ein betriebliches Kfz nur in ganz geringem Umfang privat genutzt und sollen die pauschalen Prozentsätze nicht angesetzt werden, muss diese Nutzung nachgewiesen werden (z.B. durch ein ordnungsgemäß geführtes Fahrtenbuch).
- Für sämtliche Monate, in denen das betriebliche Kfz zur Nutzung zur Verfügung stand, ist bei der 1 %-Methode grundsätzlich ein Wert für die Privatnutzung durch den Stpfl. anzusetzen. Dies gilt auch bei Krankheit oder Urlaubsreisen mit dem Flugzeug. Soll mangels Privatnutzung kein Wert versteuert werden, kann bei Nachweis durch ein Fahrtenbuch auf die Versteuerung verzichtet werden.

Für die Zuordnung eines Kfz zum Betriebsvermögen ist zu beachten:

- Befinden sich mehrere Kfz im Betriebsvermögen, muss für jedes Kfz geprüft werden, ob die vorgeschriebene 50 %-Grenze der betrieblichen Nutzung überschritten wird bzw. wurde oder nicht (→ Rz. 46). Entsprechend ist die Berechnungsmethode für die Betriebsausgaben/Privatnutzung anzuwenden.
- Hält jedes Familienmitglied im Privatvermögen ein eigenes Kfz und weicht dessen Kaufpreis/Wert nicht wesentlich von dem der betrieblichen Kfz ab, wird unterstellt, dass das betriebliche Kfz nicht privat genutzt wird.

Ergänzend wird auf die Einzelregelungen in den Schreiben des BMF vom 18.11.2009[1] unter Berücksichtigung der Änderungen durch BMF vom 15.11.2012[2] hingewiesen.

Eine interessante Rechtsfrage ist derzeit beim BFH anhängig.[3] Der Sachverhalt: Ein Stpfl. nutzt einen betrieblichen Gebrauchtwagen, der deutlich **unter** dem Listenpreis erworben wurde, auch privat. Somit fallen nur stark reduzierte Absetzungen für Abnutzung und deutlich geringere Gesamtkosten für dieses Kfz an. Wird die pauschale 1 %-Methode zur Ermittlung der privaten Kfz-Nutzung angewandt, darf der zu versteuernde Nutzungswert auf die Höhe der tatsächlichen Kosten begrenzt werden; sog. Kostendeckelung → Rz. 86. Dies führt aber dazu, dass von den tatsächlichen Fahrzeugkosten kein Euro als Betriebsausgabe angesetzt wird, wodurch sich – aus Sicht der Kostenbelastung – eine Privatnutzung von 100 % ergibt. Weil die 1 %-Methode für ein betriebliches Kfz jedoch eine Privatnutzung von höchstens 50 % voraussetzt, ist dies ein recht erstaunliches Ergebnis. Die Vorinstanz[4] hat entschieden, für eine Begrenzung des pauschalen Privatanteils auf 50 % fehle es an einer gesetzlichen Grundlage und weil der Stpfl. auf die Fahrtenbuchmethode ausweichen könne, sei die pauschale Nutzungsbewertung verfassungsrechtlich nicht zu beanstanden. Es bleibt abzuwarten, ob der BFH diese Auffassung teilt.

2. Fahrten zwischen Wohnung und Betriebsstätte

Die Aufwendungen für Fahrten eines Unternehmers mit dem betriebseigenen Pkw **zwischen mehreren Betriebsstätten** seines Unternehmens (zum Begriff der **Betriebsstätte** → Rz. 27) sind in vollem Umfang als Betriebsausgaben abzugsfähig (wie für Geschäftsreisen). Das gilt auch dann, wenn sich eine Betriebsstätte und die Wohnung des Unternehmers auf demselben Grundstück befinden.[5]

Fahrten zwischen Wohnung und erster Betriebsstätte sind keine Geschäftsreisen, sondern Privatfahrten. Gleichwohl können Aufwendungen für Wege zwischen Wohnung und

---
1) BMF v. 18.11.2009, IV C 6 – S 2177/07/10004, BStBl I 2009, 1326.
2) BMF v. 15.11.2012, IV C 6 – S 2177/10/10002, BStBl I 2012, 1099.
3) Az. des BFH: X R 28/15.
4) FG München v. 9.12.2014, 6 K 2338/11, DStRE 2016, 1030.
5) BFH v. 31.5.1978, I R 69/76, BStBl II 1978, 564; BFH v. 29.3.1979, IV R 137/77, BStBl II 1979, 700.

A. Selbständige/Gewerbetreibende — Dritter Teil: Inlandsreisen

erster Betriebsstätte in eingeschränktem Umfang als **Betriebsausgaben** angesetzt werden. Für die Fahrten zwischen Wohnung und Betriebsstätte dürfen 0,30 €/Entfernungskilometer den Gewinn mindern. Die ertragsteuerliche Behandlung der privaten Pkw-Nutzung ist für alle Einkunftsarten einheitlich geregelt.

Nutzen Gewerbetreibende und Selbständige einen zum Betriebsvermögen gehörenden **Firmenwagen**, werden regelmäßig sämtliche Aufwendungen als Betriebsausgaben gebucht. Weil für die Fahrten zwischen Wohnung und erster Betriebsstätte lediglich 0,30 €/Entfernungskilometer den Gewinn mindern dürfen, ist für diese Fahrten zunächst ein kalendermonatlicher **Nutzungswert** anzusetzen. Hiervon ist die Entfernungspauschale abzuziehen. Die positive Differenz ergibt den steuerlich zu erfassenden Nutzungswert; er darf den Gewinn nicht mindern. Ein negativer Betrag ist als Betriebsausgabe ansatzfähig (→ Rz. 71).

a) Ermittlung des Nutzungswerts, Listenpreis des Fahrzeugs

70 Der **pauschale Nutzungswert** für Privatfahrten, für Familienheimfahrten bei doppelter Haushaltsführung sowie für die Wege zwischen Wohnung und erster Betriebsstätte ist von dem auf volle 100 € abgerundeten inländischen Listenpreis des Kfz im Zeitpunkt der Erstzulassung zu berechnen. Bei Kfz, die vor dem 1.1.2002 angeschafft wurden, ist zunächst der DM-Listenpreis in einen Euro-Listenpreis (1 € = 1,95583 DM) umzurechnen und dann auf volle 100 € abzurunden.

Maßgebend ist der inländische **Listenpreis** im Zeitpunkt der Erstzulassung. Er gilt auch für reimportierte Fahrzeuge. Ist das reimportierte Fahrzeug geringwertiger ausgestattet, muss der Wert der Minderausstattung anhand eines vergleichbaren inländischen Fahrzeugs ermittelt werden. Im Listenpreis enthaltene **Sonderausstattungen** sind zu berücksichtigen.

Nach der BFH-Rechtsprechung liegt eine **Sonderausstattung** i.S. dieser Regelung (§ 6 Abs. 1 Nr. 4 Satz 2 EStG) **nur dann** vor, wenn das Fahrzeug bereits werkseitig im Zeitpunkt der **Erstzulassung** damit ausgestattet ist.[1] Damit sind Sonderausstattungen, die im inländischen Listenpreis deshalb nicht enthalten sind, weil sie erst nach der Pkw-Anschaffung eingebaut werden, nicht zusätzlich zu erfassen; sie bleiben **unberücksichtigt** (zu weiteren Einzelheiten s. das Beispiel in → Rz. 71 sowie → Rz. 252).

Werden Fahrzeuge mit einem Antrieb ausschließlich durch Elektromotoren (**Elektrofahrzeuge**) oder extern aufladbare **Hybridelektrofahrzeuge** privat genutzt, ist seit 2013 eine Sonderregelung zu beachten. Danach ist der **Listenpreis** dieser Kfz um die darin enthaltenen Kosten des Batteriesystems im Zeitpunkt der Erstzulassung des Kfz um einen bestimmten Betrag zu **mindern**. Diese Minderung berechnet sich nach der Batteriekapazität. Im Kalenderjahr 2013 hat sie 500 € pro kWh der Batteriekapazität betragen. Für in den Folgejahren angeschaffte Kfz mindert sich der Betrag von 500 € pro kWh um jährlich 50 € pro kWh der Batteriekapazität. Die Minderung pro Kfz betrug im Jahr 2013 höchstens 10 000 €. Dieser **Höchstbetrag** mindert sich für nach dem 31.12.2013 angeschaffte Kfz um jährlich 500 €.

Die Minderungs- und Höchstbeträge können nach den Regelungen in § 6 Abs. 1 Nr. 4 Satz 2 und 3 EStG aus nachfolgender Tabelle (Auszug) entnommen werden.

Anschaffungsjahr / Jahr der Erstzulassung	Minderungsbetrag in € x kWh der Batteriekapazität	Höchstbetrag
2013 und früher	500 € x kWh	10 000 €
2014	450 € x kWh	9 500 €
2015	400 € x kWh	9 000 €

---

1) BFH v. 13.10.2010, VI R 12/09, BStBl II 2011, 361.

Anschaffungsjahr / Jahr der Erstzulassung	Minderungsbetrag in € x kWh der Batteriekapazität	Höchstbetrag
2016	350 € x kWh	8 500 €
2017	300 € x kWh	8 000 €
2018	250 € x kWh	7 500 €
2019	200 € x kWh	7 000 €
2020	150 € x kWh	6 500 €
2021	100 € x kWh	6 000 €
2022	50 € x kWh	5 500 €
2023	0 €	0 €

Der kWh-Wert der Batterie kann dem Feld 22 der Zulassungsbescheinigung entnommen werden. Wie die o.a. Tabelle zeigt, verringern sich die Minderungsbeträge für Elektrofahrzeuge oder extern aufladbare Hybridelektrofahrzeuge von Anschaffungsjahr zu Anschaffungsjahr. Letztmals begünstigt sind Anschaffungen im Jahr 2022.

Beispiele zum Abschlag für Elektrofahrzeuge und Hybridelektrofahrzeuge:

1. Höchstbetragsunterschreitung

Der Stpfl. hat in 2014 ein Elektrofahrzeug mit einer Batteriekapazität von 16,3 kWh erworben. Der Bruttolistenpreis beträgt 45 000 €. Die betriebliche Nutzung liegt bei 60 %. Der private Nutzungsanteil wird nach der 1 %-Regelung ermittelt.

Folge: Der Bruttolistenpreis ist um 7 335 € (16,3 kWh x 4500 €) zu mindern; die Begrenzung auf höchstens 9 500 € ist nicht zu beachten. Folglich beträgt der für die Ermittlung des Entnahmewerts geminderte und auf volle hundert Euro abgerundete Bruttolistenpreis 37 600 €.

Die Nutzungsentnahme nach der 1 %-Regelung beträgt 376 € pro Monat.

2. Höchstbetragsüberschreitung

Der Stpfl. hat im Jahr 2017 ein Elektrofahrzeug mit einer Batteriekapazität von 26 kWh erworben. Der Bruttolistenpreis beträgt 60 000 €. Die betriebliche Nutzung beträgt 60 %. Der private Nutzungsanteil wird nach der 1 %-Regelung ermittelt.

Folge: Als Minderungsbetrag ergibt sich zunächst 26 kWh x 300 € = 7 800 €. Weil der Höchstbetrag von 8 000 € nicht überschritten wird, sind 7 800 € als Minderungsbetrag anzusetzen.

Folglich ist der Bruttolistenpreis (60 000 €) um 7 800 € zu mindern (= 52 200 €) und auf volle hundert Euro abzurunden (52 200 €). Der für die Ermittlung des Entnahmewerts geminderte Bruttolistenpreis beträgt 52 200 €. Als Nutzungsentnahme ist ein Betrag i.H.v. 522 € pro Monat anzusetzen.

Weitere Einzelheiten enthält das BMF-Schreiben v. 5.6.2014.[1]

Die Abrundung des Listenpreises auf volle hundert Euro ist erst nach Abzug des Minderungsbetrags für die Batteriekapazität vorzunehmen. Auf den so ermittelten Wert sind die pauschalen Prozentsätze für die Privatnutzung anzuwenden.

Wird der Nutzungsvorteil nach der **Fahrtenbuchmethode** bzw. nach dem tatsächlichen privaten/individuellen Nutzungswert ermittelt, sind die in den Anschaffungskosten für das Elektro- oder Hybridelektrofahrzeug enthaltenen Kosten für das Batteriesystem entsprechend (mit den o.g. Beträgen) zu mindern.

b) Berücksichtigung der Entfernungspauschale

Von dem ermittelten Nutzungswert je Kalendermonat ist die **Entfernungspauschale** von 0,30 € je Entfernungskilometer für die im Monat tatsächlich durchgeführten Fahrten zwischen Wohnung und Betriebsstätte **abzuziehen**. Ist der **verbleibende** Betrag

---
[1] BMF v. 5.6.2014, IV C 6 – S 2177/13/10002, BStBl I 2014, 835.

A. Selbständige/Gewerbetreibende   Dritter Teil: Inlandsreisen

- positiv, darf er den Gewinn nicht mindern,
- negativ, so mindert sich der Gewinn um den negativen Betrag (R 4.12 Abs. 1 Satz 2 EStR 2012).

Voraussetzung für die Besteuerung nach dem Nutzungswert ist die Zugehörigkeit des Kfz zum Betriebsvermögen (→ Rz. 46; zu **Leasing-Fahrzeugen** → Rz. 83).

> **Beispiel: Entfernungspauschale und Kfz-Nutzungswert**
>
> Ein Unternehmer nutzt ein betriebliches Kfz mit einem Listenpreis von 45 000 € einschließlich Sonderausstattung an 20 Tagen im Monat zu Fahrten zur 18 km entfernten ersten Betriebsstätte.
>
> **Folge:** Als monatlicher Nutzungswert sind anzusetzen (→ Rz. 65):
>
> **1. Fahrtenbuchmethode**
>
> Nach Ermittlung und Aufteilung der Pkw-Kosten durch die Gesamtfahrtstrecke ergibt sich rechnerisch ein Kilometersatz von 0,50 €. Für die 20 Fahrten zwischen Wohnung und Betriebsstätte sind als nicht abziehbare Betriebsausgaben anzusetzen:
>
> | | |
> |---|---:|
> | Aufwand für 20 Fahrten mit je 18 km × 0,50 € | 180 € |
> | abzüglich Entfernungspauschale: 20 Fahrten × 18 km × 0,30 € | 108 € |
> | nicht abziehbare Betriebsausgaben | 72 € |
>
> **2. 1%-Methode**
>
> | | |
> |---|---:|
> | 0,03 % von 45 000 € × 18 km = | 243 € |
> | abzüglich Entfernungspauschale: 20 Tage × 18 km × 0,30 € | 108 € |
> | nicht abziehbare Betriebsausgaben | 135 € |

72 Für **Körperbehinderte** gilt folgende Sonderregelung:

Der Ansatz des Nutzungswerts von **0,03 %** für Fahrten zwischen Wohnung und Betriebsstätte (→ Rz. 69) gilt grundsätzlich auch für **Körperbehinderte**, deren Grad der Behinderung

- mindestens 70 % oder
- weniger als 70 %, aber mindestens 50 % beträgt und die in ihrer Bewegungsfähigkeit im Straßenverkehr erheblich beeinträchtigt sind.

Dies würde jedoch gegenüber behinderten Arbeitnehmern, die bei Wegen zwischen Wohnung und erster Tätigkeitsstätte mit einem zur Nutzung überlassenen Kfz die tatsächlichen Aufwendungen als Werbungskosten geltend machen können, zu einer Ungleichbehandlung führen (→ Rz. 263). Deshalb ist im Verwaltungswege zugelassen worden, dass Behinderte die tatsächlichen Aufwendungen für Wege zwischen Wohnung und erster Betriebsstätte als Betriebsausgaben abziehen dürfen; dabei ist der Gewinn nicht um einen evtl. positiven Unterschiedsbetrag zu erhöhen.

Der **Grad der Behinderung** und ggf. der **Gehbehinderung** ist durch amtliche Unterlagen nachzuweisen. Auch dieser Personenkreis kann aber grundsätzlich nur die Kosten einer Hin- und Rückfahrt für jeden Arbeitstag ansetzen[1] (→ Rz. 286).

Weitere Einzelheiten zu der Frage, wer als körperbehindert anzusehen ist und wie der Nachweis der Körperbehinderung und des Grads der Behinderung gegenüber dem Finanzamt zu erbringen ist, sind in § 65 EStDV sowie in H 33.1–33.4 EStH 2016 ausgeführt.

73 Für die **Berechnung der Entfernung** zwischen Wohnung und erster Betriebsstätte ist grundsätzlich die **einfache** und **kürzeste** Straßenverbindung zwischen Wohnung und Betriebsstätte für jeden Tag, an dem der Stpfl. das Fahrzeug benutzt, zu berücksichtigen. Das gilt auch, wenn der Weg mehrmals täglich (z.B. zur Einnahme des Mittagessens)

---

[1] BFH v. 2.4.1976, VI B 85/75, BStBl II 1976, 452.

zurückgelegt wird (→ Rz. 74). Eine **andere** (längere) Straßenverbindung kann bei Benutzung eines Kfz dann zu Grunde gelegt werden, wenn sie offensichtlich verkehrsgünstiger ist und vom Stpfl. regelmäßig für die Wege zwischen Wohnung und erster Betriebsstätte benutzt wird. Der Ansatz angefangener Kilometer ist nicht zulässig.

Werden anlässlich einer Fahrt zwischen Wohnung und erster Betriebsstätte oder umgekehrt auch **betriebliche (berufliche) Angelegenheiten erledigt**, so können die dadurch bedingten Mehraufwendungen in voller Höhe als Betriebsausgaben **abgezogen** werden.[1] Etwaige Mehraufwendungen, die anlässlich einer Fahrt zwischen Wohnung und Betriebsstätte oder umgekehrt durch die Erledigung privater Angelegenheiten entstehen, sind nichtabzugsfähige Kosten der Lebensführung.

Legt der Stpfl. aus betrieblichen Gründen an einem Tag **mehrfach** die Wege zwischen Wohnung und erster Betriebsstätte zurück, so dürfen die weiteren Fahrten bei der pauschalen Ermittlung des Nutzungswerts sowie der Entfernungspauschale nicht berücksichtigt werden (→ Rz. 78). **74**

Die Aufwendungen für **Mittags- und Zwischenheimfahrten** gehören grundsätzlich zu den Lebenshaltungskosten und sind daher steuerlich nicht gesondert zu berücksichtigen.[2] Dies gilt auch bei geteilten Arbeitszeiten.

Hat ein Stpfl. **mehrere Betriebsstätten** in unterschiedlicher Entfernung von der Wohnung, und fährt er diese mit dem Betriebs-Pkw abwechselnd von der Wohnung aus an, ist der pauschale monatliche **Nutzungswert** mit 0,03 % nur für den Weg zur ersten Betriebsstätte (→ Rz. 27) zu ermitteln und anzusetzen. Alternativ kann bei der pauschalen Berechnung (des zu versteuernden Nutzungswerts bzw.) der nicht abziehbaren Betriebsausgaben die Entfernung zur näher gelegenen Betriebsstätte zu Grunde gelegt werden. **75**

Werden täglich mehrere Fahrten zwischen Wohnung und Betriebsstätte zurückgelegt, so vervielfacht sich der pauschale Hinzurechnungsbetrag von 0,03 % nicht. Allerdings sind für die Ermittlung des betrieblichen Nutzungsumfangs auch die Mehrfachfahrten zu berücksichtigen (→ Rz. 46, 78).[3] **76**

Hat der Betriebsinhaber **mehrere Wohnungen**, so ist diejenige Wohnung maßgebend, von der er zur Betriebsstätte fährt. Für die **weiter entfernt liegende Wohnung** gilt dies nur, wenn sich dort der Mittelpunkt der Lebensinteressen befindet (→ Rz. 280). Befindet sich dieser in der weiter entfernt liegenden Wohnung, ist es **unerheblich, wie weit** die Wohnung, von der aus die Fahrt angetreten wird, von der Betriebsstätte entfernt ist.[4] **77**

3. Private Mitbenutzung betrieblicher Kfz

a) Pauschale Nutzungswerte

An Stelle der sog. Fahrtenbuchmethode dürfen auch Selbständige und Gewerbetreibende die private Mitbenutzung eines **betrieblichen Pkw** pauschal mit **1 %** des **inländischen Brutto-Listenpreises** (also einschließlich Umsatzsteuer) im Zeitpunkt der Erstzulassung zuzüglich der Kosten für Sonderausstattungen als Betriebseinnahme erfassen (→ Rz. 70). Diese Regelung wurde vom BFH als verfassungsgemäß anerkannt.[5] Allerdings ist seit 2006 die 1 %-Regelung nur noch dann anwendbar, wenn das Kfz zu **mehr als 50 %** betrieblich genutzt wird. **78**

---

1) BFH v. 17.2.1977, IV R 87/72, BStBl II 1977, 543; BFH v. 25.3.1988, III R 96/85, BStBl II 1988, 655.
2) BFH v. 13.2.1970, VI R 236/69, BStBl II 1970, 391.
3) BMF v. 18.11.2009, IV C 6 – S 2177/07/10004, BStBl I 2009, 1326, mit Änderung durch BMF v. 15.11.2012, IV C 6 – S 2177/10/10002, BStBl I 2012, 1099.
4) BFH v. 3.10.1985, VI R 168/84, BStBl II 1986, 95; BFH v. 13.12.1985, VI R 7/83, BStBl II 1986, 221.
5) BFH v. 24.2.2000, III R 59/98, BStBl 2000, 273; zuletzt BFH v. 9.3.2010, VIII R 24/08, BStBl II 2010, 903.

A. Selbständige/Gewerbetreibende

Für **Wege zwischen Wohnung und erster Betriebsstätte** ist zusätzlich ein pauschaler Nutzungswert des betrieblichen Pkw mit **0,03 %** des inländischen Brutto-Listenpreises pro Kalendermonat und Entfernungskilometer zu erfassen. Von diesem Betrag ist **abzuziehen** die Entfernungspauschale i.H.v. 0,30 € pro **Entfernungskilometer zwischen Wohnung und Betriebsstätte**. Ist der Differenzbetrag positiv, darf er den Gewinn nicht mindern; ist er negativ, mindert er den Gewinn (→ Rz. 69 ff.). Die Monatswerte sind nicht anzusetzen für volle Kalendermonate, in denen eine private Nutzung oder eine Nutzung zu Fahrten zwischen Wohnung und Betriebsstätte ausgeschlossen ist.

Hervorzuheben ist, dass für den betrieblichen Bereich die BFH-Rechtsprechung sowie das für den **Arbeitnehmerbereich** bestimmte BMF-Schreiben v. 1.4.2011[1] **nicht** übertragbar sind. Danach kann lediglich ein Arbeitnehmer für die Ermittlung des Nutzungswerts für Fahrten zwischen Wohnung und erster Tätigkeitsstätte zwischen der **0,03 %-Methode** oder einer Einzelbewertung der tatsächlichen Fahrten mit 0,002 % des Listenpreises je Entfernungskilometer wählen (→ Rz. 243). Bei Nutzung eines **betrieblichen** Kfz für Fahrten zwischen Wohnung und erster Betriebsstätte sind der pauschale Nutzungswert und die nicht abziehbaren Betriebsausgaben stets mit dem pauschalen Monatswert i.H.v. 0,03 % des Listenpreises zu ermitteln.[2]

Beispiel: Ermittlung der privaten Nutzungswerte Pkw

Der Brutto-Listenpreis des zum Betriebsvermögen gehörenden und zu **mehr als 50 %** betrieblich genutzten Kfz beträgt im Zeitpunkt der Erstzulassung 38 000 €. Das Kfz wird neben den Privatfahrten auch an 230 Tagen für Fahrten zwischen Wohnung und erster Betriebsstätte genutzt. Die einfache Entfernung beträgt 20 km.

a) Ermittlung private Pkw-Nutzung (§ 6 Abs. 1 Nr. 4 Satz 2 EStG):

1 % von 38 000 € × 12 Monate =	4 560 €

Der Entnahmewert für die private Pkw-Nutzung beträgt 4 560 € (ggf. zzgl. Umsatzsteuer).

b) Pkw-Nutzung für Wege zwischen Wohnung und erster Betriebsstätte (§ 4 Abs. 5 Satz 1 Nr. 6 EStG):

0,03 % von 38 000 € × 20 km × 12 Monate =	2 736 €
./. Entfernungspauschale: 230 Tage × 20 km × 0,30 € =	1 380 €
nicht abzugsfähige Betriebsausgaben/Entnahmewert	1 356 €

In Höhe von 1 356 € darf der Gewinn nicht gemindert werden.

Als **betriebliche** Nutzung gelten (für die Zurechnung zum Betriebsvermögen, → Rz. 46) auch die Fahrten zwischen **Wohnung** und Betriebsstätte (einschließlich der täglichen Mehrfachfahrten) sowie die **Familienheimfahrten**.

Hat ein Selbständiger oder Gewerbetreibender mehrere Betriebsstätten in unterschiedlicher Entfernung von der Wohnung, kann bei der pauschalen Berechnung der nicht abziehbaren Betriebsausgaben nach der 0,03 %-Methode die Entfernung zur näher gelegenen Betriebsstätte zugrunde gelegt werden. Die Fahrten zur weiter entfernt gelegenen Betriebsstätte sind zusätzlich mit 0,002 % des inländischen Listenpreises für jeden weiteren Entfernungskilometer (Differenz zwischen den Entfernungen der Wohnung zur jeweiligen Betriebsstätte) anzusetzen.

Beispiel: Ermittlung der privaten Nutzungswerte Pkw bei zwei Betriebsstätten

Der Unternehmer A wohnt in der Stadt D und hat dort eine Betriebsstätte (Entfernung zur Wohnung 30 km). Eine zweite Betriebsstätte unterhält er in F (Entfernung zur Wohnung 100 km). A fährt zwischen Wohnung und Betriebsstätte mit dem betrieblichen Pkw (Bruttolistenpreis: 22 500 €). Er ist an 40 Tagen von der Wohnung zur Betriebsstätte in F gefahren, an den anderen Tagen zur Betriebsstätte in D (insgesamt an 178 Tagen). Die nicht abziehbaren Betriebsausgaben sind wie folgt zu ermitteln:

---

[1] BMF v. 1.4.2011, IV C 5 – S 2334/08/10010, BStBl I 2011, 301.
[2] Vgl. ESt-Kurzinfo Nr. 2011/31 des FinMin Schleswig-Holstein v. 26.4.2011.

1. Fahrten zur Betriebsstätte in D	
22 500 € × 0,03 % × 30 km × 12 Monate =	2 430,– €
./. 178 Tage × 30 km × 0,30 € =	1 602,– €
nicht abzugsfähige Betriebsausgaben	828,– €
2. Fahrten zur Betriebsstätte in F	
22 500 € × 0,002 % × 70 (100 ./. 30) km × 40 Tage =	1 260,– €
./. 40 Tage × 100 km × 0,30 € =	1 200,– €
nicht abzugsfähige Betriebsausgaben	60,– €
Summe der nicht abziehbaren Betriebsausgaben	888,– €

Der **Umfang** der betrieblichen Nutzung ist darzulegen und glaubhaft zu machen. Dies kann in jeder geeigneten Form erfolgen. Auch die Eintragungen in Terminkalendern, die Abrechnung gefahrener Kilometer gegenüber den Auftraggebern, Reisekostenaufstellungen sowie andere Abrechnungsunterlagen können zur Glaubhaftmachung geeignet sein. Sind entsprechende Unterlagen nicht vorhanden, kann die überwiegende betriebliche Nutzung durch formlose Aufzeichnungen über einen repräsentativen zusammenhängenden Zeitraum (i.d.R. drei Monate) glaubhaft gemacht werden. Dabei reichen Angaben über die betrieblich veranlassten Fahrten (jeweiliger Anlass und die jeweils zurückgelegte Strecke) und die Kilometerstände zu Beginn und Ende des Aufzeichnungszeitraumes aus.

Auf einen **Nachweis** der betrieblichen Nutzung kann **verzichtet** werden, wenn sich bereits aus Art und Umfang der Tätigkeit des Stpfl. ergibt, dass das Kfz zu mehr als 50 % betrieblich genutzt wird. Dies kann i.d.R. bei Stpfl. angenommen werden, die ihr Kfz für eine durch ihren Betrieb oder Beruf bedingte typische Reisetätigkeit benutzen oder die zur Ausübung ihrer räumlich ausgedehnten Tätigkeit auf die ständige Benutzung des Kfz angewiesen sind (z.B. bei Taxiunternehmern, Handelsvertretern, Handwerkern der Bau- und Baunebengewerbe oder Landtierärzten).

Gehören gleichzeitig **mehrere Kfz** zum Betriebsvermögen, so ist der pauschale Wert für die Privatnutzung grundsätzlich für **jedes** Kfz anzusetzen, das vom Stpfl. (Unternehmer) oder von zu seiner Privatsphäre gehörenden Personen für Privatfahrten genutzt wird. Gibt der Stpfl. in derartigen Fällen in seiner Gewinnermittlung durch den Ansatz einer Nutzungsentnahme an, dass von ihm das Kfz mit dem **höchsten** Listenpreis auch privat genutzt wird, muss das Finanzamt diesen Angaben aus Vereinfachungsgründen folgen und darf für weitere Kfz keinen zusätzlichen pauschalen Nutzungswert ansetzen. Für die private Nutzung von betrieblichen Kfz durch zur **Privatsphäre** des Stpfl. gehörende Personen gilt dies entsprechend, wenn je Person das Kfz mit dem nächsthöchsten Listenpreis berücksichtigt wird. Wird ein Kfz gemeinsam vom Stpfl. und einem oder mehreren Arbeitnehmern genutzt, so ist bei pauschaler Nutzungswertermittlung für Privatfahrten der Nutzungswert von 1 % des Listenpreises entsprechend der Zahl der Nutzungsberechtigten aufzuteilen. Es gilt die widerlegbare Vermutung, dass für Fahrten zwischen Wohnung und Betriebsstätte und für Familienheimfahrten das Kfz mit dem höchsten Listenpreis genutzt wird.[1]

Ist dem Finanzamt der betriebliche Nutzungsumfang des Kfz einmal dargelegt worden, kann – wenn sich keine wesentlichen Veränderungen in Art oder Umfang der Tätigkeit oder bei den Fahrten zwischen Wohnung und Betriebsstätte ergeben – auch für die folgenden Jahre von diesem Nutzungsumfang ausgegangen werden. Ein Wechsel der Fahrzeugklasse kann im Einzelfall Anlass für eine erneute Prüfung des Nutzungsumfangs sein. Die im Rahmen einer rechtmäßigen Außenprüfung erlangten Kenntnisse über betriebliche Verhältnisse des Stpfl. kann das Finanzamt für Schlussfolgerungen auf die

---

[1] BMF v. 18.11.2009, IV C 6 – S 2177/07/10004, BStBl I 2009, 1326, mit Änderungen durch BMF v. 15.11.2012, IV C 6 – S 2177/10/10002, BStBl I 2012, 1099.

tatsächlichen Gegebenheiten in den Jahren vor oder nach dem Prüfungszeitraum auswerten.[1]

Beträgt der betriebliche **Nutzungsanteil 10 bis 50 %**, darf der private Nutzungsanteil **nicht pauschal** mit 1 % des Listenpreises angesetzt werden. Gleichwohl sind die gesamten (angemessenen) Kfz-Aufwendungen (→ Rz. 45) als Betriebsausgaben abzugsfähig. Im Gegenzug ist der private Nutzungsanteil als Entnahme gem. § 6 Abs. 1 Nr. 4 Satz 1 EStG zu erfassen. Diese (der anzusetzende Betrag) ist mit dem auf die nicht betrieblichen Fahrten entfallenden Anteil an den Gesamtaufwendungen für das Kfz zu ermitteln bzw. zu bewerten.

b) Nutzungswerte nach Fahrtenbuch

aa) Grundsätze

79 Macht ein Stpfl. geltend, dass er seinen Kfz **in geringem Umfang privat** genutzt hat und möchte er deshalb die pauschalen Nutzungswerte nicht ansetzen, hat er dies eindeutig durch ein **Fahrtenbuch** und durch den Einzelnachweis aller Kfz-Kosten nachzuweisen. Die Fahrtenbuchmethode sollte insbesondere geprüft werden, wenn der Umfang der Privatnutzung des betrieblichen Kfz deutlich unter 50 % liegt. Steuerlich wird die Fahrtenbuchregelung auch als „Escape-Regelung" bezeichnet.

Wird der Nutzungswert anhand der **Fahrtenbuchmethode** ermittelt, ist ein Fahrtenbuch (→ Rz. 240 f.) zumindest für die Kfz zu führen, für die 1 % des inländischen Listenpreises anzusetzen wäre. Werden **mehrere betriebliche** Fahrzeuge zu Privatfahrten genutzt und soll der Nutzungswert nicht pauschal mit 1 % ermittelt werden, ist für **jedes privat genutzte** Fahrzeug ein Fahrtenbuch zu führen.

Zur Fahrtenbuchregelung bei der Privatnutzung mehrerer betrieblicher Kfz hat der BFH mit Urteil vom 3.8.2000[2] entschieden, dass für die Anwendung der Fahrtenbuchregelung nicht für sämtliche privat genutzten Kfz ein Fahrtenbuch zu führen ist. Wird z.B. bei drei privat genutzten Kfz lediglich für zwei davon ein Fahrtenbuch geführt, ist für diese der Entnahmewert mit den anteilig auf die Privatfahrten entfallenden Aufwendungen anzusetzen, wogegen für das dritte Kfz der private Nutzungswert nach der pauschalen Methode mit 1 % zu ermitteln ist.

Ein **Fahrtenbuch** soll die Zuordnung von Fahrten zur betrieblichen und beruflichen Sphäre ermöglichen. Es muss zeitnah und in geschlossener **Form** fortlaufend geführt werden; die Beschränkung auf einen repräsentativen Zeitraum ist nicht möglich (→ Rz. 82, 240 f.).

> **Beispiel: Fahrtenbuchführung nur für einige Kfz des Fuhrparks**
>
> Zum Betriebsvermögen des Unternehmers A gehören fünf Kfz. Davon nutzt er drei Fahrzeuge auch für Privatfahrten. Weil die private Fahrleistung gering ist, möchte er den Nutzungswert nach der Fahrtenbuchmethode ermitteln.
>
> **Folge:** A hat für jedes der drei privat genutzten Kfz jeweils ein Fahrtenbuch zu führen. Führt der Unternehmer kein Fahrtenbuch oder führt er nicht für jedes privat genutzte Kfz ein Fahrtenbuch, ist der pauschalen Nutzungswertermittlung mit 1 % das privat genutzte Fahrzeug mit dem höchsten Listenpreis zu Grunde zu legen.

bb) Elektronisches Fahrtenbuch

80 Um den Erfassungs- und Berechnungsaufwand für das Fahrtenbuch zu erleichtern, gibt es verschiedene Formen von elektronischen Fahrtenbücher auf dem Markt. Besonders hilfreich dürften Fahrtenbücher mit einer sog. On-Board-Diagnose-Schnittstelle sein.

---

[1] BFH v. 28.8.1987, III R 189/84, BStBl II 1988, 2.
[2] BFH v. 3.8.2000, III R 2/00, BStBl II 2001, 332.

Ein **elektronisches Fahrtenbuch** ist von der Finanzverwaltung anzuerkennen, wenn sich daraus dieselben Erkenntnisse wie aus einem manuell geführten Fahrtenbuch gewinnen lassen. Beim Ausdrucken von elektronischen Aufzeichnungen müssen nachträgliche Veränderungen der aufgezeichneten Angaben technisch ausgeschlossen sein, zumindest aber dokumentiert werden.[1] Inzwischen sollen auch schon sog. **Apps** bei ordnungsgemäßem Nachtrag der erforderlichen Angaben die Voraussetzungen für ein ordnungsgemäß geführtes elektronisches Fahrtenbuch erfüllen.

Kleinere Mängel in der Fahrtenbuchführung haben nicht dessen Verwerfung zur Folge, wenn die Angaben insgesamt plausibel sind.[2] Weitere Einzelheiten zu der Frage, wann ein Fahrtenbuch ordnungsgemäß ist, ergeben sich aus den Entscheidungen des BFH v. 12.7.2011[3], 1863 und v. 1.3.2012[4]. Darin bekräftigt der BFH seine Rechtsprechung, wonach

- **lose geführte Aufzeichnungen** nicht den Anforderungen an ein ordnungsgemäßes Fahrtenbuch genügen und
- ein ordnungsgemäßes Fahrtenbuch insbesondere **Datum und Ziel** der jeweiligen Fahrten ausweisen muss und dass diesen Anforderungen nicht entsprochen ist, wenn als Fahrtziele jeweils nur Straßennamen angegeben sind, auch wenn diese Angaben anhand nachträglich erstellter Auflistungen präzisiert werden. Eine vollständige Aufzeichnung verlangt grundsätzlich Angaben zu **Ausgangs- und Endpunkt jeder einzelnen Fahrt** im Fahrtenbuch selbst.

cc) Fahrtenbuch mit Webportal/Intranetportal

Zu der immer wieder gestellten Frage, ob eine Fahrtenbuchführung mit ergänzenden Angaben in einem **Webportal/Intranetportal** des Betriebs oder des Arbeitnehmers zulässig ist bzw. welche Vorgaben zu beachten sind, hat die Finanzverwaltung noch nicht bundeseinheitlich Stellung genommen. Jedoch hat die OFD Rheinland umfangreich erläutert, welche Voraussetzungen bei elektronischen Fahrtenbüchern bzw. elektronischen Fahrtenbuchprogrammen zu beachten sind.[5]

81

Meines Erachtens ist eine zeitnahe Fahrtenbuchführung bis zu sieben Tagen nach Beendigung der jeweiligen Fahrt über das Webportal/Intranetportal des Betriebs zulässig. Falls die übrigen Voraussetzungen eingehalten werden, bleibt das Fahrtenbuch ordnungsgemäß geführt. Eine solche Frist gilt für ein **personell** geführtes Fahrtenbuch nicht. Hier sind die Eintragungen unmittelbar nach Beendigung der jeweiligen Fahrt vorzunehmen. Bei einem elektronischen Fahrtenbuch dürfen die GPS-Ermittlung der Fahrtstrecken und eine sich dadurch evtl. ergebende Abweichung vom Tachostand des Fahrzeugs grundsätzlich nicht beanstandet werden. Allerdings sollte der tatsächliche Tachostand des Fahrzeugs im Monats- oder Halbjahresabstand dokumentiert werden.

dd) Inhalt des Fahrtenbuchs, Ordnungsmäßigkeit

Im Fahrtenbuch sind die betrieblich und privat zurückgelegten Strecken gesondert und fortlaufend **aufzuzeichnen** (nachzuweisen). Deshalb muss ein Fahrtenbuch mindestens folgende **Angaben** enthalten (vgl. R 8.1 Abs. 9 Nr. 2 LStR 2015 und BMF v. 18.11.2009[6]):

82

---

1) BFH v. 9.11.2005, VI R 27/05, BStBl II 2006, 408; für weitere Einzelheiten siehe auch die Verfügung der OFD Koblenz v. 16.5.2006, S 2177/S 2334 A - St 31 3, DStR 2006, 1040, und die dort aufgeführten Hinweise auf die Rechtsprechung des BFH zum elektronischen Fahrtenbuch und zum Fahrtenbuch allgemein.
2) BFH v. 10.4.2008, VI R 38/06, BStBl II 2008, 768.
3) BFH v. 12.7.2011, VI B 12/11, BFH/NV 2011, 1863.
4) BFH v. 1.3.2012, VI R 33/10, BStBl II 2012, 505.
5) OFD Rheinland v. 18.2.2013, Kurzinformation LSt – Außendienst, Nr. 2/2013.
6) BMF v. 18.11.2009, IV C 6 – S 2177/07/10004, BStBl I 2009, 1326, mit Änderung durch BMF v. 15.11.2012, IV C 6 – S 2177/10/10002, BStBl I 2012, 1099.

A. Selbständige/Gewerbetreibende — Dritter Teil: Inlandsreisen

Mindestangaben in einem ordnungsmäßigen Fahrtenbuch
– Datum und (Gesamt-)Kilometerstand zu Beginn und Ende jeder einzelnen betrieblich/beruflich veranlassten Fahrt,
– Reiseziel,
– Reisezweck und
– aufgesuchte Geschäftspartner.
Wird ein **Umweg** gefahren, ist die gefahrene Reiseroute aufzuzeichnen.

Auf einzelne dieser Angaben kann **verzichtet** werden, soweit wegen der besonderen Umstände **im Einzelfall** die betriebliche/berufliche Veranlassung der Fahrten und der Umfang der Privatfahrten ausreichend dargelegt sind und Überprüfungsmöglichkeiten nicht beeinträchtigt werden. So sind z.B. folgende **berufs- bzw. tätigkeitsspezifisch bedingte Erleichterungen** möglich:

Beruf/Tätigkeit	Erleichterungen beim Führen von Fahrtenbüchern
Automatenlieferanten	→ *Vielfahrer*
Fahrlehrer	Für Fahrlehrer ist es ausreichend, in Bezug auf Reisezweck, Reiseziel und aufgesuchtem Geschäftspartner „Lehrfahrten", „Fahrschulfahrten" o.Ä. anzugeben.
Handelsvertreter	→ *Vielfahrer*
Kurierdienstfahrer	→ *Vielfahrer*
Taxifahrer	Bei Fahrten eines Taxifahrers im sog. Pflichtfahrgebiet ist es in Bezug auf Reisezweck, Reiseziel und aufgesuchte Geschäftspartner ausreichend, täglich zu Beginn und Ende der Gesamtheit dieser Fahrten den Kilometerstand anzugeben mit der Angabe „Taxifahrten im Pflichtfahrgebiet" o.Ä. Für Fahrten, die über dieses Gebiet hinausgehen, kann auf die genaue Angabe des Reiseziels nicht verzichtet werden.
Transport-/Lieferfahrer	Werden geschäftlich regelmäßig dieselben Kunden aufgesucht, wie z.B. im Lieferverkehr, und werden die Kunden mit Name und (Liefer-)Adresse in einem Kundenverzeichnis unter einer Nummer geführt, unter der sie später identifiziert werden können, bestehen keine Bedenken, als Erleichterung für das Führen eines Fahrtenbuchs zu Reiseziel, Reisezweck und aufgesuchtem Geschäftspartner jeweils zu Beginn und Ende der Lieferfahrten Datum und Kilometerstand sowie die Nummern der aufgesuchten Geschäftspartner aufzuzeichnen. Das Kundenverzeichnis ist dem Fahrtenbuch beizufügen.
Vielfahrer[1]	Zu Reisezweck, Reiseziel und aufgesuchtem Geschäftspartner ist anzugeben, welche Kunden an welchem Ort besucht wurden. Angaben zu den Entfernungen zwischen den verschiedenen Orten sind nur bei größerer Differenz zwischen direkter Entfernung und tatsächlich gefahrenen Kilometern erforderlich.

---

[1] Vielfahrer sind Stpfl. wie z.B. Handelsvertreter, Kurierdienstfahrer oder Automatenlieferanten, die regelmäßig aus betrieblichen/beruflichen Gründen große Strecken mit mehreren unterschiedlichen Reisezielen zurücklegen.

Für **Privatfahrten** genügen zur eindeutigen Bezeichnung jeweils Kilometerangaben; für Wege zwischen Wohnung und Betriebsstätte genügt jeweils ein kurzer Vermerk im Fahrtenbuch.

Gibt der Stpfl. im Fahrtenbuch als Reiseziel lediglich die von ihm aufgesuchten Kunden, Firmen und sonstigen Einrichtungen und Personen nahezu ausschließlich in Form von **Abkürzungen** ohne jegliche Ortsinformationen an, wird es die Finanzverwaltung als nicht ordnungsgemäß verwerfen.[1] Zwar **erlaubt** die höchstrichterliche Rechtsprechung, im Fahrtenbuch ggf. auch Abkürzungen für bestimmte, häufiger aufgesuchte Fahrtziele und Kunden oder für einzelne regelmäßig wiederkehrende Reisezwecke zu verwenden, solange die gebrauchten Kürzel entweder aus sich heraus verständlich oder z.B. auf einem dem Fahrtenbuch beigefügten Erläuterungsblatt näher aufgeschlüsselt sind.[2] Weitere **Voraussetzung** ist jedoch, dass durch die Verwendung von Abkürzungen und der Erläuterung auf einer dem Fahrtenbuch beigefügten Anlage der geschlossene Charakter der Fahrtenbuchaufzeichnungen nicht beeinträchtigt wird.[2]

Wird die **Ordnungsmäßigkeit** der Führung eines Fahrtenbuchs von der Finanzverwaltung (z.B. anlässlich einer Betriebsprüfung) **nicht** anerkannt, sind die Nutzungsvorteile des Kfz zu Privatfahrten, für Wege zwischen Wohnung und Betriebsstätte sowie für Familienheimfahrten nach den pauschalen Nutzungswerten (1 % zzgl. 0,03 %) zu ermitteln.

4. Besonderheiten bei der privaten Nutzung betrieblicher Kfz

a) Leasing-Fahrzeuge

Die pauschale Nutzungswertermittlung gilt auch für betrieblich genutzte Leasing-Fahrzeuge, wenn sie zu mehr als 50 % für betrieblich veranlasste Fahrten genutzt werden. Dann liegt ein sog. betriebliches Leasing-Verhältnis (Nutzung zu mehr als 50 % für betriebliche Zwecke) vor. 83

b) Nutzung mehrerer Kraftfahrzeuge

aa) Einzelunternehmen

Stehen **mehrere** betriebliche Kfz zur privaten Nutzung zur Verfügung und werden sämtliche Kfz privat genutzt – ggf. nur teilweise –, ist der pauschale Nutzungswert grundsätzlich für jedes Kfz anzusetzen, das vom Stpfl. oder von zu seiner Privatsphäre gehörenden Personen für Privatfahrten genutzt wird. Der betriebliche Nutzungsumfang ist im Einzelfall glaubhaft zu machen oder nachzuweisen. Für den **Arbeitnehmerbereich** hat der BFH diese Verwaltungsauffassung in seinem Urteil vom 13.6.2013[3] bestätigt. Dieser allgemeine Grundsatz wird jedoch durch die u.g. Verwaltungsregelung **nicht** angewendet und kann auch widerlegt werden, wenn der Stpfl. nachweist oder glaubhaft versichert, dass die Kfz nicht von zu seiner Privatsphäre gehörenden Personen genutzt werden. In diesem Fall ist der pauschale Nutzungswert – unabhängig von der tatsächlichen Nutzung – für das Kfz mit dem **höchsten** Listenpreis anzusetzen. Diese Grundsätze gelten auch bei Einsatz eines Wechselkennzeichens. 84

Gibt der Stpfl. in derartigen Fällen allerdings in seiner Gewinnermittlung durch den Ansatz einer Nutzungsentnahme an, dass das Kfz mit dem höchsten Listenpreis auch von ihm privat genutzt wird, ist diesen Angaben aus Vereinfachungsgründen zu folgen und für weitere Kfz kein zusätzlicher pauschaler Nutzungswert anzusetzen. Für die private Nutzung von betrieblichen Kfz durch zur Privatsphäre des Stpfl. gehörende Personen gilt dies entsprechend, wenn je Person das Kfz mit dem nächsthöchsten Listenpreis berücksichtigt wird.[4]

---
1) FG Köln v. 18.3.2016, 3 K 3735/12, EFG 2016, 1332.
2) BFH v. 16.3.2006, VI R 87/04, BStBl II 2006, 625.
3) BFH v. 13.6.2013, VI R 17/12, BStBl II 2014, 340.
4) Vgl. BMF v. 18.11.2009, IV C 6 – S 2177/07/10004, BStBl I 2009, 1326, mit Änderung durch BMF v. 15.11.2012, IV C 6 – S 2177/10/10002, BStBl I 2012, 1099 und BMF v. 5.6.2014, IV C 6 – S 2177/13/10002, BStBl I 2014, 835.

Weil diese Regelung insbesondere für alleinstehende Stpfl. zum Tragen kommt, wird sie auch als sog. **Junggesellenregelung** für den betrieblichen Bereich bezeichnet. Vorgenannte Verfahrensweise ergibt sich auch aus H 8.1 Abs. 9-10 LStH 2018 (Überlassung mehrerer Kfz) sowie BMF v. 28.5.1996, BStBl I 1996, 654[1]; diese Regelung bleibt durch die BFH-Rechtsprechung unberührt.[2]

bb) Personengesellschaft

85   Befinden sich im Betriebsvermögen einer Personengesellschaft Kfz, die von den Gesellschaftern auch zu Privatfahrten genutzt werden dürfen, ist ein pauschaler Nutzungswert für den Gesellschafter anzusetzen, dem die Nutzung des Kfz zuzurechnen ist.

> **Beispiele zur privaten Nutzungsentnahme von Pkw**
>
> **1. Drei Gesellschafter, vier Pkw:**
>
> Der IJK-OHG gehören die Gesellschafter I, J und K an. Es befinden sich vier Pkw im Betriebsvermögen. Ihre Bruttolistenpreise betragen 40 000 €, 33 000 €, 25 000 € und 20 000 €. Die betriebliche Nutzung der Kfz beträgt jeweils mehr als 50 %.
>
> Die Gesellschafter I und K sind alleinstehend. Neben ihnen nutzt keine Person (aus ihrer Privatsphäre) die betrieblichen Pkw. Der Gesellschafter J ist verheiratet. Seine Ehefrau nutzt einen betrieblichen Pkw zu Privatfahrten. Gesellschafter I nutzt das 40 000 €-Kfz, J das 25 000 €-Kfz, K das 33 000 €-Kfz und Frau J das 20 000 €-Kfz.
>
> **Folge:** Die private Nutzungsentnahme ist pro Monat wie folgt anzusetzen:
>
> Für den Gesellschafter I mit 1 % von 40 000 €, für den Gesellschafter K mit 1 % von 33 000 € und für den Gesellschafter J mit 1 % von 25 000 € zuzüglich 1 % von 20 000 €.
>
> **2. Drei Gesellschafter, ein Pkw:**
>
> Die XYZ-OHG gehört den Gesellschaftern X, Y und Z. Im Betriebsvermögen befindet sich ein Pkw, den auf Grund einer vertraglichen Vereinbarung zwischen den Gesellschaftern nur der Gesellschafter Z nutzen darf.
>
> **Folge:** Eine private Nutzungsentnahme für den betrieblichen Pkw ist nur für den Gesellschafter Z anzusetzen.

c) Kostendeckelung

86   Bei besonders teuren oder bei gebraucht angeschafften Kfz kann der Ansatz der pauschalen Nutzungswerte zu einem Entnahmewert führen, der über den tatsächlichen Gesamtkosten für das Fahrzeug liegt. Kann dies dem Finanzamt nachgewiesen werden, so sind als Entnahmewert höchstens die entstandenen Gesamtkosten des Kfz anzusetzen. Bei **mehreren** privat genutzten Kfz können die zusammengefassten pauschal ermittelten Wertansätze auf die nachgewiesenen tatsächlichen Gesamtaufwendungen dieser Kfz begrenzt werden.

Diese sog. **Kostendeckelung** muss nicht für sämtliche Fahrzeuge gewählt werden. Wird neben dem pauschalen Nutzungswert eine Entnahme auf Grund der Nutzung des Kfz zur Erzielung anderer Einkunftsarten erfasst, ist auch dieser Betrag den tatsächlichen Aufwendungen gegenüberzustellen.

Im Ergebnis führt diese Regelung dazu, dass die **gesamten** Kfz-Aufwendungen der **privaten** Sphäre zugerechnet werden. Dies gilt auch für Leasing-Fahrzeuge. Dabei sind die tatsächlichen Gesamtkosten um eine evtl. anzusetzende Entfernungspauschale zu kürzen und es ist nur der Differenzbetrag als Entnahmewert anzusetzen.[3] Zur Kostendeckung bei Kostenerstattungen Dritter siehe auch Vfg. der OFD München v. 25.5.2005.[4]

---

1) BMF v. 28.5.1996, IV B 9 – S 2234-4/96, BStBl I 1996, 654, Tz. 2.
2) BFH v. 9.3.2010, VIII R 24/08, BStBl II 2010, 903 (s. dort die Fußnote 1).
3) S. ergänzend Bayerisches Landesamt für Steuern v. 24.4.2006, S 2145 - 2 St 32/St 33, DStR 2006, 846.
4) OFD München v. 25.5.2005, S 2145 - 20 St 41/42, DStR 2005, 1099.

Beispiel: Betriebliches Kfz ohne Fahrtenbuch

Ein Unternehmer nutzt ein bereits vollständig abgeschriebenes betriebliches Kfz (betriebliche Nutzung mehr als 50 %) mit einem inländischen Listenpreis von 60 000 € privat und zu Fahrten zur 30 km entfernten Betriebsstätte. Die jährlichen tatsächlichen Gesamtkosten betragen 10 000 €. Ein Fahrtenbuch wird nicht geführt.

Nutzungswert für die private Nutzung

1 % von 60 000 € × 12 Monate =	7 200 €

Nutzungswert für die Fahrten zwischen Wohnung und Betriebsstätte

0,03 % von 60 000 € =		18 €
18 € × 30 km × 12 Monate =	6 480 €	
abzgl. Entfernungspauschale		
30 km × 0,30 € × 240 Tage =	2 160 €	
nicht abziehbare Betriebsausgaben	4 320 €	4 320 €
Summe Nutzungswert		11 520 €

Da der pauschale Nutzungswert (1 %-Regelung) und die nicht abziehbaren Betriebsausgaben für die Fahrten zwischen Wohnung und Betriebsstätte die tatsächlich entstandenen Aufwendungen übersteigen, ist die Kostendeckelung wie folgt vorzunehmen:

Gesamtkosten	10 000 €
./. als Betriebsausgabe abzugsfähige Entfernungspauschale	2 160 €
Deckelung der Kfz- Kosten auf	7 840 €

Wie dieses Beispiel zeigt, ist die Entfernungspauschale auch bei betrieblichen Einkünften grundsätzlich unabhängig von den tatsächlichen Aufwendungen zu gewähren (§ 4 Abs. 5 Satz 1 Nr. 6 Satz 2 EStG). Deshalb kann die Kostendeckelung nach Tz. 18 des BMF-Schreibens vom 18.11.2009[1] im Einzelfall zu einem unzutreffenden Ergebnis führen.[2] Zum anhängigen BFH-Verfahren → Rz. 68.

Beispiel: Gemischt genutztes Kfz ohne Fahrtenbuch

Für einen zum Betriebsvermögen gehörenden – gemisch genutzten – Pkw (betriebliche Nutzung mehr als 50 %, Bruttolistenpreis: 35 600 €) sind im Wirtschaftsjahr nachweislich 6 500 € Gesamtkosten angefallen. Der Pkw wurde an 200 Tagen für Fahrten zwischen Wohnung und erster Betriebsstätte (Entfernung: 27 km) genutzt. Ein Fahrtenbuch wird vom Stpfl. nicht geführt.

Die nicht abziehbaren Betriebsausgaben und die private Nutzung sind für das Kalenderjahr pauschal wie folgt zu ermitteln bzw. zu bewerten:

Nicht abziehbare Betriebsausgaben nach § 4 Abs. 5 Satz 1 Nr. 6 Satz 3 EStG:

0,03 % × 35 600 € × 27 km × 12 Monate =	3 460 €	
./. Entfernungspauschale 200 Tage × 0,30 € × 27 km =	1 620 €	
nicht abziehbare Betriebsausgaben	1 840 €	1 840 €

Privatnutzungsanteil nach § 6 Abs. 1 Nr. 4 Satz 2 EStG:

1 % × 35 600 € × 12 Monate =		4 272 €
zusammen		6 112 €
tatsächliche Gesamtkosten		6 500 €
als gewinnmindernder Betrag verbleibt tatsächlich		388 €

Da der pauschale Nutzungswert und die nicht abziehbaren Betriebsausgaben zusammen die tatsächlich entstandenen Aufwendungen nicht übersteigen, liegt hier kein Fall der Kostendeckelung nach Tz. 20 des BMF-Schreibens vom 18.11.2009[3] vor.

---

1) BMF v. 18.11.2009, IV C 6 – S 2177/07/10004, BStBl I 2009, 1326, Tz. 18, mit Änderung durch BMF v. 15.11.2012, IV C 6 – S 2177/10/10002, BStBl I 2012, 1099.
2) Vgl. ergänzende Vfg. der OFD Koblenz v. 3.7.2006, S 2177 A - St 31 3, betreffend vorangegangenes BMF v. 21.1.2002, IV A 6 – S 2177-1/02, BStBl I 2002, 148, Rz. 14, das durch BMF v. 18.11.2009, IV C 6 – S 2177/07/10004, BStBl I 2009, 1326, ersetzt wurde. Darin wird die ehemalige Rz. 14 als neue Rz. 18 inhaltlich fortgeführt.
3) BMF v. 18.11.2009, IV C 6 – S 2177/07/10004, BStBl I 2009, 1326.

A. Selbständige/Gewerbetreibende — Dritter Teil: Inlandsreisen

> **Hinweis:**
>
> Im Beispielsfall ist der Betriebsausgabenabzug geringer als die ermittelte Entfernungspauschale.
>
> Nach einer zwischen den obersten Finanzbehörden des Bundes und der Länder abgestimmten Auffassung ist dem Stpfl. jedoch mindestens in Höhe der Entfernungspauschale ein Betriebsausgabenabzug zu gewähren.[1]
>
> Für die Kostendeckung (Höchstbetrag der pauschalen Wertansätze) ist deshalb von den um die Entfernungspauschale gekürzten tatsächlichen Aufwendungen auszugehen. Für das o.a. Beispiel ergibt sich somit folgende Berechnung:
>
> | | |
> |---|---:|
> | tatsächlich entstandene Aufwendungen | 6 500 € |
> | zu gewährende Entfernungspauschale (= abzugsfähige Betriebsausgaben) | 1 620 € |
> | Differenz (= **Höchstbetrag der pauschalen Wertansätze**) | 4 880 € |

d) Methodenwahl

87 Es ist steuerlich möglich, die privaten Nutzungswerte **zunächst** pauschal zu ermitteln und die tatsächlichen Werte anhand eines Fahrtenbuchs und mit Einzelbelegen am Jahresende anzusetzen. Diese Wahl kann mit dem Einreichen der Steuererklärung beim Finanzamt vorgenommen werden. Die Methodenwahl muss für das Wirtschaftsjahr einheitlich getroffen werden.

Im Fall eines **Kfz-Wechsels** (z.B. durch Veräußerung) ist während eines Kalenderjahrs der Übergang zu einer anderen Ermittlungsmethode zulässig. Das Wahlrecht kann bis zur Bestandskraft der (Einkommensteuer-)Steuerfestsetzung ausgeübt oder geändert werden. Bei Ermittlung der **pauschalen** Wertansätze ist im Monat des Fahrzeugwechsels der inländische Listenpreis des Kfz anzusetzen, das nach der Anzahl der Tage in diesem Monat überwiegend genutzt wurde.

e) Erstmalige Privatnutzung

88 Will sich der Stpfl. beim Beginn der (erstmaligen) Privatnutzung eines betrieblichen Fahrzeugs für die **Fahrtenbuchmethode** entscheiden, so liegt zunächst noch kein individueller Nutzungswert vor (dieser ist ja erst noch zu ermitteln). In einem derartigen Fall lässt die Finanzverwaltung zu, dass als private Nutzungsentnahme für die **Privatfahrten** vorläufig je **Fahrtkilometer** 0,001 % und für die Wege zwischen **Wohnung** und erster Betriebsstätte 0,002 % je **Entfernungskilometer** des inländischen Listenpreises für das Fahrzeug angesetzt werden. Nach Ablauf des Kalenderjahrs bzw. Wirtschaftsjahrs ist dann der tatsächlich zu versteuernde Nutzungswert zu ermitteln oder der pauschale Nutzungswert nach den 1 %- und 0,03 %-Regelungen anzusetzen.

f) Nutzung privateigenes Kfz

89 Benutzt ein Stpfl. sein **privates** Kfz für Fahrten zwischen **Wohnung** und Betriebsstätte, so kann er die Aufwendungen bei Benutzung eines Pkw und bei Benutzung eines Motorrads/Motorrollers mit der Entfernungspauschale von 0,30 € je Entfernungskilometer als Betriebsausgaben ansetzen. Bei Nutzung eines Motorrads/Motorrollers ist die Entfernungspauschale auf höchstens 4 500 € im Kalenderjahr begrenzt. Kann der Selbständige/Unternehmer eine Behinderung nachweisen, so kann er für die Fahrten zwischen **Wohnung** und erster Betriebsstätte den Kilometersatz von 0,30 € je gefahrenen Kilometer als Betriebsausgaben ansetzen, sofern er keine höheren Aufwendungen nachweist (R 9.10 Abs. 3 LStR 2015).

---

[1] BMF v. 18.11.2009, IV C 6 – S 2177/07/10004, BStBl I 2009, 1326, Tz. 18, mit Änderung durch BMF v. 15.11.2012, IV C 6 – S 2177/10/10002, BStBl I 2012, 1099.

X. Nutzung im Rahmen unterschiedlicher Einkunftsarten

Nutzt der Unternehmer (Stpfl.) das betriebliche Kfz auch im Rahmen anderer Einkunftsarten, sind die auf diese außerbetriebliche, aber **nicht** private Nutzung entfallenden Aufwendungen grundsätzlich nicht mit dem Ansatz des für die Privatnutzung anzusetzenden pauschalen Werts von 1 % abgegolten.[1] Es bestehen aus Sicht der Finanzverwaltung keine Bedenken, diese Entnahme mangels anderer Anhaltspunkte mit **0,001 %** des inländischen Listenpreises des Kfz je gefahrenen Kilometer zu bewerten. Dieser Entnahmewert stellt vorbehaltlich bestehender Abzugsbeschränkungen die im Rahmen der anderen Einkunftsart abziehbaren Betriebsausgaben oder Werbungskosten dar.

90

Aus **Vereinfachungsgründen** wird einkommensteuerrechtlich auf den Ansatz einer zusätzlichen Entnahme verzichtet, soweit die Fahrtaufwendungen bei der anderen Einkunftsart keinen Abzugsbeschränkungen unterliegen und dort nicht als Betriebsausgaben oder Werbungskosten abgezogen werden.[2]

Hierzu hat der BFH mit Urteil vom 16.7.2015 entschieden, dass ein Arbeitnehmer, der einen ihm von seinem Arbeitgeber überlassenen Pkw auch für seine selbständige Tätigkeit nutzen darf, **keine Betriebsausgaben** für den Pkw abziehen darf, wenn der **Arbeitgeber** sämtliche Kosten des Pkw getragen hat und die private Nutzungsüberlassung nach der 1 %-Regelung versteuert worden ist.[3]

Denn der Abzug von Betriebsausgaben im Rahmen der Einkunftsarten setzt voraus, dass beim **Stpfl.** selbst und nicht bei Dritten Aufwendungen entstanden sind. Die Aufwendungen müssen zudem durch die Tätigkeit veranlasst worden sein. In dem der Entscheidung zu Grunde liegenden Streitfall trug der Arbeitgeber des Klägers sämtliche Kosten des Pkw und es lag kein Fall vor, in dem man dem Arbeitnehmer ausnahmsweise die Aufwendungen des Arbeitgebers als eigene zurechnen konnte. Und die Anwendung der 1 %-Regelung erfolgt unabhängig davon, ob und wie der Arbeitnehmer den Pkw tatsächlich nutzt. Es ergeben sich daher für den Arbeitnehmer auf der Einnahmenseite keine nachteiligen Folgen daraus, wenn er den Dienstwagen auch zur Erzielung anderer Einkünfte einsetzt. Entsprechend kann dann im Rahmen der anderen Einkünfte (im Urteilsfall bei den Einkünften aus selbständiger Arbeit) nicht davon ausgegangen werden, dass beim Arbeitnehmer ein Wertabfluss stattfindet.

Nicht zu entscheiden hatte der BFH, wie sich die Rechtsfrage darstellen würde, wenn der Arbeitnehmer ein **Fahrtenbuch** geführt hätte. Dann käme ein Betriebsausgabenabzug möglicherweise in Betracht, wenn der Arbeitnehmer eigenständige geldwerte Vorteile sowohl für die private als auch für die freiberufliche Nutzung zu versteuern hätte, die nach den jeweils tatsächlich gefahrenen Kilometern ermittelt werden.

XI. Doppelte Haushaltsführung

1. Allgemeines

Eine **doppelte Haushaltsführung** liegt vor, wenn der Stpfl. an verschiedenen Orten einen eigenen Hausstand hat. Seit 2014 sind die strengeren Anforderungen für das Führen eines doppelten Haushalts zu beachten. Danach setzt das Vorliegen eines eigenen Hausstands das Innehaben einer Wohnung sowie eine finanzielle Beteiligung an den Kosten der Lebensführung voraus. Auf die Anzahl der Übernachtungen in der Zweitwohnung kommt es nicht an.

91

Nach der Rechtsprechung des BHF liegt eine steuerlich zu berücksichtigende doppelte Haushaltsführung auch dann vor, wenn ein Stpfl. seinen Haupthaushalt aus privaten Gründen vom Tätigkeitsort wegverlegt und er darauf in einer Wohnung am Tätigkeitsort

---
1) BFH v. 26.4.2006, X R 35/05, BStBl II 2007, 445.
2) BMF v. 18.11.2009, IV C 6 – S 2177/07/10004, BStBl I 2009, 1326, Rz. 17.
3) BFH v. 6.7.15, III R 33/14, DStR 2015, 2594.

einen Zweithaushalt begründet, um von dort seiner Tätigkeit weiter nachgehen zu können.[1)]

Führt ein Gewerbetreibender, Land- oder Forstwirt oder selbständig Tätiger i.S.d. § 18 EStG aus betrieblichen Gründen **einen doppelten Haushalt**, so sind die notwendigen Mehraufwendungen, die aus Anlass der doppelten Haushaltsführung entstehen, Betriebsausgaben. Diese Mehraufwendungen sind nur notwendig, wenn sie nach den Umständen des Einzelfalles nicht überhöht sind.[2)]

Grundsätzlich gilt, dass bei den Gewinneinkünften die lohnsteuerlichen Regelungen (in den LStR) zu den Mehraufwendungen bei doppelter Haushaltsführung dem Grunde und der Höhe nach entsprechend anzuwenden sind (R 4.12 Abs. 3 EStR 2012, § 4 Abs. 5 Satz 1 Nr. 6a EStG sowie BMF im für Gewinneinkünfte bestimmten Schreiben vom 23.12.2014[3)]).

Zu den Mehraufwendungen bei doppelter Haushaltsführung **zählen**

- Fahrtkosten aus Anlass der Wohnungswechsel zu Beginn und am Ende der doppelten Haushaltsführung sowie
- Aufwendungen für wöchentliche Heimfahrten an den Ort des eigenen Hausstands oder für wöchentliche Familien-Ferngespräche,
- Verpflegungsmehraufwendungen,
- Aufwendungen für die Zweitwohnung und
- Umzugskosten.

2. Eigener Hausstand

92 Für das Vorliegen einer doppelten Haushaltsführung ist **nicht** entscheidend, ob in der Wohnung am Ort des eigenen Hausstands hauswirtschaftliches Leben herrscht. Deshalb ist der Begriff des **Familienhausstands** seit 2014 durch den Begriff „eigener Hausstand" ersetzt worden. Ein doppelter Haushalt liegt vor, wenn der Stpfl. aus betrieblichen Gründen außerhalb des Orts des eigenen Hausstands und seiner ersten Betriebsstätte einen weiteren eigenen Hausstand unterhält. Weil nach R 4.12 Abs. 3 EStR 2012 sowie seit 2014 § 4 Abs. 5 Satz 1 Nr. 6a EStG die lohnsteuerlichen Regelungen bei den Gewinneinkünften entsprechend gelten (→ Rz. 296 ff.).

93 Ein eigener Hausstand setzt das Innehaben einer den Lebensbedürfnissen entsprechenden Wohnung sowie eine finanzielle Beteiligung des Stpfl. an den Kosten der Lebensführung voraus. In dieser Wohnung muss ein Haushalt unterhalten werden, d.h., der Stpfl. muss die Haushaltsführung bestimmen oder wesentlich mitbestimmen. Darüber hinaus muss die Wohnung seinen Lebensmittelpunkt darstellen (→ Rz. 296 ff.).

94 Die vorgenannten Regelungen zum eigenen Hausstand gelten auch für **nicht verheiratete** Personen.

3. Berücksichtigungsfähige Aufwendungen

a) Fahrtkosten

95 Für die Berücksichtigung der steuerlich abzugsfähigen Mehraufwendungen gelten die für den Lohnsteuer- und Werbungskostenbereich anzuwendenden Regelungen entsprechend mit der Maßgabe, dass nur die Kosten für eine **Familienheimfahrt** wöchentlich als Betriebsausgaben angesetzt werden können (→ Rz. 307 ff.). Wird hierfür ein zum Betriebsvermögen gehörendes Kfz benutzt, so liegen in Höhe des positiven Unter-

---

1) BFH v. 5.3.2009, VI R 58/06, BStBl II 2009, 1012 und 1016, sowie BMF v. 10.12.2009, IV C 5 – S 2352/0, BStBl I 2009, 1599.
2) BFH v. 16.3.1979, VI R 126/78, BStBl II 1979, 473.
3) BMF v. 23.12.2014, IV C 5 – S 2353/08/10006 :005, BStBl I 2015, 34.

schiedsbetrags zwischen 0,002 % vom inländischen Listenpreis und der Entfernungspauschale (je Entfernungskilometer 0,30 € gem. § 9 Abs. 1 Satz 3 Nr. 5 EStG) nicht abziehbare Betriebsausgaben vor. Bei Führung eines Fahrtenbuchs ist nur der positive Differenzbetrag zur Entfernungspauschale den nicht abziehbaren Betriebsausgaben zuzurechnen.

Bei der Nutzung eines betrieblichen Kfz zu Familienheimfahrten entfällt der Ansatz des Nutzungswerts, wenn das Kfz von einem **Körperbehinderten** genutzt wird, dessen Grad der Behinderung

- mindestens 70 % beträgt oder
- bei weniger als 70 %, aber mindestens 50 % liegt und wenn der Körperbehinderte in seiner Bewegungsfähigkeit im Straßenverkehr erheblich beeinträchtigt ist.

Führt der Stpfl. **mehrere** Familienheimfahrten wöchentlich durch, so kann er wählen, ob er die Fahrten

- als Familienheimfahrten einmal wöchentlich bei doppelter Haushaltsführung oder
- als Aufwendungen für Wege zwischen Wohnung und Betriebsstätte

geltend machen will.

Wählt er den Abzug der Fahrtkosten zwischen Wohnung und Betriebsstätte, so können **daneben** Mehraufwendungen für Verpflegung und die Kosten der Unterkunft am auswärtigen Ort **nicht** geltend gemacht werden. Der Stpfl. muss die Wahl des Verfahrens für jedes Wirtschaftsjahr **einheitlich** treffen. Wählt der Stpfl. den Abzug der Fahrtkosten zwischen Wohnung und Betriebsstätte und benutzt er hierzu ein betriebliches Kfz, ist hinsichtlich des Ansatzes des privaten Nutzungswerts nach → Rz. 78 zu verfahren.

b) Verpflegungsmehraufwendungen

Ein Abzug von **Verpflegungsmehraufwendungen** ist auf die **ersten drei Monate** nach Beginn der Tätigkeitsaufnahme am neuen Ort **begrenzt**. In diesem Zeitraum können für jeden vollen Tag, an dem der Stpfl. im Inland von seiner Hauptwohnung abwesend ist, **pauschal 24 €** geltend gemacht werden. Für die Tage der Familienheimfahrt und der Rückreise an den auswärtigen Tätigkeitsort kommen bei einer Abwesenheitsdauer von mehr als 8 Stunden im Inland als Pauschbetrag für Verpflegungsmehraufwendungen 12 € in Betracht (→ Rz. 50).

96

Ist der Tätigkeit am neuen Beschäftigungsort eine Geschäftsreise unmittelbar vorausgegangen, so wird die Dauer der **Geschäftsreise** auf die Dreimonatsfrist **angerechnet**. Liegen die **tatsächlichen** Verpflegungsmehraufwendungen über der Pauschale von 24 €, ist der Unterschiedsbetrag nicht abzugsfähig. Nach Ablauf der **Dreimonatsfrist** können **keine** Verpflegungsmehraufwendungen mehr geltend gemacht werden.

Des Weiteren sind **abzugsfähig** die Kosten der **Unterkunft** am Beschäftigungsort; u.a. Mietkosten inkl. Nebenkosten für den doppelten Haushalt/die Wohnung, Hotelkosten sowie etwaige Absetzungen für Abnutzung bei einer eigenen Wohnung (zum Ansatz der tatsächlichen Aufwendungen → Rz. 300 f.).

Zur Ermittlung der Mehraufwendungen bei doppelter Haushaltsführung, wenn sich der Ort der **Berufsausübung im Ausland** befindet → Rz. 337.

XII. Bewirtung und Geschenke

1. Allgemeines

Die Kosten einer Bewirtung aus **geschäftlichem Anlass**, insbesondere von Geschäftsfreunden, gehören steuerrechtlich **nicht** zu den Reisekosten. Auf diese Kosten wird dennoch im Folgenden kurz eingegangen, weil eine Bewirtung nicht selten im Zusammen-

97

hang mit einer Geschäftsreise erfolgt. Ein geschäftlicher Anlass liegt vor bei der Bewirtung von Personen, zu denen schon Geschäftsbeziehungen bestehen (Geschäftsfreunde) oder zu denen sie angebahnt werden sollen. Ebenso rechnet die Bewirtung von Besuchern des Betriebs, z.B. bei Betriebsbesichtigungen, zur geschäftlichen Veranlassung (→ Rz. 99).

Als **Geschäftsfreunde** wird allgemein der Personenkreis bezeichnet, mit dem ein Unternehmer in geschäftlicher oder beruflicher Verbindung steht oder mit dem er eine solche Verbindung anbahnen will. Es ist jedoch auch möglich, dass Personen bewirtet werden, ohne dass eine konkrete Geschäftsbeziehung bzw. Veranlassung besteht oder geplant ist, z.B. Bewirtung des Steuerberaters.

Die Bewirtung von Geschäftsfreunden kann durch den Unternehmer selbst, durch seine Familienangehörigen oder Angehörige seines Betriebes erfolgen.

In engem Zusammenhang mit einem geschäftlichen Anlass können auch die Kosten für Kundschaftstrinken, Bewirtung in Gästehäusern, bei Jagden, auf Jachten und Schiffen sowie Kosten für Geschenke an Geschäftsfreunde stehen. Zur steuerlichen Anerkennung dieser Aufwendungen → Rz. 127 ff.

2. Begriff der Bewirtungskosten

98 Grundsätzlich versteht man unter einer Bewirtung den Verzehr von Speisen, Getränken und sonstigen Genussmitteln, wobei deren Darreichung eindeutig im Vordergrund steht. Zu den Bewirtungskosten gehören nicht nur die in Rechnung gestellte eigentliche Bewirtung, sondern auch damit zwangsläufig angefallene **Nebenkosten** wie z.B. Organisation, Tischdekoration, Trinkgelder und Garderobengebühren etc. Der Frage, was zu den („eigentlichen") Bewirtungskosten zählt, kommt auf Grund der Abzugsbeschränkung auf 70 % der Aufwendungen besondere Bedeutung zu. Solche Bewirtungskosten fallen regelmäßig anlässlich der unentgeltlichen Bewirtung von Geschäftsfreunden aus **geschäftlichem** Anlass (→ Rz. 97) an.

Zu den Bewirtungskosten im weiteren Sinne gehören die Unterbringung und Unterhaltung von Geschäftsfreunden in einem Hotel, der gemeinsame Theaterbesuch, der Besuch von sportlichen oder unterhaltenden Veranstaltungen, die Zurverfügungstellung eines Kraftwagens für den Geschäftsfreund am Betriebsort usw.; also Ausgaben, bei denen vielleicht auch gesellschaftliche Gründe mitbestimmend sind. Soweit letztere Kosten Betriebsausgaben sind, sind sie zu 100 % abzugsfähig, denn durch die Begrenzung des Abzugs der reinen Bewirtungsaufwendungen auf 30 % soll die Haushaltsersparnis bei den Verpflegungsmehraufwendungen zum Ausdruck gebracht werden. Von einer Haushaltsersparnis kann aber bei den vorgenannten Aufwendungen keine Rede sein.

Nicht zu den Bewirtungsaufwendungen gehören sog. **Aufmerksamkeiten** (z.B. Kaffee, Gebäck, Zigaretten u.Ä.) und auch nicht die Darreichung von Lebensmittelprodukten, sofern sie im Zusammenhang mit **Verkaufsveranstaltungen** angeboten werden. Solche Aufwendungen sowie die für Produkt-/Warenverkostungen und die für Warenproben außerhalb der Nahrungs- und Genussmittelindustrie rechnen zu dem unbeschränkt als Betriebsausgaben abziehbaren Werbeaufwand (R 4.10 Abs. 5 Satz 9 und 10 EStR 2012).

Steht allerdings die Darreichung von Speisen im **Vordergrund**, handelt es sich um eine Bewirtung. Nach allgemeiner Verkehrsauffassung ist eine **Bewirtung** bereits dann gegeben, wenn lediglich kleine Speisen dargereicht werden, z.B. bei belegten Brötchen, Salaten, kleinen Nudelgerichten, Kuchen, Torten usw. Eine betragsmäßige Abgrenzung ist hier nicht möglich, weil z.B. bei einem hochwertigen Geschäftsabschluss die dargereichte Flasche Champagner durchaus eine Aufmerksamkeit sein kann. Die in R 19.6 Abs. 2 LStR 2015 zur Frage des Arbeitslohns genannte Nichtaufgriffsgrenze von 60 € kann **nicht** als Abgrenzungsmerkmal herangezogen werden.

Die Aufwendungen eines Stpfl. anlässlich **gesellschaftlicher Veranstaltungen** seines Berufsverbandes, seines Wirtschaftsverbands, seines Fachverbands oder seiner Gewerkschaft sind steuerlich nicht berücksichtigungsfähige Kosten der **Lebensführung**; insbesondere dann, wenn auch sein Ehegatte/Lebenspartner teilnimmt. Dieser Grundsatz gilt auch dann, wenn die gesellschaftlichen Veranstaltungen im Zusammenhang mit einer rein fachlichen oder beruflichen Tagung oder Sitzung stehen.[1] Zur **Abgrenzung** der betrieblichen von der privaten Veranlassung von Bewirtungen in weiteren Einzelfällen s. BFH v. 29.3.1994[2].

3. Abzugsbeschränkungen

Grundsätzlich sind nur Bewirtungsaufwendungen steuerlich abzugsfähig, die durch den **Betrieb oder Beruf veranlasst** sind, und nicht überwiegend die Lebensführung des Stpfl. oder anderer Personen berühren. Sie sind als Betriebsausgaben nur abziehbar, wenn sie sich leicht und eindeutig von denen der Lebenshaltung trennen lassen. So sind z.B. Aufwendungen eines Rechtsanwalts, die ihm aus Anlass eines für Mandanten, Berufskollegen und Mitarbeiter gegebenen **Empfangs** zu einem herausgehobenen **Geburtstag** entstehen, keine Betriebsausgaben, sondern durch die wirtschaftliche und gesellschaftliche Stellung bedingt.[3] Die Rechtsprechung räumt in Zweifelsfällen der Nichtabzugsfähigkeit den Vorrang vor der Abzugsfähigkeit ein (zu weiteren Einzelheiten s. H 12.1 EStH 2016, R 4.10 Abs. 6 Satz 8 EStR 2012 und das Urteil BFH v. 20.8.1986[4]). Von den steuerlich abziehbaren Bewirtungskosten dürfen die geschäftlichen Bewirtungskosten (→ Rz. 97) zu 70 % und die betrieblichen Bewirtungskosten zu 100 % als Betriebsausgaben abgezogen werden.

99

Um Bewirtungskosten als Betriebsausgaben ansetzen zu können, ist eine mehrstufige Abzugsbeschränkung zu beachten:

- Zunächst müssen die Aufwendungen für die Bewirtung von Personen aus geschäftlichem Anlass getätigt werden.
- Ferner müssen sie nach der allgemeinen Verkehrsauffassung als angemessen anzusehen sein und ihre Höhe sowie betriebliche Veranlassung nachgewiesen werden.

Liegen diese Voraussetzungen vor, sind 30 % der Aufwendungen nicht abzugsfähig (§ 4 Abs. 5 Satz 1 Nr. 2 EStG).

Die Bewirtung muss aus „**geschäftlichem Anlass**" stattgefunden haben. Der Begriff „geschäftlicher Anlass" wird unterschiedlich ausgelegt. Nach R 4.10 Abs. 6 EStR 2012 besteht ein geschäftlicher Anlass insbesondere bei der Bewirtung von Personen, zu denen schon Geschäftsbeziehungen bestehen oder zu denen sie angebahnt werden sollen. Auch die Bewirtung von Besuchern des Betriebs im Rahmen der Öffentlichkeitsarbeit, die dem Ziel dient, Geschäftsabschlüsse allgemein zu fördern, ist geschäftlich veranlasst. Da der „geschäftliche Anlass" nach § 4 Abs. 5 Satz 1 Nr. 2 Satz 1 EStG ein **Unterfall** der „betrieblichen Veranlassung" nach § 4 Abs. 4 EStG ist, muss „geschäftlich" **eng** im Sinne von „die einzelnen Geschäfte betreffend" **ausgelegt** werden. Nicht geschäftlich wäre demnach die Bewirtung von Personen, deren Tätigkeit ebenso wie die der Arbeitnehmer des Unternehmers dem inneren Betriebsablauf dient (z.B. Rechtsanwalt, Steuerberater, Behördenvertreter, Handwerker, freie Mitarbeiter u.Ä.).

Liegen betrieblich/geschäftlich veranlasste Bewirtungen vor, sind nur die „**angemessenen**" Bewirtungskosten als Betriebsausgaben abziehbar. Angemessen sind die Bewirtungskosten, wenn sie betragsmäßig in einem vernünftigen Verhältnis zur betrieblichen Situation stehen. In der Frage der **Angemessenheit** ist nicht auf die Summe der Bewirtungsaufwendungen im Wirtschaftsjahr abzustellen, sondern es ist bei jedem einzelnen Bewirtungsvorgang zu prüfen, ob er die gesetzlichen Voraussetzungen erfüllt. Dabei ist insbesondere das Verhältnis der Aufwendungen zu Betriebsgröße, Umsatz und Gewinn

---

1) BFH v. 1.8.1968, IV R 232/67, BStBl II 1968, 713.
2) BFH v. 29.3.1994, VIII R 7/92, BStBl II 1994, 843.
3) BFH v. 12.12.1991, IV R 58/88, BStBl II 1992, 524.
4) BFH v. 20.8.1986, I R 80/83, BStBl II 1986, 904.

maßgebend. Die Entscheidung über die Notwendigkeit der Betriebsausgaben liegt jedoch grundsätzlich beim Unternehmer.[1] Deshalb kann eine absolute Betragsgrenze nicht festgelegt werden. Es ist auf die Umstände des Einzelfalls abzustellen.[2] In der Steuerfachliteratur wird als Grenzwert für die Angemessenheit der Betrag von **100 €** pro bewirteter Person genannt.

Der Betrag von 100 € soll keine Höchstgrenze darstellen, es können auch höhere Beträge durchaus noch angemessen sein, wenn durch den Aufwand ein günstigerer Geschäftsabschluss erreicht wurde.[1] Stehen z.B. beim Besuch eines Nacht- oder Musiklokals die gesamten Aufwendungen in einem offensichtlichen Missverhältnis zum Wert der verzehrten Speisen und/oder Getränke, ist jeglicher Betriebsausgabenabzug ausgeschlossen. Solche Ausgaben sind in ihrer Art schon dem Grunde nach als unangemessen anzusehen. Da mit dem Besuch von solchen Veranstaltungen ein anderer Zweck als mit Bewirtungen im engeren Sinne verfolgt wird, kommt auch nicht ein evtl. um 30 % gekürzter Abzug der Aufwendungen in Betracht.[3] Aus diesem Urteil folgt, dass bei gemischten Leistungen (Bewirtungen im engeren Sinne und andere Zuwendungen) keine Aufteilung der Gesamtaufwendungen in Betracht kommt, wenn die Hauptleistung nicht als Betriebsausgabe abziehbar ist. Können hingegen die unangemessen hohen Bewirtungsaufwendungen **abgegrenzt** und aus dem Gesamtbetrag **herausgerechnet** werden, muss der **verbleibende** und somit angemessene Betrag um 30 % gekürzt werden.

Fallen im Zusammenhang mit Bewirtungsaufwendungen weitere Kosten an, z.B. Aufwendungen für Festredner, Musikkapelle, Produktvorführung, Organisation und Personal, so sind diese Kosten von den „eigentlichen" Bewirtungskosten abzugrenzen. Sie unterliegen nicht der Abzugsbeschränkung von 70 %.

Nicht geschäftlich, sondern allgemein betrieblich veranlasst, ist ausschließlich die Bewirtung von Arbeitnehmern des bewirtenden Unternehmens (R 4.10 Abs. 7 EStR 2012). Die Aufwendungen für solche Arbeitnehmerbewirtungen sind in vollem Umfang Betriebsausgaben.

Zur **umsatzsteuerlichen Behandlung** → Rz. 356.

4. Bewirtung im Privathaushalt

100 Insbesondere die Kosten der Bewirtung von Geschäftsfreunden im Privathaushalt werden i.d.R. nicht leicht und einwandfrei von denen der privaten Lebenssphäre zu trennen sein. Daher rechnet das Finanzamt regelmäßig den gesamten Betrag zu den **nicht abziehbaren** Privatausgaben.

Sind Aufwendungen für die Bewirtung von Geschäftsfreunden teils betrieblich, teils privat veranlasst, so sind die Aufwendungen in vollem Umfang Kosten der Lebensführung, wenn eine Trennung nach objektiven Maßstäben nicht leicht und einwandfrei möglich ist. Das ist z.B. regelmäßig bei der Bewirtung von Geschäftsfreunden in der Wohnung des Stpfl. oder anlässlich seines Geburtstags in einer Gaststätte[4] der Fall. Dies soll auch dann gelten, wenn im Hinblick auf die geschäftlichen Beziehungen die Bewirtung besonders kostspielig gestaltet oder ein besonders wertvolles Geschenk gewählt wird.

Im Urteil des BFH v. 16.5.1963[5] wurden die pauschal geltend gemachten Repräsentationsaufwendungen eines Vorstands- und Aufsichtsratsmitglieds für die Bewirtung von Geschäftsfreunden im eigenen Haus als nicht abzugsfähig angesehen.

In besonders gelagerten Fällen hat der BFH jedoch auch die Kosten der Bewirtung im eigenen Haushalt des Stpfl. zum Abzug zugelassen.[6] Dies hat er z.B. angenommen,

---

1) BFH v. 20.8.1986, I R 80/83, BStBl II 1986, 904.
2) BFH v. 8.10.1987, IV R 5/85, BStBl II 1987, 853.
3) BFH v. 16.2.1990, III R 21/86, BStBl II 1990, 575.
4) BFH v. 12.12.1968, IV R 150/68, BStBl II 1969, 239.
5) BFH v. 16.5.1963, IV 164/60, HFR 1965, 105.
6) BFH v. 10.6.1966, VI 261/64, BStBl III 1966, 607.

wenn **ausländische** Geschäftsfreunde die Unterbringung in einem Hotel ablehnen, um Einblick in eine deutsche Familie zu gewinnen. Ein Betriebsausgabenabzug dürfte auch gegeben sein, wenn die Bewirtung der Geschäftsfreunde zwar im Haus des Unternehmers, aber dort in betriebseigenen Räumen erfolgt.

Weiterhin ist denkbar, dass Verhandlungen im geschäftlichen Interesse **geheim gehalten** werden müssen. Diese Geheimhaltung ließe sich aber in einem Gasthaus nicht ermöglichen. Es ist auch denkbar, dass Betriebsstätte und Wohnhaus des Unternehmers so weit von einem geeigneten Restaurant entfernt sind, dass der Weg bis dorthin kaum zumutbar ist. Schließlich kann auch der **Gesundheitszustand** oder die Dauer von Verhandlungen der Beteiligten die Anerkennung der Aufwendungen begründen. Stets müssen jedoch, wie es der BFH im oben angeführten Urteil ausdrückt, „die besonderen Verhältnisse dargetan werden, v.a. auch in der Hinsicht, dass der Stpfl., wenn er seinen Geschäftsfreund besucht, nicht auch in dessen Familie aufgenommen wird. In solchen Fällen tritt das gesellschaftliche Ereignis in den Vordergrund".

In einem aktuellen Urteil hat der BFH die vorgenannten Grundsätze im Prinzip bestätigt und klargestellt, dass Betriebsausgaben für die Bewirtung und Unterhaltung von Geschäftsfreunden im Rahmen eines Gartenfests nicht zwingend unter das einkommensteuerliche Abzugsverbot fallen. Betriebsausgaben, die für die Unterhaltung von Geschäftsfreunden aufgewendet werden, unterliegen als Aufwendungen für „ähnliche Zwecke" nur dann dem Abzugsverbot, wenn sich aus der Art und Weise der Veranstaltung und ihrer Durchführung ableiten lässt, dass es sich um Aufwendungen handelt, die für eine überflüssige und unangemessene Unterhaltung und Repräsentation getragen werden.[1]

Im Streitfall hatte eine Rechtsanwaltskanzlei in mehreren Jahren sog. „Herrenabende" im Garten des Wohngrundstücks des namensgebenden Partners veranstaltet, bei denen jeweils bis zu 358 Gäste für Gesamtkosten zwischen 20 500 € und 22 800 € unterhalten und bewirtet worden sind. Der BFH hat im Streitfall das Urteil des FG aufgehoben und die Sache zurückverwiesen. Das FG hat im zweiten Rechtsgang zu prüfen, ob die Art und Durchführung der „Herrenabende" den Schluss zulässt, dass diese sich von „gewöhnlichen Gartenfesten" abheben und mit der Einladung zu einer Segelregatta oder Jagdgesellschaft (§ 4 Abs. 5 Satz 1 Nr. 4 EStG, → Rz. 136) vergleichbar sind.

5. Bewirtung außerhalb des Privathaushalts

Die Kosten für die Bewirtung von Geschäftsfreunden außerhalb des Privathaushalts können als Betriebsausgaben abgezogen werden, wenn sie ausschließlich durch Beruf oder Betrieb veranlasst sind. Hierbei ergibt es sich häufig, dass der Geschäftsfreund oder der Stpfl. selbst von Angehörigen begleitet wird. Die Ausgaben, die auf die Bewirtung des Geschäftsfreundes und seine Angehörigen entfallen, dürften ohne Weiteres abzugsfähig sein. Die Aufwendungen für die Angehörigen des bewirtenden Stpfl. sind nur zu berücksichtigen, wenn diese im Betrieb tätig sind oder ihre Anwesenheit erforderlich ist (z.B. die Ehefrau oder Tochter als Dolmetscherin).

6. Nachweis der Bewirtungskosten

Nach den Vorschriften des EStG (§ 4 Abs. 5 Satz 1 Nr. 2 Satz 1) sind die Aufwendungen für die Bewirtung von Geschäftsfreunden nicht zum Abzug zugelassen, soweit sie nach der **allgemeinen** Verkehrsauffassung als **unangemessen** anzusehen **oder** wenn ihre **Höhe und** ihre **betriebliche** Veranlassung **nicht nachgewiesen** sind.

Die Höhe und die **betriebliche Veranlassung** der Aufwendungen sind durch **folgende schriftliche** Angaben **nachzuweisen**:

– Ort und Tag der Bewirtung,
– Teilnehmer und Anlass der Bewirtung sowie Höhe der Aufwendungen.

---
1) BFH v. 13.7.2016, VIII R 26/14, BStBl II 2017, 161.

A. Selbständige/Gewerbetreibende — Dritter Teil: Inlandsreisen

Fehlt der **Nachweis** über Höhe und betriebliche Veranlassung von Bewirtungsaufwendungen, sind die Aufwendungen **in vollem Umfang nicht abzugsfähig**. Sind Bewirtungsaufwendungen als unangemessen anzusehen, ist nur der Teil der Aufwendungen nicht abzugsfähig, der angemessene Aufwendungen übersteigt.

104 Hat die Bewirtung in einer Gaststätte stattgefunden, so genügen Angaben zu dem Anlass und den Teilnehmern der Bewirtung; die maschinell erstellte und registrierte Rechnung der Gaststätte über die Bewirtung ist beizufügen. Aus ihr müssen Name und Anschrift der Gaststätte sowie der Tag der Bewirtung ersichtlich sein (vgl. R 4.10 Abs. 8 EStR 2012). Soweit die vom Gesetz geforderten Angaben nicht in Fremdbelegen enthalten sind, z.B. der Name des bewirtenden Stpfl., muss der Stpfl. **zeitnah** einen formlosen Eigenbeleg erstellen (→ Rz. 108).

105 **Ort** und **Tag** der Bewirtung müssen durch schriftliche Angaben (Eigenbeleg) nur nachgewiesen werden, wenn die Bewirtung nicht in einer Gaststätte stattgefunden hat. Der Ort ist näher zu bezeichnen (z.B. Niederlassung Bonn, Firmenkasino).

106 Zur Bezeichnung der bewirteten **Personen** ist grundsätzlich die schriftliche Angabe des Namens erforderlich. Die Angabe der Adresse ist nicht zwingend, eine Identifizierung muss aber möglich sein. Bei Bewirtung mehrerer Personen müssen die **Namen aller bewirteten Personen** angegeben werden, auch die des Stpfl. und/oder seiner Arbeitnehmer.[1] Auf die Angabe der bewirteten Person und des Bewirtenden kann auch dann nicht verzichtet werden, wenn dem, z.B. bei einem Journalisten, das Pressegeheimnis entgegensteht.[2] Rechtsstaatsprinzip und Gleichbehandlungsgebot erhalten gegenüber dem Pressegeheimnis Vorrang. Entsprechendes dürfte deshalb auch für Rechtsanwälte und Ärzte gelten. Nur wenn die Feststellung der Namen unzumutbar ist (z.B. bei Bewirtungen anlässlich von Betriebsbesichtigungen durch eine größere Personenzahl), kann auf die Angabe der Namen der bewirteten Personen verzichtet werden. In diesem Fall genügen die schriftliche Angabe der Anzahl der bewirteten Personen sowie eine die Personengruppe kennzeichnende Sammelbezeichnung. Entsprechendes gilt z.B. bei Bewirtungen anlässlich von Ausstellungseröffnungen, Geschäftseröffnungen, Präsentation neuer Produkte u.Ä.

107 Die Angaben über den **Anlass** der Bewirtung müssen den Zusammenhang mit einem betrieblichen Vorgang oder einer Geschäftsbeziehung **erkennen** lassen. Der konkrete Anlass muss zumindest stichwortartig beschrieben werden. **Angaben** wie „Arbeitsgespräch", „Informationsgespräch", „Hintergrundgespräch" oder „Gedankenaustausch" reichen für die Angabe des Anlasses der Bewirtung **nicht** aus.[2] Die schriftlichen Angaben können auf der Rechnung oder getrennt vorgenommen werden. Erfolgen die Angaben getrennt von der Rechnung, sind das Schriftstück über die Angaben und die Rechnung grundsätzlich zusammenzufügen. Ausnahmsweise genügt es, den Zusammenhang dadurch darzustellen, dass auf der Rechnung und dem Schriftstück mit den Angaben Gegenseitigkeitshinweise angebracht werden, so dass Rechnung und Schriftstück jederzeit zusammengefügt werden können.

Sind die Angaben lückenhaft, so können die Aufwendungen auch dann nicht abgezogen werden, wenn der Stpfl. ihre Höhe und betriebliche Veranlassung in anderer Weise nachweist oder glaubhaft macht.[3] Die zum Nachweis von Bewirtungsaufwendungen erforderlichen schriftlichen Angaben müssen zeitnah gemacht werden.[4] Das Schriftstück über die Angaben ist zehn Jahre aufzubewahren (§ 147 Abs. 1 Nr. 4 und Abs. 3 AO). Eine **Ergänzung** des amtlich vorgeschriebenen **Bewirtungsvordrucks/-belegs** setzt voraus, dass ein ergänzungsbedürftiger Vordruck bereits vorliegt. Unterbliebene Angabe des Bewirtenden können auch noch nachträglich, z.B. im Rechtsbehelfsverfahren zur Einkommensteuerfestsetzung, **nachgeholt** werden.[5]

---
1) BFH v. 30.1.1986, IV R 150/85, BStBl II 1986, 488; BFH v. 25.2.1988, IV R 95/86, BStBl II 1988, 581.
2) BFH v. 15.1.1998, IV R 81/96, BStBl II 1998, 263.
3) BFH v. 30.1.1986, IV R 150/85, BStBl II 1986, 488.
4) BFH v. 25.3.1988, III R 96/85, BStBl II 1988, 655.
5) BFH v. 19.3.1998, IV R 40/95, BStBl II 1998, 610.

Aus Vereinfachungsgründen ist es nicht erforderlich, Teilnehmer und Bewirtungsgrund anzugeben, wenn es sich bei der „Bewirtung" um eine „übliche Geste der Höflichkeit" handelt. Das ist der Fall, wenn lediglich Getränke, Gebäck oder Ähnliches anlässlich einer geschäftlichen oder beruflichen Besprechung in geringem Umfang angeboten werden. Die Pflicht zur besonderen Aufzeichnung bleibt hiervon unberührt. Hat eine solche „kleine Bewirtung" in einer Gaststätte stattgefunden, ist die Rechnung vorzulegen. Bei Bewirtungen in den Geschäftsräumen usw. sind Einkaufsbelege mit entsprechenden Angaben zur betrieblichen Verwendung erforderlich und aufzubewahren.

7. Bewirtung in einer Gaststätte

108 Bei **Bewirtung in einer Gaststätte** ist zur Angabe der Höhe die Rechnung über die Bewirtung hinzuzufügen.[1)] Die Rechnung muss den **Namen und die Anschrift** des leistenden Unternehmers, **der Gaststätte**, enthalten. Das gilt **auch** bei Rechnungen über **Kleinbeträge**, deren Gesamtbetrag 250 €[2)] nicht übersteigt (§ 33 UStDV, Abschn. 15.4 UStAE). Auch die maschinell zu erstellende und zu registrierende Rechnung muss den Namen und die Anschrift der Gaststätte ausweisen. Für den Betriebsausgabenabzug von Bewirtungskosten muss der **Tag der Bewirtung** angegeben werden. Das Datum ist auf der maschinell erstellten und registrierten Rechnung auszudrucken. Handschriftliche Ergänzungen oder Datumsstempel reichen hier nicht aus.

Die Bewirtungsleistungen sind im Einzelnen zu bezeichnen; allein die Angabe „**Speisen und Getränke**" sowie die Angabe der für die Bewirtung in Rechnung gestellten Gesamtsumme **reichen nicht** aus. Bezeichnungen wie z.B. „Menü 1", „Tagesgericht 2" oder „Lunch-Buffet" und aus sich selbst heraus verständliche Abkürzungen sind jedoch nicht zu beanstanden. Codierte Bezeichnungen der Speisen und Getränke, die nicht zu entschlüsseln sind, schließen die Anerkennung der Bewirtungsleistungen selbst dann aus, wenn der Rechnung eine Speisekarte beigefügt ist. Die Beifügung einer Gaststättenrechnung kann nicht durch Kreditkartenabrechnungen oder Eigenbelege ersetzt werden. Denn die Gaststättenrechnung hat als Fremdrechnung eine erhöhte Nachweisfunktion.[3)] Die Rechnung muss das Entgelt für die Lieferung oder die sonstige Leistung enthalten (→ Rz. 127).

Die Rechnung muss auch den Namen des **bewirtenden Stpfl.** enthalten; dies gilt nicht, wenn der Gesamtbetrag der Rechnung 250 € nicht übersteigt. Es bestehen jedoch bei einer Rechnung über 250 € keine Bedenken, wenn der leistende Unternehmer (Gastwirt) den Namen des bewirtenden Stpfl. handschriftlich auf der Rechnung vermerkt.

Aufwendungen für eine Bewirtung von Geschäftsfreunden aus betrieblichem Anlass werden für den Betriebsausgabenabzug nur noch anhand **maschinell erstellter** und maschinell **registrierter Rechnungen/Belege** anerkannt. Rechnungen in anderer Form, z.B. handschriftlich erstellte oder nur maschinell erstellte, erfüllen die Nachweisvoraussetzungen der Einkommensteuer-Richtlinien (R 4.10 Abs. 8 EStR 2012) nicht; sie führen zur vollständigen Versagung des Betriebsausgabenabzugs der so nachgewiesenen Bewirtungsaufwendungen. Es genügt jedoch, wenn die Rechnungsendsumme maschinell registriert wird; eine Registrierung der Einzelleistungen (Speisen, Getränke, Sonstiges) beim Gastwirt ist nicht erforderlich.

Der bewirtende Stpfl. (Leistungsempfänger) kann im Allgemeinen darauf vertrauen, dass die ihm erteilte Rechnung vom Gastwirt maschinell ordnungsgemäß registriert worden ist, wenn die Rechnung von der Registrierkasse mit einer laufenden **Registriernummer** versehen wird. **Fehlt** eine solche **Registriernummer** auf der Rechnung, führt das nicht zwingend zur Versagung des Betriebsausgabenabzugs der im Übrigen nachgewiesenen Bewirtungsaufwendungen beim bewirtenden Stpfl. (Unternehmer, Leistungsempfänger). Eine **laufende Registriernummer** ist nicht notwendiger Bestandteil der maschinell

---
1) BMF v. 21.11.1994, IV B 2 – S 2145 – 165/94, BStBl I 1994, 855.
2) Wert gilt seit 2017, zuvor waren es 150 €.
3) BFH v. 18.4.2012, X R 57/09, BStBl II 2012, 770.

erstellten und registrierten Gaststättenrechnung. Die Dokumentationspflichten und Aufbewahrungsfristen, die der Gastwirt zu beachten hat, sind hiervon unabhängig zu beurteilen.

Freiwillige Trinkgelder sind regelmäßig nicht Bestandteil der Gaststättenrechnung. Als Nachweis über die Höhe des hingegebenen Trinkgelds reicht hier ein Vermerk des Kellners auf der Rechnung aus. Die Bestätigung kann auch auf einer besonderen Quittung oder bei Bezahlung mit einer Kreditkarte durch eine entsprechende Eintragung auf dem Belastungsbeleg erfolgen. Für kleinere Trinkgeldbeträge muss das Finanzamt auch Eigenbelege anerkennen (→ Rz. 62).

Werden Leistungen üblicherweise zu einem späteren Zeitpunkt in Rechnung gestellt und unbar bezahlt (z.B. bei Bewirtung eines größeren Personenkreises), ist die Vorlage eines Registrierkassenbelegs nicht erforderlich. In diesem Fall ist der Rechnung der Zahlungsbeleg beizufügen. Werden für Gäste eines Unternehmens **Verzehrgutscheine** ausgegeben, gegen deren Vorlage die Besucher auf Rechnung des Unternehmens in einer Gaststätte bewirtet werden, reicht für den Betriebsausgabenabzug die Vorlage der Abrechnung über die Verzehrgutscheine aus.

Die zuvor genannten Anforderungen sind grundsätzlich auch bei **Bewirtungen im Ausland** zu erfüllen. Wird jedoch glaubhaft gemacht, dass eine detaillierte, maschinell erstellte und registrierte Rechnung nicht zu erhalten war, genügt in Ausnahmefällen die ausländische Rechnung, auch wenn sie diesen Anforderungen nicht voll entspricht, z.B. nur handschriftlich erstellt ist.[1]

109 **Fehlen** die vom Gesetz geforderten **Angaben** zum Ort, Tag, Anlass, zu den Teilnehmern der Bewirtung sowie zur Höhe der Aufwendungen, ist der **gesamte** Bewirtungsaufwand **nicht abzugsfähig**. Die schriftlichen Angaben sind grundsätzlich **zeitnah** zu erstellen.

8. Bewirtung in Büro und Praxis

110 Eine Bewirtung außerhalb des Privathaushalts ist regelmäßig anzunehmen, wenn Geschäftsfreunde in Büro, Praxis oder sonstigen Arbeitsräumen bewirtet werden. Liegen die Büro-, Praxis- oder sonstigen Arbeitsräume von Gewerbetreibenden oder selbständig Tätigen zwar innerhalb der Wohnung, sind sie aber von ihr durch ihre Einrichtung, Beschaffenheit usw. eindeutig von den übrigen Wohnungsräumen abtrennbar, so sind die in solchen Arbeitsräumen anfallenden Bewirtungskosten als Betriebsausgaben abzugsfähig. Zur Bewirtung in **betriebseigenen Kantinen** u.Ä. gelten Besonderheiten (dazu R 4.10 Abs. 6 Satz 9 EStR 2012).

Bei der Bewirtung von Geschäftsfreunden im Büro oder in der Praxis genügt es für die Abzugsfähigkeit nicht, dass der Einkauf von Getränken oder Speisen durch Belege nachgewiesen wird. Es muss darüber hinaus der Nachweis durch schriftliche Angabe über Ort, Tag, Teilnehmer, Anlass der Bewirtung sowie Höhe der Aufwendungen, sofern nicht aus Vereinfachungsgründen Erleichterungen (→ Rz. 106 f.) vorgesehen sind, geführt werden.

111 **Ausgaben**, die ein Gewerbetreibender **anlässlich** seines **Geburtstags** für die Bewirtung von Geschäftsfreunden hat, sind **nicht** als **Betriebsausgaben** abzugsfähig. Sie können nur Betriebsausgaben sein, wenn sie ausschließlich oder überwiegend betrieblich veranlasst sind,[2] z.B. bei einer Besprechung mit Geschäftsfreunden, einem Geschäftsabschluss oder einem Firmenjubiläum.

112 Liegt der unmittelbare Anlass für die Bewirtung in der **persönlichen (privaten) Sphäre** des bewirtenden Geschäftsmannes (wie es v.a. bei einem familiären Anlass wie zu einem Jubiläumsgeburtstag, einer Hochzeit oder bei der Geburt eines Kindes der Fall ist), so

---

1) BMF v. 21.11.1994, IV B 2 – S 2145 – 165/94, BStBl I 1994, 855.
2) BFH v. 15.5.1986, IV R 184/83, BFH/NV 1986, 657 m.w.N.; BFH v. 12.12.1991, IV R 58/88, BStBl II 1992, 524 zu entsprechenden Aufwendungen eines Rechtsanwalts.

können die Ausgaben hierfür auch dann nicht abgesetzt werden, wenn und soweit sie für Geschäftsfreunde entstehen.

Denn wenn Geschäftsfreunde an einem in der privaten Sphäre des Geschäftspartners liegenden Ereignis teilnehmen, so verlagert der Bewirtende die Bewirtung aus der geschäftlichen in die gesellschaftliche Ebene. Folglich werden sie den Kosten der Lebenshaltung zugeordnet, welche die wirtschaftliche oder gesellschaftliche Stellung des Geschäftsmannes mit sich bringt. Sie sind nicht abzugsfähig, und zwar auch dann nicht, wenn sie zur Förderung des Berufs oder der Tätigkeit des Unternehmens erfolgen.

Erledigt ein Gewerbetreibender oder selbständig Tätiger seine Arbeiten in einem **Zimmer innerhalb der Privatwohnung**, z.B. weil kein zusätzlicher Arbeitsraum in der Wohnung zur Verfügung steht oder Umfang und Art der Arbeiten keine besonderen Räume erfordern, so sind die Kosten eines solchen Raumes nicht als Aufwendungen für ein häusliches Arbeitszimmer abzugsfähig.[1] Hieraus folgt, dass Ausgaben, die anlässlich der Bewirtung von Geschäftsfreunden in solchen Räumen entstehen, i.d.R. ebenfalls nicht abzugsfähig sind. **113**

9. Bewirtungskosten bei freien Berufen

Für die Angehörigen der freien Berufe gelten ebenso die allgemeinen Grundsätze des Einkommensteuerrechts.[2] Angehörige der freien Berufe (Ärzte, Architekten, Anwälte, Steuerberater, Steuerbevollmächtigte, Notare usw.) können die bei der Bewirtung ihrer Kunden, Patienten, Auftraggeber oder Mandanten entstehenden Aufwendungen grundsätzlich als Betriebsausgaben abziehen. Allerdings sind für die Darlegungs- und Nachweispflichten der Angehörigen der freien Berufe **strenge** Anforderungen zu beachten, weil Aufwendungen für Bewirtung, besonders außerhalb des Büros, häufig mit der privaten Lebensführung zusammenhängen. **114**

Der **Chefarzt** einer Krankenhausabteilung, der im Krankenhaus mit Hilfe des Krankenhauspersonals, das in keinem Arbeitsverhältnis zu ihm steht, eine **freiberufliche Arztpraxis** ausübt, kann Bewirtungskosten für dieses Personal anlässlich eines **Betriebsausfluges** nach Maßgabe des § 4 Abs. 5 Satz 1 Nr. 2 EStG als Betriebsausgaben abziehen.[3] Im zweiten Rechtsgang hat der BFH den Abzug jedoch versagt, weil die Teilnehmer nicht auf dem damaligen amtlichen Vordruck benannt wurden.

10. Bewirtung auf Geschäftsreisen

Die Aufwendungen für die Bewirtung und Unterhaltung von Geschäftsfreunden gehören **nicht zu den Reisekosten** im engeren Sinn. Sie treten jedoch vielfach im Zusammenhang mit Kosten von Geschäftsreisen auf. **115**

Bewirtet ein Stpfl. im Verlauf einer Geschäftsreise Geschäftsfreunde, so sind die gesamten Aufwendungen Bewirtungsaufwendungen i.S.d. § 4 Abs. 5 Satz 1 Nr. 2 EStG, die zu 70 % der angemessenen und nachgewiesenen Aufwendungen als Betriebsausgaben **abzugsfähig** sind. Für den Abzug der Aufwendungen kommt es nicht darauf an, dass dem Bewirtenden anlässlich der Geschäftsreise eine Verpflegungspauschale zusteht. Liegen jedoch die zeitlichen Voraussetzungen für den Ansatz einer Verpflegungspauschale vor, steht dem Bewirtenden zusätzlich die Verpflegungspauschale zu (→ Rz. 50). **116**

Nimmt an der Bewirtung eines Stpfl. auch ein **Arbeitnehmer** teil, ist der die Verpflegungspauschale übersteigende Teilbetrag der Bewirtungsaufwendungen *nicht* als Arbeitslohn zu versteuern (→ Rz. 121). **117**

Diese Grundsätze gelten **sinngemäß,** wenn ein Arbeitnehmer während einer Auswärtstätigkeit Geschäftsfreunde auf Kosten seines Arbeitgebers bewirtet.

---

1) BFH v. 18.5.1961, IV 333/59 U, BStBl III 1961, 337.
2) BFH v. 6.12.1963, IV 220/63 S, BStBl III 1964, 134.
3) BFH v. 6.12.1984, IV R 135/83, BStBl II 1985, 288.

11. Bewirtung von Geschäftsfreunden durch Arbeitnehmer

118 Führt ein **Arbeitnehmer** im Auftrag seines Arbeitgebers Bewirtungen durch und trägt der Arbeitgeber diese Aufwendungen, gelten uneingeschränkt dieselben Grundsätze wie bei Unternehmern selbst, also insbesondere die Abzugsbeschränkung auf 70 % der angemessenen Bewirtungskosten (→ Rz. 97 ff.).

119 Die Abzugsbeschränkung i.H.v. 70 % gilt auch dann, wenn der Arbeitnehmer Geschäftsfreunde seines Arbeitgebers im Privathaushalt bewirtet. Erfolgt solch eine Bewirtung außerhalb des Privathaushalts, so gelten für den Nachweis und die Abzugsfähigkeit der Aufwendungen die vorhergehenden Ausführungen (→ Rz. 101 ff.) entsprechend.

120 Die Beurteilung, ob bei Bewirtungen **durch den Arbeitnehmer** ein betriebliches Erfordernis vorgelegen hat, wird dadurch erleichtert, dass i.d.R. die Erstattung der aufgewendeten Beträge durch den Arbeitgeber für ein **betriebliches Erfordernis** spricht. Die ersetzten Beträge sind beim Arbeitnehmer durchlaufende Gelder bzw. Auslagenersatz und bleiben steuerfrei (kein steuerpflichtiger Arbeitslohn). Sie sind einzeln abzurechnen. Im Einzelfall kann aber zu prüfen sein, ob die vom Arbeitnehmer abgerechneten Beträge die steuerliche Angemessenheit (→ Rz. 99) überschreiten. Ist dies der Fall, gehören sie insoweit zum steuerpflichtigen Arbeitslohn. Auch gilt für die Steuerfreiheit der Erstattung an den Arbeitnehmer die 70 %-Beschränkung nicht.

12. Bewirtung von Mitarbeitern

121 Bei der Frage, ob und wann die Bewirtung von Mitarbeitern und Kollegen als Betriebsausgaben bzw. Werbungskosten berücksichtigt werden kann, kommt es darauf an, ob die Bewirtung in erster Linie betrieblich bzw. beruflich oder aber privat veranlasst ist. Ein **privater Anlass ist anzunehmen**, wenn die Bewirtung von Kollegen und Mitarbeitern

- anlässlich einer Beförderung,[1]
- anlässlich der Verleihung eines Titels (Ernennung eines **Chefarztes zum Professor**[2]) oder
- anlässlich eines (runden) **Geburtstags**[3] sowie eines **Dienstjubiläums**[4]

erfolgt. Die bei diesen Feiern entstandenen Aufwendungen rühren aus der Person des Stpfl., seiner wirtschaftlichen und gesellschaftlichen Stellung her und sind **nicht abzugsfähig**; dies auch dann nicht, wenn hierdurch mittelbar die berufliche Tätigkeit gefördert oder betriebliche Kontaktpflege und Verbesserung des Betriebsklimas angestrebt werden.[5]

Bewirtet der Arbeitgeber seine Arbeitnehmer **außerhalb** von herkömmlichen Betriebsveranstaltungen, führt dies i.d.R. zu einem Zufluss von Arbeitslohn, z.B. bei regelmäßigen Besprechungen leitender Angestellter.[6]

Bei einem **außergewöhnlichen** Arbeitseinsatz kann ausnahmsweise der Belohnungscharakter verneint werden, wenn die unentgeltliche Überlassung des Essens der Beschleunigung des Arbeitsablaufs dient und dies für den Arbeitgeber von erheblicher Bedeutung ist. Weitere **Voraussetzung** ist, dass ein einfaches und wenig aufwändiges Essen gereicht wird; die Verwaltung sieht hier die Grenze bei einem Preis von 60 € pro Essen. Ein ca. zehnmal jährlich stattfindendes **Arbeitsessen** in einer Gaststätte am Sitz des Unternehmens führt bei den teilnehmenden Arbeitnehmern (leitenden Angestellten) zu einem Zufluss von **steuerpflichtigem** Arbeitslohn. Dieser Arbeitslohn ist jedoch gem. § 3 Nr. 16

---

1) BFH v. 13.8.1971, VI R 391/69, BStBl II 1971, 818.
2) BFH v. 13.9.1962, IV 11/61 U, BStBl III 1962, 539.
3) BFH v. 12.12.1968, IV R 150/68, BStBl II 1969, 239; BFH v. 12.12.1991, IV R 58/88, BStBl II 1992, 524; BFH v. 10.11.2016, VI R 7/16, BStBl II 2017, 409.
4) FG Düsseldorf v. 17.1.1968, VIII (XII) 1/65 E, EFG 1968, 302.
5) BFH v. 19.2.1993, VI B 137/92, BStBl II 1993, 403.
6) BFH v. 4.8.1994, VI R 61/92, BStBl II 1995, 59.

EStG steuerfrei,[1] wenn es sich um eine Auswärtstätigkeit (→ Rz. 167) handelt, z.B. wenn Arbeitnehmer von auswärtigen Zweigstellen angereist sind.

122 Ebenso nicht abzugsfähig sind Bewirtungsaufwendungen **leitender Angestellter** gegenüber Mitarbeitern und Hilfskräften **ohne** berufsbezogenen Anlass. Eine überwiegend berufliche Veranlassung fehlt auch dann, wenn solche Bewirtungen branchenüblich sind. Die Bewirtung von Mitarbeitern beruht schon ihrer Natur nach zumindest teilweise auf den durch die Zusammenarbeit begründeten gesellschaftlichen und zwischenmenschlichen Beziehungen.

Liegt ein **beruflicher** („geschäftlicher") Anlass für die Bewirtung vor, sind nur 70 % der Aufwendungen als Werbungskosten abzugsfähig (§ 9 Abs. 5 EStG i.V.m. § 4 Abs. 5 Satz 1 Nr. 2 EStG). Voraussetzung für den Werbungskostenabzug ist weiter, dass die Aufwendungen als angemessen anzusehen sind und die Höhe der Bewirtungskosten sowie die berufliche Veranlassung nachgewiesen wird.

Anders ist es zu beurteilen, wenn der Arbeitnehmer einem **Arbeitgeber** vergleichbar die ihm „unterstellten" Mitarbeiter aus beruflichem Grund bewirtet (aus allgemeinen beruflichen Gründen). Hierbei ist zu berücksichtigen, dass eine Veranlassung durch das Arbeitsverhältnis (berufliche Veranlassung) eben nicht mit der „geschäftlichen" Veranlassung i.S.d. § 4 Abs. 5 Nr. 2 i.V.m. § 9 Abs. 5 EStG übereinstimmt. Dies gilt z.B. für einen leitenden Arbeitnehmer (Angestellten) mit **variablen Bezügen**, wenn sie zu einem nicht unwesentlichen Teil von den Leistungen seiner Mitarbeiter abhängig sind und er seine Arbeitskollegen und ihm unterstellte Mitarbeiter bewirtet. Solche Bewirtungsaufwendungen sind regelmäßig **Werbungskosten**, wenn bzw. weil sie die (unterstellten) Mitarbeiter belohnen und anspornen sollen.[2] In diesem Fall unterliegen die Bewirtungsaufwendungen *nicht* der Abzugsbeschränkung.

123 Fallen im Rahmen der Bewirtung von Geschäftsfreunden Aufwendungen für die Bewirtung von Mitarbeitern an, so sind diese Aufwendungen bis zu 70 % der angemessenen Kosten als Betriebsausgaben abzugsfähig, wenn die Mitarbeiter **aus betrieblichen Gründen** an der Bewirtung teilnehmen (z.B. wenn die Mitarbeiter als sachkundige Personen oder deshalb hinzugezogen werden, weil sie mit dem Geschäftsfreund dienstlich häufig zusammenarbeiten, ihn aufsuchen oder mit ihm kommunizieren).

124 Auch die auf **Familienangehörige** entfallenden Bewirtungskosten können nur bis zu 70 % der angemessenen Kosten als Betriebsausgaben berücksichtigt werden, wenn die Angehörigen im Betrieb angestellt sind oder dort mithelfen und ihre Anwesenheit bei der Bewirtung nicht gesellschaftlich, sondern betrieblich bedingt ist (z.B. Tochter bei ausländischen Geschäftsfreunden als Dolmetscherin[3]).

125 Nehmen **Mitarbeiter an Geschäftsreisen** teil (z.B. auch bei Besuch von Ausstellungen oder auf Messen), so stellen die Kosten der **Bewirtung der Mitarbeiter** ebenfalls bis zu 70 % der angemessenen Kosten **Betriebsausgaben** dar, wenn die Mitarbeiter anlässlich der Bewirtung von Geschäftsfreunden mitbewirtet werden.

126 Wird ein Mitarbeiter auf einer **Geschäftsreise** vom Unternehmer oder von einem leitenden Angestellten verpflegt, ohne dass hierfür ein betrieblicher Anlass besteht, wie z.B. bei Bewirtung von Geschäftsfreunden, hat dies keinen Einfluss auf die dem Mitarbeiter evtl. zustehende Verpflegungspauschale.

Betriebsausgaben liegen auch vor, wenn Mitarbeiter während Arbeitsbesprechungen (z.B. Betriebsbesprechung) bewirtet werden. Voraussetzung ist, dass die Speisen anlässlich eines außergewöhnlichen Arbeitseinsatzes im ganz überwiegend betrieblichen Interesse hingegeben werden, mit dem Ziel, den Arbeitsablauf günstig zu gestalten, und der Wert der Mahlzeit 60 € nicht übersteigt (R 19.6 Abs. 2 LStR 2015).

---

1) BFH v. 4.8.1994, VI R 61/92, BStBl II 1995, 59.
2) BFH v. 19.6.2008, VI R 33/07, BStBl II 2009, 11.
3) BFH v. 19.1.1961, IV 154/58, HFR 1961, 244.

Hierzu hat das FG Hamburg mit Urteil v. 24.7.2002[1] entschieden, dass die Gewährung von Mahlzeiten in Restaurants nach Abschluss eines Arbeitstags der Beschleunigung der Arbeit dienen und im überwiegenden Interesse des Arbeitgebers liegen kann und dass deshalb kein Arbeitslohn vorliegt. Dabei kam das Gericht zu der Überzeugung, dass zwar Bewirtungen von Arbeitnehmern einen Ausnahmefall darstellen und nur gewährt werden können, wenn ein überraschender Arbeitsanfall Überstunden erforderlich macht und die Bewirtungen letztlich der Beschleunigung des Arbeitsablaufs dienen. Es wurde auch als unschädlich angesehen, dass die Bewirtung nach Abschluss des Arbeitstags erfolgt, weil am anderen Tag auf die Arbeitnehmer ein außergewöhnlicher Arbeitseinsatz zukam.

13. Aufzeichnungspflicht für Bewirtungskosten

127 Zu beachten ist, dass Aufwendungen für die Bewirtung von Geschäftsfreunden **einzeln und getrennt** von den sonstigen Betriebsausgaben **aufzuzeichnen sind**, und zwar i.H.v. 100 % der Aufwendungen. Der Pflicht zur einzelnen und von den sonstigen Betriebsausgaben getrennten Aufzeichnung wird nur dann nachgekommen, wenn diese Ausgaben von Anfang an (d.h. **zeitnah**) getrennt und fortlaufend aufgezeichnet werden.[2] Unter zeitnah ist im Allgemeinen eine Erfassung innerhalb von zehn Tagen zu verstehen. Eine monatliche Aufgliederung hat der BFH grundsätzlich als nicht mehr ausreichend angesehen.[3] Folglich entspricht eine nachträglich angefertigte gesonderte Zusammenstellung nicht den Anforderungen des EStG und führt aus formalen Gründen zur Versagung der Abzugsmöglichkeit.[4]

Daher ist in der Buchhaltung ein entsprechendes Sonderkonto „Bewirtung von Geschäftsfreunden" einzurichten, welches nach seiner Belastung auch auf andere Betriebsausgabenkonten überführt werden kann. Die geordnete und gesonderte **Belegsammlung genügt** dafür **nicht** – auch nicht bei einer nur geringen Anzahl von Bewirtungen. Bei diesen formalen Vorschriften kommt es auf die Gewinnermittlungsart nicht an.

Werden Belege geordnet und gesondert gesammelt, muss zusätzlich die Summe der Aufwendungen periodisch und zeitnah auf dem besonderen Konto eingetragen oder durch vergleichbare andere Aufzeichnungen dokumentiert werden.[5] Der auf den Stpfl. und/oder seine Arbeitnehmer entfallende Teil der Aufwendungen braucht nicht gesondert verbucht zu werden.

Nach § 4 Abs. 7 EStG sind Aufwendungen i.S.d. Abs. 5 Satz 1 Nr. 1 bis 4, 6b und 7 EStG einzeln und getrennt von den sonstigen Betriebsausgaben aufzuzeichnen. Aus der Formulierung „im Sinne" wird deutlich, dass die Aufzeichnungspflichten sich allein nach der Art der Aufwendungen richten, und nicht danach, ob oder in welcher Höhe eine Aufwendung den Gewinn mindern darf. Deshalb sind Bewirtungsaufwendungen **in voller Höhe** – einschließlich des nichtabziehbaren Teils der Aufwendungen – **gesondert aufzuzeichnen**. Der **nichtabziehbare** Teil der Aufwendungen, der keine Entnahme ist (H 4.11 EStH 2016), braucht erst **am Ende des Wirtschaftsjahrs außerhalb der Bilanz** und der Erfolgsrechnung dem Gewinn hinzugerechnet zu werden.

Werden auf einem Konto sowohl Aufwendungen gebucht, die beschränkt und unbeschränkt abziehbar sind (z.B. die ausschließliche Bewirtung von Arbeitnehmern), führt eine derart **gemischte Buchung** nicht dazu, dass die getrennte Aufzeichnung der Bewirtungsaufwendungen zu verneinen ist,[6] zumal nach Auffassung des BFH die Abgrenzung beschränkt abziehbarer von unbeschränkt abziehbaren Bewirtungsaufwendungen ein rechtliches Problem ist, das sich bei jedem Buchführungssystem in gleicher Weise stellt.

---
1) FG Hamburg v. 24.7.2002, VI 226/99, EFG 2003, 89.
2) BFH v. 30.1.1986, IV R 150/85, BStBl II 1986, 488.
3) BFH v. 19.8.1980, VIII R 208/78, BStBl II 1980, 745.
4) BFH v. 22.1.1988, III R 171/82, BStBl II 1988, 535.
5) BFH v. 22.1.1988, III R 171/82, BStBl II 1988, 535; BFH v. 26.2.1988, III R 20/85, BStBl II 1988, 613 und BFH v. 10.3.1988, IV R 207/85, BStBl II 1988, 611.
6) BFH v. 19.8.1999, IV R 20/99, BStBl II 2000, 203.

14. Kundschaftstrinken

128 Häufig werden selbständig oder gewerblich Tätige von Unternehmen bewirtet, verköstigt oder es werden Lebensmittel usw. angeboten, um von ihnen (z.B. Gasthäuser, Hotels) Bestellungen für Getränke und Lebensmittel zu erhalten bzw. Geschäftsbeziehungen zur Lieferung solcher Waren aufzubauen oder zu erhalten. Dazu werden oft größere Ausgaben ohne Vorliegen eines persönlichen Bedürfnisses getätigt, insbesondere von **Bier-, Wein- oder Zigarettenvertretern, Automatenaufstellern** usw. Die Aufwendungen für diese sog. Kundschaftstrinken sind insoweit Betriebsausgaben, wie „der für die Lebensführung übliche Aufwand überschritten und ein ausschließlicher Zusammenhang mit dem Betrieb einwandfrei dargelegt ist".[1]

Solche Aufwendungen können – soweit sie betrieblich veranlasst sind – zu **70 %** der angemessenen Aufwendungen abgezogen werden, soweit damit Bewirtungen verbunden sind. Lädt der Gewerbetreibende lediglich zum Verzehr der von ihm vertriebenen Produkte ein, kann eine Produkt- oder Warenverkostung vorliegen mit der Folge, dass die Aufwendungen in voller Höhe steuerlich abziehbar sind.

Die oben genannten Urteile stellen an den Nachweis der betrieblichen Veranlassung strenge Anforderungen (getrennte Aufzeichnung und Angaben über den Verzehraufwand im Detail) und verkennen nicht, dass allgemeine Grundsätze für die Abgrenzung zwischen privaten und betrieblichen Ausgaben dieser Art schwer aufzustellen sind, weil es wesentlich auf die Verhältnisse der Unternehmensbranche und der einzelnen Betriebe ankommt. Der BFH erkennt ausdrücklich die Ausgaben von **Brauereivertretern** in den von ihnen betreuten Gastwirtschaften insoweit als Betriebsausgaben an, **als die Zechen die Beträge übersteigen, die sie aus persönlichen Gründen** tätigen würden. Er schließt jedoch auf der anderen Seite die Aufwendungen für Brot, Kaffee und ähnliche Gegenstände, die ein Gewerbetreibender ohnehin im Haushalt braucht, vom Betriebsausgabenabzug aus, auch wenn er mit den Lieferanten dieser Waren in geschäftlichen Beziehungen steht.

Auch bei Aufwendungen eines Stpfl. für solche Bedürfnisse, die seinen notwendigen Lebensunterhalt überschreiten, kann man oft davon ausgehen, dass, selbst wenn berufliche oder betriebliche Erwägungen mit im Spiel sind, doch die Lebensführung im Vordergrund steht und eine Aufteilung zwischen beruflicher und persönlicher Veranlassung in aller Regel nicht möglich ist. So gehören z.B. die Kosten für die Teilnahme an einem wöchentlichen Skatabend oder einer Stammtischrunde, der Besuch eines Varietés oder einer guten Gaststätte und die Teilnahme an einem Faschingsfest und an ähnlichen Veranstaltungen auch für Gewerbetreibende i.d.R. zur Lebensführung, selbst wenn sie zu den Gaststättenbesitzern, Veranstaltern usw. in geschäftlichen Beziehungen stehen.

15. Geschenke an Geschäftsfreunde

129 Ein **Geschenk** setzt eine **unentgeltliche Zuwendung** an einen Dritten voraus. Eine solche Unentgeltlichkeit ist nicht anzunehmen, wenn die Zuwendung als Entgelt für eine bestimmte Gegenleistung des Empfängers anzusehen ist. Die Unentgeltlichkeit wird jedoch nicht schon dadurch ausgeschlossen, dass mit der Zuwendung der Zweck verfolgt wird, Geschäftsbeziehungen zu sichern oder zu verbessern oder für ein Erzeugnis zu werben. Denn dies ist ja ein wesentlicher Beweggrund für Geschenke; der Zuwendende möchte auf sich aufmerksam machen und sich in Erinnerung bringen.

Es ist regelmäßig anzunehmen, dass es sich um ein Geschenk handelt, wenn ein Stpfl. einem Geschäftsfreund oder dessen Beauftragten oder anderen Personen ohne rechtliche Verpflichtung und ohne zeitlichen oder sonstigen unmittelbaren Zusammenhang mit einer Leistung des Empfängers aus geschäftlichem Anlass eine Bar- oder Sachzuwendung gibt.

---

[1] BFH v. 11.12.1964, VI 340/62 U, BStBl III 1964, 98; BFH v. 14.4.1988, IV R 205/85, BStBl II 1988, 771.

Keine Geschenke in diesem Sinn (und auch nicht i.S.v. § 4 Abs. 5 Satz 1 Nr. 1 EStG) sind z.B.:

- **Kränze oder Blumen für Beerdigungen**, da hier keine Zuwendung an einen Dritten anzunehmen ist,
- **Spargeschenkgutscheine der Kreditinstitute** und darauf beruhende Gutschriften auf dem Sparkonto anlässlich der Eröffnung des Sparkontos oder der Leistung weiterer Einzahlungen,
- **Preise** anlässlich eines Preisausschreibens oder einer Auslobung.

Solche Zuwendungen sind daher ohne Beachtung der besonderen Aufzeichnungspflichten als **Betriebsausgaben** abziehbar.

Wird für den Fall eines bestimmten **Geschäftsabschlusses** ein Geschenk in Aussicht gestellt, so dürfte es sich **nicht um ein Geschenk** im vorgenannten Sinne handeln, da es in einer gewissen Beziehung zu einem bestimmten Geschäftsvorfall steht. Auch **Preisnachlässe, Rabatte, Kundenboni und Warenzugaben sind keine Geschenke**.

130 Betrieblich veranlasste Geschenke an Personen, die nicht Arbeitnehmer des Stpfl. sind, und an juristische Personen (z.B. Vereine) sind nur abzugsfähig, wenn ihre Anschaffungs- oder Herstellungskosten je Empfänger und Jahr insgesamt **35 €** **nicht** übersteigen.

Zu den **Anschaffungs- oder Herstellungskosten** rechnen auch die Kosten der Kennzeichnung als Werbeträger sowie die Umsatzsteuer, soweit sie nicht als Vorsteuer abziehbar ist. Verpackungs- und Versandkosten gehören jedoch nicht zu den Anschaffungs- oder Herstellungskosten, wenn sie durch den Versand an den Beschenkten entstehen. Hiervon zu unterscheiden sind die Verpackungs- und Versandkosten, die beim Kauf des Geschenks entstehen. Diese Aufwendungen gehören zu den Anschaffungskosten des Geschenks. Übersteigt der Wert eines Geschenks an einen Empfänger oder, wenn an einen Empfänger im Wirtschaftsjahr mehrere Geschenke gegeben werden, der Wert aller Geschenke den Betrag von 35 €, so entfällt der Abzug gänzlich.

> **Beispiel: Prüfung der 35 €-Grenze**
>
> Der Stpfl. gibt einem Kunden anlässlich verschiedener Gelegenheiten in einem Jahr drei Geschenke im Wert von 20 €, 13 € und 12 €. Die Aufwendungen für diese drei Geschenke i.H.v. 45 € sind nicht abzugsfähig, da sie insgesamt den Wert von 35 € übersteigen.

131 Als Geschenke, die ein Stpfl. seinen Geschäftsfreunden oder deren Angestellten **ohne rechtliche Verpflichtung** und **ohne** zeitlichen oder sonstigen **unmittelbaren Zusammenhang** mit einer Leistung des Empfängers gibt, kommen Geschenkkörbe oder andere typische Geschenkartikel wie Vasen, Schalen, Service, Plastiken, Bilder u.Ä. zu Weihnachten oder anderen Festtagen oder zu einem Jubiläum oder sonstigen besonderen Gelegenheiten in Betracht. An der erforderlichen konkreten Gegenleistung **fehlt** es, wenn eine Zuwendung nur die Aufgabe hat, Geschäftsverbindungen zu knüpfen, zu sichern oder zu verbessern. Insoweit sind auch **Reisen für Geschäftsfreunde Geschenke**, d.h., die Kosten dafür unterliegen dem Abzugsverbot[1] und sind vom Geschäftspartner als Betriebseinnahmen zu erfassen.

132 **Die Bewirtung**, die damit verbundene Unterhaltung und die Beherbergung von Geschäftsfreunden zählen **nicht** zu den Geschenken.

133 Die Beschränkungen der Grenze von 35 € pro Empfänger und Jahr gelten auch **für Personen**, die auf Grund **eines Werkvertrags** oder **Handelsvertretervertrags** in ständiger Geschäftsbeziehung zum Unternehmer tätig werden, und für juristische Personen. So gilt die Freigrenze bei Geschenken an einen Verein nur einmal, d.h. nicht für jedes

---

[1] BFH v. 23.6.1993, I R 14/93, BStBl II 1993, 806.

einzelne Vereinsmitglied. Ein Werkvertrag wird im Allgemeinen bei Autoren, Handwerkern, Fuhrunternehmern und ähnlichen Personen angenommen. Bei freiberuflich tätigen Personen wie Ärzten, Anwälten, Steuerberatern, Steuerbevollmächtigten, Wirtschaftsprüfern usw. wird i.d.R. ein **Dienstvertrag** mit der Folge gegeben sein, dass Geschenke an diesen Personenkreis **unter die Abzugsbegrenzung fallen**.

Bei der Freigrenze von 35 € für einen Empfänger sind nach Auffassung der Finanzverwaltung auch Geschenke in Form von Werbeträgern zu berücksichtigen, die mit Rücksicht auf die Geschäftsbeziehungen zu einem Geschäftsfreund an Personen gegeben werden, die dem Geschäftsfreund persönlich nahestehen. Nahe stehende Personen in diesem Sinne werden vor allen Dingen die Familienangehörigen, also z.B. die Ehefrau und die Kinder des beschenkten Geschäftsfreundes sein. Die Zusammenrechnung von Geschenken unterbleibt jedoch, wenn die die Geschenke empfangenden Ehegatten oder Kinder Mitunternehmer oder in der Firma des Geschäftsfreundes tätig sind. **134**

Zur umsatzsteuerlichen Behandlung → Rz. 356.

16. Geschenke an Arbeitnehmer

Geschenke an **Arbeitnehmer** sind uneingeschränkt als Betriebsausgaben abzugsfähig. Übersteigt ihr Wert jedoch **60 €**, so handelt es sich um lohnsteuerpflichtigen Arbeitslohn (R 19.6 Abs. 1 LStR 2015). **135**

17. Bewirtung in Gästehäusern, auf Jagden, Jachten und Schiffen

Der Vollständigkeit halber wird noch darauf hingewiesen, dass Aufwendungen für **Gästehäuser außerhalb des Betriebsortes nichtabziehbare** Betriebsausgaben sind. Soweit Einrichtungen des Stpfl. der Bewirtung oder der Beherbergung von Personen dienen, die nicht Arbeitnehmer des Stpfl. sind (z.B. Geschäftsfreunde), sind die Aufwendungen dafür vom Betriebsausgabenabzug ausgeschlossen, wenn sich diese Einrichtungen außerhalb des Ortes eines Betriebes des Stpfl. befinden. Die Pachtzahlung für gepachtete Gästehäuser fällt auch unter das Abzugsverbot. Nicht abziehbar sind ebenfalls Aufwendungen für die Ausübung einer **Jagd** oder **Fischerei**, für die Haltung von **Segel-** oder **Motorjachten**, die einer entsprechenden sportlichen Betätigung oder Unterhaltung von Geschäftsfreunden dienen, sowie für ähnliche Zwecke und für damit zusammenhängende Bewirtungen (§ 4 Abs. 5 Satz 1 Nr. 4 EStG). Der Abzug ist hingegen nicht verboten, wenn eine **Motorjacht** nur als schwimmendes Konferenzzimmer oder nur zum Transport und zur Unterbringung von Geschäftsfreunden verwendet wird.[1] **136**

Gästehäuser am Ort des Betriebs (bzw. der Betriebsstätte) sind nicht vom Abzugsverbot betroffen. Als „Betrieb" in diesem Sinne gelten auch Zweigniederlassungen und Betriebsstätten mit einer gewissen Selbständigkeit, die üblicherweise von Geschäftsfreunden besucht werden. Ein Gästehaus ist als „am Ort des Betriebs gelegen" anzusehen, wenn es in der Gemeinde, in der sich der Betrieb befindet, oder außerhalb der Grenze der Gemeinde, aber in deren Einzugsbereich liegt.[2] **137**

Die Kosten der „eigentlichen" **Bewirtung** bleiben nach Maßgabe des § 4 Abs. 5 Satz 1 Nr. 2 EStG mit 70 % abziehbar (→ Rz. 98 ff.). **138**

18. Besondere Aufzeichnungspflichten

Die Empfänger von Geschenken sind namentlich nachzuweisen. Eine Sammelbuchung ist nur zulässig, wenn im Hinblick auf die Art der Geschenke (z.B. Taschenkalender, Drehbleistifte u.Ä.) und wegen des geringen Werts des einzelnen Geschenks die Vermutung besteht, dass die Freigrenze von 35 € bei dem einzelnen Empfänger im Wirtschafts- **139**

---
1) BFH v. 3.2.1993, I R 18/92, BStBl II 1993, 367.
2) Zum Begriff „Ort des Betriebs" vgl. BFH v. 9.4.1968, I 156/65, BStBl II 1968, 603.

140 Die Aufwendungen für Geschenke, Gästehäuser, Jagden usw. sowie die Aufwendungen, die die Lebensführung des Stpfl. oder anderer Personen berühren, sind **einzeln und getrennt** von den sonstigen Betriebsausgaben **aufzuzeichnen**. Die Aufzeichnungspflicht ist erfüllt, wenn die Aufwendungen

– auf einem besonderen Konto oder auf mehreren besonderen Konten oder
– in einer besonderen Spalte im Rahmen der Buchführung bzw. der Ausgabenaufzeichnung

verbucht oder ausgewiesen werden.

Die Aufwendungen sind auch dann einzeln zu buchen bzw. auszuweisen, wenn Aufwendungen verschiedener Gattungen (z.B. Aufwendungen für Geschenke) zusammentreffen, die anlässlich der Bewirtung von Geschäftsfreunden oder bei Geschäftsreisen anfallen. Eine Trennung lediglich auf den Belegen reicht nicht aus. Nicht zu beanstanden ist aber, wenn die Verpflegungsmehraufwendungen anlässlich einer Geschäftsreise zusammen mit den anderen Reisekosten verbucht werden, vorausgesetzt, dass sich aus dem Reisekostenbeleg eine eindeutige Trennung der Aufwendungen ergibt. Entsprechendes gilt für Kosten der doppelten Haushaltsführung.

141 Nach zwei Urteilen des BFH vom 28.5.1968[1] ist es erforderlich, dass die Aufwendungen fortlaufend auf besonderen Konten im Rahmen der Buchführung bzw. bei Einnahmenüberschussrechnung bereits von Anfang an getrennt von den sonstigen Ausgaben fortlaufend und einzeln aufgezeichnet werden. **Nachträgliche statistische Zusammenstellungen ohne Zusammenhang mit der Buchführung genügen nicht**, da gerade der Sinn der besonderen Aufzeichnungspflicht darin besteht, die Verwaltungsarbeit bei der Prüfung der Betriebsausgaben, die die Lebensführung berühren, zu erleichtern. Spesenaufwendungen sind daher in der Weise getrennt aufzuzeichnen, dass sie von vornherein nicht unter den allgemeinen Kostenaufzeichnungen erscheinen dürfen. Dies schließt jedoch nicht aus, dass beim Abschluss die Ergebnisse (Salden) der Sonderkonten oder -aufzeichnungen auf andere Konten usw. übertragen werden.

> **Hinweis: Formalverstoß kann Ausgabenabzug ausschließen**
>
> 142 Bereits ein formaler Verstoß, wie er bei Nichtbeachtung der besonderen Aufzeichnungspflichten vorliegen kann, schließt gem. Urteil des BFH v. 22.1.1988[2] einen Abzug der Ausgaben aus. Dies gilt jedoch nicht für eine Fehlbuchung, die sich nach dem Rechtsgedanken der AO (§ 129 Satz 1 AO) als offenbare Unrichtigkeit darstellt.[3]

Werden Aufwendungen zur Bewirtung von Geschäftsfreunden auf Konten verbucht, die auch zur Verbuchung anderer geschäftlicher Aufwendungen als der i.S.d. § 4 Abs. 5 EStG bestimmt sind, und werden auf diesen Konten tatsächlich auch andere Aufwendungen verbucht, so liegen die Erfordernisse einer getrennten Aufzeichnung von den sonstigen Betriebsausgaben (wie sie § 4 Abs. 7 Satz 1 EStG fordert) nicht vor. Dies gilt auch dann, wenn auf diesen Konten überwiegend Aufwendungen für Geschenke verbucht sind (H 4.11 EStH 2016).[4]

Sind die Aufwendungen für Bewirtungen nicht nach dem Erfordernis des § 4 Abs. 7 EStG getrennt aufgezeichnet und ist deshalb der Betriebsabgabenabzug versagt worden, führt dies jedoch nicht zum Ausschluss des Vorsteuerabzugs.[5]

---

1) BFH v. 28.5.1968, IV R 150/67, BStBl II 1968, 648; IV R 28/68, BStBl I 1968, 651.
2) BFH v. 22.1.1988, III R 171/82, BStBl II 1988, 535.
3) BFH v. 19.8.1999, IV R 20/99, BStBl II 2000, 203.
4) BFH v. 10.1.1974, IV R 80/73, BStBl II 1974, 211; BFH v. 19.8.1980, VIII R 208/78, BStBl II 1980, 745.
5) BFH v. 12.8.2004, V R 49/02, BStBl II 2004, 1090.

B. Arbeitnehmer

I. Reisekostenbegriff

a) Bedeutung

Steuerliche Reisekosten sind bei den sog. Überschusseinkünften (Einkünfte aus nichtselbständiger Arbeit, aus Kapitalvermögen, aus Vermietung und Verpachtung sowie aus sonstigen Einkünften) als Werbungskosten ansatz-/abzugsfähig. Zudem können Reisekosten vom Arbeitgeber steuerfrei gezahlt werden. Dieser Abschnitt B erläutert, welche Aufwendungsarten zu den Reisekosten bzw. Werbungskosten zählen und bis zu welcher Höhe der Arbeitgeber sie steuerfrei oder pauschal besteuert zahlen darf. Andernfalls rechnen die Zahlungen zum üblichen Arbeitslohn, der nach den individuellen Lohnsteuerabzugsmerkmalen des Arbeitnehmers zu versteuern ist. **143**

Lohnsteuerlich rechnen zu den **Reisekosten**

– **Fahrtkosten**,

– **Mehraufwendungen für Verpflegung**,

– **Übernachtungskosten** und

– **Reisenebenkosten**,

wenn diese so gut wie ausschließlich durch die berufliche Tätigkeit außerhalb der Wohnung sowie der ersten Tätigkeitsstätte (→ Rz. 147) veranlasst sind (sog. Auswärtstätigkeit → Rz. 167). Ein Arbeitnehmer ohne erste Tätigkeitsstätte ist außerhalb seiner Wohnung immer auswärts tätig. Diese grundsätzlichen Regelungen sind stets zu beachten.

Auch der **Vorstellungsbesuch** eines Stellenbewerbers gilt als berufliche Tätigkeit eines Arbeitnehmers, selbst dann, wenn er noch keine Beschäftigung ausübt und folglich noch keine erste Tätigkeitsstätte innehat.

b) Abgrenzung der privaten von der beruflichen Veranlassung

Erledigt der Arbeitnehmer im Zusammenhang mit seiner beruflichen Tätigkeit auch in einem mehr als geringfügigen Umfang **private Angelegenheiten**, sind die beruflich veranlassten von den privat veranlassten Aufwendungen **zu trennen**. Ist das nicht leicht und einwandfrei möglich, auch nicht schätzungsweise, so gehören die gesamten Aufwendungen zu den steuerlich nicht abziehbaren Aufwendungen für die Lebensführung. Solche Aufwendungen rechnen nicht zu den Werbungskosten, der Arbeitgeber darf sie nicht steuerfrei ersetzen. Zu Fragen der beruflichen/privaten Veranlassung sowie gemischt veranlasster Auswärtstätigkeit oder Veranstaltung → Rz. 32, 37. **144**

Auch für den Arbeitnehmerbereich gilt der Grundsatz, dass bei gemischt veranlassten Reisen bzw. Auswärtstätigkeiten die Kosten in einen beruflich veranlassten Anteil und einen den Kosten der Lebensführung zuzurechnenden Anteil aufteilbar sind. Dies gilt auch für die Verpflegungsmehraufwendungen. Stellt der Arbeitgeber im Rahmen einer gemischt veranlassten Reise Mahlzeiten zur Verfügung, ist die Kürzung der Verpflegungspauschalen nach Ermittlung des beruflich veranlassten Teils der Verpflegungspauschalen vorzunehmen.

> **Beispiel: Aufteilung gemischt veranlasster Beträge**
>
> Arbeitnehmer A nimmt an einer einwöchigen vom Arbeitgeber organisierten und finanzierten Reise im Inland teil. Das Programm sieht morgens eine Fortbildungsmaßnahme vor, der Nachmittag steht für touristische Aktivitäten zur Verfügung. Frühstück und Abendessen sind inklusive (Halbpension). Der beruflich veranlasste Anteil sowie der der Lebensführung zuzurechnende Anteil betragen je 50 %.
>
> **Folge**: Fahrtkosten und Übernachtungskosten sind zu 50 % als Werbungskosten zu berücksichtigen. Folgende Auswirkungen ergeben sich durch die gemischte Veranlassung der Reise auf die steuerliche Berücksichtigung des Verpflegungsmehraufwands:
>
> Die Verpflegungsmehraufwendungen sind – wie die übrigen Reisekosten – nur zu 50 % beruflich veranlasst.

B. Arbeitnehmer — Dritter Teil: Inlandsreisen

Anreisetag:	12,00 € x 50 % =	6,00 €
Kürzung:		− 9,60 €
verbleibt Verpflegungspauschale		0,00 €
5 Zwischentage	je 24,00 € x 50 % = je	12,00 €
Kürzung	je 4,80 € und je 9,60 € = je	14,40 €
verbleibt Verpflegungspauschale	5 x 0,00 € =	0,00 €
Abreisetag:	12,00 € x 50 %	6,00 €
Kürzung		4,80 €
verbleibt Verpflegungspauschale		1,20 €

Stellt der Arbeitgeber im Rahmen einer gemischt veranlassten Reise Mahlzeiten zur Verfügung, ist die Kürzung der Verpflegungspauschalen erst nach der Ermittlung des beruflich veranlassten Teils der Verpflegungspauschalen vorzunehmen. Allerdings ist der Kürzungsbetrag selbst von der vollen Verpflegungspauschale zu berechnen (also für Inland Kürzung um 4,80 € bzw. 9,60 €, → Rz. 59).

Aufwendungen, die nicht so gut wie ausschließlich durch die berufliche Tätigkeit veranlasst sind, gehören **nicht** zu den Reisekosten. Dies sind z.B. **Bekleidungskosten**, sowie Aufwendungen für die Anschaffung von **Koffern** und anderer **Reiseausrüstung**. Dagegen kann das während einer Auswärtstätigkeit durch einen Diebstahl verlorene persönliche Gepäck steuerlich berücksichtigt werden.

c) Auswärtstätigkeit

145 Neben dem Oberbegriff der beruflich veranlassten **Auswärtstätigkeit** ist mitunter die Unterscheidung zwischen den beiden Unterkategorien Einsatzwechseltätigkeit und Fahrtätigkeit weiterhin von Bedeutung. Denn bei der „typischen" **Auswärtstätigkeit** umfasst die Abwesenheitsdauer die **zeitliche Abwesenheit von der Wohnung und der ersten Tätigkeitsstätte**, wogegen bei typischer **Einsatzwechsel-/Fahrtätigkeit** allein die Abwesenheitsdauer von der **Wohnung** maßgebend ist, da regelmäßig keine erste Tätigkeitsstätte vorliegt.

Ansonsten sind die steuerlichen Schlussfolgerungen für sämtliche Auswärtstätigkeiten nahezu dieselben. So ist auch bei einer Einsatzwechsel- oder Fahrtätigkeit grundsätzlich zu prüfen, ob der Arbeitnehmer im Betrieb seine **erste Tätigkeitsstätte** innehat (→ Rz. 147).

d) Nachweis der beruflichen Auswärtstätigkeit

146 Zum Nachweis für die steuerfreie Zahlung des Arbeitgebers oder für den Werbungskostenabzug hat der Arbeitnehmer Aufzeichnungen zu führen. Insbesondere sind der **Anlass** und die Art der beruflichen Auswärtstätigkeit, die Reisedauer sowie der **Reiseweg** aufzuzeichnen und anhand geeigneter Unterlagen, z.B. Fahrtenbuch, Tankquittungen, Hotelrechnungen, Schriftverkehr, nachzuweisen oder glaubhaft zu machen.

II. Erste Tätigkeitsstätte

147 Entscheidende Bedeutung in dem seit 2014 geltenden Reisekostenrecht kommt der „ersten Tätigkeitsstätte" des Arbeitnehmers zu. Voraussetzung für eine erste Tätigkeitsstätte ist, dass der Arbeitnehmer in einer von seiner Wohnung getrennten **ortsfesten** betrieblichen Einrichtung (§ 9 Abs. 4 Satz 1 EStG) **dauerhaft tätig** werden **soll**.

Diese Regelung hat das Ziel, dem Arbeitnehmer eine erste Tätigkeitsstätte zuzuordnen. Der Arbeitnehmer kann höchstens **eine erste Tätigkeitsstätte** je Dienstverhältnis innehaben. Alternativ sind auch **keine** erste Tätigkeitsstätte oder eine oder mehrere **auswärtige** Tätigkeitsstätten (§ 9 Abs. 4 Satz 5 EStG) möglich. Ein Arbeitnehmer **ohne** erste Tätigkeitsstätte ist **außerhalb** seiner Wohnung stets **auswärts** tätig. Hat ein Arbeitnehmer mehrere Dienstverhältnisse, kann er je Dienstverhältnis nur eine erste Tätigkeitsstätte innehaben.

Aufwendungen des Arbeitnehmers für die Tätigkeit an der ersten Tätigkeitsstätte können **nicht** als Reisekosten angesetzt werden. Sie werden durch einen beschränkten Werbungskostenabzug (Ansatz Entfernungspauschale, Verpflegungspauschalen und Unterkunftskosten ggf. nur im Rahmen einer doppelten Haushaltsführung) berücksichtigt.

Die **Bestimmung** der ersten Tätigkeitsstätte erfolgt

- vorrangig anhand der arbeits- oder dienstrechtlichen Festlegungen sowie den diese ausfüllenden arbeits- oder dienstrechtliche Weisungen/Verfügungen (→ Rz. 148),
- hilfsweise mittels quantitativer Kriterien.

Im **Zweifel** entscheidet die **räumliche** Nähe zur Wohnung des Arbeitnehmers. Dabei ist nicht die Regelmäßigkeit des Aufsuchens einer Tätigkeitsstätte, sondern vorrangig die **Festlegung** des Arbeitgebers maßgebend.

Allerdings darf der Arbeitgeber **nicht** steuerlich wirksam festlegen, dass der Arbeitnehmer keine erste Tätigkeitsstätte hat (Negativfestlegung). Er kann jedoch (ggfs. auch ausdrücklich)

- darauf **verzichten**, eine erste Tätigkeitsstätte dienst- oder arbeitsrechtlich und damit auch steuerlich festzulegen, oder
- ausdrücklich erklären, dass durch organisatorische Zuordnungen im Betrieb keine erste Tätigkeitsstätte begründet werden soll, oder
- festlegen, dass sich die Bestimmung der ersten Tätigkeitsstätte nach den im EStG geregelten quantitativen Zuordnungskriterien richtet.

In diesen Fällen ist die Prüfung, ob eine erste Tätigkeitsstätte vorliegt, anhand der gesetzlichen quantitativen Zuordnungskriterien vorzunehmen (§ 9 Abs. 4 Satz 4 EStG, → Rz. 158).

Im Ergebnis ist eine Zuordnungsentscheidung des Arbeitgebers mittels dienst- oder arbeitsrechtlicher Festlegung somit lediglich erforderlich, wenn er die erste Tätigkeitsstätte abweichend von den gesetzlichen quantitativen Zuordnungskriterien festlegen will. Es dürfte allerdings regelmäßig im betrieblichen Interesse sein, dass der Arbeitgeber für übliche Dienstverhältnisse die erste Tätigkeitsstätte festlegt (→ Rz. 161).

Denn mit seiner (arbeitsvertraglichen und damit auch steuerlichen) Bestimmung bzw. Festlegung einer ersten Tätigkeitsstätte **entscheidet** der Arbeitgeber darüber, wo der Arbeitnehmer regelmäßig arbeiten soll, ob er eine Auswärtstätigkeit ausübt, einen doppelten Haushalt führt und ab welchem Ort eine berufliche Auswärtstätigkeit beginnt.

Zur Dokumentation einer Zuordnungsentscheidung → Rz. 166.

Schematisch erfolgt die **Prüfung** bzw. Bestimmung einer **ersten Tätigkeitsstätte** in folgenden Schritten:

1. Soll der Arbeitnehmer an einer ortsfesten betrieblichen Einrichtung tätig werden (→ Rz. 148) und ist er dieser dauerhaft zugeordnet (→ Rz. 149 ff.)?
2. Fehlt die dauerhafte Zuordnung zu einer betrieblichen Einrichtung/Tätigkeitsstätte oder ist sie nicht eindeutig, sind quantitative Zuordnungskriterien zu prüfen (→ Rz. 158 ff.).

1. Ortsfeste betriebliche Einrichtung

Gesetzlich wird die **erste Tätigkeitsstätte** beschrieben als eine von der Wohnung getrennte **148**

- ortsfeste betriebliche Einrichtung
  - des Arbeitgebers,
  - eines verbundenen Unternehmens nach § 15 AktG oder
  - eines vom Arbeitgeber bestimmten Dritten,
- welcher der Arbeitnehmer dauerhaft zugeordnet ist.

Baucontainer, die auf einer **Großbaustelle** längerfristig fest mit dem Erdreich verbunden sind und in denen sich z.B. Baubüros, Aufenthaltsräume oder Sanitäreinrichtungen befinden, stellen „ortsfeste" betriebliche Einrichtungen dar. Befinden sich auf einem Betriebs-/Werksgelände mehrere ortsfeste betriebliche Einrichtungen, so handelt es sich dabei **nicht** um mehrere Tätigkeitsstätten, sondern nur um **eine** Tätigkeitsstätte.

Folglich sind keine ortsfesten betrieblichen Einrichtungen:
- **Fahrzeuge, Flugzeuge, Schiffe** des Arbeitgebers bzw. eines Dritten oder
- **Tätigkeitsgebiete ohne** ortsfeste betriebliche Einrichtungen, wie z.B. Forstreviere, Neubaugebiete oder Häfen,
- **das häusliche Arbeitszimmer** (auch sog. Homeoffice) des Arbeitnehmers. Es ist keine betriebliche Einrichtung des Arbeitgebers oder eines Dritten und folglich keine erste Tätigkeitsstätte des Arbeitnehmers.

Der Ausschluss des Arbeitszimmers gilt auch, wenn der Arbeitgeber vom Arbeitnehmer einen oder mehrere Arbeitsräume anmietet, die der Wohnung des Arbeitnehmers zuzurechnen sind. Auch in diesem Fall handelt es sich bei einem häuslichen Arbeitszimmer um einen Teil der Wohnung des Arbeitnehmers. Bei der Beantwortung der Frage, welche Räume der Wohnung des Arbeitnehmers zuzurechnen sind und welche nicht, kommt es auf das Gesamtbild der Verhältnisse im Einzelfall an (z.B. unmittelbare Nähe zu den privaten Wohnräumen).

Zu **beachten** ist, dass auch die **Einrichtung** eines **Dritten** (z.B. die Arbeitsstätte bei einem Kunden) eine erste Tätigkeitsstätte sein kann. Folglich kommen als erste Tätigkeitsstätten des Arbeitnehmers auch **ortsfeste** betriebliche Einrichtungen

- eines Kunden des Arbeitgebers oder
- einer Mutter- oder Tochtergesellschaft des Arbeitgebers

in Betracht.

Von dieser Regelung sind insbesondere **Leiharbeitnehmer** und im „**Outsourcing**" tätige Arbeitnehmer betroffen, wenn sie dauerhaft beim Kunden tätig sind (bzw. sein sollen). Diese Arbeitnehmer können einer ersten Tätigkeitsstätte zugeordnet werden mit der Folge, dass steuerfreie Auslösezahlungen nach Reisekostengrundsätzen bzw. ein solcher Werbungskostenansatz nicht zulässig sind; s. aber hierzu die aktuelle Rechtsprechung → Rz. 151.

> **Beispiel: Tätigkeitsstätte bei Großprojekt**
>
> Die Zeitarbeitsfirma Z stellt den Arbeitnehmer A als Bauleiter für ein Großprojekt ein. Arbeitsvertraglich soll A für eine Entwicklungsgesellschaft auf einer Baustelle in B arbeiten. Die Tätigkeit dort ist auf 40 Monate befristet.
>
> **Folge:** A hat ab dem ersten Tag seiner Tätigkeit seine erste Tätigkeitsstätte in B, da er dort seine Tätigkeit für die gesamte Dauer seines Dienstverhältnisses bei Z und damit dort dauerhaft ausüben soll. Dass es sich bei der Baustelle um eine ortsfeste betriebliche Einrichtung des Kunden des Arbeitgebers handelt, ist unbeachtlich.
>
> Die Fahrten zur Baustelle sind mit der Entfernungspauschale berücksichtigungsfähig. Reisekosten für Auswärtstätigkeiten können nicht angesetzt werden.

Zur Festlegung der Tätigkeitsstätte muss auf die berufliche **Tätigkeit** des Arbeitnehmers abgestellt werden. Sucht der Arbeitnehmer einen Dritten oder ein verbundenes Unternehmen nur kurzfristig auf, z.B. um nur eine Dienstleistung des Dritten in Anspruch zu nehmen oder einen Einkauf zu tätigen, reicht dies nicht zur Festlegung einer ersten Tätigkeitsstätte aus.

2. Dauerhafte Zuordnung
a) Tätigkeitsart, Tätigkeitsstätte

Zweites Merkmal für die Bestimmung einer ersten Tätigkeitsstätte ist eine **dauerhafte Zuordnung** des Arbeitnehmers zur ortsfesten betrieblichen Einrichtung (des Arbeitgebers oder Dritten) mit dem Ziel, dort entsprechend seinem eigentlichen Berufsbild zu arbeiten. Folglich muss sich die Zuordnung durch den Arbeitgeber auf die Tätigkeit des Arbeitnehmers beziehen (§ 9 Abs. 4 Satz 3 EStG). Ist ein dauerhaft beschäftigter Arbeitnehmer nur vorübergehend einer Tätigkeitsstätte zugeordnet, begründet er dort keine erste Tätigkeitsstätte. 149

Eine **dauerhafte Zuordnung** verlangt, dass der Arbeitnehmer entweder

- unbefristet oder
- für die gesamte Dauer eines befristeten Dienstverhältnisses oder
- über einen Zeitraum von 48 Monaten hinaus

in einer ortsfesten betrieblichen Einrichtung **tätig werden soll**; s. aber hierzu die aktuelle Rechtsprechung zu Leiharbeitnehmern → Rz. 151.

Entscheidend hierfür sind allein die dienst- oder arbeitsrechtlichen Festlegungen des Arbeitgebers, die diese ausfüllenden Absprachen sowie seine im Rahmen des Dienstverhältnisses erteilten Weisungen. Darin muss bestimmt werden, wo der Arbeitnehmer unbefristet oder für einen bestimmten Zeitraum tätig werden soll. Diese Maßstäbe gelten für einzelne Arbeitnehmer oder Arbeitnehmergruppen unabhängig von der Form der Festlegungen usw. (schriftlich oder mündlich). Die Zuordnung muss sich jedoch auf die konkrete Tätigkeit des Arbeitnehmers beziehen.

Ordnet der Arbeitgeber den Arbeitnehmer für die gesamte Dauer eines Dienstverhältnisses **einer ortsfesten betrieblichen Einrichtung zu**, ist die tatsächliche Dauer des Dienstverhältnisses nicht entscheidend. Diese Festlegung (erste Tätigkeitsstätte) gilt auch dann, wenn die Beschäftigung für eine kürzere Dauer als 48 Monate abgeschlossen wird. Ist der Arbeitnehmer jedoch einer Tätigkeitsstätte nur **vorübergehend** zugeordnet, begründet er dort **keine** erste Tätigkeitsstätte.

Somit ist nicht entscheidend, ob an der vom Arbeitgeber festgelegten Tätigkeitsstätte der qualitative Schwerpunkt der Tätigkeit liegt oder liegen soll. Es genügt für die Annahme einer ersten Tätigkeitsstätte, wenn die dort ausgeübten beruflichen Tätigkeiten von untergeordneter Bedeutung sind.

> **Beispiel: Zuordnung des Betriebs als Tätigkeitsstätte des Baustellenleiters**
>
> Firma B stellt den Arbeitnehmer A als Bauleiter ein. Das Dienstverhältnis ist befristet und ausschließlich für den Bau eines Flughafens in P abgeschlossen worden; längstens für 40 Monate. B bestimmt den Betrieb in B und nicht die Baustelle in P als erste Tätigkeitsstätte. Begründet wird dies mit der Verpflichtung des Arbeitnehmers, im Betrieb regelmäßig Sachstandsberichte zu erstellen sowie ggf. Vor- und Nacharbeiten zu erledigen.
>
> **Folge:** A hat ab dem ersten Tag seiner Tätigkeit seine erste Tätigkeitsstätte im Betrieb der Firma in B. Maßgebend hierfür ist die arbeitsvertragliche Zuordnung durch den Arbeitgeber. Diese Zuordnung ist auch begründet, weil A im Betrieb tatsächlich tätig werden soll.
>
> Die Fahrten zur Baustelle sind nach Reisekostengrundsätze zu behandeln (Auswärtstätigkeit) mit der Folge, dass steuerfreie Reisekosten (Auslösen) gezahlt bzw. Werbungskosten angesetzt werden können.

Soll der Arbeitnehmer an **mehreren** Tätigkeitsstätten tätig werden und ist er **einer bestimmten** Tätigkeitsstätte dienst- oder arbeitsrechtlich **dauerhaft** zugeordnet, ist es unerheblich, in welchem Umfang er seine berufliche Tätigkeit an dieser oder an den anderen Tätigkeitsstätten ausüben soll (→ Rz. 158, 159). Auch auf die Regelmäßigkeit des Aufsuchens dieser Tätigkeitsstätten kommt es dann nicht an.

Ferner ist *nicht* entscheidend, ob an der vom Arbeitgeber festgelegten ersten Tätigkeitsstätte (§ 9 Abs. 4 Satz 1 EStG) der qualitative Schwerpunkt der Tätigkeit liegt bzw. liegen soll.

> **Beispiel: Tätigkeitsstätte für Außendienstmitarbeiter**
>
> Der Außendienstmitarbeiter A für die Region B soll einmal wöchentlich an den Firmensitz nach P fahren, dem er zugeordnet ist. Dort soll er die anfallenden Bürotätigkeiten erledigen und an Dienstbesprechungen teilnehmen.
>
> **Folge:** P ist auf Grund der arbeitsrechtlichen Zuordnung die erste Tätigkeitsstätte. Dabei ist unerheblich, dass A überwiegend in der Region B und nicht in P tätig werden soll.
>
> **Abwandlung:**
>
> Ordnet der Arbeitgeber den A dem Firmensitz in P nicht oder nicht eindeutig zu, prüft die Finanzverwaltung anhand der quantitativen Kriterien, ob eine erste Tätigkeitsstätte vorliegt (§ 9 Abs. 4 Satz 4 EStG, → Rz. 158). In diesem Fall liegt in P keine erste Tätigkeitsstätte vor.

Auch wenn das Reisekostenrecht dem Arbeitgeber einen großen Gestaltungsspielraum einräumt, setzt die **Zuordnung** ein **Tätigwerden** und ein **persönliches Erscheinen** des Arbeitnehmers an der Tätigkeitsstätte voraus. So ermöglicht allein die Abgabe von Krank- oder Urlaubsmeldungen usw. durch Dritte (z.B. mittels Post, Bote oder Familienangehörigen) an einer bestimmten Tätigkeitsstätte keine steuerlich wirksame Zuordnung.

Ferner kann die steuerliche Entscheidung im Einzelfall auch von anderen betrieblichen Vereinbarungen abweichen. So wird z.B. aufgrund des Nachweisgesetzes oder tariflicher Regelungen in sog. Einstellungsbögen bzw. in Arbeitsverträgen regelmäßig ein Einstellungs-, Anstellungs- oder Arbeitsort des Arbeitnehmers bestimmt. Hierbei handelt es sich nicht um eine Zuordnung i.S.d. des steuerlichen Reisekostenrechts, wenn der Arbeitgeber schriftlich gegenüber dem Arbeitnehmer bzw. in der Reiserichtlinie des Unternehmens erklärt, dass dadurch keine arbeitsrechtliche Zuordnung zu einer ersten Tätigkeitsstätte erfolgen soll.

b) Unbefristete Tätigkeit

150 Die gesetzliche Umschreibung „unbefristet" ist wohl unzweifelhaft und benötigt keine weiteren Erläuterungen. Gemeint ist eine auf Dauer angelegte Tätigkeit des Arbeitnehmers. In diesem Zusammenhang sind jedoch weitere zeitlich unbestimmte Umschreibungen zu beachten. So wird z.B. die Formulierung „bis auf weiteres" einer unbefristeten Tätigkeit gleichgesetzt.

> **Beispiele zur Bestimmung der ersten Tätigkeitsstätte bei wechselvollen Arbeitsverhältnissen:**
>
> **1. Änderung der Zuordnung des Arbeitnehmers**
>
> Der in B wohnende Arbeitnehmer A ist bis auf weiteres an drei Tagen in der Woche in einer Niederlassung seines Arbeitgebers in H und an zwei Tagen in der Woche in einer Niederlassung seines Arbeitgebers in P tätig. A ist unbefristet beschäftigt. Der Arbeitgeber hat zunächst die Niederlassung in H als erste Tätigkeitsstätte festgelegt. Ab 1.10.2018 legt er P als erste Tätigkeitsstätte fest (arbeitsrechtliche Entscheidung, Zuordnung).
>
> **Folge:** A hat bis 30.9.2018 seine erste Tätigkeitsstätte in H.
>
> Ab dem 1.10.2018 liegt seine erste Tätigkeitsstätte in P.
>
> **2. Vorübergehende andere Tätigkeitsstätte**
>
> Arbeitnehmer A ist von seinem Arbeitgeber unbefristet eingestellt worden, um dauerhaft im Betrieb in B zu arbeiten. In den ersten 36 Monaten seiner Beschäftigung soll A aber zunächst ausschließlich

die Niederlassung in H führen. Im Betrieb in B soll er während dieser Zeit nicht, auch nicht in ganz geringem Umfang tätig werden.

> **Folge:** Die Niederlassung in H ist keine erste Tätigkeitsstätte, da A dort lediglich für 36 Monate und damit nicht dauerhaft tätig werden soll (unabhängig vom quantitativen Umfang der Tätigkeit). Nach Ablauf der ersten 36 Monate wird der Betrieb in B erste Tätigkeitsstätte des A.
>
> Die Niederlassung in H würde erst nach Ablauf von 48 Monaten erste Tätigkeitsstätte, falls A laut Bestimmung des Arbeitgebers zumindest für einen solchen Zeitraum dort tätig werden soll.
>
> **3. Fehlende dauerhafte Zuordnung des Arbeitgebers**
>
> Arbeitnehmer A ist unbefristet beschäftigt. Für einen Zeitraum von 36 Monaten soll er überwiegend in der Niederlassung in H arbeiten. Im Betrieb in B soll er nur an Teambesprechungen, Mitarbeiterschulungen und sonstigen Firmenveranstaltungen teilnehmen. Diese finden voraussichtlich einmal pro Monat statt. Der Arbeitgeber hat A arbeitsrechtlich weder der Niederlassung in H noch dem Betrieb in B dauerhaft zugeordnet.
>
> **Folge:** Auf Grund der fehlenden Zuordnung des A durch den Arbeitgeber liegt keine erste Tätigkeitsstätte vor.

Die im Beispiel drei nach der Gesetzesregelung anzuwendenden quantitativen Merkmale zur Bestimmung der ersten Tätigkeitsstätte führen zu keinem anderen Ergebnis. A soll in der Niederlassung in H nicht dauerhaft tätig werden (48-Monatsgrenze); im Betrieb in B soll A nicht in dem erforderlichen quantitativen Umfang tätig werden (→ Rz. 158).

c) Befristetes Dienstverhältnis

Wird ein befristetes Dienstverhältnis abgeschlossen mit dem Ziel, die Tätigkeit nur an einer Tätigkeitsstätte auszuüben, sind die Grundsätze für die **Bestimmung** der ersten Tätigkeitsstätte entsprechend anzuwenden (→ Rz. 149). Allerdings ist die 48-Monatsregelung nicht anwendbar. Somit gelten die allgemeinen Zuordnungskriterien auch dann, wenn die Beschäftigung für eine kürzere Dauer als 48 Monate abgeschlossen wird. 151

Praktische Fälle sind insbesondere:

1. **Zeitvertrag** (der Arbeitsvertrag über ein Dienstverhältnis wird für eine bestimmte Dauer abgeschlossen, z.B. mit einer Zeitarbeitsfirma), oder
2. **Outsourcing** (eine Beschäftigung bzw. das Dienstverhältnis wird auf einen neuen bzw. anderen Arbeitgeber ausgelagert).

Seit 2014 führen diese Vertragsgestaltungen zu einer ersten Tätigkeitsstätte des Arbeitnehmers.

Handelt es sich um ein sog. Outsourcing, ist es für die Zuordnung unbeachtlich, ob der Arbeitnehmer weiterhin an seiner (früheren) Tätigkeitsstätte des bisherigen Arbeitgebers tätig werden soll oder an einer anderen Tätigkeitsstätte, z.B. beim neuen Arbeitgeber.

Somit ist als Besonderheit zu **beachten**, dass im Fall der festen Zuordnung des Arbeitnehmers in einem von vornherein **befristeten** Dienstverhältnis das Prüfmerkmal „48 Monate" **nicht** heranzuziehen ist.

d) 48-Monatsgrenze

Ist der Arbeitnehmer weder unbefristet noch für die Dauer des Dienstverhältnisses einer bestimmten Tätigkeitsstätte zugeordnet, hat der Arbeitgeber das dritte Kriterium zu prüfen: die 48-Monatsgrenze. Sie ist heranzuziehen 152

– zur **erstmaligen Bestimmung** der ersten Tätigkeitsstätte und
– für die Entscheidung, ob sich die erste Tätigkeitsstätte **verlagert** hat.

Soll der Arbeitnehmer über einen Zeitraum von 48 Monaten hinaus an einer ortsfesten betrieblichen Einrichtung tätig werden, ist diese seine erste Tätigkeitsstätte. Somit kann

B. Arbeitnehmer — Dritter Teil: Inlandsreisen

eine längerfristige Abordnung an eine auswärtige Arbeitsstelle und eine vorübergehende Auswärtstätigkeit den Ort der ersten Tätigkeitsstätte verlagern.

Verlängert sich eine zunächst für längstens 48 Monate geplante Auswärtstätigkeit des Arbeitnehmers, ist für die Zuordnung entscheidend, ob er nach der neuen Einschätzung länger als 48 Monate an der auswärtigen Tätigkeitsstätte eingesetzt werden soll oder nicht. Maßgebend für den weiteren Fristbeginn ist der Zeitpunkt der Verlängerungsentscheidung. Die beiden Zeiträume der Auswärtstätigkeit sind für die Prüfung nicht zusammenzurechnen.

> **Beispiele zur ersten Tätigkeitsstätte bei befristeter Abordnung:**
>
> **1. Unerwartete Verlängerung einer Abordnung**
>
> Der unbefristet in B beschäftigte Arbeitnehmer A wird für eine Projektdauer von voraussichtlich 20 Monaten an die betriebliche Einrichtung in Z abgeordnet. Im Anschluss daran soll er nach B zurückkehren. Nach den 20 Monaten verlängert der Arbeitgeber aus sachlichen Gründen die Abordnung um 48 Monate. Es ist nach wie vor die Rückkehr nach B geplant.
>
> **Lösung**: Obwohl A insgesamt 68 Monate in Z tätig wird bzw. werden soll, hat er dort keine erste Tätigkeitsstätte. Die vom Gesetz vorgegebene (Prognose-)Betrachtung (→ Rz. 161) führt dazu, dass A weder im Zeitpunkt der erstmaligen Abordnung nach Z noch im Zeitpunkt der Verlängerungsentscheidung jeweils für mehr als 48 Monate und damit „dauerhaft" in Z eingesetzt werden soll(te).
>
> A hat und behält seine erste Tätigkeitsstätte in B.
>
> **Folge**: Die steuerliche Behandlung der Auslösezahlungen des Arbeitgebers und der Werbungskostenansatz/-abzug des Arbeitnehmers für die Fahrten nach Z erfolgt nach Reisekostengrundsätzen. Ansatzfähig sind auch anfallende Aufwendungen für eine auswärtige (zweite) Wohnung in Z (i.R. einer doppelten Haushaltsführung → Rz. 296 ff.).
>
> **2. Abordnung für 49 Monate**
>
> Der unbefristet in B beschäftigte Arbeitnehmer A wird für eine Projektdauer von voraussichtlich 49 Monaten an die betriebliche Einrichtung in Z abgeordnet.
>
> **Folge**: Ab dem Zeitpunkt der Abordnung hat A seine erste Tätigkeitsstätte in Z, da er von Beginn an länger als 48 Monate in Z tätig werden soll. Dabei bleibt es auch, wenn das Projekt und die Tätigkeit in Z planwidrig bereits nach 10 oder wegen zügigen Baufortschritts nach 36 Monaten beendet werden.
>
> **3. Verlängerung einer Abordnung um 49 Monate**
>
> Wie im 1. Beispiel, der Arbeitgeber verlängert die erste Abordnung von A (20 Monate) jedoch bereits nach 4 Wochen um 49 Monate.
>
> **Folge**: Ab dem Zeitpunkt der Verlängerungsentscheidung hat A seine erste Tätigkeitsstätte in Z, da er ab diesem Zeitpunkt noch 49 Monate und somit länger als 48 Monate in Z tätig werden soll. Dabei bleibt es auch, wenn das Projekt und die Tätigkeit in Z planwidrig bereits nach 8 oder wegen zügigen Baufortschritts nach 47 Monaten beendet werden.

Zu beachten ist, dass im **1. und 2. Beispiel** die Voraussetzungen für den Ansatz von **Verpflegungspauschalen** in den ersten 3 Monaten ab Beginn der beruflich veranlassten Auswärtstätigkeit vorliegen.

Im **3. Beispiel** können Verpflegungspauschalen nur für die ersten 4 Wochen angesetzt werden (bis zur Verlängerungsentscheidung, weil ab dann die erste Tätigkeitsstätte in Z liegt).

Bei sich **aneinanderreihenden** Auswärtstätigkeiten am selben Ort (z.B. sog. Kettenabordnungen) liegt keine dauerhafte Zuordnung zu einer Tätigkeitsstätte vor, wenn jeweils die einzelne Auswärtstätigkeit (Abordnung) den Zeitraum von 48 Monaten nicht übersteigt.

153 Zusammenfassend ist festzuhalten:

– Die steuerlich wirksame „dauerhafte" **Zuordnung** verlangt regelmäßig eine **aktive Tätigkeit** des Arbeitgebers; sie geht den hilfsweise heranzuziehenden Regelungen vor.

- Eine Zuordnung zu einer betrieblichen Einrichtung wird regelmäßig im Arbeitsvertrag festgelegt. Sie kann sich auch aus tarifvertraglichen Regelungen, einer Betriebsvereinbarung oder der tatsächlichen Durchführung ergeben. Hier will das Steuerrecht der arbeitsrechtlichen Betrachtung folgen.
- Eine **erste Tätigkeitsstätte** kann auch beim Kunden des Arbeitgebers liegen, sofern der Arbeitnehmer dort für die Dauer des Dienstverhältnisses, über 48 Monate hinaus oder dauerhaft tätig werden soll.
- In **Outsourcing-Fällen** liegt eine dauerhafte Zuordnung (erste Tätigkeitsstätte) vor, wenn der Arbeitnehmer für die gesamte Dauer des neuen Beschäftigungsverhältnisses oder länger als 48 Monate weiterhin an seiner früheren Tätigkeitsstätte des bisherigen Arbeitgebers tätig werden soll.
- Soll ein **Leiharbeitnehmer** für die gesamte Dauer des Leiharbeitsverhältnisses oder länger als 48 Monate in einer ortsfesten betrieblichen Einrichtung des Entleihers arbeiten, liegt eine dauerhafte Zuordnung vor. Näheres zum anhängigen BFH-Verfahren mit der Fage, ob ein Leiharbeitnehmer eine erste Tätigkeitsstätte innehaben kann → Rz 149.
- Legt der **Arbeitgeber** keine dauerhafte Tätigkeitsstätte fest, ist nach den vorgenannten gesetzlich festgelegten Regelungen zu entscheiden, ob eine erste Tätigkeitsstätte vorliegt und welcher Ort ggf. die erste Tätigkeitsstätte ist.

e) 48-Monatsgrenze bei Tätigkeitsbeginn vor 2014

War der Arbeitnehmer bereits vor Beginn des Jahres 2014 – also vor der Neuregelung des steuerlichen Reisekostenrechts – an einer Arbeitsstätte tätig, galt für die Prüfung und Anwendung der 48-Monatsgrenze Folgendes:[1)]

154

- Die Prognose einer dauerhaften Zuordnung des Arbeitnehmers zu einer bestimmten Tätigkeitsstätte richtet sich nach den vor dem 1.1.2014 liegenden Verhältnissen.
- Hat der Arbeitgeber zum damaligen Beginn der Tätigkeit keine oder keine eindeutige Prognose getroffen oder eine solche nicht dokumentiert, konnte er sie bis spätestens zum 1.1.2014 nachholen.
- Der Fristbeginn für die Berechnung der 48-Monatsgrenze liegt stets vor 2014.

> **Beispiele zur 48-Monatsfrist bei vor 2014 begründeten Arbeitsverhältnissen:**
>
> **1. Beginn 48-Monatsfrist**
>
> Arbeitnehmer A hatte seine Auswärtstätigkeit am 1.10.2013 an der Tätigkeitsstätte H des Kunden seines Arbeitgebers aufgenommen. A sollte dort bis zum 1.6.2017 tätig sein. Danach war eine Rückkehr in den Betrieb des Arbeitgebers vorgesehen.
>
> **Folge**: Die 48-Monatsfrist hat am 1.10.2013 begonnen; der geplante Tätigkeitszeitraum in H betrug nicht mehr als 48 Monate. A hat auch ab 1.1.2014 keine erste Tätigkeitsstätte bei dem Kunden in H.
>
> **2. Tätigkeit länger als 48 Monate**
>
> A hat seine Tätigkeit am 1.7.2013 an der Tätigkeitsstätte H des Kunden seines Arbeitgebers begonnen und sollte dort bis zum 31.12.2017 tätig sein.
>
> **Folge**: Die 48-Monatsfrist begann am 1.7.2013; der geplante Tätigkeitszeitraum beträgt mehr als 48 Monate. Somit hat A seine erste Tätigkeitsstätte ab 1.1.2014 beim Kunden in H.

f) Abgrenzung zwischen Versetzung und Abordnung

Wie die vorstehenden Erläuterungen und Beispiele zeigen, ist für die zutreffende Bestimmung der ersten Tätigkeitsstätte die Unterscheidung zwischen einer **auf Dauer** angeleg-

155

---
1) Obwohl die folgende Übergangsregelung ab 2018 nicht mehr von Bedeutung sein dürfte, wird sie der Vollständigkeit halber nochmals erläutert.

ten Versetzung des Arbeitnehmers an eine andere Tätigkeitsstätte oder dessen **vorübergehenden** Abordnung dorthin sehr wichtig; insbesondere im öffentlichen Dienst. Zu beachten sind als Folgen:

Folge einer Versetzung ohne zeitliche Befristung	Folge einer Abordnung	
	ohne zeitliche Befristung	mit zeitlicher Befristung bis zu 48 Monaten
Führt zur dauerhaften Zuordnung des Arbeitnehmers; es wird eine neue „erste Tätigkeitsstätte" begründet. (Bei zeitlicher Befristung bis zu 48 Monaten s. rechte Spalten unter Abordnung)	Führt zur dauerhaften Zuordnung des Arbeitnehmers; es wird eine neue „erste Tätigkeitsstätte" begründet.	Es liegt **keine** dauerhafte Zuordnung des Arbeitnehmers vor; die Befristung ergibt keine neue „erste Tätigkeitsstätte". Gleiches gilt, wenn diese Abordnung mit dem „Ziel der Versetzung" verbunden ist.

3. Nicht eindeutige Zuordnung des Arbeitgebers

a) Ausfüllende Absprachen oder Weisungen

156 Haben Arbeitgeber und Arbeitnehmer im **Arbeitsvertrag** oder in ggf. **ergänzenden** Regelungen **keine** erste Tätigkeitsstätte festgelegt, sind die **ausfüllenden** Absprachen oder **Weisungen** für den Tätigkeitsort des Arbeitnehmers heranzuziehen (z.B. Protokollnotizen, dienstrechtliche Verfügungen). Weil für diese hilfsweise herangezogenen Unterlagen keine Formvorschriften bestehen, helfen auch mündlich erteilte Regelungen weiter. So kann z.B. ein Anhaltspunkt für eine arbeits- oder dienstrechtliche Zuordnungsentscheidung des Arbeitgebers sein, ob er für die (Auswärts-)Tätigkeit des Arbeitnehmers nach den betrieblichen Reiserichtlinien Reisekosten (Auslösen) zahlt oder nicht.

b) Tarifvertragliche Regelungen, Betriebsvereinbarung

157 In Zweifelsfragen können für die Zuordnung eines Arbeitnehmers zu einer betrieblichen Einrichtung ergänzend die Regelungen eines Tarifvertrags oder einer Betriebsvereinbarung herangezogen werden.

Allerdings sind solche hilfsweise herangezogenen Nachweise nicht allein entscheidend. Auch in diesen Fällen ist zu beachten, dass die erste Tätigkeitsstätte eine Tätigkeit des Arbeitnehmers voraussetzt und er in dieser betrieblichen Einrichtung zumindest in geringem Umfang tätig werden muss (→ Rz. 149).

4. Quantitative Voraussetzungen

158 **Fehlt** eine dauerhafte **Zuordnung** des Arbeitnehmers zu einer betrieblichen Einrichtung oder ist die Festlegung des Arbeitgebers nicht eindeutig bzw. nach den vorigen Grundsätzen nicht bestimmbar, liegt zunächst **keine** Zuordnung des Arbeitnehmers zu einer betrieblichen Einrichtung vor. Um zu einem (steuerlichen) Ergebnis zu kommen, ist die **erste Tätigkeitsstätte** nach dem Gesetzeswortlaut des § 9 Abs. 4 Satz 4 EStG zu bestimmen. Danach ist sie eine betriebliche Einrichtung, an der der Arbeitnehmer **dauerhaft**

– typischerweise arbeitstäglich oder
– je Arbeitswoche zwei volle Arbeitstage oder
– mindestens ein Drittel seiner vereinbarten regelmäßigen Arbeitszeit

tätig werden **soll** (sog. **quantitative** Voraussetzungen).

> **Beispiel: Tätigkeit an unterschiedlichen Tätigkeitsstätten**
>
> Der unbefristet beschäftigte Arbeitnehmer A soll laut Arbeitsvertrag dauerhaft in der Verkaufsstelle in B arbeiten. In den ersten 24 Monaten seiner Tätigkeit arbeitet er an drei Tagen wöchentlich in der Verkaufsstelle B und an zwei vollen Tagen wöchentlich in einer Verkaufsstelle in P.
>
> Der Arbeitgeber hat A für die ersten 24 Monate seiner Tätigkeit der Verkaufsstelle P zugeordnet.
>
> **Folge:** A hat in der Verkaufsstelle P keine erste Tätigkeitsstätte, da er laut Arbeitsvertrag dort nicht dauerhaft, sondern lediglich für 24 Monate zugeordnet ist. Erste Tätigkeitsstätte ist die Verkaufsstelle B, da A dort dauerhaft (typischerweise an mindestens zwei vollen Tagen) tätig werden soll. Weil sich diese Folge bereits nach den gesetzlichen Regelungen ergibt, ist in diesem Fall die Zuordnung des Arbeitgebers nicht zwingend erforderlich.
>
> **Abwandlung: Keine dauerhafte Tätigkeitsstätte**
>
> Arbeitnehmer A soll in der Verkaufsstelle in B nicht dauerhaft arbeiten, sondern lediglich in den ersten 36 Monaten seiner Tätigkeit an vier Tagen wöchentlich und einen vollen Tag wöchentlich in der Verkaufsstelle in P tätig werden. Anderweitige/ergänzende Regelungen wurden nicht getroffen.
>
> **Folge:** In diesen 36 Monaten seiner Tätigkeit hat A in der Verkaufsstelle in B keine erste Tätigkeitsstätte, da er dort nicht dauerhaft tätig werden soll. Erste Tätigkeitsstätte ist auch nicht die Verkaufsstelle in P, weil A dort die quantitativen Kriterien nicht erfüllt.

Wird die Tätigkeitsstätte durch eine quantitative Prüfung bestimmt, ist allein die zu leistende arbeitsvertragliche Arbeitszeit entscheidend. Hierfür ist eine **Prognose** zu treffen (→ Rz. 161). Auch in diesem Fall gilt der in → Rz. 149 genannte Grundsatz, wonach der Arbeitnehmer an der betrieblichen Einrichtung seine eigentliche berufliche Tätigkeit ausüben muss. Hierzu zählen nicht Vorbereitungsarbeiten und Hilfstätigkeiten.

Für die Bestimmung des v.g. **Drittels** der vereinbarten regelmäßigen Arbeitszeit wird regelmäßig auf den Lohnzahlungszeitraum abzustellen sein (z.B. Woche, Monat), z.B. wenn kurzfristig eine Entscheidung getroffen werden soll. Als längerer Zeitraum ist jedoch auch das Kalenderjahr möglich.

Liegen für **mehrere** Tätigkeitsstätten die quantitativen Voraussetzungen für eine erste Tätigkeitsstätte vor, ist die Tätigkeitsstätte anzusetzen, die der Wohnung des Arbeitnehmers am nächsten liegt. Diese Regelung wirkt sich zugunsten des Arbeitnehmers aus (z.B. für den Ansatz von Reisekosten zur weiter entfernt liegenden Tätigkeitsstätte oder für die Versteuerung des geldwerten Vorteils bei Nutzung eines Firmen-Pkw).

Fährt der Arbeitnehmer eine betriebliche Einrichtung des Arbeitgebers regelmäßig und immer wieder an, z.B. für Hilfstätigkeiten, für kurze Rüstzeiten, zur Berichtsanfertigung, zur Vorbereitung der Zustellroute, um Kraftstoff zu tanken, ein Kundendienstfahrzeug zu übernehmen bzw. abzustellen oder um Aufträge, Werkzeug und Material, Stundenzettel, Krankmeldungen usw. abzuholen oder abzugeben oder zur Wartung und Pflege des Fahrzeugs oder zur Abholung bzw. Abgabe von Kundendienstfahrzeugen, eines Lkw einschließlich dessen Be- und Entladung, wird sie seit 2014 **nicht** zu seiner ersten Tätigkeitsstätte. Denn der Arbeitnehmer übt seine eigentliche berufliche Tätigkeit dort nicht aus (→ Rz. 149).

> **Beispiel: Eigentliche berufliche Tätigkeit bei verschiedenen Kunden**
>
> Außendienstmitarbeiter A soll den Betriebssitz seines Arbeitgebers in B lediglich in unregelmäßigen Abständen aufsuchen, um seine Aufträge abzuholen und abzurechnen, Urlaubsanträge abzugeben und gelegentlich an Besprechungen teilzunehmen. A ist dem Betriebssitz in B nicht arbeitsrechtlich zugeordnet. Seine eigentliche berufliche Tätigkeit soll A ausschließlich bei verschiedenen Kunden ausüben.
>
> Auf Grund ungeplanter betrieblicher Abläufe soll A über einen Zeitraum von 12 Monaten die betriebliche Einrichtung in B arbeitstäglich aufsuchen, um dort einen Teil seiner eigentlichen beruflichen Tätigkeit zu erledigen (z.B. Verkaufsberichte erstellen).
>
> **Ergebnis:** A hat keine erste Tätigkeitsstätte. Der Betrieb seines Arbeitgebers wird auch durch das (nicht geplante) regelmäßige Aufsuchen nicht zur ersten Tätigkeitsstätte, da er seine eigentliche berufliche Tätigkeit an diesem Ort nicht ausübt.

B. Arbeitnehmer — Dritter Teil: Inlandsreisen

> Auch wenn A für einen Zeitraum von 12 Monaten arbeitstäglich einen Teil seiner beruflichen Tätigkeit in der betrieblichen Einrichtung in B ausüben soll, führt dies mangels Dauerhaftigkeit noch nicht zu einer ersten Tätigkeitsstätte. Die ursprüngliche Prognose sah dies nicht vor und nach der neuen Prognose sollen die Tätigkeiten am Betriebssitz in B nur vorübergehend ausgeübt werden.

Auch hier ist zur Verdeutlichung nochmals anzumerken, dass bei Anwendung der quantitativen Merkmale der Arbeitnehmer an der zu beurteilenden betrieblichen Einrichtung seine eigentliche berufliche Tätigkeit ausüben muss (→ Rz. 149).

> **Beispiele zum Merkmal der „eigentlichen beruflichen Tätigkeit":**
>
> **1. Kassenabrechnungspflicht von Busfahrern**
>
> Die Fahrer im städtischen Busbetrieb sollen ihr Fahrzeug immer an wechselnden Stellen im Stadtgebiet aufnehmen und in der Regel mindestens einmal wöchentlich die Kassen abrechnen. Die Kassenabrechnung sollen sie in der Geschäftsstelle oder in einem städtischen Betriebshof durchführen. Dort werden auch die Personalakten geführt, ferner haben die Arbeitnehmer an diesen Stellen die Krank- und Urlaubsmeldungen abzugeben.
>
> **Folge:** Das bloße Abrechnen der Kassen, die Führung der Personalakten sowie die Verpflichtung zur Abgabe der Krank- und Urlaubsmeldungen führen nicht zu einer ersten Tätigkeitsstätte am Betriebshof oder in der Geschäftsstelle, es sei denn, der Arbeitgeber ordnet die Arbeitnehmer einem Betriebshof oder der Geschäftsstelle arbeitsrechtlich als erste Tätigkeitsstätte zu.
>
> **2. Nebenarbeiten von Lkw-Fahrern am Sammelpunkt**
>
> Der Lkw-Fahrer A soll typischerweise arbeitstäglich den Betriebssitz des Arbeitgebers aufsuchen, um dort das Fahrzeug abzuholen sowie dessen Wartung und Pflege durchzuführen.
>
> **Folge:** Allein das Abholen sowie die Wartung und Pflege des Fahrzeugs führen als Hilfs- und Nebentätigkeiten nicht zu einer ersten Tätigkeitsstätte am Betriebssitz des Arbeitgebers. Allerdings handelt es sich in diesem Fall bei dem Betriebssitz um einen sog. Sammelpunkt (→ Rz. 175).

Etwas anderes gilt nur, wenn der Arbeitgeber den Arbeitnehmer dem Betriebssitz arbeitsrechtlich als erste Tätigkeitsstätte zuordnet.

Somit lässt sich **zusammenfassend** feststellen, dass es bei der quantitativen Prüfung **allein** auf den **Umfang** der an der **Tätigkeitsstätte** zu leistenden arbeitsvertraglichen Arbeitszeit (mind. 1/3 der vereinbarten regelmäßigen Arbeitszeit oder 2 volle Arbeitstage wöchentlich oder arbeitstäglich) ankommt.

Dies bedeutet:

- Soll der Arbeitnehmer an einer Tätigkeitsstätte
    - **zwei** volle **Arbeitstage** je Arbeitswoche **oder**
    - mindestens **1/3** der vereinbarten **regelmäßigen Arbeitszeit** tätig werden,

  dann ist dies die **erste** Tätigkeitsstätte.

- Entsprechendes gilt, wenn der Arbeitnehmer an einer Tätigkeitsstätte **arbeitstäglich und** mindestens **1/3** der vereinbarten **regelmäßigen Arbeitszeit** tätig werden soll.

- Soll der Arbeitnehmer an einer Tätigkeitsstätte arbeitstäglich, aber **weniger** als 1/3 der vereinbarten regelmäßigen Arbeitszeit tätig werden, dann führt dies **nur** dann zu einer ersten Tätigkeitsstätte, wenn der Arbeitnehmer dort typischerweise arbeitstäglich seine eigentliche berufliche Tätigkeit und nicht nur Vorbereitungs- oder Hilfs- oder Nebentätigkeiten (Rüstzeiten, Abholung oder Abgabe von Kundendienstfahrzeug, Material, Auftragsbestätigungen, Stundenzettteln, Krankmeldungen, Urlaubsanträgen o.Ä. abholen oder abgeben) durchführen soll.

- Erfüllen danach **mehrere** Tätigkeitsstätten die quantitativen Voraussetzungen für eine erste Tätigkeitsstätte, kann der Arbeitgeber bestimmen, welche dieser Tätigkeitsstätten die erste Tätigkeitsstätte ist (→ Rz. 159).

– **Fehlt** eine solche Bestimmung des Arbeitgebers, wird zugunsten des Arbeitnehmers die Tätigkeitsstätte zugrunde gelegt, die der Wohnung des Arbeitnehmers am nächsten liegt (→ Rz. 159).

5. Mehrere Tätigkeitsstätten des Arbeitnehmers

An diese Stelle soll der allgemein gültige Merksatz wiederholt werden: Der Arbeitnehmer kann je Dienstverhältnis **höchstens** eine erste Tätigkeitsstätte innehaben. Welche das ist, entscheidet sich anhand der vorgenannten Prüfungen unter → Rz. 147 ff. Erfüllen danach **mehrere** betriebliche Einrichtungen die Voraussetzungen einer Tätigkeitsstätte, kann der Arbeitgeber die erste Tätigkeitsstätte **festlegen**. Hierbei braucht der Arbeitgeber keine weiteren gesetzlichen Vorgaben zu beachten. D.h., dort muss der Arbeitnehmer weder den zeitlich überwiegenden noch qualitativ bedeutsameren Teil seiner beruflichen Tätigkeit ausüben. **159**

Fehlt eine solche Bestimmung des Arbeitgebers, legt die Finanzverwaltung zugunsten des Arbeitnehmers die Tätigkeitsstätte zu Grunde, die der Wohnung des Arbeitnehmers am nächsten liegt.

> **Beispiel: Mehrere Tätigkeitsstätten**
>
> Der in B wohnende Arbeitnehmer A soll auf Dauer an drei Tagen in der Woche in der Filiale seines Arbeitgebers in B und an wöchentlich zwei Tagen in seiner Filiale in P tätig sein. Der Arbeitgeber bestimmt die Filiale in P zur ersten Tätigkeitsstätte.
>
> **Folge**: Durch die Entscheidung seines Arbeitgebers hat A in P seine erste Tätigkeitsstätte. Es ist unbeachtlich, dass er dort lediglich an zwei Tagen und damit nicht zeitlich überwiegend beruflich tätig ist.
>
> **Abwandlung:**
>
> Verzichtet der Arbeitgeber auf sein Bestimmungsrecht oder ist seine Festlegung nicht eindeutig, ist die der Wohnung des Arbeitnehmers örtlich am nächsten liegende Tätigkeitsstätte die erste Tätigkeitsstätte, hier B. Die Fahrten zur weiter entfernten Tätigkeitsstätte rechnen in diesem Fall zur Auswärtstätigkeit.
>
> **Folge**: Die Tätigkeit in P ist eine beruflich veranlasste Auswärtstätigkeit, für die steuerfreie Zahlungen/Auslösen bzw. ein Werbungskostenansatz nach Reisekostengrundsätzen in Betracht kommt.

Eine Besonderheit ist bei den in der häuslichen Pflege tätigen **Pflegedienstkräften** zu beachten. Hier kann die Dauer des Pflegevertrags über das Vorliegen einer ersten Tätigkeitsstätte entscheiden. **160**

> **Beispiel: Tätigkeitsstätte von Pflegedienstkräften**
>
> Die Pflegedienstkraft A hat täglich 4 Personen zu betreuen. Alle vier Pflegepersonen sollen von A nach Absprache mit der Pflegedienststelle (Arbeitgeber) bis auf Weiteres arbeitstäglich regelmäßig betreut werden. Der Arbeitgeber hat keine dieser Pflegestellen als erste Tätigkeitsstätte bestimmt.
>
> **Folge**: Erste Tätigkeitsstätte von A ist die ihrer Wohnung am nächsten liegende Pflegestelle.
>
> **Abwandlung:**
>
> A soll die vier Pflegepersonen nach Absprache mit der Pflegedienststelle (Arbeitgeber) zunächst für die Dauer von zwei Jahren arbeitstäglich regelmäßig betreuen. Der Arbeitgeber hat keine dieser Pflegestellen als erste Tätigkeitsstätte bestimmt.
>
> **Folge**: Die Pflegedienstkraft hat keine erste Tätigkeitsstätte, da sie an keiner der Pflegestellen dauerhaft tätig werden soll.

6. Prognoseentscheidung des Arbeitgebers

a) Grundsatz

161 Um den Lohnsteuerabzug zutreffend durchführen zu können, muss der Arbeitgeber bereits für die erste Lohnabrechnung des Arbeitnehmers die lohnsteuerlichen Sachverhalte abschließend ermitteln können. Folglich kann er die Frage nach einer ersten Tätigkeitsstätte sowie die Zuordnung des Arbeitnehmers nur durch eine Prognose entscheiden (sog. Ex-ante-Betrachtung). Die Prognoseentscheidung ist zu Beginn des Dienstverhältnisses zu treffen. Auch hierfür gelten die allgemeinen Grundsätze des Steuerrechts, wonach die Festlegung des Arbeitgebers

– ernst gemeint und auf Dauer angelegt sein muss,

– nicht nur vorübergehend gelten darf und

– sich an den Verhältnissen bei Vertragsabschluss orientieren muss.

Bei dieser Prognoseentscheidung bleibt es, bis sich deren Grundlagen oder Voraussetzungen unvorhergesehen oder planmäßig ändern.

Die Finanzverwaltung wird insbesondere bei Gesellschafter-Geschäftsführern, Arbeitnehmer-Ehegatten bzw. Lebenspartnern und sonstigen mitarbeitenden Familienangehörigen prüfen, ob die getroffenen Vereinbarungen tatsächlich durchgeführt werden und einem Fremdvergleich standhalten (§ 42 AO).

b) Planmäßige Änderung für die Zukunft

162 Ändert der Arbeitgeber seine Zuordnung des Arbeitnehmers oder bestimmt er sie planmäßig neu, gilt sie nur mit Wirkung für die Zukunft. Für die Vergangenheit bleibt es bei der vorangegangenen Entscheidung, wenn sie nicht bewusst unzutreffend war.

Eine geänderte Zuordnung zur Tätigkeitsstätte kann sich insbesondere aus einem **geänderten Arbeitsvertrag** oder der Übernahme einer **anderen Tätigkeit** ergeben, z.B. bei Versetzung des Arbeitnehmers an einen anderen Zweigbetrieb oder im Falle eines auf Dauer angelegten Wechsels eines Außendienstmitarbeiters in den Innendienst. Auch hierfür ist die Entscheidung des Arbeitgebers maßgeblich.

Verlängert sich eine auf längstens 48 Monate geplante Auswärtstätigkeit des Arbeitnehmers, ist entscheidend, für welche Dauer die Auswärtstätigkeit nun geplant wird. Maßgebend für den Beginn der 48-Monatsgrenze ist der Zeitpunkt der Verlängerungsentscheidung (→ Rz. 152).

c) Nicht vorhersehbare Änderung für die Zukunft

163 Als unvorhergesehene bzw. nicht vorhersehbare Änderungsgründe kommen beispielsweise politische Unruhen am Tätigkeitsort, ein überraschender Abbruch der Tätigkeit durch Vertragsauflösung, Insolvenz des Kunden, vorzeitige Fertigstellung des Projekts oder Beendigung auf Grund von Krankheit des Arbeitnehmers o.Ä. in Betracht.

Bei solchen Ereignissen bleibt es für die Frage nach einer ersten Tätigkeitsstätte bei der in der Vergangenheit getroffenen Prognose zur Bestimmung der ersten Tätigkeitsstätte. Die geänderten Verhältnisse wirken nur für die Zukunft.

Wird nach einer unerwarteten Unterbrechung die auswärtige Tätigkeit wieder aufgenommen, hat der Arbeitgeber eine neue Prognoseentscheidung zu treffen.

> **Beispiel: Tätigkeitsstätte für Kundendienstmonteur**
> Der Kundendienstmonteur K soll an der ortsfesten betrieblichen Einrichtung seines Arbeitgebers in A lediglich in unregelmäßigen Abständen seine Aufträge abholen und abrechnen, Urlaubsanträge abgeben und gelegentlich an Besprechungen teilnehmen. K ist der betrieblichen Einrichtung in A nicht arbeitsrechtlich zugeordnet. Seine eigentliche berufliche Tätigkeit soll K ausschließlich bei verschiedenen Kunden ausüben.

> Auf Grund ungeplanter betrieblicher Abläufe ergibt es sich, dass K über einen Zeitraum von 12 Monaten nun die betriebliche Einrichtung in A arbeitstäglich aufsuchen soll und auch aufsucht, um dort seine Berichte zu verfassen (= Teil seiner eigentlichen beruflichen Tätigkeit).
>
> **Folge:** Auch wenn K für einen Zeitraum von 12 Monaten arbeitstäglich einen Teil seiner beruflichen Tätigkeit in der betrieblichen Einrichtung in A ausüben soll, führt dies mangels Dauerhaftigkeit noch nicht zu einer ersten Tätigkeitsstätte.
>
> Die ursprüngliche Prognose sah dies nicht vor und nach der neuen Prognose sollen diese Arbeiten am Betriebssitz in A lediglich vorübergehend ausgeübt werden.

7. Grenzüberschreitende Arbeitnehmerentsendung

Entsprechend den Regelungen für das Inland, liegt auch bei einer **grenzüberschreitenden** Arbeitnehmerentsendung zwischen verbundenen Unternehmen beim aufnehmenden Unternehmen eine **erste Tätigkeitsstätte** vor, wenn der Arbeitnehmer im Rahmen eines eigenständigen Arbeitsvertrags

164

- mit dem aufnehmenden Unternehmen einer ortsfesten betrieblichen Einrichtung dieses Unternehmens **unbefristet** zugeordnet ist oder
- die Zuordnung die Dauer des gesamten – befristeten oder unbefristeten – Dienstverhältnisses umfasst oder
- die Zuordnung über einen Zeitraum von 48 Monaten hinaus reicht.

> **Beispiel: Tätigkeitsstätte bei Arbeitnehmerentsendung**
>
> Der Arbeitnehmer A ist von der ausländischen Muttergesellschaft Z für zwei Jahre an die inländische Tochtergesellschaft B entsandt worden. A hat mit Z einen eigenständigen Arbeitsvertrag über zwei Jahre abgeschlossen, in dem er der inländischen Hauptniederlassung von B zugeordnet wurde.
>
> **Folge:** Auf Grund der Zuordnung für die Dauer des mit Z befristeten Dienstverhältnisses hat A seine erste Tätigkeitsstätte in B.

Aufgrund des seit 2014 neu geregelten Reisekostenrecht ist das BFH-Urteil v. 10.4.2014[1], wonach ein Arbeitnehmer, der wiederholt befristet von seinem Arbeitgeber ins Ausland entsandt worden ist, dort keine regelmäßige Arbeitsstätte begründet, nicht anzuwenden.

Wird der Arbeitnehmer bei grenzüberschreitender Arbeitnehmerentsendung zwischen verbundenen Unternehmen **ohne den Abschluss** eines eigenständigen Arbeitsvertrags mit dem **aufnehmenden** Unternehmen in einer ortsfesten betrieblichen Einrichtung dieses Unternehmens tätig, verhält es sich anders als zuvor erläutert. In solchen Fällen liegt beim **aufnehmenden** Unternehmen eine **erste** Tätigkeitsstätte **nur dann** vor, wenn der Arbeitnehmer vom **entsendenden** Unternehmen (von seinem Arbeitgeber) einer ortsfesten Einrichtung des aufnehmenden Unternehmens **unbefristet zugeordnet** ist und

- die Zuordnung die Dauer des gesamten – befristeten oder unbefristeten – Dienstverhältnisses umfasst oder
- die Zuordnung über einen Zeitraum von 48 Monaten hinausreicht.

Fehlt es bei grenzüberschreitender Arbeitnehmerentsendung zwischen verbundenen Unternehmen an einer dauerhaften Zuordnung des Arbeitnehmers zu einer betrieblichen Einrichtung des aufnehmenden Unternehmens durch dienst- oder arbeitsrechtliche Festlegung oder ist die getroffene Festlegung nicht eindeutig, gelten die quantitativen Zuordnungskriterien (s. zur Dauerhaftigkeit → Rz. 149 und zu den quantitativen Kriterien → Rz. 158).

---

1) BFH v. 10.4.2014, VI R 11/13, BStBl II 2014, 804.

8. Erste Tätigkeitsstätte: Zusammenfassung/Folgen für Arbeitgeber

165 Seit 2014 ist die „erste Tätigkeitsstätte" das maßgebende Kriterium für die Beurteilung, ob der Arbeitnehmer eine Auswärtstätigkeit ausübt, einen doppelten Haushalt führt oder am Ort der ersten Tätigkeitsstätte wohnt. Daran knüpfen die steuerlichen Folgerungen an, wie z.B. Ansatz der Entfernungspauschale oder der tatsächlichen Fahrtkosten, die steuerfreie Zahlung von Reisekosten, wie z.B. von Verpflegungspauschalen oder Unterkunftskosten.

Um steuerlich eine eindeutige Zuordnung des Arbeitnehmers zu einer ersten Tätigkeitsstätte sicherzustellen, sollte der Arbeitgeber die Arbeitsverträge sorgfältig prüfen. Soweit erforderlich, sollte die erste Tätigkeitsstätte des Arbeitnehmers steuersicher beschrieben werden, ggf. als Prognose (→ Rz. 161). Gleiches gilt, wenn der Arbeitnehmer keine erste Tätigkeitsstätte innehaben soll.

9. Lohnkonto/Dokumentation

166 Zwar gilt auch für die Bestimmung einer ersten Tätigkeitsstätte der im Steuerrecht maßgebende Grundsatz, wonach mündliche Vereinbarungen und Abreden anzuerkennen sind. Angesichts der zentralen Bedeutung sollte die Bestimmung der ersten Tätigkeitsstätte jedoch eindeutig und nachvollziehbar im Lohnkonto aufgezeichnet oder als Beleg zum Lohnkonto genommen werden. Denn die dienst- oder arbeitsrechtliche Zuordnungsentscheidung des Arbeitgebers muss aus steuerlicher Sicht eindeutig sein.

Für eine **Dokumentation** kommen z.B. in Betracht: Regelungen im Arbeitsvertrag, im Tarifvertrag, in Protokollnotizen und dienstrechtlichen Verfügungen; ferner: Einsatzpläne, Reiserichtlinien, Reisekostenabrechnungen, der Ansatz eines geldwerten Vorteils für die Nutzung eines Dienstwagens für die Fahrten zwischen Wohnung und erster Tätigkeitsstätte oder vom Arbeitgeber als Nachweis seiner Zuordnungsentscheidung vorgelegte Organigramme. Allerdings darf die Finanzverwaltung ein Organigramm nicht gegen den Willen des Arbeitgebers als Nachweis zur Bestimmung einer ersten Tätigkeitsstätte heranziehen.

III. Beruflich veranlasste Auswärtstätigkeit

1. Allgemeines

167 Eine beruflich veranlasste Auswärtstätigkeit liegt vor, wenn der Arbeitnehmer

– aus beruflichen/dienstlichen Gründen anlässlich einer **vorübergehenden Auswärtstätigkeit**

– einen **Ortswechsel**, einschließlich Hin- und Rückfahrt,

vornimmt.

Die Auswärtstätigkeit setzt demnach voraus, dass der Arbeitnehmer **vorübergehend** außerhalb seiner Wohnung und nicht an seiner ersten Tätigkeitsstätte (→ Rz. 147 ff.) beruflich tätig wird. Eine Tätigkeit ist **vorübergehend**, wenn der Arbeitnehmer voraussichtlich an die erste Tätigkeitsstätte zurückkehren und dort seine berufliche Tätigkeit fortsetzen wird.

Weil die einzelnen Formen der beruflichen Auswärtstätigkeiten unter dem Oberbegriff der beruflich veranlassten Auswärtstätigkeit zusammengefasst werden, liegt eine berufliche **Auswärtstätigkeit ebenfalls** vor, wenn der Arbeitnehmer

– bei seiner individuellen beruflichen Tätigkeit **typischerweise** nur an ständig **wechselnden Tätigkeitsstätten** oder

– auf einem **Fahrzeug**

tätig wird. Im Einzelfall ist es jedoch nach wie vor hilfreich, für die steuerliche Berücksichtigung der Reisekosten weiterhin zwischen einer **Einsatzwechseltätigkeit** und einer **Fahrtätigkeit** zu unterscheiden.

Üben Arbeitnehmer mit einer **Einsatzwechsel-** oder **Fahrtätigkeit** vorübergehend eine von der üblichen Tätigkeit **untypische** Auswärtstätigkeit aus, liegt regelmäßig auch insoweit eine Auswärtstätigkeit vor; z.B. ein Montagearbeiter mit Einsatzwechseltätigkeit wird von seinem Arbeitgeber zu einer mehrtägigen auswärtigen Fortbildungsveranstaltung entsandt. Anders als bei Gewerbetreibenden und Selbständigen sind die Voraussetzungen für die steuerliche Anerkennung einer Auswärtstätigkeit regelmäßig dadurch erbracht, dass der Arbeitnehmer die auswärtige Tätigkeit aufgrund des **Dienstverhältnisses** bzw. im beruflichen Interesse unternehmen muss.

Schließt ein Arbeitnehmer an eine beruflich veranlasste Auswärtstätigkeit mit Einverständnis des Arbeitgebers am auswärtigen Tätigkeitsort einen **Urlaub** an, verliert hierdurch der berufliche Teil der Reise nicht seinen **Charakter** als Auswärtstätigkeit. Dies gilt grundsätzlich für alle Aufwendungen im Zusammenhang mit der Auswärtstätigkeit; also auch für die Kosten eines Hin- und Rückfluges.

Von einer **untergeordneten** privaten Mitveranlassung der Kosten für die Hin- und Rückreise zum Ort der beruflichen Veranlassung kann regelmäßig ausgegangen werden, wenn der Reise ein eindeutiger unmittelbarer beruflicher Anlass zu Grunde liegt (s. BFH v. 21.9.2009 und BMF v. 6.7.2010[1]) sowie → Rz. 144).

Ob eine **Auswärtstätigkeit** vorliegt, richtet sich nach dem **Gesamtbild der Verhältnisse**. So fehlt z.B. das Kriterium „**vorübergehend**", wenn die auswärtige Tätigkeit vom ersten Tag an die erste Tätigkeitsstätte geworden ist, wie bei einer Versetzung in eine andere Betriebsstätte.

Beispiele zur Auswärtstätigkeit von Arbeitnehmern:

1. Abordnung für vier Jahre

Arbeitnehmer A mit der ersten Tätigkeitsstätte in einer Einzelhandelsfiliale in Köln wird für vier Jahre nach München abgeordnet, um die dortige kleinere Zweigniederlassung wirtschaftlicher zu gestalten. Danach soll er wieder nach Köln zurückkommen.

Folge: A führt während der vierjährigen Tätigkeit in München eine Auswärtstätigkeit durch. Er begründet in München keine erste Tätigkeitsstätte, da er vorübergehend und nicht länger als 48 Monate an einer anderen betrieblichen Einrichtung des Arbeitgebers tätig ist (→ Rz. 152).

2. Verlängerung einer Abordnung

Arbeitnehmer A mit der ersten Tätigkeitsstätte bei seinem Arbeitgeber, einer Softwarefirma in Düsseldorf, soll in der Zweigniederlassung des Arbeitgebers in München das PC-System auf ein neues Softwareprogramm umstellen. Hierfür wird er für drei Jahre und sechs Monate nach München abgeordnet. Auf Grund technischer Schwierigkeiten i.R. der Umstellungsarbeiten verlängert sich der Einsatz in München um neun Monate.

Folge: In derartigen Fällen ist aufzuklären, ob von Beginn an eine unbefristete und damit dauerhafte auswärtige Tätigkeit beabsichtigt war. Arbeitgeber und Arbeitnehmer haben die Möglichkeit, die Vermutung des dauerhaften Einsatzes durch geeignete Unterlagen zu widerlegen. Im Zweifelsfall tragen sie die Feststellungslast für das Vorliegen einer vorübergehenden Tätigkeit.

Hier begründet A in München trotz der Verlängerung um neun Monate keine erste Tätigkeitsstätte, da es sich um eine unvorhergesehene kurzzeitige Verlängerung handelt, die sich ggf. abermals verlängern kann (→ Rz. 161 ff.).

Bei einer längerfristigen vorübergehenden Auswärtstätigkeit an derselben Tätigkeitsstätte wird die auswärtige Tätigkeitsstätte auch nach Ablauf der für die **Verpflegungsmehraufwendungen** maßgebenden **Dreimonatsfrist** (→ Rz. 182) nicht zur ersten Tätigkeitsstätte. Die Tätigkeit bleibt eine Auswärtstätigkeit. Die **Dreimonatsfrist** gilt nur für

---

[1] BFH v. 21.9.2009, GrS 1/06, BStBl II 2010, 672, und BMF v. 6.7.2010, IV C 3 – S 2227/07/10003 :002, BStBl I 2010, 614.

2. Bildungsmaßnahmen

a) Außerhalb eines Dienstverhältnisses

168 Grundsätzlich sind die Aufwendungen eines Stpfl. für seine erstmalige Berufsausbildung oder für ein Erststudium, das zugleich eine Erstausbildung vermittelt, steuerlich nicht abziehbar (§ 4 Abs. 9, § 9 Abs. 6 und § 12 Nr. 5 EStG). Sie rechnen zu den Kosten der privaten Lebensführung. Jedoch kann ein Stpfl. seine Aufwendungen, die vor dem Abschluss der ersten Ausbildung oder seines Erststudiums liegen, bis zu 6 000 € im Kalenderjahr als Sonderausgaben ansetzen (§ 10 Abs. 1 Nr. 7 EStG). Dazu sind seine Aufwendungen zu ermitteln.

Seit 2014 ist die **Bildungseinrichtung** eines Stpfl. auch dann seine **erste Tätigkeitsstätte**, wenn er sie **außerhalb** eines **Dienstverhältnisses** zum Zwecke eines **Vollzeitstudiums** oder einer vollzeitigen Bildungsmaßnahme aufsucht. Ein Studium oder eine Bildungsmaßnahme findet insbesondere dann **außerhalb** eines Dienstverhältnisses statt, wenn

- diese nicht Gegenstand des Dienstverhältnisses sind, auch wenn sie seitens des Arbeitgebers durch Hingabe von Mitteln, wie z.B. eines Stipendiums, gefördert werden oder

- diese ohne arbeitsvertragliche Verpflichtung absolviert werden und die Beschäftigung lediglich das Studium oder die Bildungsmaßnahme ermöglicht.

Ein **Vollzeitstudium** oder eine vollzeitige Bildungsmaßnahme liegt regelmäßig vor, wenn der Stpfl. im Rahmen des Studiums oder im Rahmen der Bildungsmaßnahme für einen Beruf ausgebildet wird und

- daneben entweder keiner Erwerbstätigkeit nachgeht oder

- während der gesamten Dauer des Studiums oder der Bildungsmaßnahme eine Erwerbstätigkeit mit durchschnittlich bis zu 20 Stunden regelmäßiger wöchentlicher Arbeitszeit oder in Form eines geringfügigen Beschäftigungsverhältnisses i.S.d. §§ 8 und 8a SGB IV ausübt.

Für vertiefte Fragen zur **Abgrenzung** gegenüber einem Studium oder einer Bildungsmaßnahme **innerhalb** eines Dienstverhältnisses vgl. auch R 9.2 sowie 19.7 LStR 2015.

b) Berufliche Bildungsmaßnahme

169 Hat der Stpfl. seine **Berufsausbildung** oder sein Erststudium **abgeschlossen**, rechnen die Aufwendungen für Bildungsmaßnahmen regelmäßig zu den Werbungskosten. Gleiches gilt für ein im Anschluss an die Erstausbildung bzw. das Erststudium geleistetes Praktikum, wenn es im erkennbaren Zusammenhang mit der angestrebten Berufstätigkeit steht.

Führt hingegen ein **vollbeschäftigter** Arbeitnehmer i.R. seines Dienstverhältnisses eine längerfristige, jedoch vorübergehende **berufliche** bzw. berufsbezogene auswärtige **Bildungsmaßnahme** oder eine auswärtige betriebliche **Fortbildungsveranstaltung** durch, so wird der Veranstaltungsort im Allgemeinen – auch nach Ablauf von drei Monaten – nicht zu einer ersten Tätigkeitsstätte.

Hier bleibt es bei einer Auswärtstätigkeit. Folglich sind die **Fahrtkosten** des Arbeitnehmers zur Bildungseinrichtung nicht mit der Entfernungspauschale, sondern in **tatsächlicher Höhe** als Werbungskosten zu berücksichtigen.[1]

Von einer jeweils **neuen** Auswärtstätigkeit kann ausgegangen werden, wenn im Rahmen des Dienstverhältnisses eine **Ausbildungsstätte** wöchentlich nicht mehr als zwei Tage

---

[1] BFH v. 10.4.2008, VI R 66/05, BStBl II 2008, 825.

aufgesucht wird (z.B. Berufsschule); in diesem Fall greift die Dreimonatsfrist (Verpflegungspauschale) **nicht** ein.

Findet jedoch die betriebliche Bildungsmaßnahme bzw. Fortbildungsveranstaltung **im Betrieb** des Arbeitgebers (z.B. am arbeitsfreien Wochenende) statt, so handelt es sich bei diesen Fahrten **nicht** um Auswärtstätigkeiten, sondern um Fahrten zwischen Wohnung und erster Tätigkeitsstätte, für die die **Entfernungspauschale** anzusetzen ist.[1]

Diese Grundsätze gelten auch für den Sonderausgabenabzug der Aufwendungen für die eigene Berufsausbildung (nach § 10 Abs. 1 Nr. 7 EStG).

IV. Fahrtätigkeit

Als Fahrtätigkeit wird bei Arbeitnehmern die Tätigkeit bezeichnet, die sie auf einem **Fahrzeug** ausüben, z.B. als Berufskraftfahrer, Beifahrer, Linienbusfahrer, Straßenbahnführer, Taxifahrer, Müllfahrzeugführer, Beton- und Kiesfahrer, Lokführer und Zugbegleitpersonal. **Bus-** und **Lkw-Fahrer** haben regelmäßig keine erste Tätigkeitsstätte (→ Rz. 147 ff.). **170**

Lediglich wenn dauerhaft und typischerweise arbeitstäglich ein vom Arbeitgeber festgelegter Ort aufgesucht werden soll (→ Rz. 175), werden die Fahrten von der Wohnung zu diesem Ort bzw. **Sammelpunk**t gleich behandelt wie die Fahrten von der Wohnung zu einer ersten Tätigkeitsstätte.

Eine **Fahrtätigkeit** übt auch das **Begleitpersonal** auf dem Fahrzeug aus, z.B. ein Straßenbahnschaffner oder die Arbeitnehmer auf Abfuhr-/Müllfahrzeugen.

Bei Polizeibeamten im **Streifendienst**, Zollbeamten im Grenzaufsichtsdienst, Kraftfahrern im **Zustelldienst**, Verkaufsfahrern, Kundendienstmonteuren und Fahrlehrern sowie bei Binnenschiffern und Seeleuten, die auf dem Schiff eine Unterkunft haben, ist regelmäßig **keine** Fahrtätigkeit anzunehmen. Sie üben eine Einsatzwechseltätigkeit (→ Rz. 171) aus oder aber eine „übliche" Auswärtstätigkeit, wenn sie außerhalb ihrer ersten Tätigkeitsstätte (→ Rz. 147 ff.) tätig werden (z.B. im Streifendienst).

Angestellte **Fahrlehrer**, die z.B. in dem Gebäude der Fahrschule auch theoretischen Unterricht erteilen, werden regelmäßig dort/in der Fahrschule ihre erste Tätigkeitsstätte (→ Rz. 147 ff.) haben mit der Folge, dass der praktische Fahrunterricht im Kfz als Auswärtstätigkeit zu werten ist.

Übt dagegen ein Arbeitnehmer mit einer Fahrtätigkeit vorübergehend eine für ihn untypische Tätigkeit aus (z.B. Teilnahme an einer beruflichen Fortbildungsveranstaltung), so führt er während dieser Zeit eine Auswärtstätigkeit durch.

V. Einsatzwechseltätigkeit

Werden Arbeitnehmer bei ihrer individuellen beruflichen Tätigkeit typischerweise **nur an ständig wechselnden Tätigkeitsstellen eingesetzt**, z.B. Bau- und Montagearbeiter oder **Kundendienstmonteure**, liegt eine Einsatzwechseltätigkeit vor. **171**

Nur dann, wenn dauerhaft und typischerweise arbeitstäglich ein vom Arbeitgeber festgelegter Ort aufgesucht werden soll, werden die Fahrten von der Wohnung zu diesem **Ort/Sammelpunkt** ebenso behandelt wie die Fahrten von der Wohnung zu einer ersten Tätigkeitsstätte.

Zu beachten ist, dass seit 2014 betriebliche **Einrichtungen** von **Kunden** des Arbeitgebers eine erste Tätigkeitsstätte der dort beschäftigten **Leiharbeitnehmer** sein können (→ Rz. 148).

---

1) BFH v. 26.2.2003, VI R 30/02, BStBl II 2003, 495.

B. Arbeitnehmer — Dritter Teil: Inlandsreisen

> **Beispiele: Typische Arbeitsverhältnisse mit ständig wechselnden Tätigkeitsstätten**
>
> – Ein bei einer **Zeitarbeitsfirma** beschäftigter Hochbauingenieur wird in regelmäßigem Wechsel verschiedenen Entleiherfirmen überlassen und auf deren Baustellen eingesetzt. Den Betrieb seines Arbeitgebers (Verleiher) sucht er nur hin und wieder auf, ohne dort eine erste Tätigkeitsstätte zu begründen (keine Zuordnung zu einem der bzw. den verschiedenen Projekten).
>
> – **Seeleute**, die auf einem Schiff tätig werden sollen, haben in der Regel keine erste Tätigkeitsstätte, weil das Schiff **keine ortsfeste** betriebliche Einrichtung des Arbeitgebers ist. Soll der Dienstantritt, die Ein- und Ausschiffung aber typischerweise arbeitstäglich von demselben Anleger (wie z.B. einem Fähranleger, Liegeplatz des Seenotrettungskreuzers, Anleger des Fahrgastschiffs) erfolgen (Prognose), werden die Fahrten zu diesem Ort/Sammelpunkt ebenso behandelt wie die Fahrten von der Wohnung zu einer ersten Tätigkeitsstätte.
>
> – Angestellte **Lotsen** haben üblicherweise keine erste Tätigkeitsstätte, wenn sie ihre Tätigkeit typischerweise auf verschiedenen Schiffen ausüben sollen. Fahrten von der Wohnung zu einer vom Arbeitgeber **festgelegten** Lotsenstation oder Lotsenwechselstation, um von dort zum Einsatz auf ein Schiff verbracht zu werden, werden ebenso behandelt wie die Fahrten von der Wohnung zu einer ersten Tätigkeitsstätte.

Soll ein Arbeitnehmer **in mehreren ortsfesten** Einrichtungen seines Arbeitgebers, eines verbundenen Unternehmens oder eines Dritten, die innerhalb eines bestimmten Bezirks gelegen sind, beruflich **tätig** werden, wird er **nicht** in einem weiträumigen Tätigkeitsgebiet, sondern **an verschiedenen**, ggf. sogar **ständig** wechselnden Tätigkeitsstätten tätig.

Für die Anerkennung einer Einsatzwechseltätigkeit ist die Anzahl der während eines Kalenderjahrs erreichten Tätigkeitsstätten ohne Bedeutung. Allerdings ist der Einsatz an verschiedenen Stellen innerhalb eines **weiträumigen Arbeitsgebiets** (→ Rz. 176) keine Einsatzwechseltätigkeit sondern eine übliche Auswärtstätigkeit.

Ein **Feuerwehrmann**, der während der Dienstzeit grundsätzlich in der Feuerwache anwesend sein muss, um dort Arbeiten zu verrichten, und auch dorthin nach dem Einsatz zurückkehrt (erste Tätigkeitsstätte), übt weder eine Einsatzwechseltätigkeit noch eine Fahrtätigkeit aus (→ Rz. 170).

Übt ein Arbeitnehmer mit einer Einsatzwechseltätigkeit vorübergehend eine für ihn untypische Tätigkeit aus (z.B. Teilnahme an einer beruflichen Fortbildungsveranstaltung), so führt er auch während dieser Zeit eine Auswärtstätigkeit durch.

VI. Aufwendungsarten bei Auswärtstätigkeit

1. Fahrtkosten

a) Fahrtkosten bei üblicher Auswärtstätigkeit

172 Wollen Arbeitnehmer Fahrtkosten anlässlich einer beruflich veranlassten **Auswärtstätigkeit** als **Werbungskosten** ansetzen oder möchte der **Arbeitgeber** die entstandenen Fahrtkosten **steuerfrei** ersetzen, gelten für deren Ermittlung grundsätzlich dieselben Regelungen wie für Gewerbetreibende und selbständig Tätige. D.h., bei Benutzung öffentlicher Verkehrsmittel ist dem Arbeitnehmer die Wahl des Beförderungsmittels und der Wagen-/Flugzeugklasse grundsätzlich freigestellt.

Sind die Fahrten zwischen Wohnung oder erster Tätigkeitsstätte und der Einsatz-/Arbeitsstelle oder der Ausbildungs- oder Weiterbildungsstätte mit

– öffentlichen Verkehrsmitteln,
– eigenem Kfz oder Kraftrad

einer **Auswärtstätigkeit** zuzurechnen, werden i.d.R. ohne besonderen Nachweis die

– **tatsächlichen** Kosten oder
– **pauschalen** Kilometersätze

als Reisekosten anerkannt (nicht für Fahrten mit dem Fahrrad). Seit 2014 ist gesetzlich geregelt, dass als pauschale Kilometersätze die jeweils höchste Wegstreckenentschädigung nach dem Bundesreisekostengesetz angesetzt werden können.

Alternativ kann der Arbeitnehmer die entstandenen **tatsächlichen Kosten** ansetzen (als Werbungskosten oder für steuerfreien Ersatz), z.B. bei Einsatz des eigenen Kfz. Ein Ansatz der tatsächlichen Kosten setzt grundsätzlich den Einzelnachweis der entstandenen Kosten voraus.

Aufwendungen für **Zwischenheimfahrten** aus Anlass einer Auswärtstätigkeit sind ebenso in tatsächlicher Höhe ansetzbar. Auf die Motive für die Zwischenheimfahrten[1] und auf die Dauer der Auswärtstätigkeit kommt es nicht an.

Grundsätzlich steht es im Ermessen des Arbeitnehmers, ob er die Verwendung des Kfz dienstlich für erforderlich hält. Die dienstliche Notwendigkeit wird i.d.R. bei Arbeitnehmern zutreffen, die beruflich viel unterwegs sind und schnell einsatzfähig sein müssen, z.B. bei Reisevertretern mit großem Kundenkreis, bei Journalisten, bei Generalagenten, die Unteragenten zu überwachen haben, auch bei körperbehinderten Personen usw.

Beim **Einzelnachweis** können als tatsächliche Kosten z.B. die Anschaffungskosten für das Kfz und die sog. fixen Kosten (Versicherungsprämien, Garagenmiete, Reparaturen, Inspektionen, Benzinkosten usw.) angesetzt werden.

Jedoch sind die Anschaffungskosten des Fahrzeugs auf die Jahre der voraussichtlichen Nutzungsdauer gleichmäßig zu verteilen. Bei Kraftfahrzeugen und Kombifahrzeugen ist den Absetzungen für Abnutzung grundsätzlich eine Nutzungsdauer von **sechs Jahren** zu Grunde zu legen. Eine kürzere Nutzungsdauer kann allerdings bei einer **hohen Fahrleistung** anerkannt werden. Bei Kraftfahrzeugen, die im Zeitpunkt der Anschaffung **nicht neu** gewesen sind, ist die entsprechende **Restnutzungsdauer** unter Berücksichtigung des Alters, der Beschaffenheit und des voraussichtlichen Einsatzes des Fahrzeugs zu **schätzen**.

Statt der tatsächlichen Aufwendungen für ein Kfz können steuerlich ohne **Einzelnachweis** zeitlich unbegrenzt für jeden **gefahrenen Kilometer** folgende pauschale Kilometersätze angesetzt werden:

– Benutzung eines Kraftwagens (z.B. Pkw)　　　　　　　　　　　　　　　0,30 €
– für jedes andere motorbetriebene Fahrzeug (z.B. Motorrad, Motorroller sowie Moped/Mofa)　　　　　　　　　　　　　　　　　　　　　　　　0,20 €

Maßgebend ist jeweils die höchste Wegstreckenentschädigung nach dem BRKG für das jeweils benutzte Beförderungsmittel.

Ein pauschaler Kilometersatz für das **Fahrrad** ist danach nicht zulässig. Wird es für eine Auswärtstätigkeit eingesetzt, sind die tatsächlichen Kosten anzusetzen. Ebenso sind seit 2014 die Erhöhungsbeträge für mitgenommene Personen (0,02 und 0,01 €/km) weggefallen. Die Mitnahme – auch von schwerem – Gepäck führt nicht zu einer Erhöhung der pauschalen Kilometersätze.

Auf die beiden zuvor genannten Kilometersätze besteht seit 2014 ein Rechtsanspruch. Folglich ist eine Prüfung des Finanzamts, ob diese Sätze zu einer offensichtlich **unzutreffenden** Besteuerung führen würden, nicht mehr zulässig.[2]

b) Fahrtkosten bei Einsatzwechseltätigkeit

Bei einer Einsatzwechseltätigkeit können für Wege **zwischen Wohnung und Einsatzstelle** sowie für die Wege **zwischen mehreren Einsatzstellen** die tatsächlichen **Fahrtkosten** als Reisekosten angesetzt werden. Dies sind bei Benutzung **öffentlicher Verkehrs**

---
1) BFH v. 15.11.1991, VI R 144/89, BStBl II 1992, 266.
2) BFH v. 4.4.2006, VI R 44/03, BStBl II 2006, 567 zum Ansatz von Verpflegungspauschalen.

mittel der entrichtete Fahrpreis einschließlich etwaiger Zuschläge. Nutzt der Arbeitnehmer sein privates Fahrzeug, sind die anteiligen tatsächlichen Gesamtkosten des Fahrzeugs oder die pauschalen Kilometersätze ansatzfähig (→ Rz. 172).

Ist der Arbeitnehmer ausnahmsweise einer ersten Tätigkeitsstätte zugeordnet, gelten die vorgenannten Grundsätze für die Fahrten ab der ersten Tätigkeitsstätte, wenn die Auswärtstätigkeit dort angetreten wird.

Soll sich der Arbeitnehmer nach dienst- oder arbeitsrechtlicher Festlegung dauerhaft typischerweise und arbeitstäglich an einem **festgelegten** Ort/**Sammelpunkt** einfinden, um **von dort** seine unterschiedlichen eigentlichen Einsatzorte aufzusuchen, → Rz. 175.

Für Strecken mit einer vom Arbeitgeber zur Verfügung gestellten **Sammelbeförderung** ist ein Ansatz von Fahrtkosten **nicht** zulässig. Dabei spielt es keine Rolle, ob sie als Reisekosten oder mit der Entfernungspauschale angesetzt werden sollen.[1] Leistet der Arbeitnehmer für solche Fahrten hingegen einen **Fahrtkostenzuschuss**, ist dieser als allgemeine **Werbungskosten** ansetzbar (→ Rz. 259).

> **Hinweis zu Einsatzwechseltätigkeiten mit längerfristigem auswärtigem Einsatz:**
>
> Eine Einsatzwechseltätigkeit mit einem längerfristigen auswärtigen Einsatz **geht nach drei Monaten nicht in eine doppelte Haushaltsführung über**. Die entstehenden Aufwendungen sind auch danach nach den Grundsätzen einer Auswärtstätigkeit zu ermitteln.
>
> Dies bedeutet, dass ab dem vierten Monat am selben Einsatzort zwar keine Verpflegungspauschalen mehr angesetzt werden können, die Fahrtkosten für Heimfahrten und die Fahrten am auswärtigen Tätigkeitsort jedoch weiterhin wie bei einer Auswärtstätigkeit angesetzt werden können, und auch ein steuerfreier Arbeitgeberersatz möglich ist.

c) Fahrtkosten bei Fahrtätigkeit

174 Arbeitnehmer mit einer **Fahrtätigkeit** haben regelmäßig keine erste Tätigkeitsstätte. Lediglich, wenn **dauerhaft** und **typischerweise arbeitstäglich** ein vom Arbeitgeber festgelegter Ort (z.B. Fahrzeugdepot) aufgesucht werden soll, werden die Fahrten von der Wohnung zu diesem Ort/Sammelpunkt gleich behandelt wie die Fahrten von der Wohnung zu einer ersten Tätigkeitsstätte (→ Rz. 175).

Wechselt hingegen der Einsatzort ständig, sind für die Fahrten dorthin die tatsächlichen Aufwendungen des Arbeitnehmers anzusetzen (→ Rz. 172).

Zur steuerlichen Berücksichtigung der Kosten für die Erlangung des Führerscheins → Rz. 215.

d) Fahrtkosten bei Sammelpunkt

175 Mitunter bestimmt der Arbeitgeber durch dienst- oder arbeitsrechtliche Festlegung, dass der Arbeitnehmer sich **dauerhaft typischerweise und arbeitstäglich** an einem **festgelegten Ort** (Sammelpunkt, § 9 Abs. 1 Satz 3 Nr. 4a Satz 3 EStG) einfinden soll, um

– von dort seine unterschiedlichen eigentlichen **Einsatzorte** aufzusuchen oder

– von dort seine berufliche **Tätigkeit** aufzunehmen (eine erste Tätigkeitsstätte liegt nicht vor).

In Betracht kommen z.B. **Treffpunkte** für einen betrieblichen Sammeltransport, ein **Busdepot** oder ein **Fährhafen**. Regelmäßig erfüllen diese Orte nicht die Kriterien für eine erste Tätigkeitsstätte (→ Rz. 147 ff.).

Um diese Arbeitnehmer steuerlich nicht besser zu stellen, werden die Fahrten des Arbeitnehmers von der Wohnung zu diesem vom Arbeitgeber festgelegten Ort wie **Fahrten** zu

---

[1] BFH v. 11.5.2005, VI R 25/04, BStBl II 2005, 791.

einer **ersten Tätigkeitsstätte** behandelt. Folglich dürfen die Fahrtkosten für diese Fahrten nur im Rahmen der **Entfernungspauschale** angesetzt werden (§ 9 Abs. 1 Satz 3 Nr. 4 und Abs. 2 EStG), nicht nach Reisekostengrundsätzen.

Anzumerken ist, dass sich das geforderte „typischerweise arbeitstäglich Aufsuchen" nach den **Arbeitsbedingungen** des Arbeitnehmers richtet. Arbeitet der Arbeitnehmer nur an 3 Wochentagen, ist diese Anzahl entscheidend; hier sind pro Woche nicht etwa die üblichen 5 Arbeitstage anzusetzen.

Für die Bestimmung des **Sammelpunkts** wird mitunter gefragt, wie die Voraussetzung des „typischerweise arbeitstäglichen" Aufsuchens eines Sammelpunkts für bestimmte Berufsgruppen auszulegen ist. Dies betrifft insbesondere solche Berufe, die nicht an den üblichen 5 oder 6 Tagen in der Woche den Sammel- bzw. Treffpunkt aufsuchen (z.B. Piloten und Flugbegleiter). Hat in solchen Fällen der Arbeitgeber keine Zuordnung zu einer ortsfesten betrieblichen Einrichtung festgelegt, ist **entscheidend**, ob der Arbeitnehmer täglich zu seiner Wohnung oder z.B. zum Heimatflughafen zurückkehrt. Beginnt der Flug am Heimatflughafen und endet er an einem anderen Ort und kehrt der Arbeitnehmer erst an einem der nächsten Tage zurück, wird der Treffpunkt bzw. Heimatflughafen **nicht** arbeitstäglich aufgesucht. Folglich sind die Fahrten zwischen Wohnung und Treffpunkt/Heimatflughafen nach Reisekostengrundsätzen (Auswärtstätigkeit → Rz. 172) zu beurteilen. Diese Grundsätze sind nicht anzuwenden, wenn die sog. quantitativen Voraussetzungen (→ Rz. 158) erfüllt sind.

Beispiele: Bestimmung Tätigkeitsstätte/Sammelpunkt

1. Für bestimmte Berufsgruppen

- **Kundendienstmonteure** haben in der Regel keine erste Tätigkeitsstätte. Nur dann, wenn dauerhaft und typischerweise arbeitstäglich ein vom Arbeitgeber festgelegter Ort aufgesucht werden soll, werden die Fahrten von der Wohnung zu diesem Ort/Sammelpunkt ebenso behandelt wie die Fahrten von der Wohnung zu einer ersten Tätigkeitsstätte.

- **Bus- und Lkw-Fahrer:** Der Arbeitgeber legt üblicherweise fest, dass seine Bus- und Lkw-Fahrer vor Fahrtantritt regelmäßig (dauerhaft und typischerweise arbeitstäglich) die Fahrzeughalle aufsuchen sollen. Dort übernehmen sie die Fahrzeuge oder werden zum Einsatzort transportiert. Solche Arbeitnehmer haben (regelmäßig) keine erste Tätigkeitsstätte. Allerdings werden die Fahrten von der Wohnung zu diesem Ort/Sammelpunkt ebenso behandelt wie die Fahrten von der Wohnung zu einer ersten Tätigkeitsstätte (Ansatz der Entfernungspauschale).[1]

- **Piloten, Flugbegleiter:** Im Arbeitsvertrag des Piloten/Flugbegleiters wird festgelegt, dass er auf einem bestimmten Flughafen beschäftigt wird bzw. er der dort stationierten Flotte zugeordnet ist. Der Arbeitgeber hat jedoch das Recht, den Arbeitnehmer jederzeit in einer anderen Flotte, an einem anderen Ort sowie vorübergehend in einem anderen Unternehmen zu beschäftigen. Sowohl eine Zuordnung durch den Arbeitgeber als auch eine dauerhafte Tätigkeit sind gegeben, so dass eine erste Tätigkeitsstätte vorliegt. Die Fahrten zu dieser Tätigkeitsstätte sind Fahrten von der Wohnung zur ersten Tätigkeitsstätte.

- **Seeleute**: Sie haben, wenn sie auf einem Schiff tätig werden sollen, ebenfalls in der Regel keine erste Tätigkeitsstätte, da das Schiff keine ortsfeste betriebliche Einrichtung des Arbeitgebers ist. Soll der Dienstantritt, die Ein- und Ausschiffung aber typischerweise arbeitstäglich von demselben Anleger (wie z.B. einem Fähranleger, Liegeplatz des Seenotrettungskreuzers, Anleger des Fahrgastschiffes) erfolgen, werden die Fahrten zu diesem Ort/Sammelpunkt ebenso behandelt wie die Fahrten von der Wohnung zu einer ersten Tätigkeitsstätte.

2. Entsprechend der Festlegung durch den Arbeitgeber

- Der Arbeitgeber legt fest, dass sich bestimmte Arbeitnehmer dauerhaft typischerweise arbeitstäglich an der Wohnung eines bestimmten Arbeitnehmers treffen sollen, um von dort aus gemeinsam mit dem Firmenwagen zu dem oder ggf. auch unterschiedlichen Einsatzorten ihrer beruflichen Tätigkeit zu fahren.

  In diesem Fall liegt ein Sammelpunkt vor. Die Fahrten zur Wohnung des Arbeitnehmers werden so behandelt wie die Fahrten von der Wohnung zu einer ersten Tätigkeitsstätte.

---

1) S.a. FG Nürnberg v. 13.5.2016, 4 K 1536/15, EFG 2016, 1240.

> – Die Arbeitnehmer sind verpflichtet, gemeinsam mit dem Firmenwagen zu ihren (ggf. unterschiedlichen) Einsatzorten zu fahren. Den genauen Treffpunkt für die Abfahrt (z.B. die Wohnung eines bestimmten Arbeitnehmers) hat der Arbeitgeber nicht festgelegt.
>
> In diesem Fall liegt kein Sammelpunkt vor, so dass die Fahrten zwischen der eigenen Wohnung und der des selbst bestimmten Arbeitskollegen oder eines anderen Treffpunkts nach Reisekostengrundsätzen (Auswärtstätigkeit → Rz. 172) zu beurteilen ist.

Auf die Berücksichtigung von **Verpflegungspauschalen** oder **Übernachtungskosten** als Werbungskosten oder als steuerfreier Arbeitgeberersatz hat die Festlegung eines Sammelpunkts **keinen** Einfluss. Diese Arbeitnehmer werden weiterhin außerhalb einer ersten Tätigkeitsstätte und somit auswärts beruflich tätig. Es wird **keine** erste Tätigkeitsstätte fingiert, sondern nur die Anwendung der **Entfernungspauschale** für die Fahrtkosten von der Wohnung zu diesem Ort festgelegt. Hierdurch wird ein steuerfreier Arbeitgeberersatz für diese Fahrten ausgeschlossen. Bei einer Dienstwagengestellung durch den Arbeitgeber hat der Arbeitnehmer den geldwerten Vorteil nach § 8 Abs. 2 Satz 3 und 4 EStG zu versteuern (z.B. nach der 0,03 %-Methode).

Treffen sich hingegen mehrere Arbeitnehmer aus **privaten Gründen** typischerweise arbeitstäglich an einem bestimmten Ort, um von dort aus gemeinsam zu ihren Tätigkeitsstätten zu fahren, z.B. eine privat organisierte Fahrgemeinschaft, liegt kein steuerlicher „Sammelpunkt" vor. Es fehlt insoweit an einer dienst- oder arbeitsrechtlichen Festlegung des Arbeitgebers.

e) Fahrtkosten bei weiträumigem Tätigkeitsgebiet

176 Soll der Arbeitnehmer auf Grund der Weisungen des Arbeitgebers seine berufliche Tätigkeit **typischerweise arbeitstäglich** in einem weiträumigen Tätigkeitsgebiet ausüben, ist für die Fahrten von der Wohnung zu diesem Tätigkeitsgebiet ebenfalls die Entfernungspauschale anzusetzen.

Ein **weiträumiges Tätigkeitsgebiet** liegt in Abgrenzung zur ersten Tätigkeitsstätte vor, wenn die vertraglich vereinbarte Arbeitsleistung auf einer festgelegten **Fläche** und nicht innerhalb einer ortsfesten betrieblichen Einrichtung des Arbeitgebers, eines verbundenen Unternehmens (§ 15 AktG) oder bei einem vom Arbeitgeber bestimmten Dritten ausgeübt werden soll. In solch einem weiträumigen Tätigkeitsgebiet werden in der Regel z.B. Zusteller, Hafenarbeiter und Forstarbeiter tätig. Zur Frage, wie das Gebiet des Hamburger Hafens steuerlich zu beurteilen ist, vgl. das Urteil des FG Hamburg vom 30.8.2016[1] sowie das anhängige Revisionsverfahren beim BFH[2].

Hingegen sind z.B. Bezirksleiter und Vertriebsmitarbeiter, die verschiedene Niederlassungen betreuen oder mobile Pflegekräfte, die mehrere Personen in deren Wohnungen in einem festgelegten Gebiet betreuen, sowie Schornsteinfeger von dieser Regelung nicht betroffen.

Wird das weiträumige Tätigkeitsgebiet immer von **verschiedenen** Zugängen aus betreten oder befahren, ist die Entfernungspauschale für diese Fahrten nur für die **kürzeste** Entfernung von der Wohnung zum nächstgelegenen Zugang anzuwenden.

Für sämtliche Fahrten **innerhalb** des weiträumigen Tätigkeitsgebiets sowie für die zusätzlichen Kilometer bei den Fahrten von der Wohnung zu einem weiter **entfernten** Zugang können die tatsächlichen Aufwendungen oder der sich am BRKG orientierende maßgebliche pauschale Kilometersatz angesetzt werden.

> **Beispiel: Ansatz Entfernungspauschale**
>
> Der Forstarbeiter A fährt an 150 Tagen mit dem Pkw von seiner Wohnung zu dem 15 km entfernten, nächstgelegenen Zugang des von ihm täglich zu betreuenden Waldgebietes (weiträumiges Tätig-

---

1) FG Hamburg v. 30.8.2016, 2 K 218/15, www.stotax-first.de.
2) Az. des BFH: VI R 36/16.

Dritter Teil: Inlandsreisen B. Arbeitnehmer

> keitsgebiet). An 70 Tagen fährt A von seiner Wohnung über einen weiter entfernt gelegenen Zugang (20 km) in das Waldgebiet.
>
> **Folge:** Die Fahrten von der Wohnung **zu** dem nächstgelegenen Zugang des weiträumigen Tätigkeitsgebiets werden behandelt wie die Fahrten von der Wohnung zu einer ersten Tätigkeitsstätte. A kann somit für diese Fahrten lediglich die Entfernungspauschale i.H.v. 0,30 € je Entfernungskilometer (= 15 km x 0,30 €) als Werbungskosten ansetzen.
>
> Die Fahrten **innerhalb** des Waldgebiets können mit den tatsächlichen Kfz-Kosten oder mit dem pauschalen Kilometersatz i.H.v. 0,30 € je tatsächlich gefahrenem Kilometer berücksichtigt werden.
>
> Bei den Fahrten zu dem **weiter entfernt** gelegenen Zugang wird ebenfalls für 15 km die Entfernungspauschale berücksichtigt (15 km x 0,30 €). Für die jeweils zusätzlichen 5 km für den tatsächlich längeren Hin- und Rückweg werden – ebenso wie die Fahrten innerhalb des weiträumigen Tätigkeitsgebietes – die tatsächlichen Kfz-Kosten oder der pauschale Kilometersatz i.H.v. 0,30 € je gefahrenem Kilometer angesetzt.
>
> Folglich sind für 220 Tage jeweils 15 km mit der Entfernungspauschale und für 70 Tage die restlichen tatsächlich gefahrenen Kilometer mit den tatsächlichen Kosten oder aus Vereinfachungsgründen mit dem pauschalen Kilometersatz i.H.v. 0,30 € anzusetzen.

Auf die Berücksichtigung von **Verpflegungspauschalen** oder **Übernachtungskosten** als Werbungskosten sowie den steuerfreien Arbeitgeberersatz hat diese Festlegung „tätig werden in einem weiträumigen Tätigkeitsgebiet" keinen Einfluss, weil der Arbeitnehmer außerhalb einer ersten Tätigkeitsstätte – und damit auswärts – beruflich tätig wird.

Es wird lediglich die **Anwendung der Entfernungspauschale** für die Fahrtkosten von der Wohnung zum nächstgelegenen Zugang zu dem weiträumigen Tätigkeitsgebiet sowie die Besteuerung eines geldwerten Vorteils bei Dienstwagengestellung durch den Arbeitgeber festgelegt und ein steuerfreier Arbeitgeberersatz für diese Fahrten ausgeschlossen.

Soll der Arbeitnehmer in **mehreren ortsfesten Einrichtungen** seines Arbeitgebers, eines verbundenen Unternehmens oder eines Dritten, die innerhalb eines bestimmten Bezirks gelegen sind, beruflich tätig werden, wird er nicht in einem weiträumigen Tätigkeitsgebiet, sondern an verschiedenen, ggf. sogar an ständig wechselnden, Tätigkeitsstätten beschäftigt.

2. Mehraufwendungen für Verpflegung bei Auswärtstätigkeit

Für die Berücksichtigung von Mehraufwendungen für Verpflegung anlässlich beruflich veranlasster Auswärtstätigkeiten gelten grundsätzlich dieselben Regelungen wie für Gewerbetreibende und selbständig Tätige. Ein Ansatz tatsächlicher Verpflegungsmehraufwendungen ist nicht möglich. Stattdessen können gesetzlich festgelegte Verpflegungspauschalen angesetzt werden. **177**

a) Verpflegungspauschalen Inland

Für den Ansatz von steuerfreien Verpflegungspauschalen ist zwischen ein- und mehrtägigen Auswärtstätigkeiten zu unterscheiden. Für das Inland kommen **zwei** Verpflegungspauschalen i.H.v. 12 € oder 24 € in Betracht. **178**

aa) Eintägige Abwesenheit

Für eintägige Auswärtstätigkeiten ohne Übernachtung kommt ab einer Abwesenheit von **mehr als 8 Stunden** von der Wohnung und der ersten Tätigkeitsstätte eine Verpflegungspauschale von **12 €** zum Ansatz (→ Rz. 1). **179**

> **Beispiel: Berechnung Abwesenheit**
>
> Ein angestellter Vertriebsleiter A verlässt um 8.00 Uhr seine Wohnung in B und besucht zuerst bis 12.00 Uhr einen Kunden (Auswärtstätigkeit). Von 12.30 Uhr bis 14.30 Uhr ist er in seinem Büro in B

> (erste Tätigkeitsstätte) tätig. Anschließend fährt er von dort zu einer Tagung in C und kehrt um 19.00 Uhr noch einmal für eine Stunde in sein Büro zurück.
>
> **Folge:** Für die Berechnung der Abwesenheit zählen die Zeiten vom Verlassen der Wohnung bis zur Ankunft an der ersten Tätigkeitsstätte (Büro) mittags sowie vom Verlassen der ersten Tätigkeitsstätte (Büro) bis zur Rückkehr dorthin.
>
> A war zweimal beruflich auswärts tätig und dabei insgesamt mehr als 8 Stunden von seiner Wohnung und seiner ersten Tätigkeitsstätte abwesend. Er erfüllt daher die Voraussetzungen der Verpflegungspauschale für eine eintägige Auswärtstätigkeit i.H.v. 12 €.

Diese Abwesenheitsdauer von mehr als 8 Stunden gilt auch für die sog. **Nachtfahrerregelung** (→ Rz. 187), wenn eine eintägige auswärtige berufliche Tätigkeit ohne Übernachtung über die Mitternachtsgrenze hinaus ausgeübt wird.

Die **Abgrenzung** zwischen einer eintägigen oder zweitägigen Auswärtstätigkeit ist mitunter dann schwierig, wenn der Arbeitnehmer über Nacht zur Auswärtstätigkeit am nächsten Tag anreist und an diesem Tag zurückreist. Wird die Mindestabwesenheitsdauer von über 8 Stunden nicht erreicht, ist die Entscheidung maßgebend, ob der Arbeitnehmer übernachtet hat oder nicht (Folge: es liegt ein Anreise- und Abreisetag vor). Hierfür gilt der Grundsatz, dass je ein Anreisetag und ein Abreisetag **vorliegen**,

- wenn ein Arbeitnehmer am 1. Tag abends über Nacht anreist und im Zug, einem anderen Beförderungsmittel oder auf dem Bahnhof/Flughafen schläft,
- er am 2. Tag seine Auswärtstätigkeit erledigt und er danach zurückreist und auch zu Hause/an der ersten Tätigkeitsstätte ankommt.

Folglich ist der Ansatz einer Verpflegungspauschale von 12 € pro Tag möglich, unabhängig von der tatsächlichen Abwesenheit.

> **Beispiel: Berechnung der Abwesenheit bei Anreise über Nacht**
>
> Der Arbeitnehmer A verlässt am Sonntag um 22.00 Uhr seine Wohnung in B, um zu einer beruflichen Auswärtstätigkeit (Tagung) nach M zu reisen. A kommt in der Tagungsstätte in M um 7.00 Uhr an. Dort trifft er noch ein paar Vorbereitungen, bis das Dienstgeschäft um 8.00 Uhr beginnt. Die Tagung endet gegen 13.00 Uhr, um 18.00 Uhr erreicht A seine Wohnung in B.
>
> **Folge:** In Rz. 48 des „ergänzten" BMF-Schreibens zu den Reisekostenregelungen ab 2014 v. 24.10.2014[1]) wird ausgeführt, dass eine Übernachtung in einem Fahrzeug (Bus oder Lkw) ausreichend ist. Im Beispielsfall übt der Arbeitnehmer seine berufliche Auswärtstätigkeit nicht über Nacht aus; sie beginnt um 8.00 Uhr. Folglich liegt regelmäßig eine Übernachtung vor. Vorsorglich sollte der Arbeitnehmer die Zugfahrt für einen „Erholungsschlaf" nutzen.

bb) Mehrtägige Abwesenheiten

180 Bei mehrtägigen beruflich veranlassten Auswärtstätigkeiten sind zwei Verpflegungspauschalen zu beachten (→ Rz. 1):

- für den **An- und Abreisetag** jeweils **12 €**,
- für die Kalendertage mit **24-stündiger** Abwesenheit **24 €**.

Maßgebend sind die Kalendertage, an denen der Arbeitnehmer außerhalb seiner Wohnung und ersten Tätigkeitsstätte beruflich tätig ist (auswärtige berufliche Tätigkeit). Zur Höhe der Verpflegungspauschalen, wenn der Arbeitnehmer über Nacht zur Auswärtstätigkeit am nächsten Tag anreist und an diesem Tag zurückreist → Rz. 179.

Die Pauschale von **12 €** für den **An- und Abreisetag** setzt eine mindestens zweitägige auswärtige berufliche Tätigkeit mit einer Übernachtung voraus; jedoch **keine bestimmte Abwesenheitsdauer**. Weder der Arbeitgeber noch der Arbeitnehmer brauchen eine Mindestabwesenheitsdauer nachzuweisen bzw. zu prüfen. Folglich sind **insoweit** auch keine

---

1) BMF v. 24.10.2014, IV C 5 – S 2353/14/10002, BStBl I 2014, 1412.

Aufzeichnungen im Lohnkonto erforderlich. Weiterhin ist es nicht entscheidend, ob der Arbeitnehmer die Auswärtstätigkeit von der Wohnung, der ersten oder einer anderen Tätigkeitsstätte aus angetreten hat.

Eine Rückkehr und eine weitere Anreise (Abreise zur weiteren Auswärtstätigkeit) an einem Arbeitstag (mit jeweils einer oder mehreren auswärtigen Übernachtung/en kann nicht zu einer Erhöhung der Pauschale von 12 € führen. Kehrt z.B. ein Arbeitnehmer am Mittwoch von einer mehrtägigen Auswärtstätigkeit an seine erste Tätigkeitsstätte zurück und tritt er am selben Tag eine weitere mehrtägige Auswärtstätigkeit an, kommt die Pauschale i.H.v. 12 € nur einmal zum Ansatz.

Für zwischen An- und Abreise gelegene Tage mit einer 24-stündigen Abwesenheit von der Wohnung und der ersten Tätigkeitsstätte (sog. Zwischentage) können **24 €** angesetzt werden.

Beispiel: Ermittlung Verpflegungspauschalen

Ein in B wohnender Arbeitnehmer verlässt am Montag um 17.00 Uhr seine erste Tätigkeitsstätte und reist beruflich nach M. Die Rückreise beendet er am Donnerstag um 22.00 Uhr an seiner Wohnung in B.

Folge: Als Verpflegungspauschalen sind ansetzbar:

Abreisetag		12 €
Zwischentage (Di, Mi)	2 x 24 €	48 €
Rückreisetag		12 €
Summe		**72 €**

Diese Verpflegungspauschalen darf der Arbeitgeber steuerfrei zahlen (Höchstbeträge). Alternativ kann der Arbeitnehmer sie bzw. den Unterschiedsbetrag i.R. einer Veranlagung zur Einkommensteuer als Werbungskosten geltend machen. Erhält der Arbeitnehmer steuerfreie Verpflegungspauschalen vom Arbeitgeber, ist ein Werbungskostenabzug insoweit ausgeschlossen.

Als **Wohnung** in diesem Sinn gilt

– der Hausstand, der den Mittelpunkt der Lebensinteressen des Arbeitnehmers bildet und nicht nur gelegentlich aufgesucht wird, oder

– die Zweitwohnung am Ort einer steuerlich anzuerkennenden doppelten Haushaltsführung (insbesondere zu berücksichtigen, wenn der Arbeitnehmer mehrere Wohnungen hat, § 9 Abs. 4a Satz 4 Halbs. 2 EStG).

Somit kann eine Wohnung in diesem Sinne bei **Auszubildenden** z.B. auch die elterliche Wohnung sein, wenn sich dort noch der Lebensmittelpunkt des Auszubildenden Arbeitnehmers befindet.

Beispiel: Übernachtung in Zweitwohnung

Übernachtet der Arbeitnehmer aus beruflichem Anlass z.B. im Rahmen einer Auswärtstätigkeit in seinem eigenen Ferienappartement, welches er nur gelegentlich aufsucht, handelt es sich um eine (mehrtägige) auswärtige Tätigkeit mit Übernachtung, auch dann, wenn für die Übernachtung selbst keine Kosten entstehen.

---

b) Verpflegungspauschalen Ausland

Für mehrtägige beruflich veranlasste Tätigkeiten im Ausland sind ebenfalls nur zwei Verpflegungspauschalen zu beachten. Die Auslandsreisekostensätze werden regelmäßig jahresbezogen durch BMF-Schreiben bekannt macht (→ Rz. 2, 327 ff.).

181

c) Dreimonatsfrist bei Auswärtstätigkeiten

182 Bei einer längerfristigen vorübergehenden beruflichen Tätigkeit an derselben Tätigkeitsstätte ist der Ansatz von Verpflegungsmehraufwendungen (Verpflegungspauschalen) auf die ersten **drei Monate** ab Beginn der Auswärtstätigkeit **beschränkt** (sog. Dreimonatsfrist, § 9 Abs. 4a Satz 6 und 7 EStG).

Bei der Frage, wie der **Begriff** der längerfristig vorübergehenden Auswärtstätigkeit auszulegen ist, ist davon auszugehen, dass bei der Dreimonatsfrist auf die ganz spezifische Auswärtstätigkeit abzustellen ist. Liegen der Auswärtstätigkeit an demselben Tätigkeitsort (z.B. politische Gemeinde) einzelne nacheinander folgende Anweisungen des Arbeitgebers zu Grunde, handelt es sich jeweils um **eigenständige** Auswärtstätigkeiten, so dass für die weitere Auswärtstätigkeit die Dreimonatsfrist nicht greift. So verhält es sich z.B., wenn der Arbeitgeber den Arbeitnehmer beauftragt, zunächst beim Kunden A für zwei Monate in München tätig zu sein, und dem Arbeitnehmer erst im Anschluss daran den Auftrag gibt, beim Kunden B für weitere zwei Monate in München tätig zu werden.

Erteilt der Arbeitgeber hingegen einen Sammelauftrag für eine vorübergehende Auswärtstätigkeit (z.B. wird der Arbeitnehmer vom Arbeitgeber angewiesen, am selben Ort beim Kunden A für zwei Monate und gleich anschließend beim Kunden B für [weitere] zwei Monate tätig zu werden), handelt es sich insgesamt um eine **einheitliche** Auswärtstätigkeit am selben Ort, so dass nur in den ersten drei Monaten Verpflegungsmehraufwendungen für eine steuerfreie Zahlung oder Werbungskosten in Betracht kommen.

Eine berufliche Tätigkeit an **derselben Tätigkeitsstätte** liegt **nur** vor, wenn der Arbeitnehmer an dieser **regelmäßig mindestens** an **drei Tagen in der Woche** tätig wird. Folglich **beginnt** die Dreimonatsfrist **nicht**, solange die auswärtige Tätigkeitsstätte an nicht mehr als zwei Tagen in der Woche aufgesucht wird.

Hingegen ist eine längerfristige vorübergehende Auswärtstätigkeit noch als dieselbe Auswärtstätigkeit zu beurteilen, wenn der Arbeitnehmer nach einer kurzen **Unterbrechung** die Auswärtstätigkeit mit gleichem Inhalt am gleichen Ort ausübt und ein zeitlicher Zusammenhang mit der bisherigen Tätigkeit besteht. Eine Unterbrechung der Auswärtstätigkeit von **weniger** als **vier** Wochen führt nicht zu einer Verlängerung der Dreimonatsfrist (§ 9 Abs. 4a Satz 7 EStG).

Seit 2014 ist die Berechnung der Dreimonatsfrist vereinfacht worden. Es wurde eine rein zeitliche Bemessung der Unterbrechungsregelung eingeführt. Danach führt eine **Unterbrechung** der beruflichen Tätigkeit an derselben Tätigkeitsstätte stets zu einem **Neubeginn** der Dreimonatsfrist, wenn sie mindestens **vier** Wochen dauert (§ 9 Abs. 4a Satz 7 EStG). Der Grund der Unterbrechung ist unerheblich; ausschlaggebend ist nur noch die Unterbrechungsdauer.

> **Beispiel: Ermittlung Unterbrechungsdauer**
>
> Der Arbeitnehmer A muss seine auswärtige Tätigkeit in M wegen einer Krankheit ab dem 15.12. unterbrechen. Er nimmt seine Tätigkeit in M am 20.1. des Folgejahres wieder auf.
>
> **Folge:** Die berufliche Tätigkeit des A in M wurde für mehr als vier Wochen unterbrochen. A kann somit für weitere drei Monate seiner auswärtigen Tätigkeit in M Verpflegungspauschalen als Werbungskosten geltend machen oder steuerfrei durch den Arbeitgeber ersetzt bekommen.
>
> **Abwandlung:** Die Vierwochenfrist ist z.B. auch gewahrt, wenn A die auswärtige Tätigkeitsstätte wegen eines dreiwöchigen Urlaubs und einer sich daran anschließenden einwöchigen Tätigkeit in der Firmenzentrale in B (erste Tätigkeitsstätte) nicht aufsucht.
>
> **Folge:** Nach Rückkehr zur auswärtigen Tätigkeitsstätte beginnt die Dreimonatsfrist für die steuerfreie Zahlung bzw. den Werbungskostenansatz von Verpflegungspauschalen (12 € / 24 €) erneut.

Nach **Ablauf** der Dreimonatsfrist können **keine** Verpflegungspauschalen mehr angesetzt werden.

Die **Prüfung** des **Unterbrechungszeitraums** und des **Ablaufs der Dreimonatsfrist** erfolgt stets im Nachhinein mit Blick auf die zurückliegende Zeit (sog. Ex-post-Betrachtung).

> **Beispiele: Prüfung im Nachhinein (Ex-post-Betrachtung)**
>
> **1. Fehlende Unterbrechungsdauer**
>
> Der Bauarbeiter A soll ab März arbeitstäglich an der Baustelle in P für fünf Monate tätig werden. Am 1.4. nimmt er dort seine Tätigkeit auf. Ab 20.5. wird er nicht nur in P, sondern für einen Tag wöchentlich auch an der Baustelle in S tätig, da dort ein Kollege ausgefallen ist.
>
> **Folge:** Für die Tätigkeit an der Baustelle in P beginnt die Dreimonatsfrist am 1.4. und endet am 30.6. Eine vierwöchige Unterbrechung liegt nicht vor (immer nur eintägige Unterbrechung für Tätigkeit in S). Für die Tätigkeit an der Baustelle in S greift die Dreimonatsfrist hingegen nicht, da A dort lediglich einen Tag wöchentlich tätig wird.
>
> **Abwandlung:** Wie Beispiel zuvor, allerdings wird A ab 1.4. zwei Tage wöchentlich in P und drei Tage wöchentlich in S tätig.
>
> Ab 15.4. muss er für zwei Wochen nach H. Ab 1.5. ist er dann bis auf Weiteres drei Tage wöchentlich in P und zwei Tage in S tätig.
>
> **Folge:** Für die Tätigkeit an der Baustelle in S beginnt die Dreimonatsfrist am 1.4. und endet am 30.6. Eine vierwöchige Unterbrechung liegt nicht vor (lediglich zwei Wochen und dann immer nur dreitägige Unterbrechung). Für die Tätigkeit an der Baustelle in P beginnt die Dreimonatsfrist hingegen erst am 1.5., da A dort erst ab diesem Tag an drei Tagen wöchentlich tätig wird.
>
> **2. Ablauf Dreimonatsfrist**
>
> Der Außendienstmitarbeiter A wohnt in K und hat am Betriebssitz seines Arbeitgebers in S seine erste Tätigkeitsstätte (arbeitsrechtliche Zuordnung durch den Arbeitgeber). A sucht arbeitstäglich die Filiale seines Arbeitgebers in K gegen 8.00 Uhr auf und bereitet sich dort üblicherweise für ein bis zwei Stunden auf seinen Außendienst vor. Von ca. 10.00 Uhr bis 16.30 Uhr sucht er verschiedene Kunden im Großraum K auf. Anschließend fährt er nochmals in die Filiale in K, um Nacharbeiten zu erledigen.
>
> **Folge:** Bei dem arbeitstäglichen Vor- und Nachbereiten der Außendiensttätigkeit in der Filiale in K handelt es sich um eine längerfristige berufliche Auswärtstätigkeit an derselben Tätigkeitsstätte. Folglich können für die berufliche Tätigkeit an dieser Tätigkeitsstätte nach Ablauf von drei Monaten keine Verpflegungspauschalen mehr beansprucht werden.
>
> Für die restlichen eintägigen beruflichen Auswärtstätigkeiten bei den verschiedenen Kunden im Großraum K gilt diese Frist nicht. Folglich kommt es ab dem vierten Monat für die Ermittlung der Abwesenheitszeiten der eintägigen Auswärtstätigkeit auf die Dauer der Abwesenheit von der Wohnung und der Filiale in K an. Dann ist für die Berechnung der Abwesenheitsdauer (mehr als 8 Stunden) von der Filiale und der Wohnung die Tätigkeitszeit in der Filiale in K von der Gesamtabwesenheitsdauer abzuziehen. Diese Tätigkeitszeit kann nicht mehr berücksichtigt werden.

Werden im Rahmen einer beruflichen Tätigkeit **mehrere** ortsfeste betriebliche Einrichtungen innerhalb eines **großräumigen** Werks- oder Betriebsgeländes aufgesucht, liegt eine Tätigkeit an einer Tätigkeitsstätte vor. Handelt es sich um einzelne ortsfeste betriebliche Einrichtungen **verschiedener** Auftraggeber oder Kunden, liegen mehrere Tätigkeitsstätten vor. Dies gilt auch dann, wenn sich die Tätigkeitsstätten in unmittelbarer räumlicher Nähe zueinander befinden.

Bei beruflichen Tätigkeiten auf **mobilen, nicht ortsfesten** betrieblichen Einrichtungen, wie z.B. Fahrzeugen, Flugzeugen, Schiffen, findet die Dreimonatsfrist **keine** Anwendung. Entsprechendes gilt für eine Tätigkeit in einem weiträumigen Tätigkeitsgebiet (→ Rz. 176).

Die zuvor erläuterten Regelungen zu den Verpflegungspauschalen sowie für die Dreimonatsfrist gelten auch im Rahmen einer **doppelten Haushaltsführung** (§ 9 Abs. 4a Satz 12 EStG, → Rz. 296 ff.).

Bei **auswärtigen Tätigkeitsstätten**, die sich infolge der Eigenart der Tätigkeit laufend örtlich **verändern** (z.B. bei dem Bau einer Autobahn oder der Montage von Hochspannungsleitungen), gilt die **Dreimonatsfrist nicht**. Sie gilt **ebenfalls nicht** für Arbeitnehmer, die über einen längeren Zeitraum hinweg eine Auswärtstätigkeit an täglich mehrmals wechselnden Tätigkeitsstätten innerhalb einer Gemeinde oder deren Umgebung ausüben (z.B. Reisevertreter).

> **Beispiele für wechselnde Tätigkeitsorte:**
>
> **1. Tätigkeit auf einer wandernden Tätigkeitsstätte**
>
> Bauingenieur A beaufsichtigt für ein halbes Jahr den Neubau einer Bahnstrecke, monatlich werden 5 km fertiggestellt. Entsprechend werden die mobilen betrieblichen Anlagen und Gerätschaften verlegt.
>
> **Folge:** Obwohl A länger als drei Monate auf der Baustelle tätig ist, greift hier die Dreimonatsfrist nicht, weil sich durch die Verschiebung der Bahnstrecke der Ort der Auswärtstätigkeit ständig ändert und die Dreimonatsfrist nur dann greifen soll, wenn die Auswärtstätigkeit am selben Ort der Tätigkeitsstätte ausgeübt wird (§ 9 Abs. 4a Satz 6 EStG). Anders verhält es sich bei einer Großbaustelle, wenn die Einrichtungen längerfristig fest mit dem Erdreich verbunden sind → Rz. 148.
>
> **2. Reisevertreter mit Einsatzwechseltätigkeit**
>
> Reisevertreter A ist bei einem großen Lebensmittelkonzern tätig und muss täglich Großabnehmer (Supermärkte, Großküchen, usw.) aufsuchen. Den Betriebssitz seines Arbeitgebers sucht er nur gelegentlich auf. Er hat keine erste Tätigkeitsstätte.
>
> **Folge:** Da A auch nicht hilfsweise einer ersten Tätigkeitsstätte zugeordnet werden kann, übt er eine Auswärtstätigkeit aus. Die Dreimonatsfrist ist ohne Bedeutung.

> **Hinweis zu Einsatzwechseltätigkeiten mit längerfristigem auswärtigem Einsatz:**
>
> Ein längerfristiger auswärtiger Einsatz eines Arbeitnehmers mit Einsatzwechseltätigkeit **wandelt sich nach drei Monaten nicht zu einer doppelten Haushaltsführung**. Die anfallenden Aufwendungen sind weiterhin nach Reisekostengrundsätzen zu ermitteln.
>
> Somit dürfen bei gleichbleibendem Tätigkeitsort ab dem vierten Monat zwar **keine** Verpflegungspauschalen mehr angesetzt werden, die Fahrtkosten für **Heimfahrten** und die Fahrten am **auswärtigen** Tätigkeitsort können jedoch weiterhin als **Reisekosten** angesetzt werden (→ Rz. 173).
>
> Die Unterbrechungsfrist von (mindestens) vier Wochen ist lediglich für die Frage entscheidend, ob erneut Verpflegungsmehraufwendungen in Betracht kommen.

183 Vergütet ein **Arbeitgeber** für Auswärtstätigkeiten einen **geringeren** Betrag als die steuerlich zulässigen **Verpflegungspauschalen**, so kann der Arbeitnehmer den Unterschiedsbetrag zwischen den steuerlichen Pauschbeträgen und den geringeren Ersatzleistungen ohne weiteren Einzelnachweis als Werbungskosten geltend machen. Die Frage einer unzutreffenden Besteuerung ist nicht zu prüfen, weil auf die Anwendung der Verpflegungspauschalen ein gesetzlicher Anspruch besteht.

d) Verpflegungspauschalen bei Fahrtätigkeit, Einsatzwechseltätigkeit

184 Bei einer Fahrtätigkeit oder Einsatzwechseltätigkeit (bzw. beruflich veranlassten Auswärtstätigkeit) dürfen für die Verpflegungsmehraufwendungen je Kalendertag folgende **Verpflegungspauschalen angesetzt** werden:

- bei eintägiger Auswärtstätigkeit ohne Übernachtung ab einer Abwesenheit von mehr als 8 Stunden   12 €
  und
- bei eintägiger Auswärtstätigkeit ohne Übernachtung mit einer Abwesenheit von 24 Stunden   24 €.

  Bei einer **Fahrtätigkeit** bzw. **Einsatzwechseltätigkeit** ist allein die Dauer der Abwesenheit von der **Wohnung** am jeweiligen Kalendertag maßgebend; es sei denn, der Arbeitnehmer hat ausnahmsweise eine erste Tätigkeitsstätte inne (→ Rz. 147 ff.).

  Mehrere Abwesenheiten an einem Kalendertag sind zusammenzurechnen.

- bei einer Auswärtstätigkeit
    - mit Übernachtung und einer Abwesenheit von 24 Stunden   24 €
    - für den dem Übernachtungstag vorhergehenden Anreisetag und für den nachfolgenden Abreisetag jeweils   12 €
    - für den An- und Abreisetag bei einer Übernachtung ohne einen Tag mit 24-stündiger Abwesenheit   12 €.

Als **Reise-/Abwesenheitstag** ist jeweils der einzelne Kalendertag anzusehen. Ist der Arbeitnehmer an einem Kalendertag mehrfach auswärts tätig, können die Abwesenheitszeiten dieser Tätigkeiten zusammengerechnet werden. Hierfür ist nicht Voraussetzung, dass die Abwesenheitsdauer am Kalendertag ununterbrochen bestanden hat.   **185**

Werden beispielsweise an einem Kalendertag zwei Auswärtstätigkeiten durchgeführt, deren Dauer jeweils unter 8 Stunden liegt, so käme bei isolierter Betrachtung keine Verpflegungspauschale in Betracht. Beträgt die gesamte Abwesenheit beider Auswärtstätigkeiten jedoch mehr als 8 Stunden, so kann der Pauschbetrag i.H.v. 12 € angesetzt werden.

> **Beispiel: Zusammenrechnung Abwesenheitszeiten**
>
> Arbeitnehmer A führt von seiner ersten Tätigkeitsstätte in B eine Auswärtstätigkeit nach K durch. Er tritt die Dienstreise um 9.00 Uhr an und kehrt um 14.00 Uhr zurück. Um 15.30 Uhr muss er aus dienstlichen Gründen nach R, von wo aus er unmittelbar an seinen Wohnsitz zurückkehrt. Ankunft um 21.00 Uhr.
>
> **Folge:** Beide Auswärtstätigkeiten sind zusammenzufassen, so dass bei insgesamt 10,5-stündiger Abwesenheit eine Verpflegungspauschale i.H.v. 12 € in Betracht kommt.

    186

Zur Höhe der Verpflegungspauschalen, wenn der Arbeitnehmer über Nacht zur Auswärtstätigkeit am nächsten Tag anreist und an diesem Tag zurückreist → Rz. 179.

Bei einer beruflichen Tätigkeit, die an einem Kalendertag beginnt und am **nachfolgenden** Kalendertag **beendet** wird, **ohne** dass eine Übernachtung stattgefunden hat, sind die Abwesenheitszeiten beider Tage ebenfalls zusammenzurechnen und dem Kalendertag mit der überwiegenden Abwesenheitsdauer zuzurechnen. Die beiden Abwesenheitszeiten werden regelmäßig für den Kalendertag berücksichtigt, an dem der Arbeitnehmer den überwiegenden Teil der insgesamt mehr als 8 Stunden abwesend ist. Dies kann zu dem überraschenden Ergebnis führen, dass sich dadurch ein rechnerischer Kalendertag mit mehr als 24 Stunden ergeben kann.   **187**

> **Beispiel: Zusammenrechnung der Abwesenheitszeiten**
>
> Ein Berufskraftfahrer B kehrt morgens um 8.00 Uhr von einer Fahrt in den Betrieb zurück, die er am Vortag um 20.00 Uhr begonnen hat. Um 17.00 Uhr bricht er erneut zu einer Fahrt auf, die bis zum anderen Tag um 6.00 Uhr dauert. Der Kraftfahrer B hat auswärts nicht übernachtet.
>
> **Folge:** Weil die Abwesenheitszeiten zusammengerechnet werden, beträgt die Gesamtabwesenheitsdauer beträgt insgesamt 25 Stunden.
>
> Am mittleren Tag beträgt die Abwesenheitsdauer 8 und 7 Stunden; dies ist der Tag mit der überwiegenden Abwesenheit. Da B 25 Stunden abwesend war, erhält er den Pauschbetrag für 24 Stunden von 24 €.
>
> **1. Abwandlung:**
>
> B ist von 20.00 Uhr bis 5.30 Uhr des Folgetags beruflich unterwegs. In dieser Zeit legt er regelmäßig auch eine Lenkpause von 45 Minuten ein. Seine Wohnung verlässt B um 19.30 Uhr und kehrt um 6.00 Uhr dorthin zurück. Eine erste Tätigkeitsstätte liegt nicht vor.
>
> **Folge:** B ist im Rahmen seiner beruflichen Auswärtstätigkeit (Fahrtätigkeit) über Nacht von seiner Wohnung abwesend. Bei der Lenkpause handelt es sich nicht um eine Übernachtung. Die Abwesenheitszeiten über Nacht können somit zusammengerechnet werden. Sie werden für den zweiten Kalendertag berücksichtigt, an dem B den überwiegenden Teil der Zeit abwesend ist. B erfüllt die Voraussetzungen der Verpflegungspauschale für eine eintägige Auswärtstätigkeit i.H.v. 12 €.

B. Arbeitnehmer — Dritter Teil: Inlandsreisen

2. Abwandlung:

Die berufliche Fahrtätigkeit des B verteilt sich wie folgt auf die Tage (erste bzw. zweite Tageshälfte in Stunden):

Montag		Dienstag		Mittwoch		Donnerstag		Freitag		Samstag	
5	4	5	4	5	4	4,5	5		5		4

Folge: Im Fall der Zusammenrechnung der Abwesenheitszeiten über Nacht kann B eine Verpflegungspauschale für eine eintägige Auswärtstätigkeit für folgende Tage beanspruchen: Montag, Dienstag, Mittwoch und Freitag; insgesamt 4 Tage.

Werden stattdessen die an dem jeweiligen Tag geleisteten einzelnen Abwesenheitszeiten zusammengerechnet, dann kann B für Dienstag, Mittwoch, Donnerstag und Freitag eine Verpflegungspauschale i.H.v. 12 € beanspruchen, insgesamt also 4 Tage.

3. Abwandlung:

Die berufliche Fahrtätigkeit des B verteilt sich wie folgt auf die Tage (erste bzw. zweite Tageshälfte in Stunden):

Montag		Dienstag		Mittwoch		Donnerstag		Freitag		Samstag	
5	4	5	4	5	4	4,5	4		4		5

Folge: Im Fall der Zusammenrechnung der Abwesenheitszeiten über Nacht, kann B eine Verpflegungspauschale für eine eintägige Auswärtstätigkeit für folgende Tage beanspruchen: Montag, Dienstag, Mittwoch, Donnerstag und Samstag, insgesamt also für 5 Tage.

Werden stattdessen die an dem jeweiligen Tag geleisteten einzelnen Abwesenheitszeiten zusammengerechnet, dann kann B nur für Dienstag, Mittwoch und Donnerstag eine Verpflegungspauschale i.H.v. 12 € für insgesamt 3 Tage beanspruchen.

Die **Abzugsbeschränkung** für Verpflegungsmehraufwendungen auf die ersten drei Monate der Auswärtstätigkeit (→ Rz. 182) gilt für Arbeitnehmer mit einer **Fahrtätigkeit** (z.B. Berufskraftfahrer) nicht; d.h., sie können die Pauschbeträge für Verpflegungsmehraufwendungen **zeitlich unbegrenzt** geltend machen.

Beispiel: Fahrtätigkeit

Der Arbeitnehmer B ist als Linienbusfahrer tätig (keine erste Tätigkeitsstätte). Er fährt von Januar bis Juni arbeitstäglich dieselbe Strecke.

Folge: Arbeitnehmer B führt beruflich veranlasste Auswärtstätigkeiten durch. Arbeitstäglich beginnt und endet eine „neue" Auswärtstätigkeit, so dass die Dreimonatsfrist nicht zu beachten ist. Die anzusetzenden Verpflegungspauschalen können während der Tätigkeitsdauer ohne zeitliche Befristung steuerfrei gezahlt werden.

e) Begleitperson auf Auswärtstätigkeit

188 Es gelten grundsätzlich dieselben Regelungen wie für Gewerbetreibende und selbständig Tätige (→ Rz. 55 f.).

189 Maßgebend ist auch hier, dass ein zwingender beruflicher Grund für die Mitnahme der Begleitperson vorliegt und nachgewiesen oder zumindest glaubhaft gemacht werden kann.

f) Mahlzeitengestellung auf Auswärtstätigkeit

190 Als ein wesentliches Merkmal der sog. Reisekostenreform 2014 hat die Finanzverwaltung die vereinfachte steuerliche Erfassung der vom Arbeitgeber während einer Auswärtstätigkeit gestellten Mahlzeiten (→ Rz. 202 ff.) hervorgehoben. Danach sind folgende Grundsätze zu beachten:

- Vom Arbeitgeber gestellte übliche Mahlzeiten mit einem Preis von bis zu 60 € werden typisierend mit dem Sachbezugswert (→ Rz. 203) als Arbeitslohn erfasst.
- Die mit dem Sachbezugswert bewerteten üblichen Mahlzeiten sind laut Gesetzesregelung nicht zu besteuern, wenn dem Arbeitnehmer für die auswärtige Tätigkeit dem Grunde nach eine Verpflegungspauschale zustehen würde.

Im Gegenzug zur unterlassenen Besteuerung wird für die gestellte Mahlzeit die maßgebliche Verpflegungspauschale gekürzt. Der Kürzungsbetrag beträgt für ein Frühstück 20 % der Verpflegungspauschale bei 24-stündiger Abwesenheit und für ein Mittag- und Abendessen je 40 % der Verpflegungspauschale bei 24-stündiger Abwesenheit. Für das Inland ergeben sich folgende Kürzungsbeträge: 4,80 € für ein Frühstück sowie je 9,60 € für ein Mittag- und Abendessen (Näheres unter → Rz. 202 ff.).

3. Übernachtungs-/Unterkunftskosten bei Auswärtstätigkeit

Steuerlich ist zunächst zu unterscheiden, ob die Unterkunfts-/Übernachtungskosten im Rahmen einer beruflich veranlassten **Auswärtstätigkeit** (→ Rz. 167 ff.) oder im Rahmen einer **doppelten Haushaltsführung** (→ Rz. 296 ff.) anfallen. Dabei macht es keinen Unterschied, ob beruflich/geschäftlich veranlasste Übernachtungskosten bei einer Auswärtstätigkeit als Arbeitnehmer, Gewerbetreibender oder selbständig Tätiger entstehen. Hinsichtlich der Berücksichtigungsfähigkeit von Übernachtungs-/Unterkunftskosten sind dieselben Regelungen zu beachten (→ Rz. 58 f.). **191**

Der Arbeitgeber kann die beruflich/geschäftlich veranlassten Übernachtungskosten seines Arbeitnehmers **steuerfrei** übernehmen, indem er

- unmittelbar mit dem Hotel abrechnet oder
- seinem Arbeitnehmer die von diesem verauslagten Aufwendungen ersetzt.

Ohne Einzelnachweis der Übernachtungskosten darf der Arbeitgeber bei **Auswärtstätigkeiten** für **jede Übernachtung** im Inland **pauschal** bis zu **20 €** steuerfrei erstatten (→ Rz. 226).

Übernimmt der Arbeitgeber die Übernachtungskosten nicht oder nur teilweise, sind die verbleibenden Aufwendungen als **Werbungskosten** ansatzfähig. Im Rahmen des Werbungskostenabzugs können jedoch lediglich die **tatsächlich** entstandenen Übernachtungskosten und keine Pauschalen berücksichtigt bzw. abgezogen werden.

Eine **berufliche Veranlassung** der **Auswärtstätigkeit** ist regelmäßig gegeben, wenn der Arbeitnehmer auf Weisung des Arbeitgebers so gut wie ausschließlich betrieblich bzw. dienstlich unterwegs ist. Dies ist z.B. der Fall, wenn der Arbeitnehmer einen Firmenkunden besucht. Erledigt der Arbeitnehmer im Zusammenhang mit der beruflich veranlassten Auswärtstätigkeit auch in einem mehr als geringfügigen Umfang private Angelegenheiten, sind die beruflich veranlassten von den privat veranlassten Aufwendungen zu trennen.[1] Ist das nicht – auch nicht durch Schätzung – möglich, gehören die gesamten Aufwendungen zu den nach § 12 EStG nicht abziehbaren Aufwendungen für die Lebensführung (→ Rz. 32 ff.).

Eine **doppelte Haushaltsführung** liegt vor, wenn der Arbeitnehmer außerhalb des Ortes seiner ersten Tätigkeitsstätte einen eigenen Haushalt unterhält und auch am Ort der ersten Tätigkeitsstätte wohnt (→ Rz. 296 ff.). In diesem Fall sind die Unterkunftskosten einer Wohnung am **Beschäftigungsort** nur dann ansatzfähig (steuerfrei ersetzbar/Werbungskosten), wenn der Arbeitnehmer seine bisherige (erste) Wohnung beibehält und die **weitere** Wohnung (Zweitwohnung) von ihm genutzt wird. Ist die Unterkunft am aus-

---
[1] BFH v. 21.9.2009, GrS 1/06, BStBl II 2010, 672.

wärtigen Tätigkeitsort die einzige Wohnung/Unterkunft des Arbeitnehmers, liegt kein beruflich veranlasster Mehraufwand vor.

Für beide Tätigkeitsarten gehören zu den Unterkunfts- bzw. Übernachtungskosten jeweils die **tatsächlichen** Aufwendungen für die persönliche Inanspruchnahme einer Unterkunft zur Übernachtung. Hierzu zählen zum Beispiel Kosten für die Nutzung eines Hotelzimmers, Mietaufwendungen für die Nutzung eines (ggf. möblierten) Zimmers oder einer Wohnung sowie Nebenleistungen (z.B. Kultur- und Tourismusförderabgabe, Kurtaxe/Fremdenverkehrsabgabe, bei Auslandsübernachtungen die besondere Kreditkartengebühr bei Zahlungen in Fremdwährungen).

Zu den steuerlichen Folgen, falls der Arbeitgeber dem Arbeitnehmer während einer beruflich veranlassten Auswärtstätigkeit eine „übliche" Mahlzeit zur Verfügung stellt, → Rz. 184, 202 ff.

Beispiele für Auswärtstätigkeit mit „üblicher" Mahlzeit:

1. Abrechnung nur der Übernachtungskosten

Arbeitnehmer A übernachtet während einer zweitägigen Auswärtstätigkeit im Hotel. Die Rechnung ist auf den Namen des Arbeitgebers ausgestellt. Das Hotel rechnet eine Übernachtung mit Frühstück wie folgt ab:

- Übernachtung 80 €
- Frühstück 10 €

Folge: Möchte der Arbeitgeber lediglich die ausgewiesenen Übernachtungskosten i.H.v. von 80 € übernehmen, ist dies steuerfrei möglich.

Für den An- und Abreisetag stehen dem Arbeitnehmer Verpflegungspauschalen i.H.v. insgesamt 24 € (je 12 € für den An- und Abreisetag) zu. Dieser Betrag ist ebenfalls steuerfrei zahlbar.

2. Abrechnung der Kosten für Übernachtung und Verpflegung

Arbeitnehmer A übernachtet während einer zweitägigen inländischen Auswärtstätigkeit im Hotel. Die Rechnung des Hotels ist auf den Namen des Arbeitgebers ausgestellt. Das Hotel rechnet eine Übernachtung mit Frühstück wie folgt ab:

Pauschalarrangement 70 €

Folge: Der Arbeitgeber hat folgende beiden Möglichkeiten:

a) Erstattung Übernachtungskosten

Zur Ermittlung der Übernachtungskosten kann der Gesamtpreis um 4,80 € (20 % von 24 € für die auf das Frühstück entfallenden anteiligen Kosten) gekürzt werden. Der verbleibende Betrag von 65,20 € kann vom Arbeitgeber dann als Übernachtungskosten steuerfrei erstattet werden.

Für den An- und Abreisetag stehen dem Arbeitnehmer Verpflegungspauschalen von 24 € (je 12 € für den An- und Abreisetag) zu. Die Verpflegungspauschale für den Abreisetag ist nicht zu kürzen (um 4,80 € für das Frühstück), wenn der Arbeitgeber dem Arbeitnehmer lediglich die 65,20 € als Übernachtungskosten erstattet.

Insgesamt kann der Arbeitgeber somit 89,20 € steuerfrei erstatten (65,20 € Unterkunft plus 24 € Verpflegungspauschalen).

b) Erstattung Gesamtkosten

Erstattet der Arbeitgeber dem Arbeitnehmer hingegen den Gesamtpreis von 70 € (also einschließlich Frühstück) sind die Verpflegungspauschalen auf einen Betrag von 19,20 € zu kürzen (auf Grund der Mahlzeitengestellung 24 € abzüglich 4,80 €).

Insgesamt kann der Arbeitgeber somit 89,20 € steuerfrei erstatten (70 € Unterkunft und Frühstück plus 19,20 € gekürzte Verpflegungspauschalen).

c) Fazit

Beide Berechnungen führen somit stets zum gleichen Ergebnis, gleichgültig, von welchem Betrag der pauschale Einbehalt bzw. die pauschale Kürzung erfolgt.

Abwandlung:

Die Rechnung des Hotels ist auf den **Namen** des **Arbeitnehmers** ausgestellt.

Folge: Auch in diesem Fall kann der Arbeitgeber insgesamt höchstens 89,20 € steuerfrei erstatten (65,20 € Unterkunft plus 24 € Verpflegungspauschalen).

Dritter Teil: Inlandsreisen B. Arbeitnehmer

3. Übernachtung mit Verpflegung (getrennter Ausweis)

Arbeitnehmer A übernachtet während einer zweitägigen Auswärtstätigkeit im Hotel. Die Rechnung ist auf den Namen des Arbeitgebers ausgestellt. Das Hotel rechnet eine Übernachtung mit Frühstück wie folgt ab:

- Übernachtung 60 €
- Frühstück 10 €

Folge: Die ausgewiesenen Übernachtungskosten von 60 € können vom Arbeitgeber steuerfrei erstattet werden. Für den An- und Abreisetag stehen dem Arbeitnehmer Verpflegungspauschalen von 24 € (je 12 € für den An- und Abreisetag) zu. Die Verpflegungspauschale für den Abreisetag ist nicht zu kürzen, wenn der Arbeitgeber dem Arbeitnehmer lediglich die 60 € Übernachtungskosten erstattet. Das Frühstück wird nicht gestellt.

Erstattet der Arbeitgeber hingegen auch den Betrag von 10 € für das Frühstück, ist die Verpflegungspauschale für den Abreisetag um 4,80 € auf Grund des vom Arbeitgeber zur Verfügung gestellten Frühstücks zu kürzen. Der Arbeitgeber kann dann zusätzlich einen Betrag von 19,20 € für Verpflegung steuerfrei erstatten, insgesamt also 29,20 €.

Abwandlung:

Die Rechnung des Hotels ist auf den **Namen** des **Arbeitnehmers** ausgestellt.

Folge: In diesem Fall kann der Arbeitgeber insgesamt höchstens 84 € steuerfrei erstatten (60 € Unterkunft plus 24 € Verpflegungspauschalen).

Werden keine steuerfreien Erstattungen seitens des Arbeitgebers gezahlt, ist der Betrag von 84 € als Werbungskosten berücksichtigungsfähig.

Hinweis zu der für die Anerkennung der Auswärtstätigkeit erforderlichen „anderen Wohnung":

Die Anerkennung bzw. der Ansatz von Unterkunftskosten im Rahmen einer auswärtigen beruflichen Tätigkeit erfordert, dass noch eine andere **Wohnung** besteht, an der der Arbeitnehmer seinen Lebensmittelpunkt hat, ohne dass dort jedoch ein **eigener Hausstand** vorliegen muss.

Für die Berücksichtigung von Unterkunftskosten anlässlich einer Auswärtstätigkeit wird somit – **anders** als bei der doppelten Haushaltsführung – **nicht** vorausgesetzt, dass der Arbeitnehmer eine Wohnung aus eigenem Recht oder als Mieter innehat und eine finanzielle Beteiligung an den Kosten der Lebensführung leistet. Es **genügt**, wenn der Arbeitnehmer z.B. im Haushalt der Eltern ein Zimmer bewohnt.

Ist die Unterkunft am auswärtigen Tätigkeitsort die **einzige** Wohnung/Unterkunft des Arbeitnehmers, liegt kein beruflich veranlasster Mehraufwand vor.

Fallen **höhere** Übernachtungskosten an, weil der Arbeitnehmer eine Unterkunft **gemeinsam** mit Personen nutzt, die in keinem Dienstverhältnis zum selben Arbeitgeber stehen, sind nur diejenigen Aufwendungen anzusetzen, die bei alleiniger Nutzung durch den Arbeitnehmer angefallen wären. **Nicht** abziehbar sind somit Mehrkosten, die aufgrund der Mitnutzung der Übernachtungsmöglichkeit durch eine **Begleitperson** entstehen, insbesondere wenn die Begleitung privat und nicht beruflich veranlasst ist. Bei Mitnutzung eines Mehrbettzimmers (z.B. Doppelzimmer) können die Aufwendungen angesetzt werden, die bei Inanspruchnahme eines Einzelzimmers im selben Haus (Hotel) entstanden wären (→ Rz. 226).

Beispiel: Gemeinsame Nutzung der Unterkunft

Ein Arbeitnehmer wird aus persönlichen Gründen auf einer Auswärtstätigkeit von seiner Ehefrau begleitet. Für die Übernachtung im Doppelzimmer entstehen Kosten von 150 €. Ein Einzelzimmer hätte 90 € gekostet.

Folge: Vom Arbeitgeber steuerfrei erstattungsfähig oder als Werbungskosten ansetzbar sind 90 €.

Abwandlung:

Auf einer Auswärtstätigkeit teilt sich der Arbeitnehmer A das Doppelzimmer mit seinem Kollegen B, der ihn aus betrieblichen Gründen begleitet (Übernachtungskosten 150 €).

Folge: Für jeden Arbeitnehmer können (150 € / 2 =) 75 € vom Arbeitgeber steuerfrei erstattet oder als Werbungskosten angesetzt werden.

B. Arbeitnehmer

Zusammenfassend gilt hinsichtlich der steuerfreien Erstattung von **Übernachtungskosten** bei einer Begleitung durch den **Ehegatten** des Arbeitnehmers auf einer Auswärtstätigkeit Folgendes:

- Bei Übernachtung im Doppelzimmer kann der Arbeitgeber die Übernachtungskosten steuerfrei erstatten, die bei Inanspruchnahme eines Einzelzimmers in demselben Haus entstanden wären.
- Wird beim Zimmerpreis nicht zwischen Einzel- und Doppelzimmer unterschieden und ist – unabhängig von der Zahl der in einem Zimmer übernachtenden Personen – ein einheitlicher Zimmerpreis zu entrichten, kann dieser Übernachtungspreis vom Arbeitgeber steuerfrei erstattet werden.
- Bei Übernachtung im Einzelzimmer entfällt die steuerfreie Erstattung derjenigen Kosten, die zusätzlich durch Einrichtung einer Übernachtungsmöglichkeit für die weitere Person in diesem Zimmer anfallen.

Bei Nutzung einer **Wohnung** am auswärtigen Tätigkeitsort zur Übernachtung während einer beruflich veranlassten Auswärtstätigkeit **im Inland** kann aus Vereinfachungsgründen bei Aufwendungen bis zu einem Betrag von 1 000 € monatlich von einer ausschließlichen beruflichen Veranlassung ausgegangen werden. Dieser Betrag entspricht dem Höchstbetrag für Unterkunftskosten bei einer längerfristigen Auswärtstätigkeit von mehr als 48 Monaten (→ Rz. 192).

Betragen die Aufwendungen im Inland **mehr** als 1 000 € monatlich (oder handelt es sich um eine Wohnung im Ausland), können nur die Aufwendungen berücksichtigt werden, die durch die beruflich veranlasste, alleinige Nutzung des Arbeitnehmers verursacht werden. Zur Ermittlung dieses Betrags kann die ortsübliche Miete für eine nach Lage und Ausstattung durchschnittliche Wohnung am Ort der auswärtigen Tätigkeitsstätte mit einer Wohnfläche bis zu 60 qm als Vergleichsmaßstab herangezogen werden.

Näheres zu **Auslandsreisen** → Rz. 327 ff.

4. Begrenzte Berücksichtigung von Unterkunftskosten bei Auswärtstätigkeit

192 Bei einer **längerfristigen** beruflichen Auswärtstätigkeit an derselben Tätigkeitsstätte **im Inland**, die nicht erste Tätigkeitsstätte ist, können nach Ablauf von **48 Monaten** die tatsächlich entstehenden Unterkunftskosten nur bis zur Höhe von 1 000 € im Monat vom Arbeitgeber steuerfrei erstattet oder als Werbungskosten angesetzt werden. Das gilt auch für Hotelübernachtungen.

Bei solchen Übernachtungen **im Ausland** sind für die Frage, welche Beträge für die steuerfreie Erstattung und den Werbungskostenansatz in Betracht kommen, die Grundsätze zur beruflichen Veranlassung und Notwendigkeit der entstandenen Aufwendungen zu beachten (→ Rz. 336 f.). Die Höchstgrenze von 1 000 € gilt hier nicht.

Von einer **längerfristigen** beruflichen Tätigkeit an derselben Tätigkeitsstätte ist erst dann auszugehen, wenn der Arbeitnehmer an dieser mindestens an drei Tagen in der Woche tätig wird (→ Rz. 182). Die 48-Monatsfrist beginnt daher nicht, solange die auswärtige Tätigkeitsstätte nur an zwei Tagen in der Woche aufgesucht wird.

Vergleichbar mit der Dreimonatsfrist für die Verpflegungspauschalen (→ Rz. 182) führt eine längerfristige Unterbrechung derselben beruflichen Auswärtstätigkeit zu einem Neubeginn des begünstigten Zeitraums (ohne Höchstgrenze). So beginnt der 48-Monats-Zeitraum erneut, wenn die berufliche Tätigkeit an derselben Tätigkeitsstätte für mindestens **sechs** Monate unterbrochen wird (§ 9 Abs. 1 Satz 3 Nr. 5a Satz 5 EStG). Aus welchem Grund die Tätigkeit unterbrochen wird (z.B. Krankheit, Urlaub, Tätigkeit an einer anderen Tätigkeitsstätte), ist dabei unerheblich.

Eine Unterbrechung von weniger als sechs Monaten z.B. wegen Urlaub, Krankheit, beruflicher Tätigkeit an einer anderen Tätigkeitsstätte führt nicht zu einem Neubeginn der 48-Monatsfrist. Die Prüfung des Unterbrechungszeitraums und des Ablaufs der 48-Monatsfrist erfolgt stets im Nachhinein mit Blick auf die zurückliegende Zeit (sog. Ex-post-Betrachtung).

> **Beispiel: 48-Monatsfrist**
>
> Arbeitnehmer A ist seit 1.3.2018 in der an seinem Wohnort in H gelegenen ersten Tätigkeitsstätte an zwei Tagen in der Woche tätig. An den anderen drei Tagen betreut er aufgrund arbeitsrechtlicher Festlegungen eine 200 km entfernte Filiale in B. Dort übernachtet er regelmäßig zweimal wöchentlich.
>
> **Folge:** Da Arbeitnehmer A längerfristig infolge seiner beruflichen Tätigkeit an drei Tagen in der Woche an derselben Tätigkeitsstätte in B, die nicht erste Tätigkeitsstätte ist, tätig wird und dort übernachtet, können die ihm tatsächlich entstehenden Übernachtungskosten nach Ablauf von 48 Monaten nur noch bis zur Höhe von 1 000 € monatlich steuerfrei erstattet oder als Werbungskosten angesetzt werden.
>
> **Abwandlung:**
>
> A muss ab 15.6.2018 für 4 Monate nach M, um dort zu arbeiten. Ab 16.10.2018 arbeitet er drei Tage wöchentlich in H und zwei Tage in B.
>
> **Folge:** Für die längerfristige berufliche Auswärtstätigkeit in B beginnt die 48-Monatsfrist am 1.3.2018 und endet voraussichtlich am 28.2.2022. Eine sechsmonatige Unterbrechung liegt noch nicht vor (lediglich für vier Monate und dann immer nur dreitägige Unterbrechung).

Für die Prüfung der 48-Monatsfrist wird auf den tatsächlich verwirklichten Sachverhalt abgestellt. Erst nach Ablauf von 48 Monaten greift die Begrenzung der Höhe nach auf den Betrag von 1 000 € im Monat. Die unbegrenzte Berücksichtigung der entstandenen Aufwendungen in den ersten 48 Monaten bleibt davon unberührt.

5. Reisenebenkosten bei Auswärtstätigkeit

Zu den Reisenebenkosten gehören sämtliche Aufwendungen, die durch eine beruflich veranlasste Auswärtstätigkeit veranlasst sind und die nicht direkt den Verpflegungsmehraufwendungen, Fahrt- und Übernachtungskosten zugeordnet werden können. Die Nebenkosten können vom Arbeitnehmer als Werbungskosten geltend gemacht oder vom Arbeitgeber steuerfrei erstattet werden. Zu den Nebenkosten gehören, sofern sie nachgewiesen oder zumindest glaubhaft gemacht werden, u.a. die Aufwendungen für:

193

– Beförderung und Aufbewahrung von **Gepäck** sowie Reisegepäckversicherungen, soweit sich der Versicherungsschutz auf eine beruflich bedingte Abwesenheit von einer ortsgebundenen ersten Tätigkeitsstätte beschränkt (zur Aufteilung der Aufwendungen für eine gemischte Reisegepäckversicherung vgl. BFH v. 19.2.1993[1]);
– **Ferngespräche und Schriftverkehr** beruflichen Inhalts mit dem Arbeitgeber oder dessen Geschäftspartner,
– **Straßenbenutzung** (z.B. Mautgebühren, Fährkosten) und Parkplatzbenutzung sowie Schadensersatzleistungen bzw. Reparaturkosten infolge von Verkehrsunfällen, wenn die jeweils damit verbundenen Fahrtkosten als Reisekosten anzusetzen sind,
– **Geldwechselgebühren**, wenn z.B. im Hotel ein ungünstiger Wechselkurs angesetzt wird,
– **Unfallversicherungen**, soweit sie Berufsunfälle außerhalb einer ortsgebundenen ersten Tätigkeitsstätte umfassen,
– **private Telefongespräche**, soweit sie der beruflichen Sphäre zugeordnet werden können.[2]

---
1) Vgl. BFH v. 19.2.1993, VI R 42/92, BStBl II 1993, 519.
2) Vgl. BFH v. 5.7.2012, VI R 50/10, BStBl II 2013, 282.

Umfasst die **Unfallversicherung** das Unfallrisiko sowohl für die private als auch für die berufliche Sphäre, so bestehen keine Bedenken gegen die berufliche Veranlassung, wenn der auf die Reisenebenkosten entfallende Anteil der Prämie auf 40 % des auf den **beruflichen** Bereich entfallenden Beitrags/Beitragsanteils geschätzt wird.[1]

Der **Verlust von Vermögensgegenständen** oder die Folgen von **beschädigten** Gegenständen anlässlich einer Auswärtstätigkeit führt nur dann zu Reisenebenkosten, wenn die Gegenstände für die Reise unbedingt erforderlich waren und der Schaden durch eine reisespezifische Gefährdung eingetreten ist (Diebstahl, Transport- oder Unfallschaden). Der Diebstahl von **Geldbörsen** oder wertvollem **Schmuck** führt jedoch **nicht** zu Reisenebenkosten. Werden notwendige Reisegegenstände gestohlen, sollte zum Nachweis des Diebstahls die polizeiliche **Anzeige** vorliegen.

Wird der Verlust von Vermögensgegenständen bei der Auswärtstätigkeit dem Grunde nach steuerlich anerkannt, muss der Verlust der **Höhe** nach bestimmt werden. Der verlorene Gegenstand ist nicht mit seinem Neuwert oder den Anschaffungs- bzw. Wiederbeschaffungskosten anzusetzen. Vielmehr ist nur sein „Restwert" im Zeitpunkt des Verlustes anzusetzen. Dieser ist nach den allgemeinen Vorschriften zu ermitteln (z.B. durch Verteilung der Anschaffungskosten auf die übliche Nutzungsdauer). Dazu sind regelmäßig der Zeitpunkt der Anschaffung und der Anschaffungspreis nachzuweisen.

Die **Reisenebenkosten** sind für eine steuerfreie Erstattung bzw. für den Ansatz als Werbungskosten durch geeignete Unterlagen **nachzuweisen** bzw. glaubhaft zu machen. Regelmäßig **wiederkehrende** Reisenebenkosten können zur Vereinfachung über einen repräsentativen Zeitraum von drei Monaten im Einzelnen nachgewiesen werden und dann in der Folgezeit mit dem täglichen **Durchschnittsbetrag** angesetzt werden. Zur Berücksichtigung von Reisenebenkosten bei Lkw-Fahrern, die in ihrer Schlafkabine übernachten, → Rz. 226.

Nicht zu den Reisenebenkosten gehören z.B.:

– **Aufwendungen für die persönliche Lebensführung** wie Tageszeitungen, private Telefongespräche, Nebenleistungen wie Wellness-Massagen, Minibar oder Pay-TV,

– **Ordnungs-, Verwarnungs- und Bußgelder**, die auf einer Auswärtstätigkeit verhängt werden,

– **Anschaffungskosten für private Bekleidung, Koffer oder andere Reiseausrüstungsgegenstände**, weil sie nur mittelbar mit einer Auswärtstätigkeit zusammenhängen, sowie Aufwendungen für die Reinigung von privater/bürgerlicher Kleidung,

– **von Dritten überlassene Essengutscheine**, z.B. in Form von Raststätten- oder Autohof-Wertbons.

194 Steuerfrei ist auch die vom Arbeitgeber übernommene Gebühr für eine **Kreditkarte**, die der Arbeitnehmer ausschließlich für die Abrechnung von Reisekosten und Auslagenersatz einsetzt. Wurde die Karte auch zu privaten Zwecken verwendet, ist nur der Gebührenanteil steuerfrei, der auf die beruflichen Umsätze entfällt. Hat der Arbeitgeber jedoch mit dem Kreditkartenunternehmen ein Rahmenabkommen über die verbilligte Überlassung von Kreditkarten abgeschlossen, entfällt eine Besteuerung des auf den Arbeitnehmer entfallenden Sachbezugs, wenn die Freigrenze von 44 € (nach § 8 Abs. 2 Satz 11 EStG) einschließlich evtl. weiterer Sachbezüge durch den Arbeitgeber (z.B. kostenloses Belohnungsessen) im Kalendermonat nicht überschritten wird.

6. Barlohnumwandlung als Reisekostenvergütung

195 Der BFH hat mit Urteil vom 27.4.2001[2] entschieden, dass eine Umwandlung von steuerpflichtigem Arbeitslohn in eine steuerfreie Reisekostenvergütung möglich ist, weil es

---

[1] BMF v. 28.10.2009, IV C 5 – S 2332/09/10004, BStBl I 2009, 1275.
[2] BMF v. 27.4.2001, VI R 2/98, BStBl II 2001, 601.

sich hier um eine Vereinfachungsvorschrift handelt. Diese Möglichkeit ist für Arbeitgeber und Arbeitnehmer in den Fällen von Bedeutung, in denen auf Grund der Höhe des vereinbarten Arbeitslohns die zusätzliche steuerfreie Erstattung von Reisekosten ausgeschlossen ist. Denn nach dem BFH-Urteil ist es nicht erforderlich, dass die Reisekostenvergütungen zusätzlich zum ohnehin geschuldeten Arbeitslohn gezahlt werden. Voraussetzung für die Steuerfreiheit ist lediglich, dass die Herabsetzung des Lohnanspruchs und die Umwandlung von Arbeitslohn in eine steuerfreie Reisekostenvergütung (nach § 3 Nr. 16 EStG) vor Entstehung des Vergütungsanspruchs zwischen Arbeitnehmer und Arbeitgeber vereinbart worden sind.

Nicht ausreichend ist es, wenn der Arbeitgeber lediglich aus dem steuerpflichtigen Arbeitslohn den Reisekostenanteil herausrechnet und als steuerfrei behandelt. In Zweifelsfällen werden die Finanzbehörden auf Vorlage der entsprechenden Vereinbarungen bestehen.

Nach Auffassung der Spitzenorganisationen der **Sozialversicherung** sind aus laufendem Arbeitslohn umgewandelte Reisekostenvergütungen allerdings sozialversicherungspflichtiges **Arbeitsentgelt**, da es an der in § 17 Abs. 1 Satz 1 Nr. 1 SGB IV geforderten Zusätzlichkeit fehlt.

7. Bewirtung von Geschäftsfreunden/Geschenke

Bei Arbeitnehmern kommen als Werbungskosten nur solche Aufwendungen in Betracht, die ausschließlich durch den Beruf veranlasst sind. Bewirtet ein Arbeitnehmer Geschäftsfreunde des Arbeitgebers, sollte vereinbart werden, dass die Aufwendungen als solche des Arbeitgebers gelten und von diesem dem „bewirtenden" Arbeitnehmer erstattet werden. **196**

Solche Erstattungen rechnen beim Arbeitnehmer als Auslagenersatz zum steuerfreien Arbeitslohn. Das gilt auch für den Fall, dass der Arbeitnehmer die Bewirtung im eigenen Hause durchführt. Ersetzt der Arbeitgeber die angefallenen Aufwendungen nicht, dann ist das in aller Regel ein Anzeichen dafür, dass er solche Kosten weder als angemessen noch als notwendig ansieht. In diesem Fall besteht kein Grund für die steuerliche Anerkennung als Werbungskosten.

Bewirtungen und **Werbegeschenke** eines Arbeitnehmers an die **Kunden seines Arbeitgebers** sind steuerrechtlich **mit** den von Gewerbetreibenden zu beachtenden **Einschränkungen** ansatzfähig (nach § 4 Abs. 5 Satz 1 Nr. 1 und 2 EStG u.a. 35 €-Grenze, → Rz. 99 f., 118 ff.). **197**

Folglich sind **Bewirtungsaufwendungen** nur zu 70 % als Werbungskosten abziehbar, wenn der Arbeitgeber die Kosten dafür nicht erstattet und soweit sie zu den beruflich veranlassten Werbungskosten i.S.d. § 9 Abs. 1 Satz 1 und Abs. 5 EStG gehören.[1]

> **Hinweis zum Nachweis der beruflichen Veranlassung:**
> Zum Nachweis der beruflichen Veranlassung empfiehlt es sich, Belege über die Bewirtung sowie für die gekauften Geschenke ausstellen zu lassen, sie aufzubewahren und Empfänger sowie konkreten Anlass schriftlich festzuhalten.

Aufwendungen für die Bewirtung von in der Unternehmenshierarchie nachgeordneten Arbeitnehmern und/oder **Geschenke** an diese können bei beruflicher Veranlassung in voller Höhe als Werbungskosten abgezogen werden. Das kann insbesondere dann der Fall sein, wenn der vorgesetzte Arbeitnehmer variable Bezüge erhält, die der Höhe nach vom Erfolg seiner Mitarbeiter abhängig sind[2] (→ Rz. 121 f.). Geschenke aus gesell- **198**

---

1) BFH v. 13.1.1984, VI R 194/80, BStBl II 1984, 315; BFH v. 16.3.1984, VI R 174/80, BStBl II 1984, 433.
2) BFH v. 13.1.1984, VI R 194/80, BStBl II 1984, 315 sowie v. 16.3.1984, VI R 174/80, BStBl II 1984, 433; BFH v. 1.2.2007, VI R 25/03, BStBl II 2007, 459.

VII. Arbeitgeber ersetzt die Reisekosten

1. Allgemeines

199 In vielen Fällen ersetzt der Arbeitgeber die dem Arbeitnehmer entstandenen Reisekosten. Ein solcher **Ersatz** gehört **nicht** zum steuerpflichtigen Arbeitslohn, wenn und soweit er die Beträge nicht übersteigt, die der Arbeitnehmer ansonsten als Werbungskosten ansetzen könnte. Dies betrifft nur die Reisekosten im engeren Sinne (→ Rz. 143, bei Zweifelsfragen vgl. ggf. ergänzend R 9.4 LStR 2015). Erhält der Arbeitnehmer darüber hinausgehende Beträge, zählen sie zum steuerpflichtigen Arbeitslohn.

Aufwendungen eines Arbeitgebers für die Anreise der Arbeitnehmer einer auswärtigen Niederlassung des Unternehmens zur Teilnahme an einer **Betriebsveranstaltung** gehören weiterhin zu den steuerfrei ersetzbaren Reisekosten (§ 19 Abs. 1 Satz 1 Nr. 1a EStG). Sie zählen nicht zu den Gemeinkosten, die den an der Veranstaltung teilnehmenden Betriebsangehörigen zuzurechnen sind. Näheres zu den seit 2015 zu beachtenden Neuregelungen für Betriebsveranstaltungen erläutert das aktuelle BMF-Schreiben v. 14.10.2015.[2)]

Erstattet der Arbeitgeber die für die Anreise zur Betriebsveranstaltung entstandenen Fahrt- und Übernachtungskosten (sowie ggf. Verpflegungsmehraufwendungen) nicht oder nicht steuerfrei, können sie nach Auffassung der Finanzverwaltung nicht als Werbungskosten angesetzt werden.

Beispiel: Steuerfreie Reisekostenzahlungen bei Auswärtstätigkeit des Arbeitnehmers (Gesamtdarstellung)

Arbeitnehmer A fliegt im Auftrag seines Arbeitgebers nach München, um Kunden zu besuchen (beruflich veranlasste Auswärtstätigkeit, → Rz. 167).

Reisebeginn ab Betrieb am 13.2.2018 um 16 Uhr, Ende an der Wohnung am 16.2.2018 um 18 Uhr.

Die Buchhaltung hat im Auftrag des Arbeitgebers das Hotel (einschl. Frühstück) und den Flug gebucht; die Flugkosten werden unmittelbar vom Arbeitgeber bezahlt.

Der Arbeitnehmer begleicht die auf den Namen des Arbeitgebers lautende Hotelrechnung; diese weist aus: Übernachtung 300 € zzgl. 21 € Umsatzsteuer, einen „Sammelposten" (u.a. für Frühstück) 60 € zzgl. 11,40 € USt.

Folge: Der Arbeitgeber kann **steuerfrei** zahlen:

1. die Flugkosten (→ Rz. 172)
2. für Verpflegung, Übernachtung

- **Verpflegungspauschalen** (→ Rz. 201, 220) in folgender Höhe:
  - für den 13.2.: 12 €, da für den Anreisetag eine Abwesenheit von über 8 Stunden nicht erforderlich ist,
  - für den 14. und 15.2.: 2 x 24 € = 48 €, da Abwesenheit jeweils 24 Stunden,
  - für den 16.2.: 12 €, da für den Rückreisetag eine Abwesenheit von über 8 Stunden nicht erforderlich ist,

  insgesamt: 72 €.

Auf Grund der vom Arbeitgeber gestellten üblichen Mahlzeiten sind die steuerfreien Verpflegungspauschalen für das Frühstück zu kürzen um:

20 % von 24 € = 4,80 € x 3 Tage = 14,40 €.

Steuerfrei zahlbar sind somit 72 € ./. 14,40 € = 57,60 €.

---

1) BFH v. 1.7.1994, IV R 67/93, BStBl II 1995, 273.
2) BMF v. 14.10.2015, IV C 5 – S 2332/15/10001 /III C 2 - S 7109/15/10001, BStBl I 2015, 832.

- die in der Rechnung ausgewiesenen **Übernachtungskosten** in voller Höhe (→ Rz. 191 f., 228).
- den „**Sammelposten**" (u.a. für gestelltes Frühstück):
  - Der Sammelposten für die Nebenleistungen gibt keinen Anlass für die Vermutung, darin seien steuerlich nicht anzuerkennende Leistungen enthalten (→ Rz. 228 ff.).

3. Alternativen:
- **Pauschbeträge für Übernachtung** (→ Rz. 226)
  Anstelle der tatsächlichen Übernachtungskosten kann der Arbeitgeber auch Pauschbeträge steuerfrei zahlen. Steuerfrei sind für jede Übernachtung im Inland bis zu 20 € (→ Rz. 191, 226). Zahlbar wären: 3 x 20 € = 60 €.
- **Pauschalbesteuerter Verpflegungsmehraufwand** (→ Rz. 222)
  Der Arbeitgeber kann über die steuerfreie Verpflegungspauschale hinaus zusätzlich pauschalbesteuerten Verpflegungsmehraufwand an den Arbeitnehmer auszahlen; bis zur Höhe der jeweils zulässigen steuerfreien Verpflegungspauschale: 72 € (Höchstbetrag).
  Die pauschale Lohnsteuer beträgt 25 % = 18 €; hinzu kommen der Solidaritätszuschlag i.H.v. 5,5 % von 18 € = 0,99 € und ggf. Kirchensteuer.
- **4. Kein amtlicher Sachbezugswert für Frühstück** (→ Rz. 203 f.)
  Weil der Arbeitgeber das Hotel einschließlich Frühstück gebucht hat und die Rechnung auf den Namen des Arbeitgebers lautet, liegt eine durch den Arbeitgeber veranlasste Mahlzeit (= Arbeitgeberbewirtung) vor. Die steuerliche Erfassung des Frühstücks als Arbeitslohn unterbleibt, weil der Arbeitnehmer für die Auswärtstätigkeit dem Grunde nach eine Verpflegungspauschale als Werbungskosten geltend machen könnte.
  Wichtig: Diese Buchung durch den Arbeitgeber muss im Rahmen einer Lohnsteuer-Außenprüfung nachgewiesen werden können.
  Folge: Der Arbeitgeber kann sowohl die Übernachtungskosten als auch den Sammelposten einschließlich Frühstück steuerfrei zahlen.
  Für das Frühstück ist der steuerpflichtige geldwerte Vorteil nicht mit dem amtlichen Sachbezugswert zu versteuern, wenn dem Arbeitnehmer für die Auswärtstätigkeit eine Verpflegungspauschale zusteht. In diesen Fällen ist die steuerliche Erfassung als Arbeitslohn ausgeschlossen (Näheres unter → Rz. 184, 202 ff.).

Welche dieser Fallgestaltungen zu wählen ist, schreibt regelmäßig die **betriebliche Reisekostenordnung** vor.

200 Der Arbeitnehmer hat dem Arbeitgeber **Unterlagen** über seine Auswärtstätigkeiten **vorzulegen**, aus denen die **Dauer der Reise**, der **Reiseweg** und, soweit die **Reisekosten** nicht zulässigerweise pauschal ersetzt werden, auch die entstandenen Reisekosten ersichtlich sein müssen. Der Arbeitgeber hat diese Unterlagen als **Beleg zum Lohnkonto** aufzubewahren.

Die dem Arbeitnehmer erstatteten Fahrtkosten sind (grundsätzlich) **nur** dann steuerfrei, wenn der Arbeitgeber (zeitnah) Unterlagen erstellt und aufbewahrt hat, anhand derer die Steuerfreiheit des ausgezahlten Fahrtkostenersatzes nachgeprüft werden kann. Dies gilt auch dann, wenn Arbeitnehmer und Arbeitgeber übereinstimmend bestätigen, dass Fahrtkosten im Wege der Einzelabrechnung und unterhalb der gesetzlich zulässigen Pauschbeträge erstattet worden sind.

Auch wenn es § 4 Abs. 2 Nr. 4 LStDV gestattet, steuerfrei ausgezahlte Beträge im Lohnkonto in einer Summe auszuweisen, muss sich aus den neben dem Lohnkonto geführten Unterlagen zweifelsfrei ergeben, für welche konkrete Dienstreise und in welcher Höhe der Arbeitnehmer jeweils Aufwendungen für Fahrt- und Übernachtungskosten, Verpflegungsmehraufwendungen oder sonstige Nebenkosten steuerfrei erhalten hat.[1]

2. Ersatz von Verpflegungskosten

201 Die steuerfreie Erstattung der Verpflegungsmehraufwendungen für beruflich veranlasste Auswärtstätigkeiten anhand von **Einzelnachweisen** – über die Pauschbeträge hinaus – ist nicht möglich. Zahlt der Arbeitgeber einen höheren Betrag als die gesetzliche Verpflegungspauschale, so ist der übersteigende Betrag als Arbeitslohn zu versteuern

---
1) FG Saarland v. 7. 12.2016, 2 K 1072/14, EFG 2017, 974.

(→ Rz. 222). Zum steuerfreien Arbeitgeberersatz der Verpflegungsmehraufwendungen (Verpflegungspauschalen) → Rz. 179 ff., 220.

3. Mahlzeitengestellung des Arbeitgebers

202 Nach den seit 2014 zu beachtenden Reisekostenregelung ist die Bewertung einer gestellten üblichen Mahlzeit mit dem **Sachbezugswert** gesetzlich vorgeschrieben (§ 8 Abs. 2 Satz 8 EStG). Zugleich wird auf die Besteuerung **verzichtet,** wenn der Arbeitnehmer für die betreffende Auswärtstätigkeit dem Grunde nach eine Verpflegungspauschale beanspruchen kann (→ Rz. 204). Näheres zur Versteuerung → Rz. 205.

Neben den üblichen umfangreichen Mahlzeiten **kann** auch ein vom Arbeitgeber zur Verfügung gestellter **Snack** oder **Imbiss** (z.B. belegte Brötchen, Kuchen, Obst), der während einer **auswärtigen** Tätigkeit oder **im Betrieb** (aus betrieblichem Anlass) gereicht wird, eine Mahlzeit sein. Eine feste zeitliche Grenze oder gar Regelung zu der Frage, ob ein zu berücksichtigendes Frühstück, Mittag- oder Abendessen vom Arbeitgeber zur Verfügung gestellt wird, gibt es aus steuerrechtlicher Sicht nicht. Gleiches gilt zur Frage nach dem Umfang und den Komponenten einer Mahlzeit.

Maßstab für eine solche **Einordnung** ist vielmehr, ob die zur Verfügung gestellte Verpflegung **an die Stelle** einer der zuvor genannten Mahlzeiten tritt, welche üblicherweise zu der entsprechenden Tageszeit eingenommen wird, z.B. wenn der Arbeitgeber oder ein Seminarveranstalter in der Mittagspause belegte Brötchen und/oder eine Suppe als Mittagessen anbietet.

Dies gilt insbesondere dann, wenn der Arbeitnehmer (dadurch) nicht die Möglichkeit hat, eine andere Mahlzeit als Mittagessen einzunehmen. Bietet ein Seminarveranstalter hingegen am Nachmittag Kaffee und Kuchen an, soll dadurch regelmäßig keine Mahlzeit ersetzt werden.

Zu beachten ist, dass nach Auffassung der Finanzverwaltung eine steuerpflichtige **Mahlzeitengestellung** auch dann vorliegt, wenn sie in einer vom Arbeitgeber bezahlten **Beförderung unentgeltlich** angeboten wird. Voraussetzung ist, dass die Rechnung für das Beförderungsticket auf den Arbeitgeber ausgestellt ist und von diesem dienst- oder arbeitsrechtlich erstattet wird.

Damit sind z.B. **Mahlzeiten** gemeint, die im Flugzeug, im Zug, auf einem Schiff oder in einem anderen Transportmittel kostenlos ausgegeben werden, weil sie zum üblichen Service des Reiseunternehmens gehören. Die Verpflegung muss dabei **nicht** offen auf der Rechnung ausgewiesen werden. Lediglich dann, wenn z.B. anhand des gewählten Beförderungstarifs feststeht, dass es sich um eine **reine** Beförderungsleistung handelt, bei der **keine** Mahlzeiten unentgeltlich angeboten werden, liegt keine Mahlzeitengestellung vor.

Die beispielsweise auf **innerdeutschen** Flügen oder **Kurzstreckenflügen** gereichten kleinen Tüten mit Chips, Salzgebäck oder vergleichbare Knabbereien erfüllen die Kriterien für eine Mahlzeit **nicht**. Gleiches gilt grundsätzlich auch für die üblichen Salzstangen.

Übt der Arbeitnehmer eine **Auswärtstätigkeit** aus und kann er dem Grunde nach eine Verpflegungspauschale beanspruchen, führt die Mahlzeitengestellung zu einer Kürzung der Verpflegungspauschale (→ Rz. 204).

Die Gestellung einer Mahlzeit ist vom Arbeitgeber **veranlasst,** wenn er Tag und Ort der Mahlzeitengestellung bestimmt. Es ist nicht erforderlich, dass der Arbeitgeber bzw. die zuständige Stelle im Betrieb vor Reisebeginn im Hotel die Übernachtung mit Frühstück bucht.

Eine Arbeitgeberveranlassung liegt insbesondere dann vor, wenn

- er die Verpflegungskosten im Hinblick auf die beruflich veranlasste Auswärtstätigkeit des Arbeitnehmers dienst- oder arbeitsrechtlich erstattet und

– die Rechnung auf den Arbeitgeber ausgestellt ist oder es sich um eine Kleinbetragsrechnung i.S.d. § 14 UStG i.V.m. § 33 UStDV handelt (Höchstbetrag ab 2017 250 €), die im Original beim Arbeitgeber vorliegt oder vorgelegen hat und zu Zwecken der elektronischen Archivierung eingescannt wurde.

Ergänzend wird hier auf die allgemeinen lohnsteuerlichen Regelungen hingewiesen. So muss es sich bei einer Verpflegung nicht stets um steuerpflichtigen Sachbezug des Arbeitnehmers handeln. Z.B. wird die unentgeltliche Verpflegung von **Offshore**-Windpark-Mitarbeitern nicht als Arbeitslohn eingestuft, da die besonderen Arbeitsumstände auf Windpark Plattformen eine besondere Betrachtungsweise erfordern.[1]

a) Ansatz Sachbezugswert bei Mahlzeitengestellung

203 Gestellt der Arbeitgeber seinem Arbeitnehmer **übliche** Mahlzeiten (→ Rz. 202), ist der geldwerte Vorteil grundsätzlich mit dem Sachbezugswert anzusetzen (s. ggf. ergänzend § 8 Abs. 2 Satz 8 EStG; „ergänztes" BMF-Schreiben zu den Reisekostenregelungen ab 2014 v. 24.10.2014[2], → Rz. 205, Ausnahme: → Rz. 204).

Für 2018 betragen die Sachbezugswerte

– für das Frühstück	1,73 €
– für das Mittag-/Abendessen jeweils	3,23 €.

Diese Sachbezugswerte gelten auch für die im Rahmen einer beruflich veranlassten **doppelten Haushaltsführung** vom Arbeitgeber zur Verfügung gestellten üblichen Mahlzeiten.

Ob eine Mahlzeit als **üblich** einzustufen ist, entscheidet der zu zahlende Preis. Seit 2014 beträgt der Höchstbetrag für den Preis einer gestellten Mahlzeit zur Einordnung als übliche Mahlzeit **60 €**.

Für die Prüfung der **60 €-Grenze** (bzw. der Üblichkeit) kommt es auf den Preis der Mahlzeit einschließlich Umsatzsteuer an, den der Dritte dem Arbeitgeber in Rechnung stellt. Dieser Höchstbetrag umfasst auch die zur Mahlzeit eingenommenen Getränke. Wird jedoch vom Arbeitgeber oder auf dessen Veranlassung von einem Dritten nur ein Essen, aber kein Getränk gestellt, ist das Entgelt, das der Arbeitnehmer für ein **Getränk** bei der Mahlzeit zahlt, nicht auf den tatsächlichen Preis der Mahlzeit anzurechnen. Zuzahlungen des Arbeitnehmers sind bei der Prüfung der 60 €-Grenze nicht zu berücksichtigen.

Ist der **Preis** der Mahlzeit in der Rechnung eines Dritten **nicht** angegeben, weil die Mahlzeit im Rahmen eines Gesamtpreises z.B. mit einer Fortbildungsveranstaltung berechnet wird, ist nach dem Gesamtbild der Verhältnisse im Einzelfall zu beurteilen, ob es sich um eine „übliche" Beköstigung gehandelt hat oder ob ein höherer Wert der Mahlzeit als 60 € anzunehmen ist. Im Zweifel ist der Wert der Mahlzeit zu schätzen.

Mahlzeiten mit einem Preis von **über 60 €** dürfen **nicht** mit dem amtlichen Sachbezugswert bewertet werden. Bei einer solchen Mahlzeit unterstellt die Finanzverwaltung, dass es sich um ein „Belohnungsessen" und **nicht** um eine „übliche" Beköstigung handelt.

Belohnungsessen bzw. unübliche Beköstigungen sind mit dem **tatsächlichen** Preis als Arbeitslohn anzusetzen. Sie sind **stets** als Arbeitslohn zu erfassen, unabhängig davon, ob der Arbeitnehmer für die betreffende Auswärtstätigkeit eine Verpflegungspauschale als Werbungskosten geltend machen kann oder nicht.

Zahlt der Arbeitnehmer an den Arbeitgeber oder an den Dritten ein Entgelt, ist dieses auf den tatsächlichen bzw. steuerpflichtigen Preis anzurechnen.

---
1) FG Hamburg v. 17.9.2015, 2 K 54/15, EFG 2016, 36.
2) BMF v. 24.10.2014, IV C 5 – S 2353/14/10002, BStBl I 2014, 1412, Rz. 61 ff.

B. Arbeitnehmer — Dritter Teil: Inlandsreisen

> **Beispiele zur Abgrenzung von „üblicher Mahlzeit" und „Belohnungsessen":**
>
> **1. Gestellung einer üblichen Mahlzeit**
>
> Der Arbeitnehmer A besucht im Auftrag seines Arbeitgebers einen Kunden im Nachbarort zur Erstellung eines Angebots für eine Baumaßnahme. Nach Abschluss der zweistündigen Verhandlung nimmt A vor der Rückfahrt ein Mittagessen ein (Preis einschließlich Getränke 50 €). Der Arbeitgeber erstattet A den Rechnungsbetrag von 50 €.
>
> **Folge:** Weil der Preis für die Mahlzeit 60 € nicht übersteigt, handelt es sich um eine übliche Mahlzeit. Weil A für die betreffende Auswärtstätigkeit keine Verpflegungspauschale als Werbungskosten geltend machen kann (→ Rz. 204), hat er die Mahlzeitengestellung mit dem Sachbezugswert i.H.v. 3,23 € (in 2018) zu versteuern.
>
> **2. Gestellung einer unüblichen Beköstigung/eines Belohnungsessens**
>
> Arbeitnehmer A nimmt im Auftrag seines Arbeitgebers an einer eintägigen Messe mit Firmenpräsentation und anschließender Abendveranstaltung teil. Die auf den Arbeitgeber ausgestellte Rechnung des Veranstalters hat der Arbeitgeber unmittelbar bezahlt. Darin enthalten sind die Kosten für ein Abenddinner, das mit 80 € separat ausgewiesen ist. Der Arbeitnehmer ist mehr als acht Stunden von seiner Wohnung und seiner ersten Tätigkeitsstätte abwesend.
>
> **Folge:** Der Arbeitnehmer erhält das Galadinner vom Messeveranstalter auf Veranlassung seines Arbeitgebers. Angesichts der Kosten von mehr als 60 € ist von einem Belohnungsessen auszugehen (unübliche Beköstigung), so dass die dafür berechneten 80 € als Arbeitslohn anzusetzen sind. Der Arbeitnehmer kann als Werbungskosten eine ungekürzte Verpflegungspauschale i.H.v. 12 € geltend machen.

b) Keine Versteuerung des Sachbezugswerts bei Auswärtstätigkeit

204 Gestellt der Arbeitgeber seinem Arbeitnehmer anlässlich einer **Auswärtstätigkeit** eine übliche Mahlzeit, unterbleibt seit 2014 der Ansatz als Arbeitslohn (Sachbezugswert), wenn dem Arbeitnehmer für die betreffende Auswärtstätigkeit dem Grunde nach eine Verpflegungspauschale als Werbungskosten zustehen würde. Ob und in welcher Höhe tatsächlich eine Verpflegungspauschale als Werbungskosten angesetzt werden kann, ist unbeachtlich. So ist z.B. eine vorzunehmende Kürzung des Werbungskostenabzugs aufgrund einer gestellten Mahlzeit unbeachtlich.

Somit **unterbleibt** die steuerliche Erfassung der mit dem Sachbezugswert bewerteten Mahlzeit immer dann, wenn der Arbeitnehmer anlässlich einer beruflich veranlassten **Auswärtstätigkeit** eine Verpflegungspauschale beanspruchen kann, weil er

– bei einer eintägigen Auswärtstätigkeit mehr als 8 Stunden von seiner Wohnung und der ersten Tätigkeitsstätte abwesend ist,

– eine mehrtägige Auswärtstätigkeit mit Übernachtung unternimmt oder

– bei einer längerfristigen Auswärtstätigkeit innerhalb der Dreimonatsfrist (→ Rz. 182) nachweislich mehr als 8 Stunden von seiner Wohnung und der ersten Tätigkeitsstätte abwesend ist.

Nach **Ablauf** der Dreimonatsfrist ist die Gestellung einer Mahlzeit grundsätzlich als Arbeitslohn zu erfassen.

Für den Verzicht auf den Ansatz des Sachbezugswerts bei üblichen Mahlzeiten möchte das Steuerrecht dem Arbeitgeber kein Wahlrecht einräumen; eine Versteuerung soll unterbleiben. Versteuert er den Sachbezugswert dennoch, sind gleichwohl die steuerfreien Verpflegungspauschalen anzusetzen und die gesetzliche prozentuale Kürzung vorzunehmen. Der versteuerte Betrag kann nicht wie eine **Zuzahlung** des Arbeitnehmers behandelt werden. Denn nur ein für die Gestellung der Mahlzeit vereinbartes und vom Arbeitnehmer tatsächlich gezahltes Entgelt mindert den Kürzungsbetrag. Ob der versteuerte Betrag steuermindernd ansatzfähig ist, lässt das BMF-Schreiben zu den Reisekostenregelungen ab 2014 v. 24.10.2014[1] offen.

---

[1] BMF v. 24.10.2014, IV C 5 – S 2353/14/10002, BStBl I 2014, 1412.

> **Beispiel: Übliche Mahlzeitengestellung bei zweitägiger Fortbildung**
>
> Arbeitnehmer A nimmt auf Veranlassung seines Arbeitgebers an einer zweitägigen Fortbildungsveranstaltung mit Übernachtung teil. Die Hotelrechnung ist auf den Arbeitgeber ausgestellt. Der Arbeitgeber erstattet die vom Arbeitnehmer verauslagten Übernachtungskosten von 100 € inkl. 20 € für ein Frühstück mit der Reisekostenabrechnung. Die auf den Arbeitgeber ausgestellte Rechnung des Veranstalters hat der Arbeitgeber unmittelbar bezahlt. Darin enthalten ist für beide Fortbildungstage jeweils ein für derartige Veranstaltungen typisches Mittagessen, dessen Preis in der Rechnung nicht gesondert ausgewiesen ist.
>
> **Folge:** A erhält sowohl das Frühstück als auch die beiden Mittagessen auf Veranlassung seines Arbeitgebers. Für den An- und den Abreisetag steht ihm grundsätzlich jeweils eine Verpflegungspauschale i.H.v. 12 € zu.
>
> Obgleich der Preis der Mittagessen in der Rechnung des Seminarveranstalters nicht beziffert ist, kann auf Grund der Art und Durchführung der Seminarveranstaltung von einer üblichen Beköstigung ausgegangen werden, deren Preis 60 € nicht übersteigt. Die Mahlzeiten sind daher nicht als Arbeitslohn zu erfassen. Im Gegenzug sind die Verpflegungspauschalen des Arbeitnehmers für den
>
> – ersten Tag um 9,60 € und für den
> – zweiten Tag um 4,80 € + 9,60 € = 14,40 €
>
> zu kürzen (§ 9 Abs. 4a Satz 8 EStG).
>
> Somit kann für den ersten Reisetag ein Betrag von 12 € ./. 9,60 € = 2,40 € steuerfrei gezahlt werden. Für den zweiten Reisetag verbleibt keine steuerfrei zahlbare Verpflegungspauschale mehr (12 € ./. 14,40 €).

Diese Kürzungsregelung gilt sowohl für die Ermittlung der steuerfrei zahlbaren Arbeitgebererstattung als auch für den Werbungskostenansatz. Eine **Kürzung** der Verpflegungspauschale ist auch dann vorzunehmen, wenn der Arbeitgeber den amtlichen Sachbezugswert der Mahlzeit pauschal besteuert hat (s. zuvor).

c) Versteuerung des Sachbezugswerts bei Mahlzeitengestellung

205 Im Umkehrschluss zu → Rz. 204 ist die Gestellung einer **üblichen** Mahlzeit als **Arbeitslohn** zu erfassen, wenn der Arbeitnehmer für beruflich veranlasste **Auswärtstätigkeiten keine** Verpflegungspauschale beanspruchen kann. Dies gilt insbesondere

– bei eintägigen Auswärtstätigkeiten von bis zu 8 Stunden oder
– wenn der Arbeitnehmer oder der Arbeitgeber keine Aufzeichnungen über die Abwesenheit des Arbeitnehmers führen oder
– nach Ablauf der Dreimonatsfrist (→ Rz. 182) bei einer längerfristigen auswärtiger Tätigkeit oder einer doppelten Haushaltsführung.

Solche als Arbeitslohn zu erfassenden üblichen Mahlzeiten sind mit dem amtl. Sachbezugswert zu versteuern.

> **Beispiel: Dreimonatige Auswärtstätigkeit**
>
> Arbeitnehmer A ist seit mehr als drei Monaten im Auftrag seines Arbeitgebers vorübergehend bei einem Kunden auswärts tätig. Der Arbeitgeber erstattet A den vom Hotel in Rechnung gestellten Übernachtungspreis sowie die Kosten des Frühstücks. Weil es sich um eine übliche Mahlzeit handelt und A für die beruflich veranlasste Auswärtstätigkeiten keine Verpflegungspauschalen mehr (als Werbungskosten) beanspruchen kann, muss er für die Gestellung des Frühstücks den Sachbezugswert i.H.v. 1,73 € (in 2018) versteuern.

d) Kürzung der Verpflegungspauschalen bei Mahlzeitengestellung

206 Auch nach der Reisekostenreform bleibt es bei einer **Kürzung** der Verpflegungspauschalen, falls der Arbeitnehmer auf beruflich veranlasste Auswärtstätigkeiten von seinem Arbeitgeber oder auf dessen Veranlassung von einem Dritten eine übliche Mahlzeit kos-

B. Arbeitnehmer — Dritter Teil: Inlandsreisen

tenlos oder verbilligt erhält. Zu beachten ist, dass in diesen Fällen nicht die Hotelrechnung, sondern die in Betracht kommende **Verpflegungspauschale** zu kürzen ist um

- 20 % für ein Frühstück und
- jeweils 40 % für ein Mittag- und Abendessen

der für die 24-stündige Abwesenheit geltenden **höchsten Verpflegungspauschale** (§ 9 Abs. 4a Satz 8 bis 10 EStG).

Bei einer Auswärtstätigkeit im **Inland** ergeben sich somit Kürzungsbeträge von 4,80 € für ein Frühstück und jeweils 9,60 € für ein Mittag- und Abendessen. Zu kürzen ist die jeweils für den Reisetag zustehende Verpflegungspauschale. Ein sich dabei ergebender Minusbetrag ist nicht anzusetzen (kein Vor- oder Rücktrag). Gestellt der Arbeitgeber sämtliche Mahlzeiten, können daneben keine steuerfreien Verpflegungspauschalen gezahlt werden.

Für die gesetzlich vorgeschriebene pauschale Kürzung der Verpflegungspauschalen ist es **unbeachtlich**, ob der Arbeitnehmer die vom Arbeitgeber zur Verfügung gestellte Mahlzeit tatsächlich eingenommen hat oder nicht. Auch ist nicht entscheidend, ob die Aufwendungen für die vom Arbeitgeber gestellte Mahlzeit niedriger oder höher sind als der jeweilige pauschale Kürzungsbetrag.

> **Hinweis zum Hintergrund der Kürzungsregelung:**
>
> Nach der gesetzlichen Regelung kann seit 2014 eine Verpflegungspauschale nur noch dann steuerfrei gezahlt oder als Werbungskosten angesetzt werden, wenn der Arbeitnehmer die Aufwendungen für seine Mahlzeit bzw. Verpflegung selbst trägt und ihm somit tatsächlich Aufwendungen entstanden sind. Erhält der Arbeitnehmer von seinem Arbeitgeber oder auf dessen Veranlassung von einem Dritten bei einer Auswärtstätigkeit eine oder mehrere Mahlzeiten unentgeltlich zur Verfügung gestellt, können die Verpflegungspauschalen nur noch gekürzt beansprucht werden.
>
> Anderenfalls würde der Arbeitnehmer doppelt begünstigt, nämlich durch eine kostenlose Verpflegung und zusätzlich durch steuerfreie Zahlungen des Arbeitgebers bzw. den Werbungskostenabzug. Dies wäre jedoch nach dem verfassungsrechtlichen Nettoprinzip nicht gerechtfertigt.

Eine Kürzung der Verpflegungspauschale kann nur dann **unterbleiben**, wenn der Arbeitgeber keine Mahlzeit zur Verfügung **stellt**, z.B. weil er die entsprechende Mahlzeit abbestellt oder der Arbeitnehmer die Mahlzeit selbst veranlasst und bezahlt.

> **Beispiele zur Kürzung der Verpflegungspauschale bei Mahlzeitengestellung:**
>
> **1. Kürzung der Verpflegungspauschale bei zweitägiger Auswärtstätigkeit**
>
> Arbeitnehmer A ist auf einer zweitägigen Auswärtstätigkeit. Der Arbeitgeber hat für den Arbeitnehmer in einem Hotel zwei Übernachtungen mit Abendessen am Anreisetag sowie Frühstück und Mittagessen am zweiten Tag (Rückreisetag) gebucht und bezahlt.
>
> **Folge:** Der Arbeitgeber kann folgende Verpflegungspauschalen steuerfrei zahlen:
>
> | | |
> |---|---:|
> | Anreisetag | 12,00 € |
> | abzgl. Abendessen | 9,60 € |
> | Verbleiben | 2,40 € |
> | Rückreisetag: | 12,00 € |
> | abzgl. Frühstück | 4,80 € |
> | abzgl. Mittagessen | 9,60 € |
> | Verbleiben | 0,00 € |
>
> Ein negativer Betrag wird nicht angesetzt.
>
> Folglich kann der Arbeitgeber einen Betrag i.H.v. 2,40 € steuerfrei zahlen; alternativ kann A den Betrag als Werbungskosten geltend machen.

> **2. Kürzung der Verpflegungspauschale bei eintägiger Auswärtstätigkeit**
>
> Arbeitnehmer A ist während einer eintägigen Auswärtstätigkeit von 5.00 bis 22.00 Uhr abwesend. Der Arbeitgeber stellt am Reisetag zwei übliche Mahlzeiten (Mittag- und Abendessen) zur Verfügung. Zudem erhält A für die eintägige Auswärtstätigkeit einen Verpflegungsmehraufwand von 30,00 €.
>
> **Folge:** Auf Grund der Kürzung der Verpflegungspauschale verbleibt kein steuerfreier Betrag für die gezahlten Verpflegungsmehraufwendungen.
>
> | | | |
> |---|---|---:|
> | Steuerfreie Verpflegungspauschale: | | 12,00 € |
> | Kürzungen: | für Mittagessen | 9,60 € |
> | | für Abendessen | 9,60 € |
> | verbleibt steuerfreie Verpflegungspauschale: | | 0,00 € |
>
> Die Erstattung des Verpflegungsmehraufwands durch den Arbeitgeber ist i.H.v. 30,00 € grundsätzlich steuerpflichtiger Arbeitslohn.
>
> Nach § 40 Abs. 2 Satz 1 Nr. 4 EStG kann der Arbeitgeber einen Betrag i.H.v. 12,00 € (100 % der steuerfrei ansetzbaren Verpflegungspauschale) pauschal mit 25 % besteuern (→ Rz. 223). Die verbleibenden 18,00 € (30,00 € abzüglich 12,00 €) sind nach den persönlichen Besteuerungsmerkmalen des Arbeitnehmers individuell zu besteuern.

Die vorgenannte **Kürzung** der Verpflegungspauschalen ist **immer dann** vorzunehmen, wenn

- dem **Arbeitnehmer** eine Mahlzeit von seinem Arbeitgeber oder auf dessen Veranlassung von einem Dritten zur Verfügung **gestellt** wird (§ 9 Abs. 4a Satz 8 EStG),
- der **Arbeitnehmer** an einer **geschäftlich veranlassten Bewirtung** → Rz. 97 teilnimmt oder
- dem **Arbeitnehmer** außerhalb der ersten Tätigkeitsstätte vom **Arbeitgeber** oder auf dessen Veranlassung ein **Arbeitsessen** gewährt wird.

Gestellt der Arbeitgeber Mahlzeiten, deren Preis 60 € übersteigen, ist eine Kürzung der Verpflegungspauschalen nicht zulässig. Der dafür anzusetzende geldwerte Vorteil/Betrag ist individuell zu versteuern. Wird eine herkömmliche **Betriebsveranstaltung** i.R. einer **beruflichen Auswärtstätigkeit** besucht, sind die dort abgegebenen Mahlzeiten in aller Regel durch den Arbeitgeber veranlasst.

Nimmt der Arbeitnehmer hingegen an der geschäftlich veranlassten Bewirtung durch einen Dritten oder an einem Arbeitsessen eines Dritten teil, fehlt es regelmäßig an einer durch den Arbeitgeber zur Verfügung gestellten Mahlzeit. In diesem Fall sind die Verpflegungspauschalen nicht zu kürzen.

e) Zuzahlungen des Arbeitnehmers bei Mahlzeitengestellung

Zahlt der Arbeitnehmer für die gestellte Mahlzeit ein Entgelt, hat dies die folgenden steuerlichen Konsequenzen:

- Ist die gestellte übliche Mahlzeit mit dem **Sachbezugswert** zu **versteuern**, mindert das Entgelt den zu versteuernden Sachbezugswert.
- **Entspricht** oder **übersteigt** das vom Arbeitnehmer für die Mahlzeit gezahlte Entgelt den maßgebenden **Sachbezugswert**, verbleibt kein steuerpflichtiger geldwerter Vorteil.
- Ist hingegen die steuerfreie **Verpflegungspauschale** zu kürzen, mindert das Entgelt den Kürzungsbetrag.

Die **Kürzung** der (steuerfreien) Verpflegungspauschalen (und damit andernfalls auch des Werbungskostenabzugs) ist **auch dann** vorzunehmen, wenn der Arbeitgeber die dem Arbeitnehmer zustehende Reisekostenvergütung lediglich gekürzt ausbezahlt. Hierbei ist jedoch zu beachten, dass **nur** ein für die Gestellung der Mahlzeit **vereinbartes** und vom **Arbeitnehmer** tatsächlich **gezahltes** Entgelt den Kürzungsbetrag **mindert**.

B. Arbeitnehmer — Dritter Teil: Inlandsreisen

Die Finanzverwaltung beanstandet es allerdings nicht, wenn der Arbeitgeber das für die Mahlzeit vereinbarte Entgelt im Rahmen eines **abgekürzten** Zahlungsweges unmittelbar aus dem Nettolohn des Arbeitnehmers entnimmt (und folglich den Nettolohn kürzt). Gleiches gilt, wenn der Arbeitgeber das Entgelt im Wege der **Verrechnung** aus der dem Arbeitnehmer dienst- oder arbeitsrechtlich zustehenden Reisekostenerstattung entnimmt.

Zuzahlungen des Arbeitnehmers sind jeweils vom **Kürzungsbetrag** derjenigen Mahlzeit abzuziehen, für die der Arbeitnehmer das Entgelt zahlt.

Übersteigt das vom Arbeitnehmer für die Mahlzeit gezahlte Entgelt den Kürzungsbetrag, entfällt für diese Mahlzeit die Kürzung der Verpflegungspauschale. Eine Verrechnung etwaiger Überzahlungen des Arbeitnehmers mit Kürzungsbeträgen für andere Mahlzeiten ist nicht zulässig.

Gleiches gilt, wenn der Arbeitnehmer bei der Gestellung einer Mahlzeit auf Veranlassung des Arbeitgebers ein zuvor vereinbartes Entgelt unmittelbar an den **Dritten** entrichtet. Es muss sich hierbei aber um ein Entgelt des Arbeitnehmers handeln. Wird das vom Dritten in Rechnung gestellte Entgelt zunächst vom Arbeitnehmer verauslagt und diesem anschließend vom Arbeitgeber erstattet, handelt es sich **nicht** um ein Entgelt des Arbeitnehmers. Das gilt insbesondere für den auf den Arbeitgeber ausgestellten Rechnungsbetrag.

Die **Kürzung** der Verpflegungspauschale ist auch dann vorzunehmen, wenn der Arbeitgeber den amtlichen Sachbezugswert der Mahlzeit **pauschal** besteuert hat (→ Rz. 223).

Beispiele zur Kürzung der Verpflegungspauschale:

1. Einbehalt des Sachbezugswerts

Arbeitnehmer A ist auf einer dreitägigen Auswärtstätigkeit. Der Arbeitgeber hat für A in einem Hotel zwei Übernachtungen jeweils mit Frühstück sowie am Zwischentag ein Mittag- und ein Abendessen gebucht und bezahlt. Zusätzlich zu diesen Leistungen möchte der Arbeitgeber auch noch steuerfreie Reisekosten zahlen. Der Arbeitgeber behält für die veranlassten und bezahlten Mahlzeiten einen Betrag in Höhe des Sachbezugswerts (2018: Frühstück 1,73 €, Mittag-/Abendessen 3,23 €) ein.

Folge: Der Einbehalt allein hat keine Folgen für die Kürzung der Verpflegungspauschalen. Denn es handelt sich hier nicht um ein vereinbartes und vom Arbeitnehmer tatsächlich gezahltes Entgelt im Rahmen eines abgekürzten Zahlungswegs. Weil die Verpflegungspauschalen zu kürzen sind, hat A den für die Mahlzeiten anzusetzenden steuerlichen geldwerten Vorteil nicht zu versteuern.

Der Arbeitgeber kann A für die Auswärtstätigkeit folgende Höchstbeträge als Verpflegungspauschalen steuerfrei auszahlen:

Anreisetag:			12,00 €
Zwischentag:		24,00 €	
Kürzung:	Frühstück	./. 4,80 €	
	Mittagessen	./. 9,60 €	
	Abendessen	./. 9,60 €	
verbleiben für den Zwischentag			0,00 €
Abreisetag:		12,00 €	
Kürzung:	Frühstück	./. 4,80 €	
verbleiben für den Abreisetag			7,20 €
Insgesamt steuerfrei auszahlbar			19,20 €

2. Arbeitgeber kürzt Reisekostenerstattung

Wie im 1. Beispiel, jedoch kürzt der Arbeitgeber auf Grund der Mahlzeitengestellung die steuerfreien Reisekosten um die amtlichen Sachbezugswerte. In diesem Fall hat A einen arbeitsrechtlichen Anspruch (nur) i.H. der gekürzten Reisekostenerstattung. Folglich kann der Arbeitnehmer A den Unterschieds-/Kürzungsbetrag als Werbungskosten geltend machen.

Der Arbeitgeber kürzt die Reisekostenerstattung wie folgt:

für die beiden Frühstücke um 3,46 €, für das Mittagessen um 3,23 € und für das Abendessen um 3,23 €; ergibt zusammen 9,92 €.

> **Folge:** Er zahlt an A eine gekürzte steuerfreie Reisekostenerstattung i.H.v. 9,28 € (19,20 € ./. 9,92 €). A kann die Differenz von 9,92 € als Werbungskosten geltend machen.

3. Zuzahlungen des Arbeitnehmers

Wie im 1. Beispiel, jedoch leistet der Arbeitnehmer A folgende Zuzahlungen:

für das Frühstück je 5 € und für das Mittag- und das Abendessen je 7 €.

> **Folge:** Der Arbeitgeber kann A für die Auswärtstätigkeit folgende Höchstbeträge als Verpflegungspauschalen steuerfrei auszahlen:

Anreisetag:			12,00 €
Zwischentag:		24,00 €	
Kürzung:	Frühstück	./. 0,00 € (4,80 – 5,00 €)	
	Mittagessen	./. 2,60 € (9,60 – 7,00 €)	
	Abendessen	./. 2,60 € (9,60 – 7,00 €)	
verbleiben für den Zwischentag			18,80 €
Abreisetag:			12,00 €
Kürzung:	Frühstück	./. 0,00 € (4,80 – 5,00 €)	
verbleiben für den Abreisetag			12,00 €
Insgesamt steuerfrei auszahlbar			42,80 €

4. Übersteigende Zuzahlungen des Arbeitnehmers

Zahlt Arbeitnehmer A im Beispielsfall 3 für das Mittag- und Abendessen je 10 € zu, führt dies zu folgenden Ergebnissen:

Am **Zwischentag** entfallen jeweils für das Mittag- und Abendessen die Kürzungsbeträge (9,60 € ./. 10,00 €). Folglich sind steuerfrei zahlbar: 24,00 €.

Vertiefende Beispielsfälle – insbesondere für Sonderfälle – enthält das „ergänzte" BMF-Schreiben zu den Reisekostenregelungen ab 2014 v. 24.10.2014[1)].

Neben dem vorgenannten Grundfall zur Kürzung der Verpflegungspauschalen bei Mahlzeitengestellung ist nach den steuerlichen Folgen zu fragen, wenn der Arbeitnehmer aus den verschiedensten Gründen die gestellte Mahlzeit **nicht einnimmt** und er **zusätzlich** ein Essen bzw. eine Mahlzeit auf eigene Rechnung bestellt.

In solch einem Fall kann der Arbeitgeber dem Arbeitnehmer anstelle der nicht eingenommenen zur Verfügung gestellten Mahlzeit eine weitere gleichartige Mahlzeit im Rahmen der 60 €-Grenze **zur Verfügung stellen** (arbeitsrechtliche Erstattung nach Belegvorlage beim Arbeitgeber). Folglich darf der Preis **beider** Mahlzeiten den Grenzbetrag von 60 € nicht übersteigen. Ergänzende Grundsätze für solche Sonderfälle enthalten die Rz. 64 und 71 des BMF-Schreibens vom 24.10.2014.[1)]

Hat der Arbeitnehmer für eine solch weitere vom Arbeitgeber gestellte Mahlzeit eine **Zuzahlung** zu leisten, kommt eine Kürzung des Kürzungsbetrags für die Verpflegungspauschale nach den Grundsätzen des BMF-Schreibens vom 24.10.2014[2)] in Betracht, höchstens bis zur Höhe des Kürzungsbetrags (sog. Kürzung der Kürzung). Jedoch ist für die auf eigene Veranlassung eingenommene Verpflegung ein Werbungskostenabzug des Arbeitnehmers bei seiner Einkommensteuerveranlagung ausgeschlossen.

> **Beispiele zur Kürzung der Verpflegungspauschale für zwei gestellte Essen bei einer Mahlzeitengestellung:**
>
> **1. Grundfall: Mahlzeitengestellung ohne Zuzahlung**
>
> Der Arbeitnehmer A nimmt an einer von seinem Arbeitgeber gebuchten eintägigen Fortbildungsveranstaltung von mehr als 8 Stunden Dauer teil. In der Tagungsgebühr ist ein Mittagessen zum Preis von 30 € enthalten. A verzichtet auf die Einnahme dieses Essens und nimmt stattdessen in der Mit-

---

1) BMF v. 24.10.2014, IV C 5 – S 2353/14/10002, BStBl I 2014, 1412.
2) BMF v. 24.10.2014, IV C 5 – S 2353/14/10002, BStBl I 2014, 1412, Rz. 70 ff.

tagspause in einem Restaurant eine Mahlzeit zum Preis von 25 € ein. Der Arbeitgeber erstattet den Preis gegen Einreichung der Rechnung. Der Preis beider Mahlzeiten beträgt insgesamt 55 €.

Folge: Der Arbeitgeber kann folgende Verpflegungspauschale steuerfrei zahlen:

Fortbildungsveranstaltung	12,00 €
abzgl. Kürzung für die beiden Mahlzeiten des gestellten Mittagessens (55 €)	9,60 €
Verbleiben	2,40 €

Abwandlung:

Der Preis der im Restaurant eingenommenen Mahlzeit beträgt 35 €, den der Arbeitgeber in voller Höhe gegen Einreichung der Rechnung übernimmt.

Folge: Der Arbeitgeber kann eine Verpflegungspauschale steuerfrei zahlen. Die Kürzung der Verpflegungspauschale unterbleibt, weil der Preis für die beiden Mahlzeiten des gestellten Mittagessens (30 € + 35 €) insgesamt 60 € übersteigt.

Anzusetzende steuerfreie Verpflegungspauschale: 12,00 €

Die vom Arbeitgeber getragenen Aufwendungen für das gestellte Mittagessen sind i.H.v. 65 € lohnsteuerpflichtiger Arbeitslohn, von dem ein Teilbetrag i.H.v. 12 € nach § 40 Abs. 2 Satz 1 Nr. 4 EStG pauschal mit 25 % Lohnsteuer besteuert werden kann.

2. Mahlzeitengestellung mit Zuzahlung

Arbeitnehmer A verschläft auf dem vom Arbeitgeber gebuchten Flug zu einer Auswärtstätigkeit die Ausgabe des Frühstücks. Nach der Landung des Flugzeugs nimmt er ein Frühstück zum Preis von 16 € im Flughafenrestaurant ein und reicht die Frühstücksrechnung an den Arbeitgeber weiter, der für das zweite Frühstück von A ein Entgelt i.H.v. 6 € fordert. Der Arbeitgeber verrechnet die Kostenerstattung für das zweite Frühstück mit dem geforderten Entgelt und erstattet den übersteigenden Betrag von 10 €. Es kann unterstellt werden, dass die 60 €-Grenze nicht überschritten ist.

Folge: Die steuerfreie Verpflegungspauschale ist wie folgt zu berechnen:

Steuerfreie Verpflegungspauschale für den Anreisetag:	12,00 €
Kürzung für das gestellte Frühstück (4,80 € – 6,00 €)	0,00 €
verbleibende steuerfreie Verpflegungspauschale:	12,00 €

Abwandlung:

A reicht die Frühstücksrechnung beim Arbeitgeber zur Erstattung ein, der für das zweite Frühstück von A ein Entgelt i.H.v. 16 € entrichtete. Der Arbeitgeber verrechnet die Kostenerstattung für das zweite Frühstück mit dem geforderten Entgelt in gleicher Höhe.

Steuerfreie Verpflegungspauschale für den Anreisetag:	12,00 €
Kürzung für das gestellte Frühstück (4,80 € – 6,00 €)	– 0,00 €
verbleibende steuerfreie Verpflegungspauschale:	12,00 €

f) Bescheinigungspflicht Großbuchstabe „M"

208 Erhält der Arbeitnehmer anlässlich oder während einer beruflichen Auswärtstätigkeit vom Arbeitgeber oder auf dessen Veranlassung von einem Dritten kostenlos oder verbilligt Mahlzeiten, ist seit 2014 grundsätzlich der Großbuchstabe „M" in der (elektronischen) Lohnsteuerbescheinigung anzugeben. Voraussetzung hierfür ist, dass die Mahlzeit mit dem amtlichen Sachbezugswert zu bewerten ist oder war.

Die Angabe des „M" ist unabhängig von der Anzahl der Mahlzeitengestellungen im Kalenderjahr. Grundlage für die Bescheinigung einer arbeitgeberveranlassten Mahlzeit wird regelmäßig die Reisekostenabrechnung des Arbeitnehmers sein. Es kommt nicht darauf an, ob eine Besteuerung der Mahlzeiten (Speisen) ausgeschlossen ist, die Mahlzeit pauschal oder individuell besteuert wurde.

Keine Bescheinigungspflicht besteht, wenn der Preis der Mahlzeit 60 € übersteigt oder die Mahlzeit (Speise) nicht zum Arbeitslohn rechnet (z.B. Mahlzeiten bei Betriebsveranstaltungen oder Speisen im eigenbetrieblichen Interesse).

Wie allgemein üblich, setzt auch die neue Bescheinigungspflicht voraus, dass diese Angaben im Lohnkonto aufgezeichnet werden (müssen). Eine gesetzliche Aufzeichnungsverpflichtung des Großbuchstabens M sehen die einschlägigen steuerlichen Regelungen jedoch weder im § 41 EStG noch im § 4 LStDV vor. Zudem hat der Arbeitgeber weiterhin die Möglichkeit, Aufzeichnungserleichterungen nach § 4 Abs. 3 LStDV zu beantragen. Deshalb hat die Finanzverwaltung geregelt, dass der Großbuchstabe „M" nicht zwingend erforderlich ist, sofern das Betriebsstättenfinanzamt für die steuerfrei gezahlten Reisekosten-Vergütungen eine andere Aufzeichnung als im Lohnkonto zugelassen hat (nach § 4 Abs. 3 LStDV). Diese ursprünglich für die Übergangszeit bis 2015 vorgesehene Regelung ist nun **letztmals** bis zum 31.12.2018 verlängert worden.

Durch die Bescheinigung des „M" möchte die Finanzverwaltung wohl eine Prüfungsmöglichkeit erhalten, damit nicht neben einer begünstigten Mahlzeitengestellung i.R. einer Veranlagung zur Einkommensteuer zusätzlich Reisekosten als Werbungskosten angesetzt werden.

4. Kfz-Kosten als Reisekosten

Nutzt der Arbeitnehmer für berufliche Auswärtstätigkeiten sein (eigenes) Kfz, kann der Arbeitgeber die nachgewiesenen tatsächlichen Aufwendungen des Arbeitnehmers **steuerfrei** ersetzen (→ Rz. 172). Alternativ ist die Abrechnung mit pauschalen Kilometersätzen (→ Rz. 172) möglich. Dazu ist kein Nachweis der tatsächlichen Aufwendungen erforderlich. **209**

Erhält der Arbeitnehmer **niedrigere** Kilometersätze erstattet, kann er den Differenzbetrag zu den tatsächlichen Aufwendungen oder zum pauschalen Kilometersatz als Werbungskosten geltend machen. Zahlt der Arbeitgeber **höhere** Kilometersätze als steuerlich ansetzbar, ist der übersteigende Betrag **steuerpflichtiger** Arbeitslohn.

Zu den Besonderheiten beim Bezug von steuerfreiem Ladestrom für Elektrofahrzeuge und Hybridelektrofahrzeuge → Rz. 242.

a) Pauschale Zahlungen/Kilometersätze

Seit 2014 richten sich die pauschalen Kilometersätze nach den Regelungen im BRKG. Danach kann für jeden **gefahrenen Kilometer** als höchster Betrag angesetzt werden: **210**

Bei Benutzung

- eines **Kraftwagens (z.B. Pkw):** 0,30 €
- eines **anderen motorbetriebenen Fahrzeugs** (z.B. Motorrad und Motorroller): 0,20 €

Mit diesen pauschalen Beträgen/Sätzen sind grundsätzlich sämtliche mit dem Betrieb des Fahrzeuges verbundenen Aufwendungen einschließlich der fixen Kosten, der AfA und einer kombinierten Rechtsschutzversicherung mit Verkehrsrechtsschutz (mit Ausnahme der Parkplatzgebühren) abgegolten. Daher zählt die zusätzliche Erstattung der Prämie für die **private** Fahrzeug-Vollkaskoversicherung zum Arbeitslohn.[1] Die Erstattung der Beiträge stellt auch insoweit steuerpflichtigen Arbeitslohn dar, als die Versicherungsprämien auf Privatfahrten und auf Fahrten **zwischen** Wohnung und erster Tätigkeitsstätte entfallen.[2]

Hat ein Arbeitgeber eine **Kaskoversicherung** für die Absicherung der seinen Arbeitnehmern gehörenden Kfz auf Auswärtstätigkeiten abgeschlossen, kann er neben der Kaskoversicherung für die Auswärtstätigkeiten den Kilometersatz von 0,30 € steuerfrei erstatten.[3] **211**

Schließt ein Arbeitgeber für seine Arbeitnehmer eine **Reisegepäckversicherung** ab, aus der den Arbeitnehmern ein eigener Anspruch gegenüber dem Versicherer zusteht, so

---

1) BFH v. 21.6.1991, VI R 178/88, BStBl II 1991, 814; BMF v. 9.9.2015, IV C 5 – S 2353/11/10003, BStBl I 2015, 734.
2) BFH v. 8.11.1991, VI R 191/87, BStBl II 1992, 204.
3) BMF v. 9.9.2015, IV C 5 – S 2353/11/10003, BStBl I 2015, 734.

führt die Zahlung der Prämien durch den Arbeitgeber zu Arbeitslohn. Dieser ist i.d.R. dann gem. § 3 Nr. 16 EStG steuerfrei, wenn sich der Versicherungsschutz auf Auswärtstätigkeiten beschränkt. Bezieht sich der Versicherungsschutz auf sämtliche Reisen des Arbeitnehmers, so ist eine Aufteilung der gesamten Prämie in einen beruflichen und einen privaten Anteil dann zulässig, wenn der Versicherer eine Auskunft über die Kalkulation seiner Prämien erteilt, die eine Aufteilung ohne weiteres ermöglicht.[1]

212 **Pauschvergütungen**, die der Arbeitgeber dem Arbeitnehmer für die berufliche Benutzung des eigenen Kfz ohne Rücksicht auf die tatsächliche Nutzung für berufliche Auswärtstätigkeiten zahlt, sind keine Reisekosten. Sie zählen zum **Arbeitslohn**, wobei das Finanzamt die Aufwendungen des Arbeitnehmers in nachgewiesener Höhe oder mit dem pauschalen Kilometersatz (0,30 €) als Werbungskosten anerkennt.

213 Wegen der Behandlung der **Unfallfolgen** → Rz. 290.

214 Die vorgenannten pauschalen Kilometersätze gelten die Aufwendungen des Arbeitnehmers für die berufliche Nutzung des eigenen Kraftwagens oder eines anderen motorbetriebenen Fahrzeugs ab. Benutzt der Arbeitnehmer für Fahrten zu Auswärtstätigkeiten ein sog. **Leasingfahrzeug**, sind diese Aufwendungen steuerlich ebenso zu behandeln wie Aufwendungen für das eigene Fahrzeug.

b) Kosten des Führerscheins

215 Aufwendungen zur Erlangung eines Führerscheins sind ausnahmsweise dann Werbungskosten, wenn der Führerschein entweder Voraussetzung für die Berufsausübung ist oder wenn infolge der Erlangung des Führerscheins ein berufliches Fortkommen in Aussicht steht.

Ersetzt der Arbeitgeber die Kosten für die Erlangung des Führerscheins, so ist darin kein Arbeitslohn zu sehen, wenn der Arbeitgeber den Arbeitnehmer zum Erwerb des Führerscheins veranlasst hat, damit dieser ein betriebliches Fahrzeug – wenn auch nur gelegentlich – führen kann. Dies ist dann der Fall, wenn der Arbeitnehmer z.B. als Taxi- oder Lkw-Fahrer eingesetzt werden soll, oder im Rahmen der Straßenwärterausbildung der Erwerb des Führerscheins der Klasse B sowie für Feuerwehrleute der Erwerb des Führerscheins der Klasse C 1/C vorgeschrieben ist.

5. Unfallversicherung

216 Hat der Arbeitgeber für seine Arbeitnehmer Unfallversicherungen abgeschlossen und steht die Ausübung der Rechte aus dem Versicherungsvertrag ausschließlich dem Arbeitgeber zu, stellen die Beiträge im Zeitpunkt der Zahlung durch den Arbeitgeber keinen Arbeitslohn dar. Im Schadensfall führen Leistungen aus einem solchen Vertrag an den Arbeitnehmer in Höhe der bis dahin entrichteten und auf den jeweiligen Versicherungsschutz des Arbeitnehmers entfallenden Beiträge zu Arbeitslohn. Die Versteuerung ist im Zeitpunkt der Auszahlung oder Weiterleitung der Leistung an den Arbeitnehmer vorzunehmen. Der steuerpflichtige Betrag ist begrenzt auf die dem Arbeitnehmer ausgezahlte Versicherungsleistung. Dabei spielt es keine Rolle, ob der Unfall im beruflichen oder außerberuflichen Bereich eingetreten ist, und ob es sich um eine Einzelunfallversicherung oder eine Gruppenunfallversicherung handelt. Bei einer Gruppenunfallversicherung ist der auf den einzelnen Arbeitnehmer entfallende Teil der Beiträge ggf. zu schätzen.

Steuerlich begünstigt ist auch, wenn der Arbeitnehmer eine Unfallversicherung abgeschlossen hat, die das Unfallrisiko im beruflichen und außerberuflichen Bereich umfasst, also auch das Unfallrisiko für Auswärtstätigkeiten. In diesem Fall kann der Arbeitgeber den auf das Unfallrisiko für Auswärtstätigkeiten entfallenden Beitragsanteil als Reisenebenkosten steuerfrei erstatten. Aus Vereinfachungsgründen lässt die Finanzverwaltung

---

[1] BFH v. 19.2.1993, VI R 42/92, BStBl II 1993, 519.

zu, dass der Arbeitgeber den steuerfrei erstattungsfähigen Betrag mit 20 % der Gesamtprämie des Arbeitnehmers für die Unfallversicherung schätzt. Wegen weiterer Einzelheiten vgl. BMF-Schreiben v. 28.10.2009[1)].

6. Miles and More

Insbesondere von Fluggesellschaften werden sog. Vielfliegerprogramme (Miles and More) angeboten, um die Fluggäste an eine bestimmte Fluglinie zu binden. Dazu wird dem Fluggast für jeden Flug eine bestimmte Anzahl von Meilen gutgeschrieben. Mittlerweile werden auch Meilen für die Buchung bestimmter Hotels, Mietwagen oder für bestimmte Einkäufe usw. gewährt. Die Gutschriften erfolgen personenbezogen und es wird nicht unterschieden, ob der Anlass für die Meilengutschrift **dienstlich** oder **privat** war. Darf der Arbeitnehmer über die dienstlich erworbenen Meilengutschriften frei verfügen, handelt es sich insoweit um einen geldwerten **steuerpflichtigen** Vorteil (Arbeitslohn durch Dritte).

217

Inzwischen vereinbaren die Arbeitgeber mit den Arbeitnehmern regelmäßig, dass dienstlich erworbene Meilengutschriften bei entsprechender Höhe auch für dienstliche Zwecke eingesetzt werden. In diesem Fall fließen dem Arbeitnehmer keine steuerpflichtigen Vorteile zu. Liegt jedoch keine derartige Vereinbarung vor, und kann der Arbeitnehmer über die dienstlich erworbenen Meilengutschriften frei verfügen, handelt es sich insoweit um einen geldwerten Vorteil (Arbeitslohn durch Dritte).

Reichen **dienstlich erworbene** Meilen für sich allein zur Ausschüttung einer Sachprämie aus, sind die folgenden steuerlichen Möglichkeiten zu beachten:

1. Das die Sachprämie ausschüttende Unternehmen versteuert die Prämie pauschal mit 2,25 % (nach § 37a Abs. 1 EStG) und unterrichtet den Prämienempfänger von der Steuerübernahme (§ 37a Abs. 2 EStG). Weil das Unternehmen die Pauschalsteuer übernommen hat, ergeben sich für den Arbeitnehmer keine steuerlichen Konsequenzen.
2. Entrichtet das ausschüttende Unternehmen die Pauschalsteuer nicht, ist der Wert der ausgeschütteten Prämie nach § 3 Nr. 38 EStG steuerfrei, soweit dieser 1 080 € nicht übersteigt. Der Arbeitnehmer hat den Wert der Prämie selbst zu ermitteln und einen 1 080 € übersteigenden Teilbetrag in seiner Einkommensteuererklärung als Einnahme anzugeben. Teilt er stattdessen diesen Teilbetrag dem Arbeitgeber mit, hat dieser den steuerpflichtigen Teil als sonstigen Bezug dem üblichen Lohnsteuerabzug zu unterwerfen (nach § 38 Abs. 1 Satz 3 EStG).

VIII. Arbeitgeber zahlt feste Sätze

1. Pauschalabgeltung steuerpflichtig

Arbeitgeber erstatten bzw. zahlen die **Reisekosten** für berufliche Auswärtstätigkeiten ihrer Arbeitnehmer oft nach einheitlichen Richtlinien und festen Beträgen bzw. Sätzen. Vorweg sei bemerkt, dass eine Abgeltung von Reisekosten ohne Einzelnachweis durch eine **pauschale** Aufteilung des Gehalts in einen Teil, der mit Gehalt/Arbeitslohn, und in einen anderen Teil, der mit Dienstaufwandsentschädigung (Vertrauensspesen, Spesenersatz usw.) bezeichnet wird, nicht zu dem gewünschten Resultat führt. Solche Monats- oder Jahrespauschalen sind ohne Einzelabrechnung steuerpflichtiger Arbeitslohn.

218

Verpflegungsmehraufwendungen dürfen nur bis zur Höhe der steuerlichen Pauschbeträge (Verpflegungspauschalen) steuerfrei gezahlt werden.

2. Pauschalierte Verpflegungskosten

a) Verpflegungspauschalen bei Auswärtstätigkeiten

Vom Arbeitgeber als Reisekosten gezahlte Verpflegungsmehraufwendungen für Auswärtstätigkeiten sind steuerfrei, soweit sie die steuerlichen Pauschalen nicht übersteigen.

219

---

1) BMF v. 28.10.2009, IV C 5 – S 2332/09/10004, BStBl I 2009, 1275.

B. Arbeitnehmer

Dritter Teil: Inlandsreisen

gen. Ein darüber hinausgehender Betrag gehört zum steuerpflichtigen Arbeitslohn. Die Versteuerung kann pauschal (→ Rz. 222) oder nach den (elektronischen) Lohnsteuerabzugsmerkmalen vorgenommen werden.

Zur Frage, wie sich eine unentgeltlich gestellte Verpflegung (geldwerter Vorteil i.H. des Sachbezugswerts) auf die steuerfrei zahlbaren oder als Werbungskosten ansetzbaren Verpflegungspauschalen auswirkt → Rz. 202 ff.

220 Für jeden Tag der Auswärtstätigkeit (Reisetag) kann der Arbeitgeber seit 2014 folgende Höchstbeträge steuerfrei zahlen (→ Rz. 1):

Bei einer Abwesenheit von

- 24 Stunden 24 €,
- weniger als 24 Stunden, aber mehr als 8 Stunden 12 €,
- beliebiger Dauer am ersten Reisetag bzw. Anreisetag mit einer auswärtigen Übernachtung sowie für den Reisetag nach einer auswärtigen Übernachtung (Rück-/Abreisetag) 12 €.

221 Als Reisetag gilt jeweils der einzelne Kalendertag. Führt der Arbeitnehmer an **einem** Kalendertag **mehrere** Auswärtstätigkeiten durch, sind die Abwesenheitszeiten an diesem Kalendertag zusammenzurechnen (→ Rz. 187). Soweit für denselben Kalendertag Verpflegungsmehraufwendungen

- wegen einer üblichen Auswärtstätigkeit, Fahrtätigkeit oder Einsatzwechseltätigkeit oder
- wegen einer doppelten Haushaltsführung

anzuerkennen sind, ist jeweils nur der **höchste Pauschbetrag** anzusetzen.

> **Beispiel: Doppelte Haushaltsführung und Auswärtstätigkeit**
>
> Ein Arbeitnehmer führt seit zwei Monaten einen doppelten Haushalt. Vom Ort der auswärtigen Beschäftigung unternimmt er eine zehnstündige Auswärtstätigkeit.
>
> **Folge:** Einzeln betrachtet stünden dem Arbeitnehmer Mehraufwendungen für Verpflegung für die doppelte Haushaltsführung für den Tag der Auswärtstätigkeit i.H.v. 24 € und für die Auswärtstätigkeit als solches i.H.v. 12 € zu, zusammen also 36 €.
>
> Der Arbeitgeber darf jedoch nur den höchsten in Betracht kommenden Einzelbetrag von 24 € steuerfrei erstatten.
>
> Wird die Auswärtstätigkeit nach Ablauf der Dreimonatsfrist durchgeführt (→ Rz. 182), ist die Abwesenheit vom Ort des doppelten Haushalts entscheidend. Folglich darf der Arbeitgeber höchstens den für die Auswärtstätigkeit in Betracht kommenden Einzelbetrag i.H.v. 12 € steuerfrei erstatten.

b) Lohnsteuer-Pauschalierung von Verpflegungsmehraufwendungen bei Auswärtstätigkeiten

222 Zahlt der Arbeitgeber anlässlich einer Auswärtstätigkeit einschließlich Fahr- und Einsatzwechseltätigkeit (**nicht** bei einer doppelten Haushaltsführung) Verpflegungspauschalen, die über die steuerfreien Pauschbeträge hinausgehen, kann er diesen Betrag bis zur Höhe des steuerfreien Pauschbetrags mit **25 % pauschaler** Lohnsteuer **versteuern** (§ 40 Abs. 2 Satz 1 Nr. 4 EStG). Ein Einzelnachweis der Verpflegungsmehraufwendungen durch den Arbeitnehmer ist nicht erforderlich.

Hierdurch können bei einer Abwesenheit je Kalendertag von

- über 8 Stunden 24 € gezahlt werden, wovon *je* 12 € steuerfrei und pauschal zu versteuern sind,

- für den ersten Reisetag bzw. Anreisetag mit einer auswärtigen Übernachtung sowie den Reisetag nach einer solchen Übernachtung (Rück-/Abreisetag) 24 € gezahlt werden, wovon *je* 12 € steuerfrei und pauschal zu versteuern sind,
- 24 Stunden 48 € gezahlt werden, wovon *je* 24 € steuerfrei und pauschal zu versteuern sind.

Diese Lohnsteuerpauschalierung ist **nur** für Zahlungen des **Arbeitgebers** an Arbeitnehmer zulässig, Selbständige und Gewerbetreibende können diese Vorschrift nicht für sich nutzen.

Arbeitgebererstattungen, die **über** den o.g. Erhöhungsbeträgen liegen, sind vom Arbeitnehmer individuell zu versteuern (nach den Lohnsteuerabzugsmerkmalen) und unterliegen – im Gegensatz zu den pauschal zu versteuernden Beträgen – der Sozialversicherungspflicht.

Die vorgenannte Pauschalierungsmöglichkeit gilt auch bei **Auslandsreisen**. Hier können die über die steuerfreien Pauschbeträge hinausgehenden Arbeitgeberzahlungen bis zur Höhe der maßgebenden ausländischen Pauschbeträge (→ Rz. 2) pauschal versteuert werden.

Die Lohnsteuer-Pauschalierung ist dagegen **nicht zulässig**, wenn **keine** steuerfreie Verpflegungspauschale (mehr) angesetzt werden kann, z.B. bei einer nur sechsstündigen Abwesenheit des Arbeitnehmers. Ist nach **Ablauf** der **Dreimonatsfrist** (→ Rz. 182) eine steuerfreie Erstattung von Verpflegungspauschalen nicht mehr möglich, ist die Pauschalbesteuerung mit 25 % ebenso nicht (mehr) zulässig.

Hierbei ist zu beachten, dass Arbeitnehmer mit einer **Einsatzwechseltätigkeit** und Übernachtung an der Tätigkeitsstätte keinen doppelten Haushalt führen. Folglich ist die Pauschalbesteuerung hier zeitlich uneingeschränkt zulässig.

> **Beispiel: Ablauf der Dreimonatsfrist bei Auswärtstätigkeit**
>
> Arbeitnehmer A erhält während einer ununterbrochenen viermonatigen Auswärtstätigkeit von seinem Arbeitgeber Vergütungen für Verpflegungsmehraufwendungen i.H.v. 48 € für jeden vollen Kalendertag. Für An- und Abreisetage reduziert sich diese Vergütung auf 24 € pro Tag. Während seiner Auswärtstätigkeit wird dem Arbeitnehmer kostenlos eine Unterkunft vom Arbeitgeber zur Verfügung gestellt.
>
> **Folge**: In den ersten drei Monaten ist die Verpflegungspauschale für die vollen Kalendertage i.H.v. 24 € und für die An- und Abreisetage jeweils i.H.v. 12 € steuerfrei. Der Mehrbetrag von 24 € bzw. 12 € kann mit 25 % pauschal versteuert werden.
>
> Ab dem vierten Monat sind die vom Arbeitgeber gezahlten Verpflegungsvergütungen von täglich 48 € bzw. 24 € wegen des Ablaufs der Dreimonatsfrist in voller Höhe als Arbeitslohn nach den Lohnsteuerabzugsmerkmalen des Arbeitnehmers individuell zu versteuern.

Die **Möglichkeit** der Lohnsteuer-Pauschalierung durch den Arbeitgeber führt nicht dazu, dass der Arbeitnehmer Werbungskosten in Höhe des pauschalierungsfähigen Betrags geltend machen kann. Hier bleibt es beim Ansatz der üblichen Verpflegungspauschalen, soweit sie der Arbeitgeber nicht steuerfrei gezahlt hat.

c) Lohnsteuer-Pauschalierung bei gestellten Mahlzeiten

Seit 2014 hat der Arbeitgeber die Möglichkeit, den Wert der dem Arbeitnehmer steuerpflichtig gestellte **Mahlzeiten** mit **25 % pauschaler** Lohnsteuer zu **versteuern** (§ 40 Abs. 2 Satz 1 Nr. 1a EStG). Diese Pauschalbesteuerungsmöglichkeit ist **zulässig**, wenn

- die Mahlzeiten dem Arbeitnehmer von seinem Arbeitgeber oder auf dessen auf Veranlassung von einem Dritten während einer **auswärtigen Tätigkeit** unentgeltlich oder verbilligt zur Verfügung gestellt werden **und**
- der so entstandene Vorteil zu besteuern ist, weil **keine** als Werbungskosten anzusetzende Verpflegungspauschale (§ 8 Abs. 2 Satz 9 EStG) in Betracht kommt.

Folglich kann der Arbeitgeber diese **Pauschalbesteuerung wählen**, wenn

- der Arbeitnehmer **ohne** Übernachtung nicht mehr als acht Stunden beruflich auswärts tätig ist,
- der Arbeitgeber die berufliche **Abwesenheitszeit** nicht überwacht, nicht kennt oder
- die **Dreimonatsfrist** (→ Rz. 182, § 9 Abs. 4a Satz 6 EStG) abgelaufen ist.

> **Beispiel: Lohnsteuer-Pauschalierung bei Mahlzeitengestellung**
>
> Arbeitnehmer A nimmt im Kalenderjahr 2018 an einer halbtägigen auswärtigen Seminarveranstaltung teil. Der Arbeitgeber hat für A neben dem Seminar auch ein übliches Mittagessen gebucht und dafür 30 € bezahlt. Der Arbeitgeber führt keine Aufzeichnungen über die Abwesenheitszeiten von A.
>
> **Folge**: Weil der Arbeitgeber keine Aufzeichnungen über die Abwesenheitszeiten von A führt, kann er nicht entscheiden, ob die Voraussetzungen für eine steuerfreie Verpflegungspauschale vorliegen. Um den Arbeitnehmer nicht zu belasten, versteuert der Arbeitgeber das gestellte Mittagessen nach § 40 Abs. 2 Satz 1 Nr. 1a EStG pauschal mit 25 %.
>
> Als Arbeitslohn ist der Sachbezugswert i.H.v. 3,23 € (für 2018) anzusetzen:
>
> 3,23 € x 25 % = 0,79 € Lohnsteuer, zzgl. Solidaritätszuschlag (5,5 % v. 0,79 € = 0,04 €) und ggf. Kirchensteuer.

Weitere **Voraussetzung** für die Lohnsteuer-Pauschalierung ist, dass es sich um **übliche** Mahlzeiten (→ Rz. 203) handelt, die mit dem Sachbezugswert anzusetzen sind. Die Vorteile sog. Belohnungsessen mit einem Preis von mehr als 60 € sind somit nicht pauschal besteuerbar. Ebenso besteht diese Pauschalierungsmöglichkeit **nicht** für die Gestellung von **arbeitstäglichen** Mahlzeiten

- im Betrieb und
- am Ort der ersten Tätigkeitsstätte im Rahmen einer doppelten Haushaltsführung.

In diesen Fällen kommt eine Pauschalierung der Lohnsteuer nach § 40 Abs. 2 Satz 1 Nr. 1 EStG mit 25 % in Betracht.

Gestellt der Arbeitgeber Mahlzeiten im überwiegend **eigenbetrieblichen** Interesse (z.B. sog. Arbeitsessen oder bei Teilnahme von Arbeitnehmern an einer geschäftlich veranlassten Bewirtung) liegt **kein** steuerpflichtiger Arbeitslohn vor. Deshalb ist eine Lohnsteuer-Pauschalierung für solche Mahlzeiten nicht erforderlich.

d) Zusammenrechnung der Aufwendungsarten

224 Bei der **Ermittlung** der **steuerfreien Reisekosten** dürfen zu Gunsten des Arbeitnehmers die einzelnen Vergütungsarten (Fahrt-, Verpflegungs- und Übernachtungskosten) zur Berechnung eines steuerfreien Volumens **zusammengerechnet** werden, so dass z.B. höhere Verpflegungserstattungen mit Fahrtkosten, die der Arbeitgeber nicht gänzlich erstattet, **verrechnet** werden können. Dazu ist ein Abgleich der steuerfreien Höchstbeträge bzw. des zuvor ermittelten steuerfreien Volumens mit dem tatsächlichen Zahlbetrag erforderlich.

Die so zusammen abgerechneten bzw. zusammengefassten Reisekosten können steuerfrei gezahlt werden, soweit sie die Summe der zulässigen steuerfreien Leistungen bzw. des steuerfreien Volumens nicht übersteigen. Hierbei können auch **mehrere** Reisen zusammengefasst abgerechnet werden. Diese Möglichkeit gilt sinngemäß für **Umzugskosten** und für Mehraufwendungen bei einer **doppelten Haushaltsführung** (für private Arbeitgeber nach R 3.16 Satz 1 bis 3 LStR 2015, für öffentlich-rechtliche Arbeitgeber nach R 3.13 Abs. 1 Satz 1 bis 3 LStR 2015).

> **Beispiel: Verrechnung unterschiedlicher Vergütungsarten**
>
> A ist als Monteur i.R. einer längerfristigen beruflichen Auswärtstätigkeit für die Dauer von sechs Monaten (110 Arbeitstage) an derselben Tätigkeitsstätte tätig. Die arbeitstägliche Abwesenheit von

seiner Wohnung und der ersten Tätigkeitsstätte beträgt jeweils mehr als 8 Stunden. Während der sechs Monate seiner Tätigkeit steht A nach der Reisekostenrichtlinie des Arbeitgebers ein Anspruch auf ein Tagegeld i.H.v. 6 €/Arbeitstag zu, insgesamt also 660 € (110 Arbeitstage x 6 €).

Folge:

Monatliche Reisekostenabrechnung

Rechnet A die Reisekosten **monatlich** ab, können die Tagegelder der ersten drei Monate steuerfrei geleistet werden:

Volumen durch steuerfreie Verpflegungspauschalen:	55 Arbeitstage x 12 € =	660 €
gezahltes Tagegeld:	55 Arbeitstage x 6 € =	330 €

Weil die Zahlungen unter dem steuerfrei zahlbaren Volumen liegen, kann A zusätzlich für die ersten drei Monate noch 330 € (660 € ./. 330 €) als Werbungskosten geltend machen.

Die Tagegelder der folgenden drei Monate sind steuerpflichtig und der Arbeitnehmer kann insoweit keine Werbungskosten mehr geltend machen.

steuerfreie Verpflegungspauschalen:		0 €
gezahltes Tagegeld:	55 Arbeitstage x 6 € =	330 €

Zusammengefasste Reisekostenabrechnung

Rechnet A die auswärtige berufliche Tätigkeit für deren Gesamtdauer zusammengefasst ab, können die Tagegelder der gesamten sechs Monate steuerfrei gezahlt werden. Im Gegenzug entfällt jedoch der Werbungskostenabzug.

Volumen durch steuerfreie Verpflegungspauschalen:	55 Arbeitstage x 12 €/Arbeitstag =	660 €
gezahltes Tagegeld:	110 Arbeitstage x 6 €/Arbeitstag =	660 €

Diese Verrechnungsmöglichkeit besteht auch bei pauschal zu versteuernden Vergütungen für Verpflegungsmehraufwendungen.

Beispiel: Verrechnungsmöglichkeit mit Verpflegungspauschale

Ein Arbeitnehmer erhält von seinem Arbeitgeber für eine neunstündige Auswärtstätigkeit in einer 50 km entfernt gelegenen Stadt einen Erstattungsbetrag von 60 €. Der Arbeitnehmer hat diese Fahrt mit seinem privaten Pkw durchgeführt.

Folge:

Steuerfrei sind:

– Fahrtkosten 100 km × 0,30 €	30 €
– Verpflegungspauschale	12 €
	42 €

Der Mehrbetrag von 18 € (60 € ./. 42 €) kann mit einem Teilbetrag von 12 € (Verpflegungspauschale) mit 25 % pauschal versteuert werden, so dass der Arbeitnehmer lediglich 6 € individuell versteuern muss.

In den Fällen, in denen **keine** steuerfreie Verpflegungspauschale gezahlt werden darf, beanstandet es die Finanzverwaltung nicht, wenn der Arbeitgeber bei einer von ihm zur Verfügung gestellten Mahlzeit eine Verrechnung des als **Arbeitslohn** anzusetzenden Sachbezugswerts mit steuerfrei zu erstattenden Fahrt-, Unterkunfts- oder Reisenebenkosten vornimmt.

Beispiel: Verrechnungsmöglichkeit ohne Verpflegungspauschale

Der Arbeitnehmer A nimmt an einem halbtägigen auswärtigen Seminar mit Mittagessen teil und ist 6 Stunden von seiner Wohnung und der ersten Tätigkeitsstätte abwesend. Für die Fahrt zum Seminar und zurück nutzt A seinen privaten Pkw. Für die so entstandenen Fahrtkosten steht A ein steuerfreies Volumen i.H.v. 30 € zu.

B. Arbeitnehmer

> **Folge:** Der Arbeitgeber kann die von ihm im Rahmen des Seminars gestellte Mahlzeit mit dem Sachbezugswert individuell oder pauschal mit 25 % versteuern oder mit dem steuerfreien Volumen i.H.v. 30 € verrechnen.

e) Abwälzung/Übernahme der pauschalen Lohnsteuer

225 Im Fall der Lohnsteuer-Pauschalierung kann der Arbeitgeber die **pauschale Lohnsteuer** für gezahlte Verpflegungsmehraufwendungen auf den Arbeitnehmer **abwälzen**. Bei solch einer Abwälzung der pauschalen Lohnsteuer mindert sich der Barlohn nicht.

Soll gleichwohl wirtschaftlich eine **Barlohnminderung** erreicht werden, sind die pauschal zu versteuernden Vergütungen für Verpflegungsmehraufwendungen nicht mit 100 % der maßgebenden Pauschbeträge, sondern entsprechend geringer anzusetzen.

Im Fall der Lohnsteuer-Pauschalierung und der **Übernahme** der pauschalen Lohnsteuer, der Kirchensteuer sowie des Solidaritätszuschlags durch den Arbeitgeber wären die Vergütungen um 21,95 % zu kürzen und dann die Pauschsteuer mit dem Nettosteuersatz von 28,125 % zu übernehmen. Beiträge zur gesetzlichen Sozialversicherung fallen regelmäßig nicht an.

> **Beispiel: Lohnsteuerpauschalierung**
>
> Der Arbeitgeber vereinbart mit dem Arbeitnehmer, dass im Fall der Lohnsteuer-Pauschalierung die zusätzlichen Zahlungen für Verpflegungsmehraufwendungen um 21,95 % gekürzt werden und er von den gekürzten Beträgen die pauschale Lohnsteuer, die Kirchensteuer und den Solidaritätszuschlag übernimmt.
>
> **Folge:** Bei einem steuerfreien Betrag für Verpflegungsmehraufwendungen von 24 € bedeutet dies:
>
> | | |
> |---|---:|
> | zustehender Höchstbetrag | 24,00 € |
> | ./. vereinbarte Kürzung um 21,95 % | ./. 5,27 € |
> | ausgezahlter Betrag | 18,73 € |
> | übernommene Pauschsteuer 18,73 € × 28,125 % | 5,27 € |
> | Arbeitgeberaufwand | 24,00 € |

3. Pauschalierte Übernachtungskosten bei Auswärtstätigkeit/doppeltem Haushalt

226 Der Arbeitgeber darf die Kosten für die Übernachtung des Arbeitnehmers anlässlich einer **Auswärtstätigkeit** im Inland i.d.R. ohne Einzelnachweis und unbefristet bis zu **20 € pro Übernachtung steuerfrei** ersetzen, sofern die Übernachtung **nicht** in einer vom Arbeitgeber gestellten Unterkunft erfolgt. Hat der Arbeitnehmer z.B. in einem Hotel übernachtet und zahlt der Arbeitgeber wegen des fehlenden Belegs nur den Übernachtungspauschbetrag von 20 € steuerfrei, ist hier **keine** Kürzung für die Kosten des Frühstücks vorzunehmen.

Für die Übernachtungen in einem **Schlafwagen** oder einer **Schiffskabine** darf der Übernachtungspauschbetrag nur dann **steuerfrei** gezahlt werden, wenn die Übernachtung in einer anderen Unterkunft begonnen oder beendet worden ist. Für die Dauer der Benutzung von Beförderungsmitteln (bzw. eines Fahrzeugs) darf ein Übernachtungsgeld bzw. der Pauschbetrag nicht angesetzt oder steuerfrei gezahlt werden.

Die steuerfreie Zahlung durch den Arbeitgeber ist auch zulässig, wenn die Übernachtung in einem Wohnmobil oder Campingbus erfolgte.

Führt der Arbeitnehmer einen **doppelten Haushalt**, darf der Arbeitgeber die notwendigen Aufwendungen für die Zweitwohnung im Inland für einen Zeitraum von längstens **drei Monaten ohne Einzelnachweis**

- pauschal mit **20 €**
- und für die Folgezeit zeitlich unbegrenzt pauschal mit **5 €**

je tatsächlich durchgeführter **Übernachtung** steuerfrei zahlen.

Eine steuerfreie Zahlung der vorgenannten Pauschbeträge **ohne** Nachweis der Übernachtung ist nicht möglich. Für Tage, an denen der Arbeitnehmer **nicht** in der Wohnung übernachtet, diese aber vorhält bzw. beibehält, z.B. an Tagen der Familienheimfahrten, ist eine steuerfreie Zahlung von Pauschbeträgen **nicht** zulässig. Ebenso ist die steuerfreie Zahlung pauschaler Übernachtungskosten ausgeschlossen, wenn der Arbeitgeber dem Arbeitnehmer die Zweitwohnung **unentgeltlich** oder teilentgeltlich zur Verfügung gestellt hat.

Gleiches gilt bei einer **Übernachtung im Fahrzeug** (z.B. bei Übernachtung eines Kraftfahrers in der Schlafkabine seines Lkw). Allerdings kann ein Kraftfahrer die typischerweise **bei einer** Übernachtung anfallende Kosten belegen und ansetzen.

Übernachtet ein **Kraftfahrer** anlässlich seiner auswärtigen beruflichen Tätigkeit (Fahrtätigkeit) in der Schlafkabine seines Lkw, entstehen Aufwendungen, die bei anderen Arbeitnehmern mit Übernachtung anlässlich einer beruflichen Auswärtstätigkeit typischerweise in den Übernachtungskosten enthalten sind. Derartige Aufwendungen können als **Reisenebenkosten** in vereinfachter Weise ermittelt und glaubhaft gemacht werden. Als Reisenebenkosten in diesem Sinne kommen z.B. in Betracht:

- Gebühren für die Benutzung der sanitären Einrichtungen (Toiletten sowie Dusch- oder Waschgelegenheiten) auf Raststätten,
- Aufwendungen für die Reinigung der eigenen Schlafkabine.

Hat der Arbeitnehmer diesen Nachweis erbracht, kann der tägliche Durchschnittsbetrag, der sich aus den Rechnungsbeträgen für den repräsentativen Zeitraum ergibt,

- für den Ansatz von Werbungskosten oder auch
- für die steuerfreie Erstattung durch den Arbeitgeber

so lange zu Grunde gelegt werden, bis sich die Verhältnisse wesentlich ändern.

> **Beispiel: Zugrundelegung des täglichen Durchschnittsbetrags**
>
> Lkw-Fahrer A weist dem Arbeitgeber für einen repräsentativen Zeitraum die o.g. Reisenebenkosten durch Belege nach:
>
> - für Monat Oktober 2016: Aufwendungen gesamt 60 € (20 Tage Auswärtstätigkeit),
> - für Monat November 2016: Aufwendungen gesamt 80 € (25 Tage Auswärtstätigkeit),
> - für Monat Dezember 2016: Aufwendungen gesamt 40 € (15 Tage Auswärtstätigkeit).
>
> Die Summe der Aufwendungen von 180 € : 60 Tage Auswärtstätigkeit ergibt 3 € als täglicher Durchschnittswert. Die Verhältnisse des repräsentativen Zeitraums haben sich bisher nicht geändert.
>
> **Folge:** Der für das Jahr 2016 ermittelte Wert kann bei A auch in 2018 für jeden Tag der Auswärtstätigkeit durch den Arbeitgeber steuerfrei gezahlt werden. Alternativ kann A sie als Werbungskosten geltend machen.

Fundstelle dieser Regelung: BMF v. 4.12.2012[1]. Zu den Folgen, wenn der Ehegatte den Arbeitnehmer auf einer Auswärtstätigkeit begleitet → Rz. 191.

227 Um ein möglichst hohes steuerfreies Volumen zu erhalten, ist bei einer mehrtägigen Reise bzw. Auswärtstätigkeit **ein Wechsel** zwischen dem Übernachtungspauschbetrag und den tatsächlich nachgewiesenen Übernachtungskosten **zulässig**. Hierdurch können Arbeitgeber und Arbeitnehmer für eine **mehrtägige** Auswärtstätigkeit tageweise wählen, ob die im Einzelnen **nachgewiesenen Übernachtungskosten** oder der **Pauschbetrag für Übernachtung** steuerfrei ersetzt werden soll.

---

1) BMF v. 4.12.2012, IV C 5 – S 2353/12/10009, BStBl I 2012, 1249.

B. Arbeitnehmer — Dritter Teil: Inlandsreisen

4. Ausweis Übernachtung in Hotelrechnung

a) Allgemeines

228 Weil seit 2010 der Umsatzsteuersatz für das Hotelwesen und Übernachtungsgewerbe auf 7 % abgesenkt wurde, ist bei Übernachtungen im **Inland** ein getrennter Ausweis der Übernachtungsleistungen mit 7 % USt und für die eingenommenen Mahlzeiten mit 19 % USt erforderlich. Dadurch entfällt in diesen Fällen die vor 2010 zulässige pauschale Kürzungsmöglichkeit des Gesamtbetrags.

Will der Arbeitgeber die Übernachtungskosten und die gestellten Mahlzeiten (steuerfrei) erstatten, sind zwei Fallgestaltungen zu unterscheiden.

b) Fallgestaltung 1: Das Hotel weist den Frühstückspreis in der Rechnung gesondert neben dem Übernachtungspreis aus

229 Eine Lohnsteuerpauschalierung mit 25 % ist möglich (→ Rz. 222; Einzelheiten zur lohnsteuerlichen Behandlung → Rz. 59).

> **Beispiel: Lohnsteuerpauschalierung mit 25 %**
>
> Das Hotel rechnet die Übernachtung sowie das Frühstück des Arbeitnehmers anlässlich einer beruflichen Auswärtstätigkeit wie folgt ab:
>
> | | |
> |---|---:|
> | Übernachtung | 100,00 € |
> | Frühstück | 15,00 € |
> | **Summe** | **115,00 €** |
> | 7 % USt | 7,00 € |
> | 19 % USt | 2,85 € |
>
> **Folge:** Der Arbeitgeber kann dem Arbeitnehmer die Übernachtungskosten i.H.v. 100 € (zzgl. USt) steuerfrei erstatten. Bei Erstattung der Frühstückskosten i.H.v. 15 € (zzgl. USt) sind seit 2014 die Verpflegungspauschalen zu kürzen → Rz. 206.
>
> Liegt die Zahlung des Arbeitgebers über der Verpflegungspauschale, ist eine Lohnsteuerpauschalierung mit 25 % möglich. Pauschalierungsfähig ist höchstens der Betrag, der ohne Anwendung der Kürzungsregelung als Verpflegungspauschale steuerfrei gezahlt bzw. als Werbungskosten angesetzt werden könnte (12 € oder 24 €).

c) Fallgestaltung 2: Das Hotel weist in der Rechnung neben dem Übernachtungspreis einen „Sammelposten" als gesonderten Betrag für Leistungen aus, die dem allgemeinen Umsatzsteuersatz (19 %) unterliegen (einschließlich Frühstück)

230 Bei dieser Rechnungsgestaltung kann der Arbeitgeber seit 2014 den Gesamtpreis steuerfrei erstatten (→ Rz. 199).

Möchte er nur die **Übernachtungskosten** einschließlich Sammelposten (steuerfrei) erstatten, sind als zu mindernde Frühstückskosten 20 % des maßgebenden Pauschbetrags für Verpflegungsmehraufwendungen bei 24-stündiger Abwesenheit anzusetzen, im Inland also 20 % von 24 € = 4,80 € (→ Rz. 206).

Der vom Hotel ausgewiesene „Sammelposten" ist um diesen pauschal ermittelten Frühstückskosten (4,80 €) zu mindern.

Den Restbetrag kann der Arbeitgeber als **Reisenebenkosten** (→ Rz. 193) steuerfrei erstatten, wenn die Bezeichnung des Sammelpostens für die Nebenleistungen keinen Anlass gibt für die Vermutung, darin seien steuerlich nicht anzuerkennende Nebenleistungen enthalten.

Keine Reisenebenkosten in diesem Sinne sind die Aufwendungen für private Ferngespräche, Massagen, Minibar oder Pay-TV. Unschädlich ist es, wenn dieser „Sammelposten" mit Internetzugang oder Zugang zu Kommunikationsnetzen näher bezeichnet wird. Der hierzu ausgewiesene Betrag darf jedoch nicht so hoch sein, dass er offenbar den

Betrag für das Frühstück und die steuerlich anzuerkennenden Reisenebenkosten übersteigt. Anderenfalls ist dieser Sammelposten steuerlich in **voller** Höhe als **privat** veranlasst zu behandeln (Folge: eine Erstattung ist steuerpflichtig).

> **Beispiel: Übernachtung und „sonstige Leistungen"**
>
> Das Hotel rechnet die Übernachtung mit Frühstück wie folgt ab:
>
> | | |
> |---|---:|
> | Übernachtung | 100,00 € |
> | Sonstige Leistungen (Sammelposten inkl. Frühstück) | 15,00 € |
> | **Summe** | **115,00 €** |
> | 7 % USt | 7,00 € |
> | 19 % USt | 2,85 € |
>
> **Folge:** Der Arbeitgeber kann dem Arbeitnehmer die Übernachtungskosten i.H.v. 100 € (zzgl. USt) steuerfrei erstatten.
>
> Weil der Arbeitgeber die Frühstückskosten nicht erstatten möchte, müssen sie pauschal aus den sonstigen Leistungen herausgerechnet werden (= 4,80 €, entspricht 20 % von 24 €). Der Restbetrag von 10,20 € (zzgl. USt) kann als Reisenebenkosten steuerfrei erstattet werden.

5. Pauschalierte Gesamt-Reisekosten

Werden Pauschsätze für **Verpflegung** und **Unterbringung** gezahlt, können für die steuerfreie Arbeitgebererstattung insgesamt angesetzt werden: **231**

Pauschbetrag

für Verpflegungskosten	für Übernachtung	insgesamt
12 € oder 24 €	20 €	34 € oder 44 €

6. Nachweis

Der Nachweis, dass eine Auswärtstätigkeit und eine Übernachtung stattgefunden haben, muss dem Finanzamt gegenüber sichergestellt sein. Der Nachweis kann grundsätzlich durch Vorlage einer Rechnung über die Unterbringungskosten (Hotelrechnung u.Ä.) erbracht werden. Hierdurch wird auch belegt, dass eine Auswärtstätigkeit an dem betreffenden Tag tatsächlich stattgefunden hat. **232**

Daher hat der Arbeitnehmer seinem Arbeitgeber Unterlagen über die Auswärtstätigkeit vorzulegen, aus denen die Dauer der Reise, der Reiseweg und auch die entstandenen Reisekosten ersichtlich sein müssen. Diese Unterlagen sind vom Arbeitgeber als Beleg zum Lohnkonto zu nehmen und aufzubewahren.

Dieser Nachweis kann auch anhand von Arbeitsnachweisen (Wochenarbeitsnachweisen) geführt werden. Die Arbeitsnachweise müssen die erforderlichen Angaben über Einsatzort, Dauer der Abwesenheit usw. enthalten und vom Arbeitnehmer und seinem Vorgesetzten bestätigt werden. Die Vorlage von Übernachtungsbelegen (Hotelrechnungen usw.) wird für pauschal gezahlte Übernachtungskosten im Regelfall nicht verlangt. **233**

Ein beruflicher Anlass für eine Übernachtung kann grundsätzlich nicht deshalb ausgeschlossen werden, weil die Auswärtstätigkeit in Nähe der ersten Tätigkeitsstätte bzw. der Wohnung ausgeübt wird. In diesem Fall müssen jedoch der berufliche Anlass begründet und die Übernachtungskosten ggf. nachgewiesen werden können.

IX. Arbeitgeber zahlt Auslösungen

Als Auslösungen werden regelmäßig Zahlungen des Arbeitgebers an Arbeitnehmer zur Abgeltung ihrer Mehraufwendungen für beruflich veranlasste Auswärtstätigkeiten bezeichnet. Solche Zahlungen sind steuerlich als Reisekosten zu behandeln. **234**

B. Arbeitnehmer — Dritter Teil: Inlandsreisen

Arbeitgeber können ihren Arbeitnehmern die Auslösungen/Reisekosten steuerfrei erstatten, soweit der Arbeitnehmer sie als **Werbungskosten** abziehen könnte (§ 3 Nr. 16 EStG). Nutzt der Arbeitnehmer für eine beruflich veranlasste Auswärtstätigkeit ein vom Arbeitgeber zur Verfügung gestelltes Kfz (Pkw/Motorrad), ergibt sich kein geldwerter Vorteil; insoweit scheidet für den Arbeitnehmer ein Werbungskostenansatz aus. Zu den Besonderheiten beim Bezug von steuerfreiem Ladestrom für Elektrofahrzeuge und Hybridelektrofahrzeuge → Rz. 242.

Zu den Auslösungen/Reisekosten gehören die Aufwendungen anlässlich einer:

– Auswärtstätigkeit (→ Rz. 167),

– Fahrtätigkeit (→ Rz. 170),

– Einsatzwechseltätigkeit (→ Rz. 171),

– beruflich veranlassten doppelten Haushaltsführung (→ Rz. 296 ff.).

Daneben können auch die **beruflich bedingten Umzugskosten** (→ Rz. 321 ff.) steuerfrei erstattet werden.

Für Wege zwischen **Wohnung** und erster Tätigkeitsstätte kann der Arbeitgeber den Arbeitnehmern lohnsteuerfreie Zuwendungen lediglich durch **Sammelbeförderungen** zukommen lassen. Zuschüsse für die Fahrten/Wege zwischen Wohnung und erster Tätigkeitsstätte mit dem eigenen Kfz bzw. die Pkw-Gestellung gehören generell zum steuerpflichtigen Arbeitslohn.

235 Für die Frage, ob der Arbeitgeber die Auslösen **steuerfrei** oder steuerpflichtig zahlen kann, sind die zuvor genannten Regelungen und Erläuterungen zur Steuerfreiheit der jeweiligen Kostenarten maßgebend.

Ersetzt der Arbeitgeber seinen Arbeitnehmern mit **umfangreicher Reisetätigkeit** die Kosten der **Bahncard 25** oder **50**, um auf diese Weise die erstattungspflichtigen Fahrtkosten für Auswärtstätigkeiten zu mindern, so ist diese Ersatzleistung **steuerfrei**, wenn die Aufwendungen des Arbeitgebers für die Bahncard und die ermäßigt abgerechneten dienstlichen Bahnfahrten unter den Fahrtkosten liegen, die ohne Einsatz der Bahncard entstanden wären.

Für die **Bahncard 100** ist der Arbeitgeberersatz **erst dann** steuerfrei, wenn die Aufwendungen für die dienstlichen Fahrten, die ohne den Einsatz der Bahncard 100 entstanden wären, den Preis der Bahncard 100 erreichen oder übersteigen.

Hierbei wird regelmäßig die Prognose des Arbeitgebers im Zeitpunkt des Kaufs der Bahncard entscheidend sein. Sollte die (ernsthaft durchgeführte) Prognose in der Nachschau nicht eintreten (z.B. wegen Krankheit oder nicht vorhersehbarem Wechsel des Arbeitnehmers in ein anderes Tätigkeitsgebiet), bleibt es regelmäßig bei dem angenommenen Nutzungsverhältnis der Bahncard zum Zeitpunkt der Prognose.

X. Fahrtkostenersatz, Nutzung Firmenfahrzeug

1. Fahrtkostenersatz für Wege zwischen Wohnung und erster Tätigkeitsstätte

a) Nutzung eines Pkw

236 Abgesehen von den steuerfreien Reisekosten (→ Rz. 143) gehören andere Zahlungen des Arbeitgebers grundsätzlich zum steuerpflichtigen Arbeitslohn. Hierzu rechnet insbesondere der **Fahrtkostenersatz** für Wege zwischen Wohnung und erster Tätigkeitsstätte mit dem eigenen Kfz sowie die Vorteile aus einer **Pkw-Gestellung**. Der Gesetzgeber hat zu Gunsten der Arbeitgeber und der Arbeitnehmer die steuerlichen und sozialversicherungsrechtlichen Folgen der Steuerpflicht abgemildert. So kann der Arbeitgeber die

- **Zuschüsse** zu den Aufwendungen des Arbeitnehmers für **Fahrten zwischen Wohnung und erster Tätigkeitsstätte** mit einem Kraftfahrzeug (z.B. Pkw) und
- Sachbezüge in Form der **unentgeltlichen** oder verbilligten **Beförderung** eines Arbeitnehmers **zwischen Wohnung und erster Tätigkeitsstätte** (dazu gehört auch die Pkw-Gestellung), soweit es sich nicht um eine steuerfreie Sammelbeförderung handelt,

mit einem **Pauschsteuersatz von 15 %** der **Lohnsteuer** unterwerfen.

Voraussetzung hierfür ist, dass

- dem Arbeitnehmer diese Aufwendungen tatsächlich entstehen bzw. entstanden sind (z.B. durch Nutzung des eigenen Pkw),
- diese Zuschüsse/Bezüge den Betrag nicht übersteigen, den der Arbeitnehmer als **Werbungskosten** geltend machen könnte, wenn die Bezüge nicht pauschal besteuert würden, und
- die Zuschüsse **zusätzlich** zum ohnehin geschuldeten Arbeitslohn gezahlt werden. Entgegen der Auffassung des BFH in seinen beiden Urteilen vom 19.9.2012[1] sieht die Finanzverwaltung die Zusätzlichkeitsvoraussetzung nach wie vor als erfüllt an, wenn die zweckbestimmte Leistung zu dem Arbeitslohn hinzukommt, den der Arbeitgeber arbeitsrechtlich schuldet (R 3.33 Abs. 5 Satz 1 LStR 2015[2]). Nur Gehaltsumwandlungen sind danach schädlich.

Als **Zusätzlichkeitsvoraussetzung** ist Folgendes zu beachten: Kommt die zweckbestimmte Leistung zu dem Arbeitslohn hinzu, den der Arbeitgeber schuldet, ist das Tatbestandsmerkmal „zusätzlich zum ohnehin geschuldeten Arbeitslohn" auch dann erfüllt, wenn der Arbeitnehmer arbeitsvertraglich oder auf Grund einer anderen arbeits- oder dienstrechtlichen Rechtsgrundlage einen Anspruch auf die zweckbestimmte Leistung hat.

Dieser Zuschuss kann getrennt vom übrigen Lohn pauschal versteuert werden. Die Pauschalierungsmöglichkeit des Fahrtkostenersatzes stellt der Höhe nach auf die Aufwendungen des Arbeitnehmers für die Wege von der Wohnung zur ersten Tätigkeitsstätte mit dem Pkw oder mit anderen Verkehrsmitteln ab.

Der Begriff „**Zuschüsse**" umfasst hier alle Fahrtkostenersatzleistungen (z.B. pauschale Abgeltung, Abgeltung nach gefahrenen Kilometern, Ersatz der Benzinkosten, Überlassung von Treibstoff usw.), die zusätzlich zu dem ohnehin geschuldeten Lohn erbracht werden.

Jedoch ist die Höhe der Zuschüsse bei Benutzung eines Pkw auf die Höhe der Entfernungspauschale und bei anderen Kfz auf die **Kilometersätze** (→ Rz. 210) **begrenzt**. Zudem **mindern** die pauschal besteuerten Zuschüsse/Sachbezüge die als **Werbungskosten** abziehbare **Entfernungspauschale** des Arbeitnehmers.

Bei **Teilzeitbeschäftigten** (einschl. Mini-Jobs) bleiben die Zuschüsse und Bezüge außer Betracht, wenn der Arbeitgeber für den Arbeitslohn bzw. das Arbeitsentgelt die Pauschalbesteuerung gewählt hat. In diesem Fall wird der Fahrtkostenersatz nicht auf die Pauschalierungsgrenzen des § 40a EStG angerechnet. Deshalb können die Fahrtkostenzuschüsse davon getrennt der Lohnsteuer-Pauschalierung unterworfen werden.

Hinsichtlich der Pauschallohnversteuerung sind die allgemeinen **Regelungen** zu beachten, z.B.:

- der Arbeitgeber hat die pauschale Lohnsteuer zu übernehmen, er ist Schuldner der pauschalen Lohnsteuer,
- auf den Arbeitnehmer abgewälzte pauschale Lohnsteuer gilt als zugeflossener Arbeitslohn und mindert nicht die Bemessungsgrundlage,

---

1) BFH v. 19.9.2012, VI R 54/11, BStBl II 2013, 395, VI R 55/11, BStBl II 2013, 398.
2) BMF v. 22.5.2013, IV C 5 – S 2388/11/10001-02, BStBl I 2013, 728.

- der pauschal besteuerte Arbeitslohn und die pauschale Lohnsteuer bleiben bei einer Veranlagung zur Einkommensteuer und beim Lohnsteuer-Jahresausgleich außer Ansatz; die pauschale Lohnsteuer ist weder auf die Einkommensteuer noch auf die Jahreslohnsteuer anzurechnen (§ 40 Abs. 3 EStG),
- pauschal besteuerte Fahrtkostenzuschüsse sind im Lohnkonto gesondert aufzuzeichnen und in der Lohnsteuerbescheinigung gesondert auszuweisen (§§ 41 ff. EStG, § 4 LStDV),
- Das **Wahlrecht** des Arbeitgebers, die Lohnsteuer für geldwerte Vorteile bei Fahrten zwischen Wohnung und Arbeitsstätte nach § 40 Abs. 2 EStG **zu pauschalieren**, wird nicht durch einen Antrag, sondern durch **Anmeldung** der mit einem Pauschsteuersatz erhobenen Lohnsteuer in der maßgebenden **Lohnsteuer-Anmeldung** ausgeübt. Folglich geht ein im Gerichtsverfahren (z.B. vor dem Finanzgericht) erstmals gestellter Antrag auf Lohnsteuerpauschalierung ins Leere, da ein solcher Antrag für die Pauschalierung nach § 40 Abs. 2 EStG gesetzlich **nicht** vorgesehen ist. Solch eine bloße **Absichtserklärung** vermag insbesondere die nach § 40 Abs. 2 EStG erforderliche Erhebung der pauschalen Lohnsteuer in der Lohnsteuer-Anmeldung weder zu ersetzen noch das Pauschalierungsverfahren nach § 40 Abs. 2 EStG in Gang zu setzen.[1]

Neben dem Solidaritätszuschlag hat der Arbeitgeber ggf. zusätzlich die **Kirchensteuer** einzubehalten.

237 Für die drei häufigsten **Fallgruppen** des Fahrtkostenersatzes an die Arbeitnehmer bei Nutzung des eigenen Pkw oder eines anderen Fahrzeugs gilt Folgendes:

Fahrtkostenersatz: Die drei häufigsten Fallgruppen	
1. Fallgruppe Der Arbeitgeber zahlt einen Fahrtkostenzuschuss für den Pkw oder ein anderes Fahrzeug **bis zur Höhe** des Betrags, den der Arbeitnehmer als **Werbungskosten** geltend machen könnte (Entfernungspauschale von 0,30 € je Entfernungskilometer).	Diese Zahlungen kann der Arbeitgeber **pauschal** mit **15 %** lohnversteuern. Beim Arbeitnehmer mindern sich insoweit die als Entfernungspauschale abziehbaren Werbungskosten.
2. Fallgruppe Der Arbeitgeber zahlt einen **geringeren** Fahrtkostenzuschuss, als der Arbeitnehmer als Werbungskosten abziehen könnte.	Dieser Fahrtkostenersatz kann mit **15 %** lohnversteuert werden; der Arbeitnehmer kann den **Differenzbetrag** bis zur Höhe der Entfernungspauschale als **Werbungskosten** (Fahrtkosten) geltend machen.
3. Fallgruppe Arbeitgeber zahlt einen **höheren** Fahrtkostenzuschuss, als der Arbeitnehmer als Werbungskosten geltend machen könnte.	In diesem Fall ist der den nach Nr. 1 pauschal versteuerungsfähigen Betrag übersteigende Betrag dem üblichen **Arbeitslohn hinzuzurechnen** und dem Lohnsteuerabzug nach den Lohnsteuerabzugsmerkmalen zu unterwerfen.

Aus Vereinfachungsgründen darf der Arbeitgeber bei einer Nutzung des privaten Kfz für die **Lohnsteuer-Pauschalierung** unterstellen, dass der Arbeitnehmer das Kfz an **15 Arbeitstagen im Monat** für die Wege zwischen Wohnung und erster Tätigkeitsstätte genutzt hat.[2]

Hingegen hat der Arbeitnehmer für den **Werbungskostenabzug** die tatsächlichen Arbeitstage pro Monat anzusetzen (Entfernungspauschale). Wird die so ermittelte Ent-

---
1) BFH v. 24.9.2015, VI R 69/14, BStBl II 2016, 176.
2) BMF v. 31.10.2013, IV C 5 – S 2351/09/10002 :002, BStBl I 2013, 1376, Rz. 5.

fernungspauschale um den vom Arbeitgeber pauschal versteuerten Betrag gemindert, ergibt sich ggf. noch ein als Entfernungspauschale berücksichtigungsfähiger Betrag.

> **Beispiel: Monatlicher Fahrtkostenzuschuss Pkw**
>
> Der Arbeitgeber zahlt seinem Arbeitnehmer A einen monatlichen Fahrtkostenzuschuss für Fahrten zwischen Wohnung und erster Tätigkeitsstätte mit dem eigenen Pkw i.H.v. 0,30 € je Entfernungskilometer. Die Entfernung zwischen Wohnung und erster Tätigkeitsstätte beträgt 30 km.
>
> Anstatt der tatsächlichen Arbeitstage (z.B. im Monat Januar 20 Arbeitstage) setzt der Arbeitgeber stets 15 Tage/Monat an. Dies ergibt einen Arbeitgeberzuschuss von 135 €.
>
> **Folge:** Der Arbeitgeber darf den Fahrtkostenzuschuss bis zu dem Betrag mit 15 % pauschal versteuern, den der Arbeitnehmer ohne Arbeitgeberersatz als Werbungskosten in seiner Steuererklärung ansetzen dürfte. Die Lohnsteuer-Pauschalierung ist danach auf 0,30 € pro Kilometer der Entfernung zwischen Wohnung und erster Tätigkeitsstätte begrenzt.
>
> Bei 15 Arbeitstagen ergibt sich ein pauschalierungsfähiger Fahrtkostenzuschuss von 135 € (30 km × 0,30 € × 15 Arbeitstage). Weil der Arbeitgeber die Vereinfachungsregelung gewählt hat, dürfen die tatsächlichen Arbeitstage (20) nicht angesetzt werden.
>
> Setzt der Arbeitgeber über das Kalenderjahr gesehen zu wenig Arbeitstage an, kann A in seiner Einkommensteuererklärung für die verbleibenden Tage Werbungskosten i.H. der Entfernungspauschale geltend machen.

b) Nutzung eines anderen Fahrzeugs

238 Bei ausschließlicher Benutzung eines Motorrads, Motorrollers, Mopeds oder Mofas sind die pauschalierbaren Zuschüsse des Arbeitgebers auf die Höhe der als Werbungskosten abziehbaren Entfernungspauschale begrenzt (→ Rz. 271). Der Höchstbetrag von 4 500 € ist zu beachten (→ Rz. 271). Aus Vereinfachungsgründen kann der Arbeitgeber hier ebenfalls davon ausgehen, dass monatlich an 15 Arbeitstagen Fahrten zwischen Wohnung und erster Tätigkeitsstätte oder zum Beginn des großräumigen Arbeitsgebiets durchgeführt werden.

2. Unentgeltliche Überlassung eines Pkw durch den Arbeitgeber

a) Gestellung eines betrieblichen Kfz

239 Überlässt der Arbeitgeber seinem Arbeitnehmer ein betriebliches Kfz **unentgeltlich oder verbilligt zur privaten Nutzung**, so liegt hierin ein **geldwerter Vorteil (Sachbezug)**, der steuerlich als Arbeitslohn zu erfassen ist (→ Rz. 240, 243). Dabei führt die unentgeltliche oder verbilligte Überlassung eines Dienstwagens durch den Arbeitgeber an den Arbeitnehmer für dessen Privatnutzung unabhängig davon, ob und in welchem Umfang der Arbeitnehmer das Fahrzeug tatsächlich privat nutzt, zu einem lohnsteuerlichen Vorteil (Anscheinsbeweis[1]). Trotz dieser durch die Rechtsprechung abgesicherten starken Position der Finanzverwaltung, muss sie in streitigen Fällen beachten, dass es keinen allgemeinen Erfahrungssatz gibt, wonach ein Privatnutzungsverbot nur zum Schein ausgesprochen ist oder ein Privatnutzungsverbot generell missachtet wird. Das gilt selbst dann, wenn der Arbeitgeber ein arbeitsvertraglich vereinbartes Nutzungsverbot nicht überwacht.[2]

Ist die private Nutzung eines betrieblichen Pkw durch den **Gesellschafter-Geschäftsführer** im Anstellungsvertrag mit der GmbH ausdrücklich gestattet, liegt stets **Arbeitslohn** und keine verdeckte Gewinnausschüttung vor. Dagegen ist eine **vertragswidrige** private Nutzung eines betrieblichen Fahrzeugs durch einen Gesellschafter-Geschäftsführer regelmäßig **nicht** als Arbeitslohn zu qualifizieren, es liegt eine verdeckte **Gewinnaus-**

---

1) BFH v. 21.3.2013, VI R 31/10, BStBl II 2013, 700.
2) BFH v. 21.3.2013, VI R 42/12, BStBl II 2013, 918, VI R 46/11, BStBl II 2013, 1044; BFH v. 18.4.2013, VI R 23/12, BStBl II 2013, 920.

schüttung vor.[1] Allgemein gilt jedoch der Grundsatz, dass die unbefugte Privatnutzung eines betrieblichen Kfz keinen Lohncharakter hat.[2]

Als ein zur Nutzung überlassenes betriebliches Kfz gilt auch ein Fahrzeug, das der Arbeitnehmer auf Veranlassung des Arbeitgebers least und für das der Arbeitgeber sämtliche Kosten trägt. Handelt es sich bei diesem Kfz um ein Campingfahrzeug, ist auch hierfür der private Nutzungswert nach der 1 %-Methode zu ermitteln.[3] Zur privaten Nutzung rechnen auch die **Fahrten (Wege) zwischen Wohnung und Arbeitsstätte/erster Tätigkeitsstätte**, soweit sie nicht als Reisekosten anlässlich einer beruflich veranlassten Auswärtstätigkeit (z.B. Einsatzwechseltätigkeit → Rz. 262) zu berücksichtigen sind.

Dass nicht jede „Fahrzeuggestellung" an den Arbeitnehmer steuerlich anzuerkennen ist, zeigt das BFH-Urteil v. 18.12.2014.[4] Dort war, wie das FG München im zweiten Rechtsgang festgestellt hat, das geleaste Fahrzeug nicht dem Arbeitgeber, sondern dem Arbeitnehmer zuzurechnen, dem es im Rahmen des **Behördenleasings** gem. einem Unterleasingvertrag überlassen worden ist.[5] Danach liegt **keine** Fahrzeuggestellung vor, wenn das vom Arbeitgeber geleaste Kfz dem Arbeitnehmer auf Grund einer Sonderrechtsbeziehung (hier dem Gemeinderatsbeschluss) im Innenverhältnis zuzurechnen ist, weil er gegenüber dem Arbeitgeber die wesentlichen Rechte und Pflichten des Leasingnehmers hat. Gibt der Arbeitgeber in diesem Fall vergünstigte Leasingkonditionen an den Arbeitnehmer weiter, liegt hierin ein geldwerter Vorteil, für dessen Ermittlung die Leasingkonditionen zu vergleichen sind (nach § 8 Abs. 2 Satz 1 EStG).

Außerhalb des Behördenleasings gelten jedoch die folgenden Grundsätze:[6]

Least der Arbeitgeber ein Kfz von der Leasinggesellschaft und überlässt er es dem Arbeitnehmer auch zur privaten Nutzung, liegt jedenfalls dann keine vom Arbeitsvertrag unabhängige Sonderrechtsbeziehung i.S. des o.g. BFH-Urteils v. 18.12.2014[4] vor, und die Nutzungsüberlassung ist nach der 1 %-Methode oder der Fahrtenbuchmethode zu bewerten, wenn folgende **Voraussetzungen** vorliegen:

Der **Anspruch** auf die Kraftfahrzeugüberlassung resultiert aus dem Arbeitsvertrag oder aus einer anderen arbeitsrechtlichen Rechtsgrundlage, weil

– er im Rahmen einer steuerlich anzuerkennenden Gehaltsumwandlung mit Wirkung für die Zukunft vereinbart ist. Voraussetzung ist, dass der Arbeitnehmer unter Änderung des Arbeitsvertrags auf einen Teil seines Barlohns verzichtet und ihm der Arbeitgeber stattdessen Sachlohn in Form eines Nutzungsrechts an einem betrieblichen Kfz des Arbeitgebers gewährt oder

– er arbeitsvertraglicher Vergütungsbestandteil ist. Davon ist insbesondere auszugehen, wenn von vornherein bei Abschluss eines Arbeitsvertrags eine solche Vereinbarung getroffen wird, oder wenn die Beförderung in eine höhere Gehaltsklasse mit der Überlassung eines betrieblichen Kfz des Arbeitgebers verbunden ist.

In Leasingfällen setzt das Vorliegen eines betrieblichen Kfz des Arbeitgebers zudem voraus, dass der **Arbeitgeber** und nicht der Arbeitnehmer gegenüber der Leasinggesellschaft zivilrechtlich **Leasingnehmer** ist.

Liegt nach diesen Grundsätzen eine nach der 1 %-Methode oder der Fahrtenbuchmethode zu bewertende Nutzungsüberlassung vor, darf der Arbeitgeber die pauschalen Kilometersätze im Rahmen einer Auswärtstätigkeit mit diesem Kfz nicht – auch nicht teilweise – steuerfrei erstatten, vgl. R 9.5 Abs. 2 Satz 3 LStR 2015.

---

1) BFH v. 23.4.2009, VI R 81/06, BStBl II 2012, 262.
2) BFH v. 21.3.2013, BStBl II 2013, 918, VI R 46/11, BStBl II 2013, 1044; BFH v. 18.4.2013, VI R 23/12, BStBl II 2013, 920.
3) BFH v. 6.11.2001, VI R 62/96, BStBl II 2002, 370.
4) BFH v. 18.12.2014, VI R 75/13, BStBl II 2015, 670.
5) FG München v. 26.10.2015, 7 K 1152/15.
6) BMF v. 15.12.2016, IV C 5 – S 2334/16/10003, BStBl I 2016, 1449.

Gestellt der Arbeitgeber dem Arbeitnehmer ein Dienstfahrzeug für die Fahrten zwischen der Wohnung und erster Tätigkeitsstätte, führt dies auch dann zu einer als Arbeitslohn zu bewertenden geldwerten Zuwendung, wenn das Dienstfahrzeug dem Arbeitnehmer für Sondereinsätze außerhalb der Dienstzeit ständig zur Verfügung stehen muss.[1] **Anders** ist es bei **Rufbereitschaft** und Werkstattwagen (→ Rz. 255).

Zahlt der Arbeitgeber hingegen dem Arbeitnehmer für den Einsatz des **privateigenen** Pkw sämtliche Pkw-Kosten, so ist der **Erstattungsbetrag** als Arbeitslohn zu erfassen und **nicht** als ein geldwerter Vorteil i.H.v. 1 % (entsprechend dem privaten Nutzungswert i.S.d. § 8 Abs. 2 Satz 2 EStG[2]). Steuerfrei können nur die als Reisekosten angefallenen/anzusetzenden Fahrtkosten (→ Rz. 143, 172 ff.) gezahlt werden.

Der **geldwerte** Vorteil für eine kostenlose oder verbilligte Zurverfügungstellung eines Kfz zur privaten Nutzung (privater Nutzungswert) kann durch folgende **zwei Methoden** ermittelt werden:

- durch den **Ansatz** der auf die Privatnutzung entfallenden **Aufwendungen** (Einzelnachweis durch Fahrtenbuch → Rz. 240) oder
- durch den Ansatz **pauschaler Nutzungswerte** (sog. 1 %-Regelung, → Rz. 242).

Ein unterjähriger Wechsel zwischen den beiden Methoden (1 %-Regelung und Fahrtenbuchmethode) ist für dasselbe Fahrzeug nicht zulässig.[3] Das gewählte Verfahren der Nutzungswertermittlung ist pro Fahrzeug einheitlich sowohl für Privatfahrten als auch für Fahrten zwischen Wohnung und erster Tätigkeitsstätte anzuwenden.

Soweit die genaue Erfassung des privaten Nutzungswerts monatlich nicht möglich ist, kann der Erhebung der Lohnsteuer monatlich ein Zwölftel des Vorjahresbetrags zugrunde gelegt werden. Nach Ablauf des Kalenderjahrs oder nach Beendigung des Dienstverhältnisses ist der tatsächlich zu versteuernde Nutzungswert zu ermitteln und eine etwaige Lohnsteuerdifferenz auszugleichen.

b) Einzelnachweis der Kfz-Aufwendungen/Fahrtenbuch

Der steuerpflichtige Vorteil für die **private** Nutzung eines betrieblichen Kfz für

240

- **privat veranlasste Fahrten,**
- **Fahrten zwischen Wohnung und (erster) Tätigkeitsstätte sowie für**
- **Heimfahrten im Rahmen einer doppelten Haushaltsführung**

kann durch die Erfassung aller für das Kfz getätigten Aufwendungen (einschl. der Absetzung für Abnutzung, AfA) nachgewiesen werden. Diese Aufwendungen ergeben sich in aller Regel aus der Buchführung des Arbeitgebers. Es ist nicht zulässig, den Einzelnachweis nur auf Fahrten zwischen Wohnung und erster Tätigkeitsstätte zu beschränken, wenn das Fahrzeug auch zu Privatfahrten genutzt wird. Bei einer **Überlassung** von Kfz durch **Automobilhersteller** an deren Arbeitnehmer sind die **Herstellungskosten** Bemessungsgrundlage für die **Absetzung für Abnutzung** und nicht der Listenpreis.

Privat veranlasst sind sämtliche Fahrten, die einem privaten Zweck dienen (z.B. Fahrten zur Erholung, Fahrten zu Verwandten, Freunden, kulturellen oder sportlichen Veranstaltungen, Einkaufsfahrten, Fahrten zu Gaststättenbesuchen und Mittagsheimfahrten). **Nicht** zu diesen privaten Fahrten gehören Fahrten zwischen Wohnung und erster Tätigkeitsstätte, Familienheimfahrten im Rahmen einer doppelten Haushaltsführung und Fahrten, die der Arbeitnehmer aus **beruflichen** Gründen mehrmals am Tag durchführen muss.

---

1) BFH v. 20.12.1991, VI R 116/89, BStBl II 1992, 308.
2) BFH v. 6.11.2001, VI R 54/00, BStBl II 2002, 164.
3) BFH v. 20.3.2014, VI R 35/12, BStBl II 2014, 643.

Neben der **Belegsammlung** über die Aufwendungen für das Kfz ist ein **Fahrtenbuch** zu führen, aus dem sich das Verhältnis der privaten zu den übrigen Fahrten ergibt. Die dienstlich und privat zurückgelegten **Fahrtstrecken** sind **gesondert und laufend** im **Fahrtenbuch** nachzuweisen.

Für dienstliche Fahrten sind mindestens **folgende Angaben** erforderlich[1] (R 8.1 Abs. 9 Nr. 2 LStR 2015):

– Datum und Kilometerstand zu Beginn und am Ende jeder **einzelnen** Auswärtstätigkeit (einschl. Einsatzwechseltätigkeit, Fahrtätigkeit),

– Reiseziel und Reiseroute (bei Umwegen),

– Reisezweck und aufgesuchte Geschäftspartner.

Für Privatfahrten genügen jeweils Kilometerangaben, ggf. mit dem Vermerk „P". **Für Wege zwischen Wohnung und erster Tätigkeitsstätte** genügt jeweils ebenfalls ein kurzer Vermerk im Fahrtenbuch, z.B. durch das Symbol „W/T" (s. auch → Rz. 79 ff.).

Das Fahrtenbuch ist ständig und lückenlos zu führen; die Führung des Fahrtenbuchs kann **nicht** auf einen **repräsentativen Zeitraum beschränkt** werden, auch dann nicht, wenn die Nutzungsverhältnisse keinen größeren Schwankungen unterliegen (→ Rz. 79). So wird z.B. bei einem Arbeitnehmer das Fahrtenbuch als nicht ordnungsgemäß abgelehnt, wenn nur die Privatfahrten und nicht die beruflichen Fahrten aufgezeichnet werden.

Anstelle des Fahrtenbuchs kann auch ein **Fahrtenschreiber** (elektronisches Fahrtenbuch) eingesetzt werden, wenn sich daraus dieselben Erkenntnisse gewinnen lassen. Beim Ausdruck der elektronischen Aufzeichnungen müssen nachträgliche Veränderungen ausgeschlossen sein, zumindest aber dokumentiert werden (→ Rz. 80).

Zum **elektronischen Fahrtenbuch** – es ging um das Tabellenkalkulationsprogramm **MS Excel** – hat der BFH mit Urteil v. 16.11.2005[2] entschieden, dass eine mit Hilfe eines Computerprogramms erzeugte Datei nur dann den Anforderungen an ein ordnungsgemäßes Fahrtenbuch genügt, wenn nachträgliche Änderungen an den zu einem früheren Zeitpunkt eingegebenen Daten nach der Funktionsweise des verwendeten Programms technisch ausgeschlossen sind oder in ihrer Reichweite in der Datei selbst dokumentiert und offengelegt werden.

Inzwischen sollen auch einige der auf Smartphones einsetzbaren Apps bei ordnungsgemäßem Nachtrag der erforderlichen Angaben die Voraussetzungen für ein ordnungsgemäß geführtes elektronisches Fahrtenbuch erfüllen (→ Rz. 80). Zur möglichen Nutzung eines Internet-Portals → Rz. 81.

Kein ordnungsgemäßes Fahrtenbuch liegt vor, wenn es in Form eines **Diktiergeräts** geführt wird und die auf Kassettenbänder gesprochenen Texte in Excel-Tabellen übertragen werden, die dann als gedruckte Blätter in loser Blattsammlung aufbewahrt und erst am **Jahresende** gebunden werden.[3] Dies gilt selbst dann, wenn ergänzend die Kassettenbänder aufbewahrt und nicht überspielt werden. Diese Excel-Tabellen erfüllen die Anforderungen an ein Fahrtenbuch bereits deshalb nicht, weil sie das ganze Jahr über als lose Blätter gesammelt und erst am Jahresende gebunden werden. Sie waren und sind jederzeit änderbar. Auch die vom Kläger besprochenen Kassettenbänder stellen kein ordnungsgemäßes Fahrtenbuch dar, da sie jederzeit änderbar sind und jedes einzelne Band komplett neu besprochen werden kann. Darüber hinaus waren im Urteilsfall die Kassettenbänder nicht gegen Verlust gesichert und es war nicht mit vertretbarem Aufwand überprüfbar, ob die Bänder „eins zu eins" in die Excel-Tabellen übertragen worden sind.

---

1) BMF v. 18.11.2009, IV C 6 – S 2177/07/10004, BStBl I 2009, 1326.
2) BFH v. 16.11.2005, VI R 64/04, BStBl II 2006, 410.
3) FG Köln v. 18.6.2015, 10 K 33/15, EFG 2015, 1598.

c) Aufzeichnungserleichterungen für Fahrtenbuch

Ein Fahrtenbuch soll die **Zuordnung** von Fahrten zum beruflichen sowie privaten Bereich darstellen und ermöglichen. Es muss laufend geführt werden. Bei einer üblichen Auswärtstätigkeit, Einsatzwechseltätigkeit und Fahrtätigkeit müssen die über die Fahrtstrecken hinausgehenden Angaben hinsichtlich Reiseziel, Reiseroute, Reisezweck und aufgesuchtem Geschäftspartner die berufliche Veranlassung plausibel erscheinen lassen und ggf. eine stichprobenartige Nachprüfung ermöglichen. **241**

Auf einzelne dieser zusätzlichen Angaben kann verzichtet werden, soweit wegen der besonderen Umstände im Einzelfall die erforderliche Aussagekraft und Überprüfungsmöglichkeit nicht beeinträchtigt wird. Es reicht jedoch nicht aus, wenn als Fahrtziele jeweils nur Straßennamen angegeben sind und diese Angaben erst mit nachträglich erstellten Auflistungen präzisiert werden.[1]

Bei **Kundendienstmonteuren**, Automatenlieferanten, Kurierdienstfahrern, Pflegedienstmitarbeitern und Handelsvertretern mit täglich wechselnden Auswärtstätigkeiten reicht es z.B. aus, wenn sie angeben, welche Kunden sie an welchem Ort aufsuchen. Angaben über die Reiseroute und zu den Entfernungen zwischen den Stationen einer Auswärtstätigkeit sind in diesen Fällen nur bei größerer Differenz zwischen direkter Entfernung und tatsächlicher Fahrtstrecke erforderlich.

Diese **Aufzeichnungserleichterungen** gelten auch für Taxifahrer, Mietwagenunternehmen, die die Auftragsstruktur eines Taxiunternehmens haben und für Fahrlehrer. Hier reicht es aus, wenn der Kilometerstand zu Beginn und Ende der Gesamtheit der Fahrten angegeben wird und die Fahrten mit der Angabe „Taxifahrten im Pflichtfahrgebiet" oder „Lehrfahrten/Fahrschulfahrten" angegeben werden.[2]

Rechnet der Fahrer zu den **sicherheitsgefährdeten Personen**, deren Fahrtroute häufig von sicherheitsmäßigen Gesichtspunkten bestimmt wird, kann auf die Angabe der Reiseroute auch bei größeren Differenzen zwischen der direkten Entfernung und der tatsächlichen Fahrtstrecke verzichtet werden.

Berufsgeheimnisträger, die sich auf das BFH-Urteil v. 14.5.2002[3] berufen und in das Fahrtenbuch als Reisezweck z.B. lediglich „Mandanten- oder Patientenbesuch" eintragen, riskieren, dass das Fahrtenbuch nicht als ordnungsgemäß anerkannt wird. Denn die Eintragung „Mandanten- oder Patientenbesuch" stellt m.E. lediglich eine Tatsachenbehauptung dar, so dass das Fahrtenbuch bei derartigen Eintragungen nach den Grundsätzen der objektiven Feststellungslast steuerlich nicht anerkannt werden kann.

d) Ermittlung des privaten Nutzungswerts

Der **private Nutzungswert** ergibt sich aus dem **Anteil** an den **Gesamtkosten** des Kraftwagens, die dem **Verhältnis** der **Privatfahrten** (→ Rz. 240) **zur Gesamtfahrtstrecke** entsprechen. Die Gesamtkosten ergeben sich aus der Summe der Nettoaufwendungen zuzüglich Umsatzsteuer und Absetzungen für Abnutzung (AfA). Zur Frage, welche Aufwendungen zu den Gesamtkosten gehören und den Besonderheiten bei Elektro- und Hybridelektrofahrzeugen → Rz. 70. **242**

> **Beispiel: Ermittlung des steuerpflichtigen geldwerten Vorteils für die private Kfz-Nutzung nach Fahrtenbuchmethode**
>
> Arbeitnehmer und Arbeitgeber haben sich für die individuelle Bewertung des geldwerten Vorteils für das von der Firma für Privatfahrten und Fahrten zwischen Wohnung und erster Tätigkeitsstätte überlassene Kfz im Wert von 30 000 € entschieden. Die Entfernung zwischen Wohnung und erster Tätigkeitsstätte beträgt 8 km. Die gesamten Aufwendungen für das Kfz einschließlich AfA betragen im Kalenderjahr 8 000 €. Aus dem Fahrtenbuch ergibt sich, dass der Arbeitnehmer 2 200 km zwischen

---

1) BFH v. 1.3.2012, VI R 33/10, BStBl II 2012, 505.
2) BMF v. 18.11.2009, IV C 6 – S 2177/07/10004, BStBl I 2009, 1326.
3) BFH v. 14.5.2002, IX R 31/00, BStBl II 2002, 712.

B. Arbeitnehmer   Dritter Teil: Inlandsreisen

Wohnung und Tätigkeitsstätte sowie 9 600 km privat und außerdem 13 200 km für die Firma gefahren ist.

Folge: Die Aufwendungen betragen somit 8 000 € : 25 000 km = 0,32 € je km. Der geldwerte Vorteil für dieses Kalenderjahr errechnet sich folgendermaßen:

für Privatnutzung (9 600 km × 0,32 € =)	3 072 €
zuzüglich für Fahrten zwischen Wohnung und erster Tätigkeitsstätte (2 200 km × 0,32 € =)	704 €
steuerpflichtiger Jahresbetrag	3 776 €

Besonderheiten bei Elektrofahrzeugen und Hybridelektrofahrzeugen

Vom Arbeitgeber gewährte **Vorteile** für das elektrische **Aufladen** eines Elektrofahrzeugs oder Hybridelektrofahrzeugs im Betrieb des Arbeitgebers oder eines verbundenen Unternehmens und für die zeitweise zur privaten Nutzung überlassene betriebliche **Ladevorrichtung** sind von der Einkommensteuer **befreit** (§ 3 Nr. 46 EStG). Voraussetzung ist, dass die geldwerten Vorteile und Leistungen zusätzlich zum ohnehin geschuldeten Arbeitslohn erbracht werden. Die Steuerbefreiung ist weder auf einen Höchstbetrag, noch nach der Anzahl der begünstigten Kraftfahrzeuge begrenzt. Diese Regelungen gelten seit dem 1.1.2017 bis zum 31.12.2020.

Begünstigt ist das Aufladen sowohl privater Elektrofahrzeuge oder Hybridelektrofahrzeuge des Arbeitnehmers als auch betrieblicher Elektrofahrzeuge oder Hybridelektrofahrzeuge des Arbeitgebers, die dem Arbeitnehmer auch zur privaten Nutzung überlassen werden (sog. Dienstwagen).

Folglich bleibt bei der **Ermittlung** der tatsächlichen **Gesamtkosten** des Kraftwagens (Fahrtenbuchmethode) der nach § 3 Nr. 46 EStG steuerfreie Ladestrom **außer** Ansatz. Bei Anwendung der 1 %-Regelung ist der geldwerte Vorteil für den vom Arbeitgeber verbilligt oder unentgeltlich gestellten Ladestrom bereits abgegolten. Die Steuerbefreiung wirkt sich hier nicht aus.

Entsprechendes gilt für die Ermittlung bzw. die steuerfreie Erstattung von **Reisekosten** durch den Arbeitgeber.

Nutzt der Arbeitnehmer sein **privates** Elektrofahrzeug oder Hybridelektrofahrzeug für Dienstfahrten, kann er anstelle der tatsächlichen Kosten die gesetzlich festgelegten **pauschalen** Kilometersätze aus Vereinfachungsgründen auch dann ansetzen, wenn der Arbeitnehmer für dieses Fahrzeug nach § 3 Nr. 46 EStG steuerfreie Vorteile vom Arbeitgeber erhält. Beim Ansatz der **tatsächlichen** Fahrtkosten sind diese steuerfreien Vorteile nicht in die Gesamtaufwendungen des Arbeitnehmers einzubeziehen.

Weitere Einzelheiten hierzu enthält das BMF-Schreiben vom 14.12.2016.[1)]

Zuzahlungen des Arbeitnehmers

Mit seinen beiden Urteilen v. 30.11.2016 hat der BFH seine frühere Rechtsprechung geändert.[2)]

Er vertritt nun die Auffassung, dass ein vom Arbeitnehmer an den Arbeitgeber gezahltes **Nutzungsentgelt** den vom Arbeitnehmer zu versteuernden Nutzungswert (→ Rz. 239) auf der Einnahmenseite **mindert**.[3)] Hierfür spielt es keine Rolle mehr, ob der Arbeitnehmer **pauschale** Zuzahlungen leistet (z.B. kilometerbezogene Beträge) oder ob er die **laufenden** Kfz-Kosten selbst trägt (z.B. die Treibstoffkosten). Der BHF hat allerdings die Ansicht der Finanzverwaltung bestätigt, wonach ein den Nutzungswert übersteigendes Nutzungsentgelt weder zu negativem Arbeitslohn noch zu Werbungskosten führen darf. Diese neuen Grundsätze sind bereits ab 2017 anzuwenden.[4)]

---

1) BMF v. 14.12.2016, IV C 5 – S 2334/14/10002-03, BStBl I 2016, 1446.
2) BFH v. 30.11.2016, VI R 49/14, BStBl II 2017, 1011 und VI R 2/15, BStBl II 2017, 1014.
3) R 8.1 Abs. 9 Nr. 4 Satz 1 LStR 2015.
4) BMF v. 21.9.2017, IV C 5 – S 2334/11/10004-02, BStBl I 2017, 1336, Rz. 21.

Bei der Fahrtenbuchmethode wirkt sich die neue Rechtsprechung nur bedingt aus, weil vom Arbeitnehmer selbst getragene individuelle Kfz-Kosten regelmäßig nicht in die Gesamtkosten einfließen. Folglich erhöhen sie nicht den individuellen Nutzungswert.[1]

Bezieht der Arbeitgeber bei der Fahrtenbuchmethode jedoch vom Arbeitnehmer selbst getragene Kosten in die Gesamtkosten des Kfz ein, dürfen die neuen Grundsätze entsprechend angewendet werden (sog. Nichtbeanstandungsregelung). Folglich dürfen die vom Arbeitnehmer getragenen Kosten als Nutzungsentgelt (→ Rz. 250) behandelt werden und mindern so den nach der Fahrtenbuchmethode ermittelten geldwerten Vorteil.[2]

> **Beispiel: Anwendung der individuellen Nutzungswertmethode**
>
> Der Arbeitgeber hat seinem Arbeitnehmer ein betriebliches Kfz auch zur Privatnutzung überlassen und den geldwerten Vorteil aus der Kfz-Gestellung nach der Fahrtenbuchmethode ermittelt.
>
> **1. Pauschales Nutzungsentgelt**
>
> In der Nutzungsüberlassungsvereinbarung ist geregelt, dass der Arbeitnehmer ein pauschales Nutzungsentgelt i.H.v. 0,20 € je privat gefahrenem Kilometer zu zahlen hat.
>
> Das an den Arbeitgeber gezahlte Nutzungsentgelt ist auf den für die Privatnutzung ermittelten Nutzungswert anzurechnen. Es darf den geldwerten Vorteil bis auf 0 € mindern.
>
> **2. Individuelle Kfz-Kosten**
>
> Laut Nutzungsüberlassungsvereinbarung hat der Arbeitnehmer die gesamten Treibstoffkosten zu zahlen. Diese betragen 3 000 €. Die übrigen vom Arbeitgeber getragenen Kfz-Kosten liegen bei 7 000 €. Auf die Privatnutzung entfällt ein Anteil von 10 %.
>
> Der sich für die Privatnutzung ergebende individuelle Nutzungswert darf nach den folgenden beiden Methoden ermittelt werden:
>
> *2.1 Keine Einbeziehung in Gesamtkosten*
>
> Die vom Arbeitnehmer selbst getragenen Treibstoffkosten fließen nicht in die Gesamtkosten des Kfz ein. Folglich sind sie nicht als Nutzungsentgelt zu behandeln.
>
> Anhand der (niedrigeren) Gesamtkosten ist der individuelle Nutzungswert zu ermitteln 10 % von 7 000 € = 700 €.
>
> Für die verbleibenden Treibstoffkosten i.H.v. 2 700 € (90 % von 3 000 €) ist ein Werbungskostenabzug nicht zulässig.
>
> *2.1 Einbeziehung in Gesamtkosten*
>
> Bei Anwendung der o.g. Nichtbeanstandungsregelung fließen die vom Arbeitnehmer selbst getragenen Treibstoffkosten i.H.v. 3 000 € in die Gesamtkosten des Kfz ein. Es handelt sich hierbei um ein vom Arbeitnehmer gezahltes Nutzungsentgelt.
>
> Anhand der Gesamtkosten (7 000 € + 3 000 € = 10 000 €) ist der individuelle Nutzungswert zu ermitteln 10 % von 10 000 € = 1 000 €. Dieser Nutzungswert ist um das gezahlte Nutzungsentgelt bis auf 0 € zu mindern.
>
> Der den Nutzungswert übersteigende Betrag i. H.v. 2 000 € führt nicht zu Werbungskosten des Arbeitnehmers.

e) Pauschaler Nutzungswert für private Kfz-Nutzung

243 Der geldwerte Vorteil für die dem Arbeitnehmer unentgeltlich gewährte private Kfz-Nutzung kann **anstelle** des Einzelnachweises auch mit **pauschalen Nutzungswerten** (sog. 1 %-Regelung) ermittelt werden. Dazu gibt das EStG feste Prozentsätze vor; Bemessungsgrundlage ist stets der Listenpreis des Fahrzeugs (→ Rz. 252).

Grundsätzlich ist es unerheblich, ob der Arbeitnehmer das Fahrzeug tatsächlich nutzt, entscheidend ist allein die Nutzungsmöglichkeit. Deshalb sind die Pauschalen **auch für**

---
1) R 8.1 Abs. 9 Nr. 2 Satz 8 zweiter Halbsatz LStR 2015.
2) BMF v. 21.9.2017, IV C 5 – S 2334/11/10004-02, BStBl I 2017, 1336, Rz. 13.

die **Monate** in voller Höhe **anzusetzen**, in denen das Kfz dem Arbeitnehmer zwar zur Verfügung steht, es aber **nur zeitweise** genutzt werden kann, z.B. wegen Urlaubs oder Erkrankung.

Diese Auffassung der Finanzverwaltung (R 8.1 Abs. 9 Nr. 1 Satz 4 LStR 2015) hat das FG Baden-Württemberg mit Urteil vom 24.2.2015 **bestätigt**.[1] Nach der Begründung des Gerichts ist dieses Ergebnis aufgrund der starken Typisierung der 1 %-Regelung hinzunehmen. Denn es bleibe dem Arbeitnehmer unbenommen, ein Fahrtenbuch zu führen und den geldwerten Vorteil mit dem individuellen Nutzungswert zu bewerten.

Die Monatsbeträge brauchen **nicht** angesetzt zu werden:

- für volle Kalendermonate, in denen dem Arbeitnehmer kein betriebliches Kfz zur Verfügung steht oder
- wenn dem Arbeitnehmer das Kfz aus besonderem Anlass oder zu einem besonderen Zweck nur gelegentlich (**von Fall zu Fall**) für **nicht** mehr als **fünf** Kalendertage im Kalendermonat überlassen wird.

In diesem Fall ist die Nutzung zu Privatfahrten und für Wege zwischen Wohnung und erster Tätigkeitsstätte je Fahrtkilometer mit 0,001 % des inländischen Listenpreises des Kfz zu bewerten (Einzelbewertung). Zum Nachweis der Fahrtstrecke müssen die Kilometerstände aufgezeichnet werden.

aa) Privatnutzung

244 Der Wert für die **private Nutzung** eines betrieblichen Kfz ist für **jeden Monat mit 1 % des inländischen Listenpreises** des Kfz anzusetzen. Bei der sog. 1 %-Regelung handelt es sich um eine zwingende Bewertungsmethode, die nicht durch die Zahlung eines Nutzungsentgelts **vermieden** werden kann, selbst wenn dieses als angemessen anzusehen ist; entgegen BFH-Urteil v. 18.10.2007[2] (→ Rz. 245). Eventuelle **Zuzahlungen** des Arbeitnehmers (z.B. Nutzungsvergütungen) können nur von den pauschal ermittelten Werten **abgezogen** werden.[3]

Stellt der Arbeitgeber **mehrere** Fahrzeuge mit unterschiedlichen Werten aus seinem Wagenpark zur Verfügung und nutzt der Arbeitnehmer davon auch unterschiedliche Fahrzeuge, ist der Listenpreis des **überwiegend** genutzten Fahrzeugs anzusetzen.

Trägt der Arbeitgeber neben den laufenden Kosten (z.B. Versicherung, Reparaturen, Benzin usw.) **auch** die Aufwendungen für einen ADAC-Schutzbrief, Mautgebühren, Autobahnvignetten, Anwohnerparkberechtigung sowie Kosten der Garage, sind diese Aufwendungen nicht durch die 1 %-Methode abgegolten. Diese vom Arbeitgeber getragenen Aufwendungen sind zusätzlich als Arbeitslohn zu erfassen.[4]

bb) Nutzung für Wege zwischen Wohnung und erster Tätigkeitsstätte

245 Kann der Arbeitnehmer das Kfz auch **für Wege zwischen Wohnung und erster Tätigkeitsstätte** benutzen, erhöht dies den Nutzungswert monatlich für jeden Kilometer der Entfernung zwischen Wohnung und Tätigkeitsstätte um 0,03 % des inländischen Listenpreises; zur Besonderheit bei der Benutzung nur auf **Teilstrecken** s. Park and Ride → Rz. 257.

Hat der Arbeitnehmer das Kfz für Wege zwischen Wohnung und erster Tätigkeitsstätte genutzt, so kann er die tatsächlich durchgeführten Fahrten mit der Entfernungspauschale von 0,30 € je Entfernungskilometer als **Werbungskosten** geltend machen.

---

1) FG Baden-Württemberg v. 24.2.2015, 6 K 2540/14, EFG 2015, 896.
2) BFH v. 18.10.2007, VI R 59/06, BStBl II 2009, 200.
3) BFH v. 7.11.2006, VI R 95/04, BStBl II 2007, 269.
4) BFH v. 14.9.2005, VI R 37/03, BStBl II 2006, 72; BFH v. 7.6.2002, VI R 145/99, BStBl II 2002, 829.

Dritter Teil: Inlandsreisen — B. Arbeitnehmer

> **Beispiel: Privatnutzung Firmenwagen**
>
> Der Listenpreis eines dem Arbeitnehmer überlassenen betrieblichen Kfz beträgt 28 000 €. Neben den Privatfahrten wird das Kfz an 220 Arbeitstagen für Wege zwischen Wohnung und erster Tätigkeitsstätte genutzt. Die Entfernung beträgt 15 km.
>
> **Folge:** Der Nutzungswert für die **Privatfahrten** beträgt monatlich 1 % des Listenpreises von 28 000 € = 280 € und jährlich 280 € × 12 = 3 360 €.
>
> Für die Wege zwischen Wohnung und **erster Tätigkeitsstätte** ist **zusätzlich** ein Betrag von monatlich 0,03 % von 28 000 € × 15 km = 126,00 € und jährlich 126,00 € × 12 = 1 512 € anzusetzen. Monatlich sind dem Arbeitslohn 406 € und jährlich 406 € × 12 = 4 872 € zuzurechnen.
>
> Als **Entfernungspauschale** kann der Arbeitnehmer in der Einkommensteuerveranlagung 990 € als Werbungskosten geltend machen (220 Arbeitstage × 15 km × 0,30 € = 990 €).

Die **Anzahl der** Tage bzw. **tatsächlichen Fahrten** zwischen Wohnung und erster Tätigkeitsstätte ist bei dieser Berechnungsmethode (0,03 %) **unbeachtlich**; entscheidend ist die Nutzungsmöglichkeit. Lediglich für die Ermittlung der abzugsfähigen Werbungskosten hat der Arbeitnehmer die Anzahl der Tage mit tatsächlich durchgeführten Fahrten anzusetzen.

Hinsichtlich der **Entfernungsbestimmung** für die Fahrten zwischen Wohnung und erster Tätigkeitsstätte ist in Rz. 30 des Arbeitgeber-Merkblatts 1996[1] geregelt, dass hier die kürzeste benutzbare Straßenverbindung maßgebend ist. Dies gilt auch dann, wenn der Arbeitnehmer eine längere verkehrsgünstigere Strecke fährt. Bei der Ermittlung des geldwerten Vorteils ist auch in diesem Fall die kürzeste benutzbare Straßenverbindung zu Grunde zu legen.[2] Für den Ansatz der Entfernungspauschale als **Werbungskosten** gilt allerdings die tatsächlich benutzte (und ggf. längere verkehrsgünstigere) Strecke.

Fährt der Arbeitnehmer abwechselnd zu **unterschiedlichen Wohnungen**, ist ein pauschaler Monatswert unter Zugrundelegung der Entfernung zur näher gelegenen Wohnung anzusetzen. Für jede Fahrt von und zu der weiter entfernt liegenden Wohnung ist zusätzlich ein pauschaler Nutzungswert von 0,002 % des inländischen Listenpreises des Kfz für jeden Kilometer der Entfernung zwischen Wohnung und erster Tätigkeitsstätte dem Arbeitslohn zuzurechnen, soweit sie die Entfernung zur näher gelegenen Wohnung übersteigt. Für Fahrten zu einem betrieblichen Sammelpunkt oder einem weiträumigen Tätigkeitsgebiet → Rz. 175 f.

> **Beispiel: Geldwerter Vorteil bei zwei Wohnungen**
>
> Ein Arbeitnehmer hat zwei Wohnungen in A und B. Die Entfernung zur ersten Tätigkeitsstätte in C beträgt von der Wohnung in A 20 km und von der Wohnung in B, die er am Wochenende nutzt und von der er jeweils am Montag zur Tätigkeitsstätte in C fährt, 100 km. Der Listenpreis des Kfz beträgt 25 000 €.
>
> **Folge:** Der monatliche geldwerte Vorteil für die Wege zwischen Wohnung und erster Tätigkeitsstätte ist wie folgt anzusetzen:
>
> 1. Für die Fahrten von A nach C (Dienstag bis Freitag)
>   20 km × 0,03 % × 25 000 € =   150 €
> 2. Für die Fahrten von B nach C (Montag)
>   (es werden vier Montage im Monat unterstellt)
>   100 km ./. 20 km = 80 km × 0,002 % × 25 000 € × 4 =   60 €
>   monatlicher geldwerter Vorteil   210 €

cc) Wahlrecht zwischen 0,03 %-Regelung und Ansatz der Einzelfahrten

Wie für den betrieblichen Bereich (→ Rz. 78) erwähnt, ist alternativ zur 0,03 %-Regelung eine Einzelbewertung der tatsächlichen Fahrten zwischen Wohnung und erster Tätig-

---

[1] Merkblatt für den Arbeitgeber zu den Rechtsänderungen beim Steuerabzug vom Arbeitslohn ab 1. Januar 1996 und zur Auszahlung des Kindergeldes ab 1. Januar 1996, BStBl I 1995, 719.
[2] So auch FG Köln v. 22.5.2003, 10 K 7604/98, EFG 2003, 1229.

keitsstätte mit 0,002 % des Listenpreises je Entfernungskilometer möglich. Die Grundlage hierfür legte der BFH mit mehreren Urteilen, so dass sie von der Finanzverwaltung nicht weiter ignoriert werden konnte.[1]

Als Reaktion folgte ein BMF-Schreiben zur Anwendung der aktuellen BFH-Rechtsprechung ausschließlich für den Arbeitnehmerbereich.[2] Danach kann der Arbeitnehmer für die Ermittlung des Nutzungswerts für Fahrten zwischen Wohnung und erster Tätigkeitsstätte zwischen der festen Monatspauschale mit der 0,03 %-Methode oder einer Einzelbewertung der tatsächlichen Fahrten mit 0,002 % des Listenpreises je Entfernungskilometer wählen.

Folglich ist eine Einzelbewertung der tatsächlichen Fahrten mit 0,002 % des Listenpreises je Entfernungskilometer möglich. Dies kann zu einem geringeren geldwerten Vorteil führen. Hierbei ist zu berücksichtigen, dass es **unbeachtlich** ist, ob der Arbeitnehmer an einem Tag **nur eine** Fahrt oder **mehrere** Fahrten zwischen Wohnung und erster Tätigkeitsstätte durchführt. Auch diese Tage sind für die Einzelbewertung nur einmal zu erfassen bzw. anzusetzen.

> **Beispiel: Vergleich zwischen Monatspauschale und Einzelbewertung**
>
> Arbeitnehmer A nutzt einen Firmenwagen im Monat Juli an 10 Tagen für 10 Fahrten zwischen Wohnung und erster Tätigkeitsstätte (Anzahl der täglichen Fahrten ist unbeachtlich). Die Entfernung zwischen Wohnung und erster Tätigkeitsstätte beträgt 40 km. Als Pkw-Bruttolistenpreis bei der Erstzulassung sind 25 000 € anzusetzen.
>
> **Folge:** Nach der Einzelbewertung ist der geldwerte Vorteil für die Fahrten zwischen Wohnung und erster Tätigkeitsstätte mit dem Firmenwagen wie folgt zu ermitteln:
>
> 0,002 % x 25 000 € x 40 km x 10 Fahrten =   200 €
>
> Zum Vergleich:
>
> Ein Ansatz der Monatspauschale von 0,03 % ergibt folgenden Betrag:
>
> 0,03 % x 25 000 € x 40 km =   300 €
>
> Dieser Betrag liegt um 100 € höher als die neue Berechnungsmethode mit der Einzelbewertung.

Soll die **Einzelbewertung** durchgeführt werden, sind für die Wahl der Bewertungsmethode sowie für die Wertermittlung nach der 0,002 %-Regelung die folgenden **Grundsätze** zu beachten:

dd) Wahl der Bewertungsmethode

247
– Grundsätzlich ist der Zuschlag für die Nutzung eines betrieblichen Kfz für Fahrten zwischen Wohnung und erster Tätigkeitsstätte kalendermonatlich mit 0,03 % des Listenpreises/Entfernungskilometer zwischen Wohnung und erster Tätigkeitsstätte zu ermitteln (0,03 %-Regelung).

– Im Lohnsteuerabzugsverfahren ist der Arbeitgeber zur Einzelbewertung der tatsächlichen Fahrten zwischen Wohnung und erster Tätigkeitsstätte nicht verpflichtet. Er kann z.B. eine Gestellung des betrieblichen Kfz an die Anwendung der 0,03 %-Regelung binden.

Jedoch ist er verpflichtet, in **Abstimmung** mit dem Arbeitnehmer die Anwendung der 0,03 %- oder 0,002 %-Regelung für jedes Kalenderjahr einheitlich für **sämtliche** diesem überlassenen betrieblichen Kfz festzulegen. Die Methode darf für dasselbe Fahrzeug während des Kalenderjahrs nicht gewechselt werden.

---
[1] BFH v. 4.4.2008, VI R 85/04, BStBl II 2008, 887; VI R 68/05 BStBl II 2008, 890; BFH v. 28.8.2008, VI R 52/07, BStBl II 2009, 280; BFH v. 22.9.2010, VI R 57/09, BStBl II 2011, 359.
[2] BMF v. 1.4.2011, IV C 5 – S 2334/08/10010, BStBl I 2011, 301.

- Eine Wahl der Einzelbewertung (auch durch einzelne Arbeitnehmer) ist auch dann möglich, wenn Fahrzeuge aus einem Fahrzeugpool genutzt werden.

- Der **Arbeitnehmer** darf im **Veranlagungsverfahren** zur Einkommensteuer die Einzelbewertung wählen. Hierfür hat er die tatsächlichen Fahrten zwischen Wohnung und erster Tätigkeitsstätte fahrzeugbezogen nachzuweisen bzw. zu benennen, an welchen Tagen (mit Datumsangabe) er das betriebliche Kfz tatsächlich genutzt hat.

Zudem hat er durch geeignete Belege glaubhaft zu machen, dass und in welcher Höhe der Arbeitgeber den Zuschlag mit 0,03 % des Listenpreises für jeden Kilometer der Entfernung zwischen Wohnung und erster Tätigkeitsstätte ermittelt und versteuert hat (z.B. Gehaltsabrechnung, die die Besteuerung des Zuschlags erkennen lässt oder eine Bescheinigung des Arbeitgebers).

ee) Ermittlung des Nutzungswerts nach der 0,002 %-Regelung

- Eine Anwendung der 0,002 %-Regelung ist auf maximal 180 Fahrten (bzw. Tage) im Kalenderjahr begrenzt. Tatsächlich kann der Pkw für die Fahrten zwischen Wohnung und erster Tätigkeitsstätte an einem Tag mehrfach und insgesamt an mehr als 180 Tagen im Kalenderjahr genutzt werden (s.u.). Gleichwohl macht diese Begrenzung Sinn; sie soll eine **Überbesteuerung vermeiden**. Denn 180 Fahrten/Tage x 0,002 % ergeben 0,36 %. Dies ist jener Prozentsatz, der sich nach der 0,03 %-Regelung als Jahresbetrag ergibt (0,03 % x 12 Monate).

248

- Arbeitstage, an denen der Arbeitnehmer das betriebliche Kfz für Fahrten zwischen Wohnung und erster Tätigkeitsstätte **mehrmals** benutzt, sind für Zwecke der Einzelbewertung nur **einmal** zu erfassen (s.o.). Ein pauschaler Ansatz von 15 Fahrten im einzelnen Monat ist nicht zulässig.

- Der Arbeitnehmer hat dem Arbeitgeber kalendermonatlich fahrzeugbezogen schriftlich zu erklären, an welchen Tagen (mit Datumsangabe) er das betriebliche Kfz tatsächlich für Fahrten zwischen Wohnung und erster Tätigkeitsstätte genutzt hat. Eine bloße Angabe der Anzahl der Tage reicht nicht aus. Hingegen sind keine Angaben erforderlich, wie der Arbeitnehmer an den anderen Arbeitstagen zur Tätigkeitsstätte gelangt ist.

- Diese Erklärungen des Arbeitnehmers sind für den Lohnsteuerabzug maßgebend, sofern der Arbeitnehmer nicht erkennbar unrichtige Angaben macht; Ermittlungspflichten obliegen dem Arbeitgeber nicht. Ferner ist die Erklärung des Arbeitnehmers als Beleg zum **Lohnkonto** zu nehmen und aufzubewahren. Aus Vereinfachungsgründen ist es zulässig, wenn für den Lohnsteuerabzug jeweils die Erklärung (Fahrten) des Vormonats zugrunde gelegt wird.

- Stehen dem Arbeitnehmer gleichzeitig **mehrere** betriebliche Pkw zur privaten Nutzung zur Verfügung, ist der Vorteil für die Fahrten zwischen Wohnung und erster Tätigkeitsstätte stets fahrzeugbezogen zu ermitteln (nach den Angaben des Arbeitnehmers) und nicht vom überwiegend für diese Fahrten benutzten Pkw. Wird der Pkw im Kalenderjahr gewechselt, ist dessen Listenpreis anzusetzen; es bleibt bei der Höchstgrenze von 180 Tagen.

Beispiel: Begrenzung der Einzelbewertung auf 180 Tage

Arbeitnehmer A kann ein vom Arbeitgeber überlassenes betriebliches Kfz auch für Fahrten zwischen Wohnung und erster Tätigkeitsstätte nutzen. A legt datumsgenaue Erklärungen über seine Fahrten zwischen Wohnung und erster Tätigkeitsstätte für die Monate Januar bis Juni an jeweils 14 Tagen, für Juli bis November an jeweils 19 Tagen und für Dezember an 4 Tagen vor.

B. Arbeitnehmer
Dritter Teil: Inlandsreisen

Folge: Der Arbeitgeber hat in den Monaten Januar bis Juni für die Einzelbewertung jeweils 14 Tage anzusetzen, in den Monaten Juli bis November jeweils 19 Tage.

Aufgrund der jahresbezogenen Begrenzung auf 180 Tage (Fahrten) ist im Dezember nur ein Tag anzusetzen (Anzahl der Tage von Januar bis November = 179). Damit ergeben sich für die Einzelbewertung der tatsächlichen Fahrten des A zwischen Wohnung und erster Tätigkeitsstätte je Kalendermonat folgende Prozentsätze:

- Januar bis Juni:
  jeweils 14 Tage x 0,002 % x Listenpreis Kfz x Entfernungs-km;
  angesetzt werden somit jeweils 0,028 % (für 6 Monate 0,168 %)
- Juli bis November:
  jeweils 19 Tage x 0,002 % x Listenpreis Kfz x Entfernungs-km;
  angesetzt werden somit jeweils 0,038 % (für 5 Monate 0,19 %)
- Dezember:
  1 Tag x 0,002 % x Listenpreis Kfz x Entfernungs-km;
  angesetzt werden somit 0,002 %;

Die Summe ergibt den Jahresbetrag von (0,3 % x 12 =) 0,36 % x Listenpreis x Entfernungs-km.

ff) Park and Ride/unterschiedliche Verkehrsmittel

249 Setzt der Arbeitnehmer ein ihm überlassenes betriebliches Kfz bei den Fahrten zwischen Wohnung und erster Tätigkeitsstätte oder bei Familienheimfahrten nur für eine Teilstrecke ein, so ist der Ermittlung des Zuschlags **grundsätzlich** die gesamte Entfernung zugrunde zu legen. Es ist **jedoch zulässig**, den Zuschlag auf der Grundlage der **Teilstrecke** zu ermitteln, die mit dem betrieblichen Kfz tatsächlich zurückgelegt wurde, wenn

- das Kfz vom Arbeitgeber nur für diese Teilstrecke zur Verfügung gestellt worden ist und der Arbeitgeber die Einhaltung seines Nutzungsverbots überwacht oder
- für die restliche Teilstrecke ein Nachweis über die Benutzung eines anderen Verkehrsmittels erbracht wird, z.B. wenn der Arbeitnehmer eine auf ihn ausgestellte Jahres-Bahnfahrkarte vorlegt.[1]

gg) Minderung des pauschalen Nutzungswerts

250 Mit dem Ansatz des pauschalen Nutzungswerts nach der 1 %-Methode sind sämtliche Privatfahrten des Arbeitnehmers mit dem Firmen-Kfz abgegolten. Kürzungen dieses Wertes wegen **Beschriftungen** des Firmenwagens (z.B. mit dem Firmenlogo) sowie der Nutzung eines privaten Zweitwagens sind nicht zulässig.

Zahlt der Arbeitnehmer jedoch an den Arbeitgeber oder auf dessen Weisung an einen Dritten zur Erfüllung einer Verpflichtung des Arbeitgebers (abgekürzter Zahlungsweg) für die außerdienstliche bzw. private Nutzung eines betrieblichen Kfz ein Nutzungsentgelt, mindert dies den Nutzungswert für die Privatnutzung. In Betracht kommt insbesondere ein Nutzungsentgelt für

- private Fahrten,
- Fahrten zwischen Wohnung und erster Tätigkeitsstätte und
- Heimfahrten im Rahmen einer doppelten Haushaltsführung.

Solch ein Nutzungsentgelt muss aber zweifelsfrei vereinbart worden sein (arbeitsvertraglich oder aufgrund einer anderen arbeits- oder dienstrechtlichen Rechtsgrundlage). Kein Nutzungsentgelt ist insbesondere der Barlohnverzicht des Arbeitnehmers im Rahmen einer Gehaltsumwandlung.

Als Nutzungsentgelt kommen in Betracht:

- ein nutzungsunabhängiger pauschaler Betrag (z. B. Monatspauschale),
- ein an den gefahrenen Kilometern ausgerichteter Betrag (z.B. Kilometerpauschale),
- die übernommenen Leasingraten,

---
[1] S. hierzu auch BMF v. 1.4.2011, IV C 5 – S 2334/08/10010, BStBl I 2011, 301.

und bei der pauschalen Nutzungswertmethode sowie der sog. Nichtbeanstandungsregelung (→ Rz. 242) zusätzlich

– eine vollständige oder teilweise Übernahme einzelner Kfz-Kosten durch den Arbeitnehmer. Hierzu gehören, z.B. Treibstoffkosten, Wartungs- und Reparaturkosten, Kfz-Steuer, Beiträge für Halterhaftpflicht- und Fahrzeugversicherungen, Garagen-/Stellplatzmiete, Aufwendungen für Anwohnerparkberechtigungen, Aufwendungen für die Wagenpflege/-wäsche und Ladestrom.[1]

Unberücksichtigt bleiben Kosten, die nicht zu den Gesamtkosten des Kfz gehören, z.B. Fährkosten, Straßen- oder Tunnelbenutzungsgebühren (Vignetten, Mautgebühren), Parkgebühren, Aufwendungen für Insassen- und Unfallversicherungen, Verwarnungs-, Ordnungs- und Bußgelder.

> **Beispiel: Minderung Nutzungswert bei pauschaler Nutzungswertmethode**
>
> Der Arbeitgeber hat seinem Arbeitnehmer ein betriebliches Kfz auch zur Privatnutzung überlassen und den geldwerten Vorteil aus der Kfz-Gestellung nach der 1 %-Regelung bewertet. In der Nutzungsüberlassungsvereinbarung ist geregelt, dass der Arbeitnehmer die gesamten Treibstoffkosten zu zahlen hat.
>
> Die Übernahme der Treibstoffkosten durch den Arbeitnehmer ist ein Nutzungsentgelt. Es ist auf den steuerpflichtigen Nutzungswert für die Privatnutzung des betrieblichen Kfz anzurechnen.
>
> Übersteigt das Nutzungsentgelt den Nutzungswert, führt der übersteigende Betrag weder zu negativem Arbeitslohn noch zu Werbungskosten.

Auch ein **Zuschuss** des Arbeitnehmers zu den **Anschaffungskosten** des Kfz **mindert** den privaten Nutzungswert.[2] Eine nach Anrechnung auf den Nutzungswert verbleibende **Zuzahlung** des Arbeitnehmers darf **nicht nur** im Zahlungsjahr, sondern auch in den darauf **folgenden Kalenderjahren** auf den privaten Nutzungswert des jeweiligen Kfz angerechnet werden.[3] Sie dürfen allerdings jeweils nur bis zur Höhe des steuerlich anzusetzenden Nutzungswerts berücksichtigt werden (ggf. bis zu 0 €, kein Minusbetrag).[4] Damit können die Zuzahlungen des Arbeitnehmers so lange den geldwerten Vorteil mindern, wie ihm dieses Kfz zur privaten Nutzung überlassen wird.

Zu beachten ist jedoch, dass die Zuzahlungen des Arbeitnehmers nur dann den Nutzungswert mindern dürfen, wenn sie nicht bereits beim Ansatz der **Anschaffungskosten** berücksichtigt worden sind. Haben sie die Anschaffungskosten des Fahrzeugs gemindert, ergibt dies einen geringeren Ausgangsbetrag für die Abschreibung (AfA).

> **Beispiel: Zuzahlung zu Pkw-Anschaffungskosten**
>
> Arbeitgeber A überlässt Arbeitnehmer B ab dem Jahr 2017 einen neuen Dienstwagen zur privaten Nutzung (Listenpreis: 30 000 €). B kann das Kfz auch für Fahrten zwischen Wohnung und erster Tätigkeitsstätte nutzen. B leistet im Jahr 2017 zu den Anschaffungskosten des Dienstwagens eine Zuzahlung von 10 000 €.
>
> **Folge**: Für 2017 ist der geldwerte Vorteil aus der Überlassung des Kfz zu Privatfahrten und Fahrten zwischen Wohnung und erster Tätigkeitsstätte wie folgt zu ermitteln:

---

[1] BMF v. 21.9.2017, IV C 5 – S 2334/11/10004-02, BStBl I 2017, 1336.
[2] BFH v. 18.10.2007, VI R 59/06, BStBl II 2009, 200.
[3] R 8.1 Abs. 9 Nr. 4 Satz 3 LStR 2015.
[4] FG Köln v. 8.12.1999, 11 K 3442/97, DStRE 2000, 848.

> **Für die Privatnutzung:**
> 1 % von 30 000 € = 300 € monatlich, Jahresbetrag   3 600 €
> **Für die Fahrten zwischen Wohnung und erster Tätigkeitsstätte bei 20 km einfacher Entfernung:**
> 0,03 % von 30 000 € × 20 km × 12 Monate =   2 160 €
> **Summe:**   5 760 €
>
> Weil die Zuzahlung von 10 000 € auf den geldwerten Vorteil angerechnet wird, hat der Arbeitnehmer im Jahr 2017 keinen geldwerten Vorteil zu versteuern.
>
> Es verbleibt ein nicht aufgebrauchter Zuschuss von 10 000 € abzüglich 5 160 € = 4 840 €. Dieser verbleibende Zuzahlungsbetrag kann im Jahr 2018 auf den geldwerten Vorteil aus der Überlassung des Dienstwagens angerechnet werden.
>
> Eine Übertragung ist hingegen nicht möglich, wenn der Arbeitnehmer ab 2018 einen neuen Dienstwagen nutzt (Fahrzeugwechsel).

Zahlt der Arbeitgeber **Zuzahlungen** an den Arbeitnehmer **zurück**, sind diese als Arbeitslohn lohnsteuerpflichtig, soweit sie den Arbeitslohn (regelmäßig den geldwerten Vorteil) gemindert haben.

Bis zur Höhe der Entfernungspauschale kann der Arbeitgeber den **Nutzungswert** für die Wege zwischen Wohnung und erster Tätigkeitsstätte mit **15 % pauschal versteuern** (→ Rz. 245). Bei Körperbehinderten (→ Rz. 263) kann der Nutzungswert in vollem Umfang pauschal versteuert werden.

hh) Doppelte Haushaltsführung

251 Für **Familienheimfahrten** anlässlich einer **doppelten Haushaltsführung** wird gem. § 8 Abs. 2 Satz 5 EStG **grundsätzlich kein geldwerter Vorteil** angesetzt, wenn der Arbeitnehmer vom Arbeitgeber einen Pkw zur Durchführung der Heimfahrten **unentgeltlich** überlassen bekommen hat. Dies gilt, soweit für diese Familienheimfahrt **dem Grunde nach** ein Werbungskostenabzug in Betracht käme. Insoweit kommt ein Werbungskostenabzug bzw. eine steuerfreie Erstattung von Fahrtkosten durch den Arbeitgeber nicht in Betracht.

Ist für die Familienheimfahrt ein Werbungskostenabzug i.R. der doppelten Haushaltsführung ausgeschlossen, z.B. weil es sich um eine steuerlich nicht zu berücksichtigende **Zwischenheimfahrt** handelt (ab zweiter Familienheimfahrt wöchentlich), ist für die nichtabziehbare Zwischenheimfahrt ein Nutzungswert von 0,002 % des inländischen Listenpreises für jeden Entfernungskilometer zwischen dem Beschäftigungsort und dem Ort des eigenen Hausstands zu ermitteln. Dieser Betrag erhöht die Nutzungswerte für die Privatfahrten und die Wege zwischen Wohnung und erster Tätigkeitsstätte.

f) Ermittlung Listenpreis Kfz

252 Als **Listenpreis** für die **Bemessungsgrundlage** ist **auch bei gebraucht erworbenen oder geleasten Fahrzeugen**, die auf volle 100 € abgerundete inländische unverbindliche Preisempfehlung des Herstellers für das Fahrzeug im Zeitpunkt seiner Erstzulassung einschließlich USt anzusetzen. **Hinzu** kommen die Kosten für **werkseitig** im Zeitpunkt der Erstzulassung eingebaute **Sonderausstattungen** (z.B. Navigationsgeräte, Diebstahlsicherungssysteme).[1] Das gilt auch für ein Navigationsgerät, das neben Navigations-, Radio- oder Computerfunktionen auch Telekommunikationsfunktionen enthält. Hier gehen die gesamten Aufwendungen für das Gerät in die Bemessungsgrundlage ein. Es ist nicht zulässig, einen auf den Telekommunikationsanteil entfallenden Kostenanteil herauszurechnen. Eine solche Minderung des Ansatzes der Sonderausstattung würde nach Auffassung der Finanzverwaltung sowohl dem Vereinfachungszweck der pauschalen Nutzungswertermittlung als auch dem Wortlaut des EStG (§ 6 Abs. 1 Nr. 4 Satz 2

---
1) BFH v. 16.2.2005, VI R 37/04, BStBl II 2005, 563.

EStG) widersprechen, der Sonderausstattungen ohne Ausnahme in die Bemessungsgrundlage einbezieht.

Nachträglich eingebaute unselbständige Ausstattungsmerkmale sind durch den pauschalen Nutzungswert **abgegolten** und können nicht zusätzlich getrennt bewertet werden[1] (→ Rz. 70). Zu den Besonderheiten beim Bezug von steuerfreiem Ladestrom für Elektrofahrzeuge und Hybridelektrofahrzeuge → Rz. 242.

Ein Ansatz des **Bruttolistenneupreises** begegnet insbesondere im Hinblick auf die dem Steuerpflichtigen zur Wahl gestellte Möglichkeit, den Nutzungsvorteil auch nach der sog. Fahrtenbuchmethode zu ermitteln und zu bewerten, **keinen** verfassungsrechtlichen Bedenken.[2]

Bei Kfz, die vor dem 1.1.2002 angeschafft worden sind, ist zunächst der DM-Listenpreis in einen Euro-Listenpreis (1 € = 1,95583 DM) umzurechnen und dann auf volle 100 € abzurunden.

Im Übrigen ist zu beachten:

- Die Förderungsregelungen zur Nutzung von **Elektro-** und **Hybridelektrofahrzeugen** sind auch im Arbeitnehmerbereich anzuwenden. Zu den Besonderheiten und steuerlichen Abschlägen bei Elektrofahrzeugen oder extern aufladbaren Hybridelektrofahrzeugen → Rz. 70.

- Bei der Ermittlung des Listenpreises bleiben der Wert eines **Autotelefons** einschließlich einer Freisprecheinrichtung sowie ein Satz Winterreifen mit Felgen **außer Betracht**. Hierbei ist es gleichgültig, ob der Kauf zusammen mit dem Kauf des Pkw oder später erfolgte.

- Der **inländische** Listenpreis ist auch bei einem **reimportierten Fahrzeug** maßgebend. Enthält das Fahrzeug eine Sonderausstattung, die sich im inländischen Listenpreis nicht niedergeschlagen hat, ist der Wert der Sonderausstattung mit den inländischen Sonderausstattungspreisen zusätzlich zu berücksichtigen. Ist das reimportierte Fahrzeug dagegen geringwertiger ausgestattet, ist der Wert der Minderausstattung durch einen Vergleich mit einem entsprechenden inländischen Fahrzeug zu berücksichtigen.

- Bei einem aus Sicherheitsgründen **gepanzerten Pkw** kann der Listenpreis des leistungsschwächeren Fahrzeugs zu Grunde gelegt werden, und zwar des Fahrzeugs, das dem Arbeitnehmer zur Verfügung gestellt werden würde, wenn seine Sicherheit nicht gefährdet wäre. Werden hier die Kosten durch Einzelnachweis ermittelt, so bestehen im Hinblick auf die durch die Panzerung verursachten höheren laufenden Betriebskosten keine Bedenken, wenn der **Nutzungswertermittlung** 70 % der tatsächlich festgestellten laufenden Kosten – allerdings ohne die Abschreibung – zu Grunde gelegt werden.

Werden einem Arbeitnehmer **Lastkraftwagen** (z.B. ein Möbelwagen für den privaten Umzug) oder **Zugmaschinen** zur privaten Nutzung überlassen, wäre hier der private Nutzungswert mit dem Betrag anzusetzen, der dem Arbeitnehmer für die Haltung und den Betrieb eines Kraftwagens gleichen Typs entstanden wäre. Dies würde sich in der Praxis äußerst schwierig gestalten und beim Arbeitnehmer zu einem hohen zu versteuernden geldwerten Vorteil führen (die 1 %-Methode gilt nicht für Lkw und Zugmaschinen).

Deshalb lässt die Finanzverwaltung aus Vereinfachungsgründen auch bei Lkw und Zugmaschinen die 1 %-Methode zu, wobei allerdings kein höherer Listenpreis als 80 000 € zu Grunde gelegt werden soll.[3] Die Begrenzung des Bruttolistenpreises auf 80 000 € ist jedoch nicht auf Fahrzeuge anzuwenden, die kraftfahrzeugsteuerrechtlich als Pkw

---

1) BFH v. 13.10.2010, VI R 12/09, BStBl II 2011, 361.
2) BFH v. 13.12.2012, VI R 51/11, BStBl II 2013, 385.
3) FinMin Saarland v. 29.1.2003, B/2-4 - 11/03 - S 2334, DStR 2003, 422.

einzustufen sind. Dies gilt insbesondere für Kombinationskraftwagen (z.B. Geländewagen), die auch unter die 1 %-Regelung fallen. Überlässt der Arbeitgeber dem Arbeitnehmer z.B. einen Pkw mit einem Bruttolistenpreis von 100 000 €, ist der geldwerte Vorteil anhand dieses Bruttolistenpreises zu ermitteln.

Zu diesem Thema hat der BFH mit Urteil v. 13.2.2003[1] entschieden, dass die Regelung des § 6 Abs. 1 Nr. 4 Satz 2 EStG nach dem Wortlaut der Norm jedes zum Betriebsvermögen gehörende „Kfz" erfasst. Nach dem Sinn und Zweck der Vorschrift erscheint es jedoch geboten, bestimmte Arten von Kfz, namentlich insbesondere Lkw und Zugmaschinen, von der Anwendung der 1 %-Methode auszunehmen. Dies hat er mit den Urteilen vom 18.12.2008[2] sowie vom 17.2.2016[3] bestätigt; Tenor: die 1 %-Regelung gilt nicht für Fahrzeuge, die nach ihrer objektiven Beschaffung und Einrichtung typischerweise so gut wie ausschließlich nur zur Beförderung von Gütern bestimmt sind. Dieser Entscheidung steht m.E. der o.g. Erlass des FinMin Saarland nicht entgegen.

g) Abstimmung Ermittlungsmethode

253 Der Arbeitgeber muss sich für die Berechnung der auf die Privatfahrten entfallenden Nutzungswerte jedes **Kalenderjahr** mit dem Arbeitnehmer auf eine der beiden vorgenannten Methoden **abstimmen**. Dieses Berechnungsverfahren darf bei demselben Kfz während des Kalenderjahrs **nicht** gewechselt werden. Nutzt der oder nutzen die Arbeitnehmer nebeneinander mehrere betriebliche Fahrzeuge privat, ist ein Nebeneinander der beiden Methoden zulässig.

Ist eine genauere Berechnung des privaten Nutzungswerts bei Führung eines Fahrtenbuchs monatlich (noch) nicht möglich, kann der Lohnabrechnung **aus Vereinfachungsgründen** monatlich **1/12 des Vorjahresbetrags** zu Grunde gelegt werden. Liegt ein derartiger Wert nicht vor, weil z.B. das Kfz neu angeschafft wurde, kann der Nutzungswert auch vorläufig für jeden Fahrtkilometer mit 0,001 % des inländischen Listenpreises angesetzt werden. Spätestens **nach Ablauf des Kalenderjahrs** oder nach Beendigung des Dienstverhältnisses ist der **tatsächlich** zu versteuernde Nutzungswert zu ermitteln. Eine sich daraus ergebende Lohnsteuerdifferenz ist auszugleichen. Für die **Einkommensteuer-Veranlagung** ist der Arbeitnehmer allerdings nicht an das im Lohnsteuer-Abzugsverfahren gewählte Verfahren **gebunden**.

254 Benutzen Arbeitnehmer das vom Arbeitgeber zur Verfügung gestellte Kfz für Wege zwischen Wohnung und erster Tätigkeitsstätte, können sie die **Entfernungspauschale** für die tatsächlich durchgeführten Fahrten als **Werbungskosten** geltend machen (→ Rz. 271, 273). **Behinderte Arbeitnehmer** können hierfür ihre tatsächlichen Aufwendungen einschließlich des Nutzungswerts für diese Fahrten ansetzen (→ Rz. 286). Der Werbungskostenabzug entfällt, soweit der Arbeitgeber die geldwerten Vorteile oder evtl. Zuschüsse mit 15 % **pauschal** versteuert hat (→ Rz. 236).

h) Sonderregelungen bei der Pkw-Gestellung

aa) Dienstliche Nutzung für Fahrten zwischen Wohnung und erster Tätigkeitsstätte

255 Ein geldwerter Vorteil für die Nutzung eines betrieblichen Fahrzeugs für Fahrten zwischen Wohnung und erster Tätigkeitsstätte ist **nicht** zu erfassen, wenn ein Arbeitnehmer das Firmenfahrzeug ausschließlich an den Tagen für die Wege zwischen Wohnung und Tätigkeitsstätte erhält, an denen es erforderlich werden kann, dass er dienstliche/berufliche Fahrten von der Wohnung aus antritt, z.B. im **Bereitschaftsdienst** in Versorgungsunternehmen.[4] Gleiches gilt, wenn ein Fahrzeug, das aufgrund seiner objektiven Beschaffenheit und Einrichtung typischerweise so gut wie ausschließlich für die Beför-

---

1) BFH v. 13.2.2003, X R 23/01, BStBl II 2003, 472.
2) BFH v. 18.12.2008, VI R 34/07, BStBl II 2009, 381.
3) BFH v. 17.2.2016, X R 32/11, BStBl II 2016, 708.
4) BFH v. 25.5.2000, VI R 195/98, BStBl II 2000, 690.

derung von Gütern bestimmt ist, z.B. ein Werkstattwagen im Heizungsbau und Sanitärbedarf. Denn solch ein Fahrzeug ist typischerweise nicht zum privaten Gebrach geeignet.[1]

bb) Nutzungsverbot

Wird dem Arbeitnehmer ein Kfz mit der Maßgabe zur Verfügung gestellt, es für Privatfahrten und/oder Wege zwischen Wohnung und erster Tätigkeitsstätte nicht zu nutzen, so kann von dem Ansatz des jeweils in Betracht kommenden pauschalen Nutzungswerts nur abgesehen werden, wenn der Arbeitgeber die Einhaltung seines Verbots überwacht oder wenn wegen der besonderen Umstände des Falls die verbotene Nutzung so gut wie ausgeschlossen ist, z.B. wenn der Arbeitnehmer das Fahrzeug nach seiner Arbeitszeit und am Wochenende auf dem Betriebsgelände abstellt und den Schlüssel im Betrieb hinterlegt. **256**

Bei einer nachhaltigen „vertragswidrigen" privaten Nutzung eines betrieblichen Pkw durch den anstellungsvertraglich gebundenen **Gesellschafter-Geschäftsführer** liegt allerdings der Schluss nahe, dass eine Nutzungsbeschränkung oder ein Nutzungsverbot nicht ernstlich gewollt ist, sondern dass sie lediglich „auf dem Papier stehen".[2]

Das Nutzungsverbot ist durch entsprechende Unterlagen nachzuweisen; sie sind zum Lohnkonto zu nehmen.

Umstritten ist in der Praxis oft, wie der Arbeitgeber das Verbot der privaten Nutzung eines betrieblichen Kfz durch den Arbeitnehmer bzw. die Einhaltung eines solchen Verbots dem Finanzamt nachweisen kann und soll. Für die Fälle, dass Nachweise nicht vorliegen oder von der Finanzverwaltung nicht anerkannt werden, gibt es drei Entscheidungen des BFH[3], in denen er klarstellt:

– Über die Frage, ob und welches betriebliche Fahrzeug dem Arbeitnehmer auch zur privaten Nutzung überlassen worden ist, muss bei fehlendem Nachweis ggf. unter Berücksichtigung sämtlicher Umstände des Einzelfalls entschieden werden;

– steht nicht fest, dass der Arbeitgeber dem Arbeitnehmer einen Dienstwagen zur privaten Nutzung überlassen hat, kann auch der Beweis des ersten Anscheins diese fehlende Feststellung nicht ersetzen.

Diese Grundsätze gelten auch für einen angestellten Geschäftsführer einer GmbH sowie eines Familienunternehmens. Auch in einem solchen Fall lässt sich *kein* allgemeiner Erfahrungssatz des Inhalts feststellen, dass ein Privatnutzungsverbot nur zum Schein ausgesprochen ist oder der (Allein-)Geschäftsführer ein Privatnutzungsverbot generell missachtet.

cc) Park and Ride

Setzt der Arbeitnehmer ein ihm überlassenes Kfz bei den Fahrten zwischen Wohnung und erster Tätigkeitsstätte oder bei Familienheimfahrten nur für eine Teilstrecke ein, weil er regelmäßig die andere Teilstrecke mit öffentlichen Verkehrsmitteln zurücklegt, so ist der Ermittlung des pauschalen Nutzungswerts die **gesamte Entfernung** zu Grunde zu legen. Hingegen kommt ein Nutzungswert auf der Grundlage der Entfernung, die mit dem Kfz **tatsächlich zurückgelegt** worden ist, in Betracht, wenn das Kfz vom Arbeitgeber nur für diese Teilstrecke zur Verfügung gestellt worden ist. Der Arbeitgeber hat die Einhaltung seines Verbots zu überwachen → Rz. 256. **257**

---

1) BFH v. 18.12.2008, VI R 34/07, BStBl II 2009, 381; FG Niedersachsen v. 13.3.2013, 4 K 302/11, www.stotax-first.de.
2) BFH v. 23.4.2009, VI R 81/06, BStBl II 2012, 262; BFH v. 21.3.2013, VI R 31/10, BStBl II 2013, 700.
3) 1. BFH vom 21.3. 2013, VI R 42/12, BStBl II 2013, 918; 2. BFH v. 21.3.2013, VI R 46/11, BStBl II 2013, 1044; 3. BFH v. 18.4.2013, VI R 23/12, BStBl II 2013, 920.

B. Arbeitnehmer — Dritter Teil: Inlandsreisen

Der pauschale Nutzungswert kann auch dann auf der Grundlage der mit dem Kfz **tatsächlich zurückgelegten Entfernung** ermittelt werden, wenn für die restliche Teilstrecke z.B. eine auf den Arbeitnehmer ausgestellte **Jahres-Bahnfahrkarte** vorgelegt wird.[1]

dd) Begrenzung des pauschalen Nutzungswerts (sog. Kostendeckelung)

258 Der insgesamt anzusetzende pauschale Nutzungswert übersteigt mitunter die dem Arbeitgeber für das Fahrzeug insgesamt entstandenen Kosten. Wird dies im Einzelfall nachgewiesen, so ist der zu versteuernde Nutzungswert höchstens mit dem Betrag der **Gesamtkosten** des Kfz anzusetzen (→ Rz. 86, sog. Kostendeckelung), wenn nicht auf Grund des Nachweises der Fahrten durch ein Fahrtenbuch ein geringerer Wertansatz in Betracht kommt.

Wird das **Kfz mit Fahrer** zur Verfügung gestellt, ist auch in diesem Fall der zusätzliche geldwerte Vorteil mit 50 % der Gesamtkosten zu erhöhen (→ Rz. 268).

i) Pkw-Gestellung für mehrere Arbeitnehmer

aa) Sammelbeförderung

259 Stellt der Arbeitgeber mehreren Arbeitnehmern einen Pkw für gemeinsame Fahrten zwischen Wohnung und erster Tätigkeitsstätte unentgeltlich zur Verfügung, so ist von der Hinzurechnung eines geldwerten Vorteils zum Arbeitslohn abzusehen, soweit die **Sammelbeförderung** für den betrieblichen Einsatz notwendig ist.

Dies ist dann gegeben, wenn

- die Beförderung mit öffentlichen Verkehrsmitteln nicht oder nur mit unverhältnismäßig hohem Zeitaufwand durchgeführt werden kann,
- die Arbeitnehmer an ständig wechselnden Tätigkeitsstätten oder verschiedenen Stellen eines weiträumigen Arbeitsgebiets eingesetzt werden oder
- der Arbeitsablauf eine gleichzeitige Arbeitsaufnahme der beförderten Arbeitnehmer erfordert.

Als **Sammelbeförderung** wird die durch den Arbeitgeber organisierte oder zumindest veranlasste Beförderung mehrerer Arbeitnehmer bezeichnet; sie darf nicht auf dem Entschluss eines Arbeitnehmers beruhen. Das Vorliegen einer Sammelbeförderung bedarf grundsätzlich einer besonderen Rechtsgrundlage. Dies kann ein Tarifvertrag oder eine Betriebsvereinbarung sein.[2] Zu Zahlungen des Arbeitnehmers → Rz. 173.

Eine Geh- und Stehbehinderung der beförderten Arbeitnehmer rechtfertigt für sich allein noch **keine** steuerfreie Sammelbeförderung. Die vorgenannten Gründe müssen hinzukommen. Entsprechendes gilt für die Sammelbeförderung von blinden Arbeitnehmern.

bb) Fahrzeugpool

260 Stellt der Arbeitgeber **mehreren** Arbeitnehmern einen Pkw zu **Privatfahrten** zur Verfügung, ist der nach der 1 %-Methode ermittelte geldwerte Vorteil entsprechend der Zahl der Nutzungsberechtigten **aufzuteilen**.[3] Sind in einem Fahrzeugpool **mehr** Fahrzeuge vorhanden als nutzungsberechtigte Arbeitnehmer, ist jedem Arbeitnehmer der Nutzungswert für das von ihm **überwiegend** genutzte Fahrzeug zuzurechnen.

Übersteigt die Zahl der Nutzungsberechtigten die in einem Fahrzeugpool zur Verfügung stehenden Kraftfahrzeuge, so ist bei **pauschaler** Nutzungswertermittlung wie folgt zu verfahren:

- für Privatfahrten ist der geldwerte Vorteil mit 1 % der Listenpreise aller Kraftfahrzeuge zu ermitteln und die Summe entsprechend der Zahl der Nutzungsberechtigten aufzuteilen,

---

1) BFH v. 4.4.2008, VI R 68/05, BStBl II 2008, 890.
2) BFH v. 29.1.2009, VI R 56/07, BStBl II 2010, 1067.
3) BFH v. 15.5.2002, VI R 132/00, BStBl II 2003, 1127.

– für Fahrten zwischen Wohnung und erster Tätigkeitsstätte ist der geldwerte Vorteil grundsätzlich mit 0,03 % der Listenpreise aller Kraftfahrzeuge zu ermitteln und die Summe durch die Zahl der Nutzungsberechtigten zu teilen.

Dieser Wert ist beim einzelnen Arbeitnehmer mit der Zahl seiner Entfernungskilometer zu multiplizieren.[1]

Dem einzelnen Nutzungsberechtigten bleibt es unbenommen, zur Einzelbewertung seiner tatsächlichen Fahrten zwischen Wohnung und erster Tätigkeitsstätte überzugehen.[2]

Steht dem Arbeitnehmer für die **dienstliche** Nutzung kein bestimmtes Fahrzeug, sondern ein Fahrzeugpool zur Verfügung, genügt ein schriftliches Verbot der Nutzung für private Zwecke, um den ersten Anschein der Privatnutzung zu entkräften.[3]

Für die Strecken mit steuerfreier oder verbilligter Sammelbeförderung ist ein Ansatz der Entfernungspauschale als **Werbungskosten** nicht möglich. Befördert ein Arbeitnehmer auf seinen Wegen zwischen Wohnung und erster Tätigkeitsstätte auch Kollegen dorthin, liegt keine (steuerfreie) Sammelbeförderung vor, wenn darüber nicht eine gesonderte Vereinbarung getroffen wurde.[4]

Hat der Arbeitnehmer für die Sammelbeförderung an den Arbeitgeber einen Betrag zu entrichten, kann er diesen als **allgemeine Werbungskosten** nach § 9 Abs. 1 EStG geltend machen; dabei ist die Höhe des tatsächlich entrichteten Betrags maßgeblich (→ Rz. 173).

j) Gestellung von Omnibussen und Flugzeugen

Stellt der Arbeitgeber einen Omnibus, Kleinbus usw. oder gar ein Flugzeug zu Sammelfahrten/-flügen zur Verfügung, so ist von der Hinzurechnung eines geldwerten Vorteils zum Arbeitslohn abzusehen, soweit die **Sammelbeförderung** für den betrieblichen Einsatz notwendig ist. Zur steuerlichen Behandlung einer Zahlung des Arbeitnehmers an den Arbeitgeber für die Sammelbeförderung → Rz. 173, 259. **261**

k) Pkw-Gestellung bei Einsatzwechseltätigkeit

Arbeitnehmer mit Einsatzwechseltätigkeit haben für die Fahrten zu den Einsatzstellen mit dem zur Verfügung gestellten Kfz – unabhängig von der Entfernung – keinen Nutzungswert zu versteuern. Für Fahrten mit einem Firmenwagen anlässlich von Auswärtstätigkeiten ist kein geldwerter Vorteil anzusetzen. **262**

l) Pkw-Gestellung bei behinderten Arbeitnehmern

Wird körperbehinderten Arbeitnehmern, deren Grad der Behinderung **263**

– mindestens 70 % beträgt oder bei
– weniger als 70 %, aber mindestens 50 % liegt und sind die Betroffenen in ihrer Bewegungsfähigkeit im Straßenverkehr erheblich beeinträchtigt,

ein betriebliches Kfz für Wege zwischen Wohnung und erster Tätigkeitsstätte zur Verfügung gestellt, ist ebenso der geldwerte Vorteil zu versteuern. Andererseits kann dieser Personenkreis den Kilometersatz von 0,30 € je gefahrenen Kilometer als Werbungskosten geltend machen (§ 9 Abs. 2 EStG).

---

1) BFH v. 15.5.2002, VI R 132/00, BStBl II 2003, 311.
2) BMF v. 1.4.2011, IV C 5 - S 2334/08/10010, BStBl I 2011, 301.
3) BFH v. 21.4.2010, VI R 46/08, BStBl II 2010, 848.
4) BFH v. 29.1.2009, VI R 56/07, BStBl II 2010, 1067.

B. Arbeitnehmer Dritter Teil: Inlandsreisen

> **Beispiel: Pkw-Gestellung an körperbehinderte Arbeitnehmer**
>
> Ein körperbehinderter Arbeitnehmer nutzt einen zur Verfügung gestellten Pkw für Fahrten zur 30 km entfernten ersten Tätigkeitsstätte. Der Listenpreis des Pkw soll 25 000 € und die Zahl der Arbeitstage 225 betragen.
>
> **Nutzungswert:**
>
> – monatlicher Nutzungswert für Fahrten zur ersten Tätigkeitsstätte:
>   30 km × 0,03 % × 25 000 € =   225 €
> – jährlicher Nutzungswert für die Privatnutzung (1 %):
>   225 € × 12 Monate =   2 700 €
>
> **Werbungskostenabzug (Entfernungspauschale):**
>
> 225 Tage × 30 km × 2 × 0,30 € =   4 050 €

Führt der körperbehinderte Arbeitnehmer ein Fahrtenbuch, kann er die tatsächlich ermittelten Aufwendungen als Werbungskosten geltend machen (→ Rz. 240).

m) Pkw-Gestellung und Aufwendungen für eine Garage

264 Ist der Arbeitnehmer verpflichtet, das ihm vom Arbeitgeber überlassene Kfz in einer Garage unterzustellen, und mietet der Arbeitgeber in der Nähe der Wohnung des Arbeitnehmers eine Garage an, sind die Aufwendungen für die Garage durch die pauschalen Nutzungswerte mit abgegolten. Dies gilt auch, wenn der Arbeitnehmer die Garage anmietet und der Arbeitgeber ihm die Aufwendungen erstattet. In diesem Fall liegt steuerfreier Auslagenersatz nach § 3 Nr. 50 EStG selbst dann vor, wenn dem Arbeitnehmer der an den Dritten entrichtete Mietzins nicht vollständig erstattet wird.[1)]

Gleiches gilt, wenn der Arbeitnehmer die eigene Garage zur Verfügung stellt und der Arbeitgeber dem Arbeitnehmer hierfür einen Betrag zahlt. Dieses Nutzungsentgelt rechnet beim Arbeitnehmer zu den Einkünften aus Vermietung und Verpachtung i.S.v. § 21 Abs. 1 EStG.[2)]

n) Pkw-Gestellung und Unfallkosten

265 Verursacht der Arbeitnehmer mit dem ihm überlassenen Kfz auf einer Privatfahrt einen Unfall, muss festgestellt werden, ob er gegenüber dem Arbeitgeber schadensersatzpflichtig ist oder nicht.

Liegt **keine Schadensersatzpflicht** des Arbeitnehmers vor (z.B. Fälle höherer Gewalt, Verursachung des Unfalls durch einen Dritten) **oder** ereignet sich der **Unfall auf einer beruflich veranlassten Fahrt** (Auswärtstätigkeit oder Fahrt zwischen Wohnung und erster Tätigkeitsstätte), kann sich kein geldwerter Vorteil ergeben (lohnsteuerlich unbeachtlich).

Ist der Arbeitnehmer dem Arbeitgeber gegenüber nach zivilrechtlichen Regelungen **schadensersatzpflichtig** und **verzichtet** der Arbeitgeber auf den Ersatz des Schadens, liegt im Zeitpunkt des Verzichts beim Arbeitnehmer ein geldwerter Vorteil vor, der grundsätzlich als **Arbeitslohn** zu versteuern ist. Grundlage für diese steuerlichen Folgerungen sind die Ausführungen des BFH im Urteil vom 24.5.2007 (zu Trunkenheitsfahrten),[3)] wonach **Unfallkosten nicht** zu den **Gesamtkosten** des Kfz zählen.

---

1) BFH v. 7.6.2002, VI R 1/00, DStRE 2003, 1.
2) BFH v. 7.6.2002, VI R 145/99, BStBl II 2002, 829.
3) BFH v. 24.5.2007, VI R 73/05, BStBl II 2007, 766.

Als **Vereinfachungsregelung** können jedoch Unfallkosten, die – bezogen auf den einzelnen Schadensfall und nach Erstattungen von dritter Seite (z.B. Versicherungen) – den Betrag von 1 000 € zuzüglich Umsatzsteuer nicht übersteigen, als Reparaturkosten behandelt und in die **Gesamtkosten** einbezogen werden (Wahlrecht, R 8.1 Abs. 9 Nr. 2 Satz 12 LStR 2015). Dies gilt auch, wenn die Selbstbeteiligung der Kfz-Versicherung nicht mehr als 1 000 € beträgt.

Hat der Arbeitgeber auf den Abschluss einer Vollkaskoversicherung **verzichtet**, ist aus Vereinfachungsgründen grundsätzlich so zu verfahren, als bestünde eine Versicherung mit einer Selbstbeteiligung i.H.v. 1 000 € (R 8.1 Abs. 9 Nr. 2 Satz 15 LStR 2015). Folglich ist die Vereinfachungsregelung auch in diesen Fällen anwendbar. Diese Regelungen gelten grundsätzlich sowohl bei der Ermittlung des geldwerten Vorteils nach der 1 %-Methode, als auch bei Anwendung der Fahrtenbuchmethode.

Ebenfalls aus Vereinfachungsgründen vertritt die Finanzverwaltung die Auffassung, dass für Schäden bei einem kaskoversicherten Kfz mit einem höheren Selbstbehalt als 1 000 € (z.B. 5 000 €) auch so zu verfahren ist, als bestünde eine Versicherung mit einem **Selbstbehalt** i.H.v. 1 000 €. Folglich ist der geldwerte Vorteil bei sinngemäßer Anwendung der Vereinfachungsregelung stets auf 1 000 € begrenzt (R 8.1 Abs. 9 Nr. 2 Satz 15 LStR 2015).

Sind die Unfallkosten nach der Vereinfachungsregelung als Reparaturkosten in die Gesamtkosten des Kfz einbezogen worden, werden sie bei Anwendung der **1 %-Methode** nicht weiter berücksichtigt. Denn die Gesamtkosten sind nur bei Anwendung der Fahrtenbuchmethode heranzuziehen. Folglich ist im Rahmen der 1 %-Methode für die Unfallkosten **kein** geldwerter Vorteil anzusetzen. Werden die Kosten des Fahrzeugs nach der **Fahrtenbuchmethode** ermittelt, erhöht die insgesamt auf 1 000 € begrenzte Hinzurechnung der Unfallkosten den zu versteuernden Privatanteil regelmäßig nur geringfügig.

o) Pkw-Gestellung und Zuzahlung des Arbeitnehmers zu den Anschaffungskosten

Wie bereits unter → Rz. 242 geschildert, mindert ein **Zuschuss** des Arbeitnehmers zu den **Anschaffungskosten** im Zahlungsjahr den privaten Nutzungswert. Der Arbeitgeber hat hinsichtlich der steuerlichen Behandlung des Zuschusses zwei Möglichkeiten (R 6.5 Abs. 2 EStR 2012):

1. Verbucht er den Zuschuss als **Betriebseinnahme**, hat dieser Betrag keinen Einfluss auf die Anschaffungskosten des Kfz,
2. behandelt er dagegen den Zuschuss erfolgsneutral, mindert der Zuschuss die **Anschaffungskosten** des Kfz.

Ermittelt der Arbeitnehmer den privaten Nutzungswert für die Pkw-Gestellung nach der Fahrtenbuchmethode, mindert sich im zweiten Fall die Bemessungsgrundlage für die Abschreibung für Abnutzung des Kfz um den Zuschuss des Arbeitnehmers.

p) Barlohnumwandlung bei Pkw-Gestellung

Nachdem der BFH bestätigt hat, dass eine Anwendung der 1 %-Methode auch in Fällen einer Barlohnumwandlung zulässig ist,[1] kann das Ersetzen von Barlohn durch Sachlohn für den Arbeitnehmer von Interesse sein, wenn das von ihm zu entrichtende Nutzungsentgelt höher ist, als der zu versteuernde Sachbezug.

> **Beispiel: Barlohnumwandlung**
>
> Einem Arbeitnehmer wird ein Firmenwagen zum Listenpreis von 50 000 € zur privaten Nutzung überlassen. Da er für die private Nutzung 600 € monatlich bezahlen soll, verzichtet er auf 600 € Gehalt.

---
1) BFH v. 20.8.1997, VI B 83/97, BStBl II 1997, 667.

	ohne Barlohn-umwandlung	mit Barlohn-umwandlung
Gehalt	5 000 €	5 000 €
Gehaltsverzicht	0 €	600 €
steuerpflichtiger Barlohn	5 000 €	4 400 €
zu versteuernder geldwerter Vorteil (1 % von 50 000 €)	500 €	500 €
steuerpflichtiger Arbeitslohn	5 500 €	4 900 €
Gegenrechnung Entgelt für Privatnutzung des Kfz 600 € (höchstens 500 €)	500 €	0 €
= zu versteuerndes Gehalt	5 000 €	4 900 €

In beiden Fällen hat der Arbeitnehmer letztendlich 4 400 € (Brutto) zur Verfügung. Ohne Barlohnumwandlung sind jedoch 5 000 € und mit steuerlich anerkannter Barlohnumwandlung nur 4 900 € als Arbeitslohn zu versteuern.

q) Gestellung eines Kfz mit Fahrer

268 Auch in der **Gestellung eines Fahrers für die private Nutzung** des betriebseigenen Pkw liegt ein steuerpflichtiger geldwerter **Vorteil**, der zusätzlich zu erfassen ist. Nachdem der BFH entschieden hat, dass die arbeitgeberseitige Gestellung eines Fahrers (Chauffeurüberlassung) für die Fahrten des Arbeitnehmers zwischen Wohnung und erster Tätigkeitsstätte dem Grunde nach zu einem lohnsteuerrechtlich erheblichen Vorteil führt, hat die Finanzverwaltung mit BMF-Schreiben v. 15.7.2014[1] reagiert. Damit relativiert sie diese Rechtsprechung und schreibt die z.T. doch recht „moderaten" pauschalen Zuschlagsätze fest.

Zunächst bestätigt das BMF-Schreiben, dass der geldwerte Vorteil grundsätzlich nach dem um übliche Preisnachlässe geminderten üblichen Endpreis am Abgabeort (§ 8 Abs. 2 Satz 1 EStG) zu bemessen ist. Maßstab zur Bewertung dieses Vorteils ist der Wert einer von einem fremden Dritten bezogenen vergleichbaren Dienstleistung, wobei dieser Wert den zeitanteiligen Personalkosten des Arbeitgebers entsprechen kann aber nicht muss.

Dies sowie die Grundsätze des Urteils sind im Lohnsteuerabzugsverfahren und im Veranlagungsverfahren zur Einkommensteuer allgemein anzuwenden. Sie gelten sowohl für Privatfahrten, für Fahrten zwischen Wohnung und erster Tätigkeitsstätte, Fahrten zum weiträumigen Arbeits-/Tätigkeitsgebiet (§ 9 Abs. 1 Satz 3 Nr. 4a Satz 3 EStG) und auch für Familienheimfahrten. Sie sind unabhängig davon anzuwenden, ob der Nutzungswert des Fahrzeugs pauschal oder nach der Fahrtenbuchmethode ermittelt wird. Der geldwerte Vorteil aus der Fahrergestellung ist als zusätzlicher Arbeitslohn zu erfassen.

Als Maßstab zur Bewertung des geldwerten Vorteils ist **grundsätzlich** der Preis für eine von einem fremden Dritten bezogene vergleichbare Dienstleistung anzusetzen (üblicher Endpreis). **Alternativ** kann der Anteil an den tatsächlichen Lohn- und Lohnnebenkosten des Fahrers angesetzt werden, welcher der Einsatzdauer des Fahrers im Verhältnis zu dessen Gesamtarbeitszeit entspricht. Als Lohnkosten kommen in Betracht: Bruttoarbeitslohn, Arbeitgeberbeiträge zur Sozialversicherung, Verpflegungszuschüsse sowie Kosten beruflicher Fort- und Weiterbildung für den Fahrer. Zur Einsatzdauer des Fahrers gehören auch die Stand- und Wartezeiten des Fahrers, nicht aber die bei der Überlassung eines Kfz mit Fahrer durch die An- und Abfahrten des Fahrers durchgeführten Leerfahrten und die anfallenden Rüstzeiten; diese sind den dienstlichen Fahrten zuzurechnen.

Weil die zuvor beschriebene Ermittlung recht aufwändig und für den chauffierten Arbeitnehmer wohl recht „teuer" sein kann, lässt die Finanzverwaltung die folgenden **pauschalen** Zuschlagsätze zu:

---
[1] BMF v. 15.7.2014, IV C 5 – S 2334/13/10003, BStBl I 2014, 1109.

- Stellt der Arbeitgeber dem Arbeitnehmer für die o.g. Fahrten ein Kfz mit Fahrer zur Verfügung, ist der für diese Fahrten (nach der Pauschalmethode oder durch die Fahrtenbuchmethode) ermittelte Nutzungswert des Kfz um 50 % zu erhöhen.
- Für die zweite und jede weitere Familienheimfahrt anlässlich einer doppelten Haushaltsführung erhöht sich der auf die einzelne Familienheimfahrt entfallende Nutzungswert um 50 % (wenn für diese Fahrt ein Fahrer in Anspruch genommen worden ist).
- Stellt der Arbeitgeber dem Arbeitnehmer für andere Privatfahrten ein Kfz mit Fahrer zur Verfügung, ist der entsprechende private Nutzungswert des Kfz wie folgt zu erhöhen:

    a) um **50 %**, wenn der Fahrer überwiegend in Anspruch genommen wird,

    b) um **40 %**, wenn der Arbeitnehmer das Kfz häufig selbst steuert,

    c) um **25 %**, wenn der Arbeitnehmer das Kfz weit überwiegend selbst steuert.
- Wird der pauschal anzusetzende Nutzungswert auf die Gesamtkosten des Kfz begrenzt, ist der anzusetzende Nutzungswert um 50 % zu erhöhen, wenn das Kfz mit Fahrer zur Verfügung gestellt worden ist.

Der **Arbeitgeber** kann im Lohnsteuerabzugsverfahren die Methode zur Ermittlung des geldwerten Vorteils wählen. Diese Wahl kann er im Kalenderjahr für sämtliche Fahrten insgesamt nur **einheitlich** ausüben. Wählt der Arbeitgeber den üblichen Endpreis am Abgabeort, hat er die Grundlagen für die Berechnung des geldwerten Vorteils aus der Fahrergestellung zu dokumentieren, als Belege zum Lohnkonto aufzubewahren und dem Arbeitnehmer auf Verlangen formlos mitzuteilen.

Im Rahmen seiner Einkommensteuerveranlagung kann der Arbeitnehmer eine andere Ermittlungsmethode als der Arbeitgeber wählen. Dazu hat er den geldwerten Vorteil aus der Fahrergestellung nach den vorgenannten Grundsätzen zu bewerten und gegenüber dem Finanzamt nachzuweisen. Eine solche Wahl darf der Arbeitnehmer im Kalenderjahr für sämtliche Fahrten (z.B. Privatfahrten, Fahrten zwischen Wohnung und erster Tätigkeitsstätte, Familienheimfahrten) insgesamt nur einheitlich ausüben. Voraussetzung für eine abweichende Bewertung ist, dass der im Lohnsteuerabzugsverfahren angesetzte Vorteil sowie die Grundlagen für die Berechnung des geldwerten Vorteils nachgewiesen werden (z.B. durch eine formlose Mitteilung des Arbeitgebers).

Erhält der Arbeitnehmer vom Arbeitgeber aus Sicherheitsgründen einen **sondergeschützten** (gepanzerten) Kraftwagen, der zum Selbststeuern nicht geeignet ist, **einschließlich** eines **Kraftfahrers** unentgeltlich zur Verfügung gestellt, ist von der steuerlichen Erfassung der Fahrergestellung **abzusehen**. Es ist dabei unerheblich, in welcher sicherheitsrelevanten Gefährdungsstufe der Arbeitnehmer eingeordnet ist.

Wird der betriebseigene Pkw auch für Wege **zwischen Wohnung und erster Tätigkeitsstätte** benutzt, kann der dafür anzusetzende **geldwerte** Vorteil bis zur Höhe der anzusetzenden Entfernungspauschale von **0,30 €** mit **15 % pauschal** lohnversteuert werden (→ Rz. 237). Einen die Entfernungspauschale übersteigenden Nutzungswert hat der Arbeitnehmer individuell zu versteuern.

Ein sich durch Zwischenheimfahrten und bei mehr als einer Familienheimfahrt wöchentlich (→ Rz. 251) ergebender geldwerter Vorteil ist dem privaten Nutzungswert hinzuzurechnen.

r) Überlassung mehrerer Pkw

Stehen dem Arbeitnehmer gleichzeitig mehrere betriebliche Kfz für eine private Nutzung zur Verfügung, ist bei der pauschalen Nutzungswertermittlung der geldwerte Vorteil für **jedes** Fahrzeug mit 1 % des Listenpreises anzusetzen. Der Nutzungswert kann jedoch mit dem Listenpreis des **überwiegend** privat genutzten Kfz angesetzt werden, wenn die Nutzung der Fahrzeuge durch andere zur Privatsphäre des Arbeitnehmers gehörende Personen so gut wie ausgeschlossen ist. Kann das Kfz auch zu Fahrten zwischen Wohnung und erster Tätigkeitsstätte benutzt werden, muss der Nutzungswert vom überwiegend für diese Fahrten genutzten Kfz ermittelt werden (H 8.1 [9-10] [Überlassung mehrerer Kfz] LStH 2018).

Der Listenpreis des überwiegend genutzten Kfz ist bei der pauschalen Nutzungswertermittlung auch bei einem Fahrzeugwechsel im Laufe eines Kalendermonats anzusetzen.

Wird dagegen der Nutzungswert nach der individuellen Methode ermittelt, ist für jedes genutzte Kfz ein Fahrtenbuch zu führen. Nutzt der Arbeitnehmer gleichzeitig mehrere Kfz und führt er nur für einzelne Kfz ein Fahrtenbuch, kann für diese Fahrzeuge der private Nutzungswert nach der individuellen Methode angesetzt werden, während für die übrigen Fahrzeuge der monatliche private Nutzungswert mit 1 % des Listenpreises anzusetzen ist.[1]

s) Pkw-Gestellung und andere Einkünfte

270 Benutzt der **Arbeitnehmer** ein vom Arbeitgeber zur Privatnutzung zur Verfügung gestelltes Kfz für Wege zwischen Wohnung und erster Tätigkeitsstätte in einem zweiten Arbeitsverhältnis mit einem anderen Arbeitgeber oder für andere Einkunftsarten, fallen diese Fahrten als Privatfahrten unter die 1 %-Regel (R 8.1 Abs. 9 Nr. 1 Satz 8 LStR 2015). Weil diese Möglichkeit für Selbständige und Gewerbetreibende ausgeschlossen ist (dort Versteuerung als Einnahme), führt diese lohnsteuerliche Vereinfachungsregelung letztlich zu einer steuerlichen Ungleichbehandlung gegenüber denjenigen, die ihre Einkünfte durch eine steuerliche Gewinnermittlung berechnen.

Somit entsteht dem Arbeitnehmer für die Wege zwischen Wohnung und erster Tätigkeits-/Betriebsstätte bei dem zweiten Dienstverhältnis ein Aufwand in Höhe eines **Anteils** des mit 1 % vom inländischen Listenpreis versteuerten geldwerten Vorteils für die Privatfahrten. Gleichwohl kann der Arbeitnehmer für die Fahrten zwischen Wohnung und Tätigkeitsstätte die Entfernungspauschale geltend machen.

Erzielt der Arbeitnehmer **andere Einkünfte**, kann er den entsprechenden Anteil u.U. als Betriebsausgaben geltend machen, ohne dass er hierfür zur Führung eines Fahrtenbuchs verpflichtet ist, d.h., dieser Anteil ist im Schätzwege zu ermitteln, z.B. im Verhältnis der gesamten Privatfahrten zu den Fahrten zur Erzielung der anderen Einkünfte. Der Ansatz des Kilometersatzes von 0,30 € ist nicht zulässig.

Ein Werbungskosten- bzw. Betriebsausgabenabzug ist jedoch gänzlich ausgeschlossen, wenn nicht der Arbeitnehmer selbst, sondern eine andere zu seinem Haushalt gehörende Person (z.B. der Ehegatte) das dem Arbeitnehmer überlassene Kfz zur Erzielung eigener Einkünfte nutzt. Hier handelt es sich um nichtabziehbaren Drittaufwand, weil nicht der Ehegatte, sondern der Arbeitnehmer den geldwerten Vorteil aus der Privatnutzung des Firmenwagens versteuert.

XI. Wege zwischen Wohnung und erster Tätigkeitsstätte: Entfernungspauschale und Job-Ticket

1. Grundsätzliches

271 Zur Abgeltung der Aufwendungen des Arbeitnehmers für die Wege zwischen Wohnung und erster Tätigkeitsstätte ist für jeden Arbeitstag, an dem der Arbeitnehmer die erste Tätigkeitsstätte aufsucht, eine **Entfernungspauschale** für jeden vollen Kilometer der Entfernung zwischen Wohnung und erster Tätigkeitsstätte von 0,30 € als **Werbungskosten** anzusetzen.

---

1) BFH v. 3.8.2000, III R 2/00, BStBl II 2001, 332.

Die Entfernungspauschale ist wie folgt zu berechnen:

	Zahl der Arbeitstage
×	volle Entfernungskilometer (*kürzeste Straßenverbindung*)
×	0,30 €
=	**Entfernungspauschale**

> **Beispiel: Berechnung der Entfernungspauschale**
>
> Arbeitnehmer A fährt mit öffentlichen Verkehrsmitteln (Bus, U-Bahn) zur ersten Tätigkeitsstätte. Die zurückgelegte Entfernung (Fußwege, Bus-, U-Bahnfahrt) beträgt 18 km. Die kürzeste Straßenverbindung beträgt nur 15 km.
>
> **Folge:** Für die Ermittlung der Entfernungspauschale stellt die Finanzverwaltung auf die kürzeste Straßenverbindung von 15 km ab.
>
> Die Entfernungspauschale wird wie folgt berechnet:
>
> Zahl der Arbeitstage 220 × 15 × 0,30 € = 990 €

Soweit der Arbeitnehmer **andere Verkehrsmittel** als den eigenen oder ihm zur Nutzung überlassenen Kraftwagen benutzt, ist die Entfernungspauschale auf höchstens **4 500 €** im Kalenderjahr begrenzt (→ Rz. 272). Aufwendungen für die Benutzung **öffentlicher Verkehrsmittel** können jedoch angesetzt werden, soweit sie den als Entfernungspauschale abziehbaren Betrag übersteigen. Die Entfernungspauschale **gilt nicht** für Flugstrecken und Strecken mit steuerfreier Sammelbeförderung.

Folglich ist die vorgenannte **Beschränkung** auf 4 500 € im Kalenderjahr zu beachten,

- wenn der Weg zwischen Wohnung und erster Tätigkeitsstätte mit einem Motorrad, Motorroller, Moped, Fahrrad oder zu Fuß zurückgelegt wird,
- für die Teilnehmer an einer Fahrgemeinschaft und zwar für die Tage, an denen der Arbeitnehmer sein eigenes oder zur Nutzung überlassenes Kfz nicht einsetzt,
- bei Benutzung öffentlicher Verkehrsmittel, wenn keine höheren Aufwendungen geltend gemacht werden.

Für die Bestimmung der Entfernung ist die **kürzeste Straßenverbindung** zwischen Wohnung und erster Tätigkeitsstätte maßgebend. Eine **andere** als die kürzeste Straßenverbindung kann zugrunde gelegt werden, wenn diese offensichtlich **verkehrsgünstiger** ist und vom Arbeitnehmer regelmäßig für die Wege zwischen Wohnung und erster Tätigkeitsstätte benutzt wird.

Mit dem Ansatz der Entfernungspauschale sind sämtliche Aufwendungen des Arbeitnehmers **abgegolten**, die durch die Wege zwischen Wohnung und erster Tätigkeitsstätte sowie durch die Familienheimfahrten veranlasst sind.

Benutzt der Arbeitnehmer **öffentliche Verkehrsmittel**, sind die tatsächlichen Aufwendungen ansatzfähig, soweit sie die Entfernungspauschale übersteigen. Folglich sind die Entfernungspauschale sowie der übersteigende Betrag als Werbungskosten anzusetzen.

Für die Prüfung, ob bei Nutzung **öffentlicher Verkehrsmittel** ein Ansatz der Entfernungspauschale oder der tatsächlichen Aufwendungen günstiger ist oder nicht (**Günstigerprüfung**), ist das **Jahresprinzip** festgeschrieben. Hierdurch können Arbeitnehmer, die abwechselnd mit öffentlichen Verkehrsmitteln oder dem Pkw zur Arbeit fahren, nicht mehr **unterjährig** zwischen den tatsächlichen Kosten für öffentliche Verkehrsmittel und der Entfernungspauschale wechseln. Die Aufwendungen für die Benutzung öffentlicher Verkehrsmittel können nur angesetzt werden, soweit sie den im Kalenderjahr insgesamt als Entfernungspauschale abziehbaren Betrag übersteigen.

Weil für **Flugstrecken** die Entfernungspauschale nicht angesetzt werden darf, müssen dafür die tatsächlichen Aufwendungen berücksichtigt werden. Entsprechendes gilt bei entgeltlicher Sammelbeförderung. Die Aufwendungen für eine **Fähre** können **neben** der Entfernungspauschale geltend gemacht werden.[1] Gebühren für die Benutzung eines **Straßentunnels** oder mautpflichtiger Straßen können **nicht** neben der Entfernungspauschale angesetzt werden.

2. Höchstbetrag von 4 500 €

272 Bei dem Höchstbetrag von 4 500 € handelt es sich um einen Jahresbetrag, der unabhängig von der Zahl der Arbeitstage im Kalenderjahr anzusetzen ist. Wie vorstehend ausgeführt, gilt der Höchstbetrag von 4 500 € nicht bei Benutzung eines eigenen oder zur Nutzung überlassenen Kraftwagens zu Fahrten zwischen Wohnung und erster Tätigkeitsstätte.

Wird der Höchstbetrag durch die Entfernungspauschale überschritten, fordern die Finanzämter mitunter einen Nachweis über die gefahrenen Strecken. Ein solcher „Nachweis" kann m.E. lediglich in der Prüfung bestehen, ob die Angaben des Stpfl. plausibel und glaubhaft sind. Ggf. können die Finanzämter die Zahl der angegebenen jährlichen Arbeitstage genauer prüfen und sich auch die jährlich zurückgelegten Kilometer, z.B. durch die Vorlage von Inspektionsrechnungen nachweisen lassen (kein Fahrtenbuch).

3. Eigenes Fahrzeug/Leasing-Fahrzeug

273 Die Entfernungspauschale für die Benutzung eines Kfz kann grundsätzlich **der Eigentümer des Kfz** geltend machen. Eigentümer ist derjenige, auf dessen Namen das Kfz zugelassen ist. Aber auch der Arbeitnehmer, dem ein Kfz, Motorrad oder Motorroller zur **Nutzung** überlassen wurde (z.B. vom Arbeitgeber, von Angehörigen oder Dritten), kann Fahrtkosten als Werbungskosten geltend machen.

Bei Ehegatten kommt es auf die wirtschaftlichen Verhältnisse an. Benutzt ein Ehemann für seine Wege zwischen Wohnung und erster Tätigkeitsstätte das der Ehefrau gehörende Kfz (oder umgekehrt), so ist dies für die Gewährung der Entfernungspauschale unbeachtlich. Gleiches gilt für Lebenspartner. Auch bei einem gelegentlich gemieteten Kfz, weil z.B. das eigene Kfz sich zur Reparatur in einer Werkstatt befindet, können für die Tage der Nutzung des Mietwagens nur die Entfernungspauschale und nicht die tatsächlichen Aufwendungen für den Mietwagen angesetzt werden.

274 Bei geleasten Kfz hat der **Leasing-Nehmer** regelmäßig sämtliche sich aus der Haltung des Pkw ergebenden Verpflichtungen zu übernehmen. So hat er für die Betriebs- und Verkehrssicherheit sowie für die Versteuerung des Kfz zu sorgen. Die Versicherung wird vom Leasing-Geber im Namen und für Rechnung des Leasing-Nehmers abgeschlossen. Etwaige Ersatzansprüche gegen Dritte wegen Beschädigung oder Vernichtung des Kfz hat der Leasing-Nehmer ebenso im eigenen Namen und auf eigene Kosten geltend zu machen, wie er auch das Risiko des zufälligen Untergangs, des Verlustes oder der Beschädigung des Kfz zu tragen hat.

Daher sind die Aufwendungen für **Wege zwischen Wohnung und erster Tätigkeitsstätte** sowie für **Familienheimfahrten** mit einem gemieteten Kfz (Leasing) **Werbungskosten** des Arbeitnehmers, und zwar unabhängig davon, ob das wirtschaftliche Eigentum an dem Kfz dem Leasing-Geber oder dem Leasing-Nehmer zuzurechnen ist.[2]

Eine bei Beginn des Leasings zu erbringende **Sonderzahlung** in Höhe der anteiligen beruflichen Nutzung des Pkw kann zu den sofort abzugsfähigen Werbungskosten gehören.[3] Dies gilt jedoch nur für **berufliche** Fahrten, die mit **Einzelnachweis** je gefahrenem

---
1) BMF v. 31.10.2013, IV C 5 – S 2351/09/10002 :002, BStBl I 2013, 1376.
2) BFH v. 11.9.1987, VI R 189/84, BStBl II 1988, 12.
3) BFH v. 5.5.1994, VI R 100/93, BStBl II 1994, 643.

Kilometer abgerechnet werden (bei beruflichen Auswärtstätigkeiten), und **nicht** beim Ansatz der Entfernungspauschale.

4. Mehrere Wege an einem Arbeitstag

Die Entfernungspauschale wird für jeden Arbeitstag für die Wege zur selben ersten Tätigkeitsstätte nur einmal berücksichtigt. Dieser Grundsatz gilt jedoch nicht für Arbeitnehmer, die in mehreren Dienstverhältnissen stehen (→ Rz. 283).

5. Art des Verkehrsmittels

Für die Gewährung der Entfernungspauschale ist es unerheblich, ob die Wege zwischen Wohnung und erster Tätigkeitsstätte zu Fuß, mit dem Fahrrad, dem Moped, dem Motorroller, dem Motorrad, dem Pkw oder öffentlichen Verkehrsmitteln – mit Ausnahme von Flügen – zurückgelegt werden.

Wird das Kfz lediglich für eine Hin- oder Rückfahrt benutzt (z.B. wenn sich an die Hinfahrt eine Auswärtstätigkeit anschließt, die an der Wohnung des Arbeitnehmers endet), ist der Kilometerpauschbetrag nur zur Hälfte anzusetzen. Wird ein Arbeitnehmer im eigenen Kfz **von einem Dritten** (z.B. Ehegatten) zu seiner ersten Tätigkeitsstätte **gefahren** oder **abgeholt**, so sind die sog. Leerfahrten selbst dann nicht zu berücksichtigen, wenn die Fahrten wegen schlechter öffentlicher Verkehrsverhältnisse erforderlich sind.[1]

6. Bestimmung der Entfernung zwischen Wohnung und erster Tätigkeitsstätte

Für die Bestimmung der Entfernung zwischen Wohnung und Tätigkeitsstätte ist die kürzeste (benutzbare) Straßenverbindung zwischen Wohnung und erster Tätigkeitsstätte maßgebend. Dabei sind die vollen Kilometer der Entfernung anzusetzen, d.h., es darf nicht auf den nächsten vollen Kilometer aufgerundet werden. Dies gilt unabhängig von der Art, wie der Weg von der Wohnung zur ersten Tätigkeitsstätte zurückgelegt wird.

Bei der Benutzung eines Kfz kann eine andere Straßenverbindung nur dann zu Grunde gelegt werden, wenn sie offensichtlich verkehrsgünstiger ist und vom Arbeitnehmer regelmäßig benutzt wird. Hierzu wird mitunter die Auffassung vertreten, der Gesetzgeber wolle mit der Formulierung „kürzeste" Straßenverbindung und der Streichung des Wortes „benutzbare" in § 9 Abs. 1 Nr. 4 EStG eine neue Entfernungsbestimmung schaffen. Dass dem nicht so ist, zeigt die Begründung zum Gesetzentwurf,[2] in der weiterhin von der „kürzesten benutzbaren" Straßenverbindung gesprochen wird. Auf das Wort „benutzbare" konnte verzichtet werden, weil – dies gebietet wohl die Logik – eine Straßenverbindung nur dann berücksichtigt werden kann, wenn sie auch benutzbar ist.

Allerdings ergeben sich aus dem Urteil des BFH v. 24.9.2013[3] die folgenden klarstellenden Grundsätze zur Bedeutung des Begriffs **„kürzeste Straßenverbindung"**:

– Die kürzeste Straßenverbindung zwischen Wohnung und Arbeitsstätte (i.S.d. § 9 Abs. 1 Satz 3 Nr. 4 Satz 4 EStG) ist diejenige Verbindung, die von Kfz mit bauartbestimmter Höchstgeschwindigkeit von mehr als 60 km/h befahren werden kann;

– für die Entfernungspauschale ist die kürzeste Straßenverbindung auch dann maßgeblich, wenn diese mautpflichtig ist oder mit dem vom Arbeitnehmer tatsächlich verwendeten Verkehrsmittel straßenverkehrsrechtlich nicht benutzt werden darf, z.B. weil sein Fahrzeug die geforderte Mindestgeschwindigkeit von 60 km/h nicht erreicht. Folglich ist eine ausschließlich für Fußgänger und Fahrradfahrer benutzbare Straßenverbindung, weil z.B. eine Einbahnstraße für Fahrradfahrer freigegeben wurde, nicht die kürzeste benutzbare Straßenverbindung, wenn der Weg zur Tätigkeitsstätte mit dem Pkw zurückgelegt wird.

---

1) BFH v. 7.4.1989, VI R 176/85, BStBl II 1989, 925.
2) BR-Drucks. 593/00 v. 28.9.2000 für ein Gesetz zur Einführung der Entfernungspauschale.
3) BFH v. 24.9.2013, VI R 20/13, BStBl II 2014, 259.

B. Arbeitnehmer

Eine von der kürzesten Straßenverbindung abweichende Strecke ist (offensichtlich) **verkehrsgünstiger**, wenn der Arbeitnehmer die Tätigkeitsstätte – trotz gelegentlicher Verkehrsstörungen – i.d.R. schneller und pünktlicher erreicht. Die **verkehrsgünstigere** abweichende Strecke darf auch bei Benutzung **öffentlicher Verkehrsmittel** angesetzt werden, wenn das Verkehrsmittel auf dieser Strecke auch tatsächlich fährt.

Ob eine Straßenverbindung auf Grund einer zu erwartenden Zeitersparnis als „offensichtlich verkehrsgünstiger" anzusehen ist, richtet sich nach den Umständen des Einzelfalls. Hierzu hat der BFH erfreulicherweise klargestellt, dass nicht in jedem Fall eine Zeitersparnis von mindestens 20 Minuten erforderlich ist.[1] So beinhalte das Merkmal der Verkehrsgünstigkeit auch andere Umstände als eine Zeitersparnis. Eine Straßenverbindung könne auch dann „offensichtlich verkehrsgünstiger" sein als die kürzeste Verbindung, wenn sich dies aus Umständen wie Streckenführung, Schaltung von Ampeln o.Ä. ergibt. Deshalb kann eine offensichtlich verkehrsgünstigere Straßenverbindung auch vorliegen, wenn nur eine relativ geringe oder gar keine Zeitersparnis zu erwarten ist, sich die Strecke jedoch auf Grund anderer Umstände als verkehrsgünstiger erweist als die kürzeste Verbindung.

Benutzt der Arbeitnehmer während eines Teils des Jahres den Pkw über eine verkehrsgünstigere abweichende Strecke und während eines Teils des Jahres öffentliche Verkehrsmittel, die nicht die verkehrsgünstigere abweichende Strecke fahren, ist für diese Fahrten nur die kürzeste Straßenverbindung maßgebend. Teilstrecken mit steuerfreier Sammelbeförderung sind in die Entfernungsermittlung nicht einzubeziehen.

Eine **Fährverbindung** ist mit in die Ermittlung der kürzesten benutzbaren Straßenverbindung einzubeziehen, soweit sie zumutbar erscheint und wirtschaftlich sinnvoll ist. In diesem Fall ist die Fahrtstrecke der Fähre **nicht** in die Entfernungsermittlung **einzubeziehen**. An ihrer Stelle können die **Aufwendungen** für die Fähre **neben der Entfernungspauschale** als **Werbungskosten** angesetzt werden.

Die einmal festgestellte Entfernung ist so lange zu Grunde zu legen, wie keine wesentlichen Änderungen der Verhältnisse eintreten, z.B. durch einen Umzug oder Änderung der Verkehrsverhältnisse durch eine andere Streckenführung.[2]

Beispiele: Streckenberechnung beim Überqueren von Flüssen oder Seen

1. Maßgebende Strecke bei Fährverbindung

Ein Arbeitnehmer wohnt in einer Ortschaft am Rhein und hat seine erste Tätigkeitsstätte auf der anderen Rheinseite. Die Entfernung zwischen Wohnung und Tätigkeitsstätte beträgt über die nächstgelegene Rheinbrücke 60 km und bei Benutzung einer Fähre 30 km (ohne die Fährstrecke).

Folge: Für die Entfernungspauschale ist eine Entfernung von 30 km anzusetzen, weil hier die Benutzung der Fähre zumutbar und auch wirtschaftlich sinnvoll ist. Daneben können die Fährkosten berücksichtigt werden.

2. Berücksichtigung von Zeit- und Kostenersparnis

Wie im 1. Beispiel, die Entfernung über die Rheinbrücke beträgt jedoch 30 km und bei Benutzung der Fähre 20 km (ohne die Fährstrecke). Die Benutzung der Fähre bringt keine Zeit- und Kostenersparnis.

Folge: Für die Entfernungspauschale ist von einer Entfernung von 30 km auszugehen.

Die Frage, ob eine Fährverbindung als verkehrsgünstige und kürzeste Route angesehen werden kann, ist nach den Umständen des Einzelfalls zu bestimmen. Deshalb sind die Besonderheiten einer Fährverbindung wie Wartezeiten, technische Schwierigkeiten oder Auswirkungen der Witterungsbedingungen auf den Fährbetrieb zu würdigen. Dies kann dazu führen, dass eine andere Straßenverbindung als „offensichtlich verkehrsgünstiger"

---

1) BFH v. 16.11.2011, VI R 19/11, BStBl II 2012, 520.
2) BMF v. 31.10.2013, IV C 5 – S 2351/09/10002 :002, BStBl I 2013, 1376.

anzusehen ist als die kürzeste Straßenverbindung, z.B. wenn auf den Fährbetrieb bei der Planung von Arbeitszeiten und Terminen nicht hinreichend Verlass ist.[1]

Nach H 9.10 LStH 2018 liegt auch dann eine Fahrt zwischen Wohnung und erster Tätigkeitsstätte vor, wenn diese gleichzeitig zu dienstlichen Verrichtungen für den Arbeitgeber genutzt wird (z.B. Abholen der Post), weil sich dabei der Charakter der Fahrt nicht wesentlich ändert und allenfalls ein geringer Umweg erforderlich wird. Die erforderliche Umwegstrecke ist als Auswärtstätigkeit einzuordnen (Ansatz mit 0,30 €/gefahrenem Kilometer).

7. Maßgebende Wohnung

Als **Ausgangspunkt** für die Wege zwischen Wohnung und erster Tätigkeitsstätte kommt jede Wohnung des Arbeitnehmers in Betracht, die er regelmäßig zur **Übernachtung nutzt** und von der aus er seine Tätigkeitsstätte aufsucht. **279**

Als **Wohnung** ist z.B. auch ein möbliertes Zimmer, eine Schiffskajüte, ein Gartenhaus, ein für eine gewisse Dauer abgestellter Wohnwagen oder ein Schlafplatz in einer Massenunterkunft anzusehen; nicht dagegen ein Hotelzimmer oder eine fremde Wohnung, wo der Arbeitnehmer nur kurzfristig aus privaten Gründen übernachtet.[2]

Der Mittelpunkt der Lebensinteressen befindet sich bei einem **verheirateten Arbeitnehmer** regelmäßig am tatsächlichen **Wohnort seiner Familie**.[3]

Hat ein Arbeitnehmer **mehrere Wohnungen**, von denen aus er sich abwechselnd zu seiner ersten Tätigkeitsstätte begibt, so kann er die Aufwendungen für die Wege von und zu der weiter vom Beschäftigungsort entfernt liegenden Wohnung dann als Werbungskosten abziehen, wenn diese Wohnung der örtliche Mittelpunkt seiner Lebensinteressen ist[4] und sie nicht nur gelegentlich aufgesucht wird. Dies wird in R 9.10 Abs. 1 LStR 2015 klargestellt. Das BMF-Schreiben zur Entfernungspauschale v. 31.10.2013[5] sowie das ergänzte BMF-Schreiben zu den Reisekostenregelungen ab 2014 v. 24.10.2014[6] enthalten keine darüber hinausgehenden Regelungen. **280**

Folglich gilt nach den Grundsätzen von R 9.10 Abs. 1 S. 5 ff. LStR 2015:

Der **örtliche Lebensmittelpunkt** wird bei **unverheirateten** oder getrennt lebenden Arbeitnehmern durch die persönlichen Beziehungen zu diesem Ort (Eltern, Verlobte, Freundes- und Bekanntenkreis, Vereinszugehörigkeit) und der Art und Weise, wie diese Beziehungen aufrechterhalten werden, bestimmt. Unerheblich ist, wie weit die Wohnung von der ersten Tätigkeitsstätte entfernt ist und ob dem Arbeitnehmer noch hinreichend Zeit zur Erledigung des üblichen täglichen Arbeitspensums verbleibt.[7]

Die **Wohnung** an dem Ort, an dem sich der Mittelpunkt der Lebensinteressen befindet, kann ohne nähere Prüfung durch die Finanzverwaltung nur dann berücksichtigt werden, wenn sie ein **verheirateter/verpartnerter** Arbeitnehmer oder ein Arbeitnehmer mit **Familienhausstand** mindestens **sechsmal jährlich** aufsucht.

Bei anderen Arbeitnehmern, die eine Wohnung im Durchschnitt **mindestens zweimal monatlich** aufsuchen, ist davon auszugehen, dass sich dort der Mittelpunkt ihrer Lebensinteressen befindet.

Bei einem Arbeitnehmer **mit** eigener Wohnung, der sich z.B. überwiegend in der von seiner ersten Tätigkeitsstätte weiter entfernt liegenden Wohnung einer Bekannten aufhält, können die Fahrten von deren Wohnung nicht als Fahrten zwischen Wohnung und

---

[1] BFH v. 19.4.2012, VI R 53/11, BStBl II 2012, 802.
[2] BFH v. 25.3.1988, VI R 207/84, BStBl II 1988, 706.
[3] BFH v. 10.11.1978, VI R 21/76, BStBl II 1979, 219; BFH v. 3.10.1985, VI R 168/84, BStBl II 1986, 95.
[4] BFH v. 20.12.1982, VI R 64/81, BStBl II 1983, 306.
[5] BMF v. 31.10.2013, IV C 5-S 2351/09/10002 :002, BStBl I 2013, 1376.
[6] BMF v. 24.10.2014, IV C 5-S 2353/14/10002, BStBl I 2014, 1412.
[7] BFH v. 3.10.1985, VI R 168/84, BStBl II 1986, 95; BFH v. 13.12.1985, VI R 7/83, BStBl II 1986, 221.

Tätigkeitsstätte anerkannt werden; berücksichtigungsfähig sind dann nur die Entfernungskilometer zwischen der Wohnung des Arbeitnehmers und seiner Tätigkeitsstätte.

Bei ledigen Arbeitnehmern **ohne** eigenen Hausstand, weil sie z.B. in der Wohnung der Eltern lediglich ein Zimmer bewohnen und bei denen die Voraussetzungen für eine doppelte Haushaltsführung nicht gegeben sind, können gleichwohl die Fahrten vom auswärtigen Tätigkeitsort zum Ort der elterlichen Wohnung als Wege zwischen Wohnung und erster Tätigkeitsstätte anerkannt werden, wenn das Zimmer in der elterlichen Wohnung beibehalten wird und sich zudem dort weiterhin der Lebensmittelpunkt des Arbeitnehmers befindet. Die geforderte Anzahl von mindestens zwei Heimfahrten im Monat dürfte jedoch allein für die Anerkennung des Lebensmittelpunkts am elterlichen Wohnort nicht ausreichen, um diesen „Besuchsfahrten" den Charakter von Wegen zwischen Wohnung und Tätigkeitsstätte zu verleihen. Hier wird die Finanzverwaltung den Nachweis weiterer persönlicher Beziehungen zum Heimatwohnort fordern (z.B. Vereinszugehörigkeit, Sportausübung, Ehrenamt).

Bei einem im Ausland wohnenden Arbeitnehmer, bei dem die Voraussetzungen für eine doppelte Haushaltsführung nicht vorliegen, erfüllt **eine Heimfahrt im Jahr** zur im Ausland gelegenen Familienwohnung – auch wenn sich hier der Lebensmittelpunkt befindet – nicht die Voraussetzungen für eine Fahrt zwischen Wohnung und erster Tätigkeitsstätte. § 9 Abs. 2 EStG verlangt, dass die weiter entfernt liegende Wohnung **nicht nur gelegentlich** aufgesucht wird. Hier fordern R 9.10 Abs. 1 Sätze 5 und 8 LStR 2015, dass der verheiratete Arbeitnehmer, dessen Familie im Ausland lebt, die Familienwohnung im Ausland mindestens sechsmal im Kalenderjahr und der ledige Arbeitnehmer die Wohnung im Ausland mindestens zweimal monatlich aufsuchen muss, damit die Wohnung im Ausland als Lebensmittelpunkt anerkannt werden kann (entsprechend der Regelung für Inland).

Bei einem ausländischen Arbeitnehmer mit **Familienwohnung im Ausland** hat der BFH hingegen entschieden, dass die Frage, ob der Arbeitnehmer seine weiter entfernt liegende Familienwohnung „nicht nur gelegentlich" aufsucht, anhand einer Gesamtwürdigung zu prüfen ist. Im Urteilsfall sah der BFH fünf Fahrten als ausreichend an.[1)]

Aufwendungen für die Wege zwischen der ersten Tätigkeitsstätte und der Wohnung, die den örtlichen Mittelpunkt der Lebensinteressen des Arbeitnehmers darstellt, sind auch dann als Werbungskosten i.S.d. § 9 Abs. 1 Nr. 4 EStG abziehbar, wenn die Fahrt an einer näher zum Arbeitsplatz gelegenen Wohnung des Arbeitnehmers unterbrochen wird. Die Höhe der Werbungskosten bemisst sich in diesem Fall ausschließlich danach, wie weit die erste Tätigkeitsstätte von der Lebensmittelpunktwohnung des Arbeitnehmers entfernt liegt.[2)]

Auch bei Eheleuten, die zwei gemeinsame Wohnungen haben und die am selben Ort beschäftigt sind, kann die weiter vom Beschäftigungsort entfernt liegende Wohnung der örtliche Mittelpunkt der Lebensinteressen sein. Bleibt die Ehefrau aus privaten Gründen am örtlichen Mittelpunkt der Lebensinteressen der Eheleute zurück und führt nunmehr nur der Ehemann am entfernten Beschäftigungsort einen weiteren Haushalt, so liegt selbst dann eine beruflich veranlasste doppelte Haushaltsführung des Ehemannes vor, wenn die Ehefrau zuvor während der Arbeitswoche mit ihm am Beschäftigungsort wohnte.[3)]

281 Lebt ein Stpfl. für eine bestimmte Zeit (z.B. während der Sommermonate) **nicht** in seiner **Stadtwohnung**, sondern in einem massiven, mit dem notwendigen Komfort ausgestatteten Holzhaus auf einem Laubengrundstück und fährt er während dieser Zeit von dort aus täglich zu seinem Arbeitsplatz, so kann i.d.R. davon ausgegangen werden, dass das Haus auf dem Laubengrundstück in dieser Zeit den örtlichen Mittelpunkt seiner Lebensinteressen bildet. Die Aufwendungen für die Fahrten zwischen dem weiter als die

---

1) BFH v. 26.11.2003, VI R 152/99, BStBl II 2004, 233.
2) BFH v. 20.12.1991, VI R 42/89, BStBl II 1992, 306.
3) BFH v. 2.2.1979, VI R 108/75, BStBl II 1979, 338.

Stadtwohnung entfernt liegenden Laubengrundstück und der ersten Tätigkeitsstätte sind dann Fahrten zwischen Wohnung und Tätigkeitsstätte.[1]

8. Fahrgemeinschaften

Unabhängig von der Art der Fahrgemeinschaft kann jeder Teilnehmer der Fahrgemeinschaft, also auch bei Ehegattenfahrgemeinschaften, die Entfernungspauschale für sich in Anspruch nehmen. Folglich können bei einer **wechselseitigen** Fahrgemeinschaft die **Umwegstrecken** zum Abholen der Mitfahrer **nicht** in die Entfernungsermittlung einbezogen werden. Bei einer wechselseitigen Fahrgemeinschaft greift zudem für die Mitfahrer für die Tage, an denen sie **nicht** selbst gefahren sind, die Höchstgrenze von 4 500 €/Kalenderjahr. In diesen Fällen ist zuerst die Entfernungspauschale unter Beachtung der Höchstgrenze für die Mitfahrtage und sodann für die Tage des eigenen Kfz-Einsatzes zu ermitteln.

282

Setzt bei einer Fahrgemeinschaft nur ein Teilnehmer sein Fahrzeug ein und zahlen die anderen Teilnehmer dem Fahrer eine Vergütung, so können die Aufwendungen für die Umwegstrecken zum Abholen der Mitfahrer von der Vergütung abgezogen werden. Hierbei kann von einem Betrag i.H.v. 0,30 € je gefahrenem Umwegkilometer ausgegangen werden. Die verbleibende Mitfahrervergütung (Überschuss/Gewinn) ist nur dann zu versteuern, wenn sie 256 € im Kalenderjahr beträgt oder diesen Betrag übersteigt (als sonstige Einkünfte nach § 22 Nr. 3 EStG).

> **Beispiele zu Fahrgemeinschaften:**
>
> **1. Umwegstrecke**
>
> Bei einer aus drei Teilnehmern bestehenden wechselseitigen Fahrgemeinschaft betragen die Entfernungen zwischen Wohnung und erster Tätigkeitsstätte für Teilnehmer A 20 km, für Teilnehmer B 25 km und für Teilnehmer C 30 km. Die Umwegstrecke für das Abholen der Mitfahrer soll für alle Teilnehmer jeweils 10 km betragen.
>
> **Folge:** Jeder Teilnehmer der Fahrgemeinschaft kann seine Entfernung zwischen Wohnung und erster Tätigkeitsstätte ansetzen. Die Umwegstrecken sind nicht zu berücksichtigen.
>
> **2. Fahrervergütung**
>
> Wie im 1. Beispiel, jedoch setzt nur ein Teilnehmer sein Fahrzeug ein und erhält von jedem Mitfahrer eine monatliche Vergütung i.H.v. 25 €.
>
> **Folge:** Jeder Teilnehmer der Fahrgemeinschaft kann seine maßgebende Strecke als Entfernung zwischen Wohnung und erster Tätigkeitsstätte ansetzen.
>
> Der Fahrer kann von der steuerpflichtigen Monatsvergütung i.H.v. 50 € (Jahresbetrag 550 €) für die Umwegstrecke und die Mitnahme von zwei Personen als steuerlichen Aufwand absetzen: 10 km × 0,30 € = 3 € für die tägliche Umwegstrecke; dies ergibt als Jahresbetrag (3 € × 220 Arbeitstage =) 660 €. Um diesen Betrag ist die Vergütung (Jahresbetrag 550 €) zu vermindern. Da die Jahresvergütung von 550 € niedriger ist als der Aufwand des Fahrers für die Umwegstrecke (Verlust), verbleibt kein Überschuss, der als sonstige Einkünfte anzusetzen bzw. zu versteuern wäre.

9. Wege bei mehreren Dienstverhältnissen oder mehreren Tätigkeitsstätten

Bei Arbeitnehmern, die in **mehreren** Dienstverhältnissen stehen und denen Aufwendungen für die Wege zu mehreren auseinanderliegenden ersten Tätigkeitsstätten entstehen, ist die Entfernungspauschale für jeden Weg zur ersten Tätigkeitsstätte anzusetzen, wenn der Arbeitnehmer am Tag zwischenzeitlich in die **Wohnung** zurückkehrt. Die Einschränkung, dass täglich nur eine Fahrt anzuerkennen ist, gilt nur für eine, aber nicht für mehrere ersten Tätigkeitsstätten (→ Rz. 275).

283

Werden täglich mehrere erste Tätigkeitsstätten (bei mehreren Dienstverhältnissen) ohne Rückkehr zur Wohnung nacheinander angefahren, so ist für die Entfernungsermittlung

---

1) BFH v. 10.11.1978, VI R 127/76, BStBl II 1979, 335.

die Fahrt zur ersten Tätigkeitsstätte als Umwegfahrt zur nächsten Tätigkeitsstätte zu berücksichtigen; hier darf die Entfernung für die Entfernungspauschale höchstens die Hälfte der Gesamtstrecke betragen.

> **Beispiel: Mehrere Tätigkeitsstätten**
>
> Ein Arbeitnehmer fährt vormittags von seiner Wohnung A zur ersten Tätigkeitsstätte B, nachmittags zur ersten Tätigkeitsstätte C und abends zur Wohnung in A zurück. Die Entfernungen betragen zwischen A und B 30 km, zwischen B und C 40 km und zwischen C und A 50 km.
>
> **Folge**: Die Gesamtentfernung beträgt 30 + 40 + 50 = 120 km. Die Entfernung zwischen der Wohnung und den beiden ersten Tätigkeitsstätten 30 + 50 = 80 km. Da dies mehr als die Hälfte der Gesamtentfernung ist, sind 120 km : 2 = 60 km anzusetzen.

10. Besonderheiten bei öffentlichen Verkehrsmitteln, Flügen und Sammelbeförderung

284 Werden für die Wege zwischen Wohnung und erster Tätigkeitsstätte öffentliche Verkehrsmittel benutzt, ist ebenso die Entfernungspauschale anzusetzen. Übersteigen die tatsächlichen Aufwendungen für öffentliche Verkehrsmittel die Entfernungspauschale, können die übersteigenden tatsächlichen Aufwendungen zusätzlich berücksichtigt werden.

Für **Flugstrecken** mit Maschinen im Linienverkehr, Charterflügen und Flügen mit privaten oder firmeneigenen Maschinen ist die Entfernungspauschale nicht anzusetzen.[1] In diesen Fällen können nur die **tatsächlichen** Flugkosten berücksichtigt werden bzw. die Aufwendungen, die bei Flügen mit privaten und firmeneigenen Maschinen bei Benutzung von Linienmaschinen entstanden wären. Für die **An-** und **Abfahrten** zu und von den Flughäfen darf jedoch die Entfernungspauschale angesetzt werden.

285 Für Strecken mit einer steuerfreien Sammelbeförderung durch den Arbeitgeber (§ 3 Nr. 32 EStG) darf keine Entfernungspauschale angesetzt werden.

11. Körperbehinderte Arbeitnehmer

286 Die **Sonderregelung** für **körperbehinderte** Menschen/Arbeitnehmer (§ 9 Abs. 2 Satz 3 EStG) sieht vor, dass bei einer Körperbehinderung

– von mindestens 70 % oder
– von mindestens 50 % und erheblicher Beeinträchtigung der Bewegungsfähigkeit im Straßenverkehr

auf Antrag bei Benutzung eines eigenen oder ihm zur Nutzung überlassenen Kfz für Wege zwischen Wohnung und erster Tätigkeitsstätte die **tatsächlichen** Aufwendungen (→ Rz. 172) abgezogen werden können.

Die Voraussetzungen für die Körperbehinderung sind durch amtliche Unterlagen nachzuweisen. Auf einen Einzelnachweis der tatsächlichen Kosten kann jedoch verzichtet werden, wenn für jeden **Entfernungskilometer** bei Benutzung eines Kraftwagens nicht mehr als **0,60 €**, eines Motorrads oder Motorrollers nicht mehr als **0,40 €** geltend gemacht werden (pauschale Kilometersätze, → Rz. 172). Es darf aber auch bei diesen Personen grundsätzlich nur eine **Hin- und Rückfahrt** arbeitstäglich und nur in Sonderfällen eine Rück- und Hinfahrt als Leerfahrt berücksichtigt werden.[2]

Ein körperbehinderter Mensch, der im eigenen Pkw arbeitstäglich einmal von einem Dritten zur ersten Tätigkeitsstätte gefahren und nach Beendigung der Arbeitszeit von dort abgeholt wird, kann auch die Aufwendungen als Werbungskosten geltend machen, die ihm durch die Ab- und Anfahrten des Fahrers, die sog. Leerfahrten, entstehen. Voraussetzung ist, dass er keine gültige **Fahrerlaubnis** besitzt oder von einer Fahrerlaubnis

---
1) Bestätigt durch BFH v. 26.3.2009, VI R 42/07, BStBl II 2009, 724.
2) BFH v. 2.4.1976, VI B 85/75, BStBl II 1976, 452.

wegen der Körperbehinderung keinen Gebrauch macht;[1] somit sind **insgesamt** anzusetzen: 2 × 0,60 € = 1,20 € je Entfernungskilometer.

Kfz-Kosten, die nicht als Werbungskosten abgezogen werden können, sind ggf. in angemessener Höhe als außergewöhnliche Belastung berücksichtigungsfähig.

Legt der körperbehinderte Arbeitnehmer die Wege zwischen Wohnung und erster Tätigkeitsstätte mit verschiedenen Verkehrsmitteln zurück, kann er zwischen dem Ansatz der Entfernungspauschale oder den tatsächlichen Kosten (pauschalen Kilometersätzen) wählen (§ 9 Abs. 2 Satz 3 EStG). Dieses Wahlrecht muss für beide zurückgelegte Teilstrecken einheitlich ausgeübt werden.[2]

Wird bei einem körperbehinderten Arbeitnehmer der Grad der Behinderung herabgesetzt und liegen die gesetzlichen Voraussetzungen für die zuvor genannte Sonderregelung nach der Herabsetzung nicht mehr vor, ist dies ab dem im Bescheid genannten Zeitpunkt zu berücksichtigen. Aufwendungen für Wege zwischen Wohnung und erster Tätigkeitsstätte sowie für Fahrten zum weiträumigen Arbeitsgebiet können daher ab diesem Zeitpunkt nicht mehr mit den tatsächlichen Aufwendungen (nach § 9 Abs. 2 Satz 3 EStG) bemessen werden.[3]

12. Anrechnung von Arbeitgeberleistungen auf die Entfernungspauschale

Grundsätzlich gilt, dass jeder Arbeitnehmer unabhängig von der Höhe seiner Aufwendungen für die Wege zwischen Wohnung und erster Tätigkeitsstätte die Entfernungspauschale erhält.

287

Jedoch sind folgende steuerfreie bzw. pauschal versteuerte Arbeitgeberleistungen auf die geltend gemachte Entfernungspauschale **anzurechnen**:[4]

- Die durch Anwendung des Rabattfreibetrags (§ 8 Abs. 3 EStG) steuerfreien Sachbezüge für Fahrten zwischen Wohnung und erster Tätigkeitsstätte bis höchstens 1 080 €, z.B. für einen dem Mitarbeiter eines Mietwagenunternehmens kostenlos überlassenen Mietwagen. Ist der Arbeitgeber selbst ein Verkehrsträger und befördert er seine Arbeitnehmer unentgeltlich zwischen Wohnung und erster Tätigkeitsstätte, so hat er als Wert für die Beförderungsleistung den üblichen Preis für ein vergleichbares Job-Ticket anzusetzen und in der Lohnsteuerbescheinigung anzugeben;
- der pauschal mit 15 % versteuerte Arbeitgeberersatz für die Aufwendungen des Arbeitnehmers für die Wege zwischen Wohnung und erster Tätigkeitsstätte (§ 40 Abs. 2 Satz 2 EStG, → Rz. 293);
- nach § 8 Abs. 2 Satz 9 EStG (44 €-Grenze) steuerfreie Sachbezüge für die Wege zwischen Wohnung und erster Tätigkeitsstätte.

Der Arbeitgeber hat die vorgenannten steuerfreien oder pauschal besteuerten Arbeitgeberleistungen in der Lohnsteuerbescheinigung anzugeben.

13. Teilstrecken

Oftmals legen die Arbeitnehmer den Weg zwischen Wohnung und erster Tätigkeitsstätte unter Benutzung verschiedener Verkehrsmittel zurück, d.h. für eine Teilstrecke wird der Pkw und für eine andere Teilstrecke werden öffentliche Verkehrsmittel benutzt (Park & Ride). In anderen Fällen wird z.B. während eines Teils des Jahres der eigene Kraftwagen und während des anderen Teils werden öffentliche Verkehrsmittel benutzt („Mischfälle"). Zur Prüfung der 4 500 €-Grenze sind die jeweiligen Fahrten gesondert zu betrachten und die Entfernungspauschale ist ggf. in zwei Schritten zu ermitteln.

288

---

1) BFH v. 2.12.1977, VI R 8/75, BStBl II 1978, 260.
2) BFH v. 5.5.2009, VI R 77/06, BStBl II 2009, 729.
3) BFH v. 11.3.2014, VI B 95/13, BStBl II 2014, 525.
4) BMF v. 31.10.2013, IV C 5 – S 2351/09/10002 :002, BStBl I 2013, 1376, Tz. 1.9.

In derartigen Mischfällen ist – wie in allen anderen Fällen – zunächst die Entfernung für die kürzeste benutzbare Straßenverbindung zwischen Wohnung und erster Tätigkeitsstätte zu ermitteln (→ Rz. 278) und auf dieser Grundlage die Entfernungspauschale zu errechnen.

> **Beispiel: Benutzung verschiedener Verkehrsmittel**
>
> Der Arbeitnehmer fährt an 220 Arbeitstagen im Kalenderjahr mit dem Pkw von seiner Wohnung in A zum Bahnhof in B, von dort mit der S-Bahn zu seiner ersten Tätigkeitsstätte in C. Die kürzeste benutzbare Straßenverbindung von A nach C beträgt 40 km. Die Strecke von A nach B beträgt 5 km.
>
> **Folge:** Die Entfernungspauschale ist ausgehend von der kürzesten benutzbaren Straßenverbindung wie folgt zu ermitteln:
>
> 220 Arbeitstagen × 40 km × 0,30 € =   2 640 €
>
> Eine differenzierte Berechnung ist in diesem Fall nicht erforderlich, da der Höchstbetrag von 4 500 € nicht überschritten wird.

Übersteigt die auf der Grundlage der kürzesten benutzbaren Straßenverbindung zwischen Wohnung und erster Tätigkeitsstätte ermittelte Entfernungspauschale den Höchstbetrag von 4 500 €, muss bei der Berechnung zwischen der Benutzung des eigenen Pkw und anderen Verkehrsmitteln differenziert werden, da die Begrenzung nur eingreift, soweit der Arbeitnehmer nicht einen eigenen oder einen ihm zur Nutzung überlassenen Pkw für die Wege zwischen Wohnung und erster Tätigkeitsstätte benutzt.

In Fällen von „Park & Ride" ist dabei die kürzeste benutzbare Straßenverbindung nicht im Verhältnis der Teilstrecken aufzuteilen, die auf die Nutzung der Verkehrsmittel tatsächlich entfallen. Vielmehr ist von der ermittelten Entfernung (der kürzesten benutzbaren Straßenverbindung) die Teilstrecke, die mit dem eigenen Kraftwagen tatsächlich zurückgelegt worden ist, abzuziehen. Der verbleibende Teil der Entfernung wird als Teilstrecke, die mit öffentlichen Verkehrsmitteln zurückgelegt worden ist, behandelt.

Vertiefende Beispiele und Sonderfälle, insbesondere wie bei Benutzung mehrerer Verkehrsmittel zu verfahren ist, enthält das vorgenannte BMF-Schreiben vom 31.10.2013.[1]

14. Abgeltungswirkung der Entfernungspauschale

289 Durch die Entfernungspauschale sind sämtliche Aufwendungen, die durch die Wege zwischen Wohnung und erster Tätigkeitsstätte entstehen, abgegolten. Dies gilt auch für Parkplatzgebühren, Finanzierungskosten und eine Kaskoversicherung sowie für die Kosten infolge eines Diebstahls, eines Austauschmotors und auf Grund einer Falschbetankung sowie bei Leasingsonderzahlungen.

290 **Neben der Entfernungspauschale** können als allgemeine Werbungskosten (§ 9 Abs. 1 Satz 1 EStG) nur Aufwendungen berücksichtigt werden für die Beseitigung von Unfallschäden als Folge eines Verkehrsunfalls

- auf der Fahrt zwischen Wohnung und erster Tätigkeitsstätte,[2]
- auf einer Umwegfahrt zum Betanken des Fahrzeugs,[3]
- unter einschränkenden Voraussetzungen auf einer Leerfahrt des Ehegatten zwischen der Wohnung und der Haltestelle eines öffentlichen Verkehrsmittels oder auf der Abholfahrt des Ehegatten,[4]
- auf einer Umwegstrecke zur Abholung der Mitfahrer einer Fahrgemeinschaft unabhängig von der Gestaltung der Fahrgemeinschaft.[5]

---
1) BMF v. 31.10.2013, IV C 5 – S 2351/09/10002 :002, BStBl I 2013, 1376.
2) BFH v. 23.6.1978, VI R 133/76, BStBl II 1978, 457; BFH v. 14.7.1978, VI R 158/76, BStBl II 1978, 595.
3) BFH v. 11.10.1984, VI R 48/81, BStBl II 1985, 10.
4) BFH v. 26.6.1987, VI R 124/83, BStBl II 1987, 818; BFH v. 11.2.1993, VI R 82/92, BStBl II 1993, 518.
5) BFH v. 11.7.1980, VI R 55/79, BStBl II 1980, 655.

Nicht berücksichtigt werden können die Folgen von Verkehrsunfällen

- auf einer Fahrt unter Alkoholeinfluss,[1]
- auf einer Probefahrt,[2]
- auf einer Fahrt, die nicht von der Wohnung aus angetreten oder nicht an der Wohnung beendet wird,[3]
- auf einer Umwegstrecke, wenn diese aus privaten Gründen befahren wird, z.B. zum Einkauf von Lebensmitteln oder um ein Kleinkind unmittelbar vor Arbeitsbeginn in den Hort zu bringen.[4]

Zu den **berücksichtigungsfähigen Unfallkosten** gehören auch Schadensersatzleistungen, die der Arbeitnehmer unter Verzicht auf die Inanspruchnahme seiner gesetzlichen Haftpflichtversicherung selbst getragen hat. Lässt der Arbeitnehmer das unfallbeschädigte Fahrzeug nicht reparieren, kann die Wertminderung durch Absetzungen für außergewöhnliche Abnutzung (§ 7 Abs. 1 letzter Satz i.V.m. § 9 Abs. 1 Satz 3 Nr. 7 EStG) berücksichtigt werden. Absetzungen sind ausgeschlossen, wenn die gewöhnliche Nutzungsdauer des Fahrzeugs bereits abgelaufen ist. Soweit eine unfallbedingte Wertminderung durch eine Reparatur behoben worden ist, sind nur die tatsächlichen Reparaturkosten zu berücksichtigen.[5]

Nicht berücksichtigungsfähig sind dagegen

- die in den Folgejahren erhöhten Beiträge für die Haftpflicht- und Fahrzeugversicherung, wenn die Schadensersatzleistungen von dem Versicherungsunternehmen erbracht worden sind;[6]
- Finanzierungskosten, und zwar auch dann, wenn die Kreditfinanzierung des Fahrzeugs wegen Verlusts eines anderen Kfz auf einer Fahrt von der Wohnung zur ersten Tätigkeitsstätte erforderlich geworden ist;[7]
- der sog. merkantile Minderwert eines reparierten und weiterhin benutzten Fahrzeugs;[8]
- Reparaturaufwendungen infolge der Falschbetankung eines Kraftfahrzeugs auf der Fahrt zwischen Wohnung und erster Tätigkeitsstätte sowie auf Fahrten zu einem weiträumigen Tätigkeitsgebiet (nach § 9 Abs. 1 Satz 3 Nr. 4a Satz 3 EStG).[9]

Die **Versicherungsprämien** für die Kfz-Haftpflichtversicherung sind auch dann in voller Höhe als Sonderausgaben berücksichtigungsfähig, wenn die Entfernungspauschale für Fahrten zwischen Wohnung und erster Tätigkeitsstätte angesetzt wird. 291

Diese steuerliche Behandlung der Aufwendungen für Fahrten zwischen Wohnung und erster Tätigkeitsstätte gilt grundsätzlich **auch** für die **Ermittlung der Betriebsausgaben** des **selbständig Tätigen** und des **Unternehmers** (→ Rz. 69 ff.). 292

15. Pauschalierung der Lohnsteuer

Der Arbeitgeber kann die Lohnsteuer nach § 40 Abs. 2 Satz 2 EStG für **zusätzlich** zum ohnehin geschuldeten Arbeitslohn gezahlte Zuschüsse zu den Aufwendungen des Arbeitnehmers für Wege zwischen Wohnung und erster Tätigkeitsstätte **pauschal** mit 15 % erheben, soweit diese Bezüge den Betrag nicht übersteigen, den der Arbeitnehmer (nach § 9 Abs. 1 Satz 3 Nr. 4 und Abs. 2 EStG) als **Werbungskosten** geltend machen 293

---

1) BFH v. 6 4.1984, VI R 103/79, BStBl 1984, 434.
2) BFH v. 23.6.1978, VI R 133/76, BStBl II 1978, 457.
3) BFH v. 25.3.1988, VI R 207/84, BStBl II 1988, 706.
4) BFH v. 13.3.1996, VI R 94/95, BStBl II 1996, 375.
5) BFH v. 27.8.1993, VI R 7/92, BStBl II 1994, 235.
6) BFH v. 11.7.1986, VI R 39/83, BStBl II 1986, 866.
7) BFH v. 1.10.1982, VI R 192/79, BStBl II 1983, 17.
8) BFH v. 31.1.1992, VI R 57/88, BStBl II 1992, 401.
9) BFH v. 20.3.2014, VI R 29/13, BStBl II 2014, 849.

B. Arbeitnehmer Dritter Teil: Inlandsreisen

kann. Hinzu kommen der Solidaritätszuschlag mit 5,5 % der Lohnsteuer und evtl. die Kirchensteuer. Nutzt der Arbeitnehmer ein eigenes oder zur Nutzung überlassenes Kfz, hat der Arbeitgeber für die Zuschussgewährung den **Höchstbetrag von 4 500 €** nicht zu beachten; anders **jedoch** bei der Benutzung anderer Verkehrsmittel (→ Rz. 236 f.).

Nutzt der Arbeitnehmer kein Kfz, sind nur die tatsächlichen Aufwendungen des Arbeitnehmers pauschalierungsfähig. Diese Einschränkung ist insbesondere bei öffentlichen Verkehrsmitteln zu beachten. Auf die Entfernungen zwischen Wohnung und erster Tätigkeitsstätte kommt es bei der Pauschalbesteuerung von Fahrtkostenzuschüssen für öffentliche Verkehrsmittel nicht an.

> **Beispiel: Lohnsteuer-Pauschalierung für Fahrten zwischen Wohnung und erster Tätigkeitsstätte**
>
> Arbeitgeber A ersetzt seinen beiden Arbeitnehmern zusätzlich zum ohnehin geschuldeten Arbeitslohn Kostenzuschüsse für die Fahrten zwischen Wohnung und erster Tätigkeitsstätte. Arbeitnehmer B fährt mit öffentlichen Verkehrsmitteln, die Monatskarte kostet 43 €. Arbeitnehmer C nutzt seinen Pkw, die maßgebende Straßenverbindung beträgt 15 km.
>
> **Folge:** Der Arbeitgeber kann
> - für Arbeitnehmer B einen monatlichen Fahrtkostenzuschuss i.H.v. 43 € mit 15 % pauschal versteuern;
> - für Arbeitnehmer C bei 20 Arbeitstagen im Kalendermonat einen monatlichen Fahrtkostenzuschuss i.H.v. 15 km x 0,30 € x 20 Tage = 90 € mit 15 % pauschal versteuern.

Zur möglichen Abwälzung der pauschalen Lohnsteuer auf den Arbeitnehmer ist zu bemerken, dass es sich hier um einen arbeitsrechtlichen Vorgang handelt, der auf die Höhe des zugeflossenen steuerpflichtigen Arbeitslohns keinen Einfluss hat, d.h., die auf den Arbeitnehmer abgewälzte pauschale Lohnsteuer führt nicht zu einer Verminderung der Bemessungsgrundlage für den Lohnsteuereinbehalt.

294 Bei steuerfreier **Sammelbeförderung** nach § 3 Nr. 32 EStG und für die Mitfahrer einer Fahrgemeinschaft kommt eine Pauschalierung der Fahrtkostenzuschüsse nach § 40 Abs. 2 Satz 2 EStG mit 15 % nicht in Betracht. Hat der Arbeitnehmer für die Sammelbeförderung an den Arbeitgeber einen Betrag entrichtet, kann dieser als Werbungskosten angesetzt werden (→ Rz. 259).

16. Job-Ticket

295 Zuschüsse des Arbeitgebers zu den Aufwendungen des Arbeitnehmers für Fahrten zwischen Wohnung und erster Tätigkeitsstätte mit öffentlichen Verkehrsmitteln im Linienverkehr sowie Vorteile durch eine unentgeltliche oder verbilligte Nutzung und sog. Job-Tickets sind grundsätzlich als Arbeitslohn steuerpflichtig. Ein geldwerter Vorteil ist jedoch nicht anzunehmen, wenn der Arbeitgeber seinen Arbeitnehmern ein sog. Job-Ticket für Fahrten zwischen Wohnung und erster Tätigkeitsstätte mit öffentlichen Verkehrsmitteln zu dem mit dem Verkehrsträger vereinbarten Preis überlässt (die Tarifermäßigung des Verkehrsträgers für das Job-Ticket gegenüber dem üblichen Endpreis ist also kein geldwerter Vorteil).

Liegt der Zahlbetrag des Arbeitnehmers unter dem an den Verkehrsträger zu entrichtenden Preis, ist der **steuerpflichtige** geldwerte Vorteil wie folgt zu ermitteln:

	vereinbarter/entrichteter Preis für das Job-Ticket
./.	Zahlbetrag des Arbeitnehmers
=	geldwerter Vorteil

Überlässt der Arbeitgeber seinen Arbeitnehmern solche Job-Tickets für Fahrten zwischen Wohnung und erster Tätigkeitsstätte mit öffentlichen Verkehrsmitteln unentgeltlich oder verbilligt, so kommt die Anwendung der 44 €-Freigrenze (§ 8 Abs. 2 Satz 11 EStG) in

Betracht. Danach bleiben Sachbezüge außer Ansatz, wenn die sich nach Anrechnung der vom Arbeitnehmer gezahlten Entgelte ergebenden Vorteile insgesamt 44 € im Kalendermonat nicht übersteigen (monatliche Freigrenze).

Gilt das Job-Ticket für einen längeren Zeitraum (z.B. Jahresticket), so fließt der Vorteil insgesamt bei Überlassung des Job-Tickets zu, d.h., eine Zwölftelung ist nicht zulässig. Dies gilt auch, wenn mehrere monatliche Wertmarken auf einmal hingegeben werden. Unschädlich ist dagegen die monatliche Hingabe von Wertmarken dann, wenn der Arbeitgeber sie bereits im Voraus auf einmal erworben hat.

Nach neuerer Auffassung fließt der geldwerte Vorteil auch dann **monatlich** und nicht beim Kauf oder der Erklärung für ein Jahresabonnement für den gesamten Gültigkeitszeitraum zu,

– wenn die an sich für einen längeren Zeitraum geltenden Fahrscheine jeden Monat aktiviert oder elektronisch freigeschaltet werden müssen. Dies gilt auch, wenn die jeweilige monatliche Fahrberechtigung nur durch eine monatliche Zahlung an den Verkehrsanbieter erworben wird;

– wenn die an sich für einen längeren Zeitraum geltenden Fahrscheine vom Arbeitnehmer oder Arbeitgeber zu jedem Monatsende ohne Vorliegen weiterer Bedingungen kündbar sind.

Bei Arbeitnehmern eines **Verkehrsträgers** kann der Vorteil aus der Nutzung der öffentlichen Verkehrsmittel im Rahmen des Rabattfreibetrags i.H.v. 1 080 € (§ 8 Abs. 3 EStG) **steuerfrei** bleiben.

Der Arbeitgeber kann die Lohnsteuer für die **Fahrtkostenzuschüsse** bis zur Höhe der Kosten der Fahrkarte, für etwaige geldwerte Vorteile bei Job-Tickets sowie etwaige den Rabattfreibetrag (§ 8 Abs. 3 EStG) übersteigende geldwerte Vorteile nach § 40 Abs. 2 Satz 2 EStG mit 15 % pauschal versteuern (→ Rz. 293). Dabei ist der für die Entfernungspauschale maßgebende Höchstbetrag von 4 500 € zu beachten.

Sowohl steuerfreie Sachbezüge (nach § 8 Abs. 2 Satz 11 EStG bei der Gestellung eines Job-Tickets oder nach § 8 Abs. 3 EStG bei der Gestellung einer Fahrberechtigung durch den Arbeitgeber als Verkehrsträger) als auch pauschal besteuerte Arbeitgeberleistungen sind auf die Entfernungspauschale für Wege zwischen Wohnung und erster Tätigkeitsstätte anzurechnen (§ 9 Abs. 1 Satz 3 Nr. 4 Satz 5 EStG, § 40 Abs. 2 Satz 3 EStG). Hierdurch mindert sich der als Werbungskosten ansetzbare Betrag.

Daher hat der Arbeitgeber solch **steuerfrei** gezahlte Bezüge in der **Lohnsteuerbescheinigung** anzugeben (§ 41b Abs. 1 Satz 2 Nr. 6 EStG); gleiches gilt für die **pauschal** besteuerten Arbeitgeberleistungen (§ 41b Abs. 1 Satz 2 Nr. 7 EStG). Ist der Arbeitnehmer bei einem Verkehrsträger beschäftigt, ist der Sachbezug „Beförderung/Fahrkarte" mit dem Preis anzusetzen, den ein dritter Arbeitgeber (Nichtverkehrsträger) an den Verkehrsträger (z.B. für ein Job-Ticket) zu entrichten hätte (§ 9 Abs. 1 Satz 3 Nr. 4 Satz 5 Halbs. 2 EStG).

XII. Mehraufwendungen wegen doppelter Haushaltsführung

1. Allgemeines

Eine doppelte Haushaltsführung liegt nur vor, wenn der **Arbeitnehmer** außerhalb des Ortes seiner ersten Tätigkeitsstätte einen eigenen Hausstand (→ Rz. 304) unterhält und zugleich auch am Ort der ersten Tätigkeitsstätte wohnt (Zweitwohnung). Die Anzahl der Übernachtungen ist dabei unerheblich. Solange die auswärtige Beschäftigung als beruflich veranlasste **Auswärtstätigkeit** zu behandeln ist (→ Rz. 167), liegt **keine** doppelte Haushaltsführung vor.

Als Zweitwohnung am **Beschäftigungsort** kommt jede dem Arbeitnehmer entgeltlich oder unentgeltlich zur Verfügung stehende Unterkunft in Betracht, z.B. auch eine Eigentumswohnung, ein möbliertes Zimmer, ein Hotelzimmer, eine Gemeinschaftsunterkunft[1] oder bei Soldaten die Unterkunft in der Kaserne.[2]

Vergütungen, die der (private) Arbeitgeber seinem Arbeitnehmer wegen einer **beruflich veranlassten** doppelten Haushaltsführung gewährt, sind steuerfrei (§ 3 Nr. 16 EStG), soweit sie die steuerlich zulässigen Beträge nicht übersteigen. Mehraufwendungen, die dem Arbeitnehmer durch den doppelten Haushalt entstehen, sind Werbungskosten, soweit sie vom Arbeitgeber nicht steuerfrei ersetzt werden. **Ansatzfähig** sind die

- Fahrtkosten anlässlich des Wohnungswechsels zu Beginn und am Ende der doppelten Haushaltsführung,
- arbeitstäglichen Fahrten von der Zweitwohnung zur auswärtigen Arbeitsstätte und die wöchentlichen Familienheimfahrten oder stattdessen die Aufwendungen für wöchentliche Familienferngespräche,
- Mehraufwendungen für Verpflegung sowie
- Kosten der Unterkunft am Beschäftigungsort.

Die **steuerfreie** Erstattung von **Verpflegungsmehraufwendungen** wird der Höhe nach durch die Verpflegungspauschalen und der Zeit nach durch die Dreimonatsbegrenzung beschränkt. Dabei ist für jeden Kalendertag die **Dauer der Abwesenheit von der Wohnung** maßgebend, in der der Arbeitnehmer **einen eigenen Hausstand** unterhält (→ Rz. 304) bzw. den **Mittelpunkt seiner Lebensinteressen** hat (→ Rz. 304).

Für **Unterkünfte** im Inland besteht keine Beschränkung auf die „notwendigen" Unterkunftskosten. In diesem Fall können die tatsächlichen Aufwendungen für die Nutzung der Unterkunft angesetzt werden. Jedoch ist die Höhe der Unterkunftskosten auf höchstens **1 000 € im Monat** begrenzt.

297 Für die berufliche **Aufteilung** der Haushaltsführung auf **zwei Wohnungen** ist es gleichgültig, ob die Zweitwohnung in zeitlichem Zusammenhang mit dem Wechsel des Beschäftigungsorts, nachträglich oder im Rahmen eines Umzugs aus einer privat begründeten Zweitwohnung bezogen worden ist.

Wurde eine doppelte Haushaltsführung beendet, kann sie am früheren Beschäftigungsort auch in der dazu schon früher genutzten Wohnung erneut begründet werden. Denn eine erneute doppelte Haushaltsführung am früheren Beschäftigungsort bedingt keinen Wohnungswechsel.[3]

Eine doppelte Haushaltsführung ist regelmäßig dann **beendet**, wenn der Haushalt in der Wohnung am Beschäftigungsort nicht mehr geführt wird oder wenn der eigene Hausstand außerhalb der ersten Tätigkeitsstätte aufgelöst wird.

2. Berufliche Veranlassung der doppelten Haushaltsführung

298 Ein Ansatz der Aufwendungen für eine doppelte Haushaltsführung setzt voraus, dass die Zweitwohnung oder Zweitunterkunft aus beruflichen Gründen erforderlich ist. Ihr Bezug bzw. die Anmietung muss also **beruflich** (bzw. geschäftlich) **veranlasst** sein. **Typische Fälle** für einen beruflichen oder geschäftlichen Anlass sind der erstmalige Antritt einer Stelle, ein Arbeitgeberwechsel, eine Versetzung, eine Eröffnung oder Verlegung eines Betriebs, einer Praxis u.Ä.

Eine berufliche Veranlassung der Aufwendungen für eine doppelte Haushaltsführung ist auch dann gegeben, wenn der Arbeitnehmer neben der Tätigkeit am auswärtigen Beschäftigungsort zugleich am Ort seines Hausstands beschäftigt ist.[4]

---

1) BFH v. 3.10.1985, VI R 129/82, BStBl II 1986, 369.
2) BFH v. 20.12.1982, VI R 123/81, BStBl II 1983, 269.
3) BFH v. 8.7.2010, VI R 15/09, BStBl II 2011, 47.
4) BFH v. 15.3.2007, VI R 31/05, BStBl II 2007, 533.

Eine Zweitwohnung/-unterkunft in der Nähe des Beschäftigungsorts steht einer Zweitwohnung am Ort der ersten Tätigkeitsstätte gleich. Ihre Lage muss es dem Arbeitnehmer ermöglichen, ungeachtet von Gemeinde- oder Landesgrenzen seine Arbeitsstätte täglich aufzusuchen.[1)]

Aus Vereinfachungsgründen kann von einer doppelten Haushaltsführung dann noch ausgegangen werden, wenn der Weg von der Zweitwohnung/-unterkunft zur ersten Tätigkeitsstätte weniger als die Hälfte der Entfernung der kürzesten Straßenverbindung zwischen der Hauptwohnung (Mittelpunkt der Lebensinteressen) und der ersten Tätigkeitsstätte beträgt.

> **Beispiel: Zweitwohnung in der Nähe des Beschäftigungsorts**
>
> Arbeitnehmer A hat seinen eigenen Hausstand in B, seine neue erste Tätigkeitsstätte liegt in C. Die Entfernung von B (Mittelpunkt der Lebensinteressen) nach C beträgt 250 km. Der Arbeitnehmer findet in H eine Zweitwohnung. Die Entfernung von dieser Zweitwohnung in H nach C (erste Tätigkeitsstätte) beträgt 70 km.
>
> **Folge:** Auch wenn die Zweitwohnung in H 70 km von C entfernt liegt, gilt sie noch als Wohnung am Ort der ersten Tätigkeitsstätte, da sie weniger als die Hälfte der Entfernung von der Hauptwohnung in B zur neuen ersten Tätigkeitsstätte in C entfernt liegt (1/2 von 250 km = 125 km).
>
> **Abwandlung:**
>
> Die Entfernung zwischen der Zweitwohnung in H und der ersten Tätigkeitsstätte in C beträgt 150 km.
>
> **Folge:** In diesem Fall kann nicht mehr ohne Weiteres von einer Zweitwohnung am Ort der ersten Tätigkeitsstätte ausgegangen werden. Die steuerliche Anerkennung richtet sich in diesem Fall nach den von der BFH-Rechtsprechung aufgestellten Grundsätzen.[2)]

Eine **beruflich veranlasste** Aufteilung einer Haushaltsführung liegt auch vor,

– wenn der **eigene Hausstand nach der Eheschließung** am Beschäftigungsort des ebenfalls berufstätigen Ehegatten begründet oder wegen der Aufnahme einer Berufstätigkeit des Ehegatten an dessen Beschäftigungsort verlegt und am Beschäftigungsort eine Zweitwohnung des Arbeitnehmers begründet worden ist;

– wenn beiderseits berufstätige Ehegatten bei Heirat den Familienwohnsitz in die Wohnung des im EU-Ausland arbeitenden Ehegatten verlegen und ein Ehegatte wegen seiner Berufstätigkeit im Inland hier einen doppelten Haushalt begründet. Die im EU-Ausland ausgeübte Berufstätigkeit gilt wie eine Berufstätigkeit im Inland.[3)] Zu weiteren Einzelheiten der beruflichen Veranlassung → Rz. 311 ff.;

– wenn ein Arbeitnehmer seinen Haupthaushalt aus privaten Gründen vom Beschäftigungsort **wegverlegt** und er daraufhin in einer Wohnung am Beschäftigungsort einen Zweithaushalt begründet (ggf. auch in bisheriger Wohnung), um von dort seiner Beschäftigung weiter nachgehen zu können. Ist bereits im Zeitpunkt der Wegverlegung des Lebensmittelpunktes vom Beschäftigungsort ein **Rückumzug** an den Beschäftigungsort **geplant** oder steht er fest (z.B. Ferienwohnung oder ähnliche vorübergehend bezogene Unterkünfte), handelt es sich hingegen *nicht* um eine doppelte Haushaltsführung[4)] (R 9.11 Abs. 2 Satz 5 und 6 LStR 2015).

Bei verheirateten Arbeitnehmern kann **für jeden Ehegatten** eine doppelte Haushaltsführung beruflich veranlasst sein, wenn die Ehegatten außerhalb des Ortes ihres gemeinsamen Hausstands an verschiedenen Orten beschäftigt sind und am jeweiligen Beschäftigungsort eine Zweitwohnung beziehen.[5)] Entsprechendes gilt, wenn beider-

299

---

1) BFH v. 19.4.2012, VI R 59/11, BStBl II 2012, 833.
2) S. grundlegend BFH v. 19.4.2012, VI R 59/11, BStBl II 2012, 833.
3) FG Köln v. 4.12.2002, 11 K 2966/00, EFG 2003, 685.
4) BFH v. 5.3.2009, VI R 58/06, BStBl II 2009, 1012; VI R 23/07, BStBl II 2009, 1016, BMF v. 10.12.2009, IV C 5 – S 2352/0, BStBl I 2009, 1599.
5) BFH v. 6.10.1994, VI R 136/89, BStBl II 1995, 184.

seits berufstätige Ehegatten/Lebenspartner am gemeinsamen Beschäftigungsort eine gemeinsame Zweitwohnung beziehen.

Bezieht ein Arbeitnehmer, der seinen Hausstand vom Beschäftigungsort wegverlegt hat, **nach mehreren Jahren oder aus gesundheitlichen Gründen**, die in der Zwischenzeit eingetreten sind, am Beschäftigungsort eine **Zweitwohnung**, so kann dies durch die berufliche Beschäftigung veranlasst sein. Bei Zuzug aus dem Ausland kann das Beziehen einer Zweitwohnung auch dann beruflich veranlasst sein, wenn der Arbeitnehmer politisches Asyl beantragt oder erhält.

Weitere Einzelheiten zur beruflichen Veranlassung → Rz. 311 ff.

3. Aufwendungen und Höchstbetrag für Unterkunftskosten bei doppelter Haushaltsführung

300 Bis zum Höchstbetrag von 1 000 € im Monat (→ Rz. 301) werden die notwendigen **Kosten der Unterkunft** am Beschäftigungsort **im Inland** nach folgenden Grundsätzen anerkannt:

– Abzugsfähig sind die **Aufwendungen** für die Unterbringung am Beschäftigungsort (z.B. Miete für die Wohnung, das möblierte Zimmer, Hotelkosten, Mietnebenkosten) in der **nachgewiesenen Höhe**. Dies gilt jedoch nur unter der Voraussetzung, dass die Übernachtung nicht in einer vom Arbeitgeber gestellten Unterkunft erfolgt. Die Frage der Angemessenheit/Notwendigkeit ist **nicht** zu prüfen.

– Zu berücksichtigen sind ferner die Aufwendungen für notwendiges Mobiliar und Haushaltsgegenstände wie Geschirr, Lampen, Gardinen, Bett und Bettzeug, Tisch und Stühle, Teppiche, Herd, Spüle, Spülmaschine, Fernsehgerät, Zweitwohnungsteuer, Rundfunkbeitrag, Miet- oder Pachtgebühren für Kfz-Stellplätze, Aufwendungen für Sondernutzung (wie Garten), die vom Arbeitnehmer selbst getragen werden.

– Ein **pauschaler Ansatz** von **Kosten der Unterkunft** als Werbungskosten ist im Gegensatz zum **Kostenersatz** durch den Arbeitgeber (→ Rz. 226) nicht möglich.

301 Übernachtet der Arbeitnehmer im **Hotel**, so gehören lediglich die Übernachtungskosten – also nicht das Frühstück – zu den Aufwendungen für die doppelte Haushaltsführung. Sollte der Preis für das Frühstück (noch) im Übernachtungspreis ohne gesonderten Ausweis enthalten sein, sind die Kosten für das Frühstück bei einer Übernachtung im Inland mit 20 % von der Verpflegungspauschale i.H.v. 24 € vom Übernachtungspreis (= 4,80 €) abzuziehen (→ Rz. 309).

Eine Prüfung der Notwendigkeit und Angemessenheit der Unterkunft ist nicht erforderlich. Auf die Zahl der Wohnungsbenutzer (Angehörige) kommt es nicht an.

Ein **Wohnmobil** (Campingbus) erfüllt grundsätzlich nicht die Voraussetzungen für eine „Unterkunft" bei einer doppelten Haushaltsführung, es sei denn, es ist auf Dauer auf einem Grundstück abgestellt (vergleichbar mit einem Wohnwagen).

Als **Unterkunftskosten** für eine doppelte Haushaltsführung im Inland kann der Arbeitnehmer die ihm tatsächlich entstandenen Aufwendungen für die Nutzung der Wohnung oder Unterkunft bis zu einem nachgewiesenen Betrag von höchstens **1 000 €** im **Monat** ansetzen. Dies ist der steuerliche **Höchstbetrag**. Dieser Höchstbetrag umfasst sämtliche entstandenen Aufwendungen (→ Rz. 300).

Aktuell ist jedoch **strittig**, ob die Aufwendungen für die Anschaffung von **Einrichtungsgegenständen** und **Hausrat** im Rahmen einer beruflich veranlassten doppelten Haushaltsführung tatsächlich zu den auf 1 000 € monatlich begrenzten Unterkunftskosten gehören.[1] Das FG Düsseldorf hat entschieden, dass

– die angemessenen Aufwendungen für Einrichtungsgegenstände und Hausrat der Unterkunft am Beschäftigungsort nicht zu den nur begrenzt abziehbaren Unterkunftskosten gehören, sondern zu den sonstigen notwendigen Mehraufwendungen

---

1) S. anhängiges Verfahren beim BFH, Az.: VI R 18/17.

einer beruflich veranlassten doppelten Haushaltsführung, die neben den Unterkunftskosten als Werbungskosten berücksichtigt werden können (entgegen BMF v. 24.10.2014[1]),
– die betragsmäßige Beschränkung des Abzugs von Unterkunftskosten sich nur auf die unmittelbaren Aufwendungen für die Unterkunft (z.B. Miete und Betriebskosten) erstreckt.[2]

Werden nach dieser noch nicht höchstrichterlich bestätigten Rechtsauffassung die o.g. Einrichtungsgegenstände vom Höchstbetrag nicht erfasst, sind sie daneben als Werbungskosten ansetzbar bzw. vom Arbeitgeber steuerfrei erstattungsfähig.

Steht die Zweitwohnung oder -unterkunft im **Eigentum** des Arbeitnehmers, sind die tatsächlichen Aufwendungen (z.B. Absetzung für Abnutzung [Abschreibung], Schuldzinsen, Reparaturkosten, Nebenkosten) bis zum Höchstbetrag von 1 000 € monatlich berücksichtigungsfähig; vgl. auch die weiterhin zu berücksichtigenden Grundsätze des BFH-Urteils v. 3.12.1982.[3]

Bei der Anwendung des Höchstbetrags ist grundsätzlich das **Abflussprinzip** des § 11 Abs. 2 EStG zu beachten. Dieser Grundsatz gilt insbesondere hinsichtlich der Berücksichtigung von Abschlagszahlungen für Nebenkosten und für die Nebenkostenendabrechnung. Soweit der monatliche Höchstbetrag von 1 000 € nicht **ausgeschöpft** wird, ist eine **Übertragung** des nicht ausgeschöpften Volumens in andere Monate des Bestehens der doppelten Haushaltsführung im selben Kalenderjahr möglich. Erhält der Arbeitnehmer **Erstattungen** (z.B. für Nebenkosten), **mindern** diese Erstattungen im Zeitpunkt des Zuflusses die Unterkunftskosten der doppelten Haushaltsführung.

Der Höchstbetrag von 1 000 € ist ein **Monatsbetrag**, der nicht auf einen Kalendertag umzurechnen ist und grundsätzlich für jede doppelte Haushaltsführung des Arbeitnehmers gesondert gilt. Beziehen mehrere berufstätige Arbeitnehmer (z.B. beiderseits berufstätige Ehegatten, Lebenspartner, Lebensgefährten, Mitglieder einer Wohngemeinschaft) am gemeinsamen Beschäftigungsort eine gemeinsame Zweitwohnung, handelt es sich jeweils um eine doppelte Haushaltsführung, so dass jeder Arbeitnehmer den Höchstbetrag für die tatsächlich von ihm getragenen Aufwendungen jeweils für sich beanspruchen kann.

> **Beispiele: Unterkunftsaufwendungen bei doppelter Haushaltsführung**
>
> **1. Aufteilung der Kosten**
>
> Die beiderseits berufstätigen Ehegatten bewohnen an ihrem Beschäftigungsort in B (jeweils Ort der ersten Tätigkeitsstätte) gemeinsam eine möblierte Unterkunft. Ihren Hausstand sowie ihren Lebensmittelpunkt haben die Eheleute im eigenen Einfamilienhaus in H. Die Aufwendungen für die Nutzung der Unterkunft am Beschäftigungsort betragen inklusive sämtlicher Nebenkosten und Abschreibungen für notwendige Einrichtungsgegenstände 1 100 € im Monat. Diese werden auf Grund gemeinsamer Verpflichtung von beiden Ehegatten zu gleichen Anteilen gezahlt.
>
> **Folge:** Die tatsächlichen Aufwendungen für die Nutzung der Unterkunft können bei jedem Ehegatten jeweils i.H.v. 550 € angesetzt werden.
>
> **2. Übertragung nicht ausgeschöpftes Volumen**
>
> Arbeitnehmer A bewohnt am Ort seiner ersten Tätigkeitsstätte in B eine Zweitwohnung. Die Aufwendungen für die Nutzung dieser Unterkunft (Miete, inkl. sämtlicher berücksichtigungsfähiger Nebenkosten und evtl. Abschreibungen für notwendige Einrichtungsgegenstände) betragen bis zum 30. 6. des laufenden Jahres monatlich 990 €. Ab 1. 7. wird die Miete um 30 € erhöht, so dass ab diesem Zeitpunkt die monatlichen Aufwendungen für die Nutzung der Unterkunft 1 020 € betragen.
>
> **Folge:** In den Monaten Januar bis Juni können die Aufwendungen für die Nutzung der Unterkunft in voller Höhe vom Arbeitgeber steuerfrei erstattet bzw. vom Arbeitnehmer als Werbungskosten geltend gemacht werden.

---

1) BMF v. 24.10.2014, IV C 5-S 2353/14/10002, BStBl I 2014, 1412, Rz. 104.
2) FG Düsseldorf v. 14.3.2017, 13 K 1216/16 E, EFG 2017, 712.
3) BFH v. 3.12.1982, VI R 228/80, BStBl II 1983, 467.

> Ab Juli ist grundsätzlich die Beschränkung auf den Höchstbetrag von 1 000 € zu beachten. Die den Höchstbetrag übersteigenden Aufwendungen von monatlich 20 € können allerdings mit dem im Kalenderjahr noch nicht aufgebrauchten Höchstbetragsvolumen der Monate Januar bis Juni (6 x 10 € = 60 €) verrechnet und insoweit vom Arbeitgeber steuerfrei gezahlt oder vom Arbeitnehmer als Werbungskosten geltend gemacht werden.

Umfasst die Zweitwohnung am Ort der ersten Tätigkeitsstätte ein häusliches **Arbeitszimmer**, sind die anteiligen Aufwendungen bei der Ermittlung der anzuerkennenden Unterkunftskosten nicht einzubeziehen. Ein Abzug der hierauf entfallenden Aufwendungen richtet sich nach den üblichen Regelungen.

Maklerkosten, die für die Anmietung einer Zweitwohnung oder -unterkunft gezahlt werden, rechnen zu den Umzugskosten und sind als solche als Werbungskosten abzugsfähig oder vom Arbeitgeber steuerfrei erstattbar. Sie sind **nicht** in die 1 000 €-Grenze einzubeziehen.

Ein **Werbungskostenabzug** der Aufwendungen für die Zweitwohnung am auswärtigen Beschäftigungsort ist **nicht möglich**, wenn dem Arbeitnehmer die Zweitwohnung unentgeltlich zur Verfügung gestellt wird (z.B. von seinem Vater als Mieter und Kostenträger). In diesen Fällen ist das Abzugsverbot von bzw. bei Drittaufwand zu berücksichtigen.[1]

4. Steuerfreie Erstattung durch den Arbeitgeber – Werbungskostenabzug

302 Sind die vorgenannten Voraussetzungen erfüllt, kann der **Arbeitgeber** für den steuerfreien Arbeitgeberersatz bei Arbeitnehmern in den **Steuerklassen III, IV oder V** ohne Weiteres unterstellen, dass sie einen **eigenen Hausstand** (→ Rz. 304) haben.

Bei **Arbeitnehmern** mit anderen Steuerklassen darf der Arbeitgeber für den steuerfreien Arbeitgeberersatz einen eigenen Hausstand sowie die finanzielle Beteiligung an den Kosten der Lebensführung (laufende Kosten der Haushaltsführung) nur dann anerkennen, wenn diese **schriftlich** erklären, dass sie neben einer Zweitwohnung oder Zweitunterkunft am Beschäftigungsort einen eigenen Hausstand außerhalb des Beschäftigungsortes unterhalten, an dem sie sich auch finanziell beteiligen. Die Richtigkeit dieser Erklärung ist durch ihre Unterschrift zu bestätigen; die Erklärung ist als Beleg zum **Lohnkonto** aufzubewahren.

Anstelle der nachgewiesenen Aufwendungen für die Zweitwohnung oder Zweitunterkunft am Ort der ersten Tätigkeitsstätte im Inland darf der Arbeitgeber die Kosten der Zweitwohnung oder Zweitunterkunft pro Übernachtung wie folgt pauschal **steuerfrei** erstatten (R 9.11 Abs. 10 Satz 7 Nr. 3 LStR 2015):

- Ohne Einzelnachweis für einen Zeitraum von **drei** Monaten i.H.v. von 20 € und für die **Folgezeit** i.H.v. 5 € je Übernachtung.

Voraussetzung hierfür ist, dass dem Arbeitnehmer die Zweitwohnung nicht unentgeltlich oder teilentgeltlich zur Verfügung gestellt worden ist.

Der steuerfreie **Arbeitgeberersatz** mit den **Pauschbeträgen** für Übernachtungskosten ist **nur** für die Tage **zulässig**, an denen der Arbeitnehmer in der auswärtigen Unterkunft **tatsächlich** übernachtet hat. Deshalb wäre ein Arbeitgeberersatz mit den **Pauschbeträgen** für Tage, an denen der Arbeitnehmer nach Hause gefahren ist, die auswärtige Unterkunft aber beibehält, **steuerpflichtig**.

Ersetzt der Arbeitgeber dem Arbeitnehmer die **entstandenen Übernachtungskosten** jedoch in **tatsächlicher** Höhe (z.B. die monatliche Miete, → Rz. 300 f.), spielt es **keine** Rolle, ob der Arbeitnehmer in der auswärtigen Unterkunft tatsächlich stets übernachtet z.B. an Wochenenden mit Familienheimfahrten.

303 Zahlt der Arbeitgeber bei doppelter Haushaltsführung eines verheirateten Arbeitnehmers auf Grund tarifvertraglicher Vereinbarungen Übernachtungsgelder (Auslösungen)

---

[1] BFH v. 13.3.1996, VI R 103/95, BStBl II 1996, 375.

an Tagen (z.B. an Wochenenden), an denen der Arbeitnehmer ohne Anspruch auf Fahrtkostenersatz durch den Arbeitgeber eine **Zwischenheimfahrt** unternimmt, gilt Folgendes:

- Soweit dem Arbeitnehmer während der zu Hause verbrachten Zeit wegen Beibehaltung der Unterkunft Kosten entstehen, können die nachgewiesenen Unterkunftskosten steuerfrei gezahlt werden.
- Die übrigen Auslösungen können in Höhe der ansonsten beim Arbeitnehmer berücksichtigungsfähigen Werbungskosten für Familienheimfahrten steuerfrei belassen werden.

Für den **Werbungskostenabzug** im Rahmen der Einkommensteuerveranlagung hat der Arbeitnehmer das Vorliegen einer doppelten Haushaltsführung und die finanzielle Beteiligung an der Haushaltsführung am Ort des eigenen Hausstands darzulegen. Kosten der Zweitwohnung/-unterkunft sind für die Berücksichtigung als Werbungskosten grundsätzlich im Einzelnen nachzuweisen. Sie können geschätzt werden, wenn sie dem Grunde nach zweifelsfrei entstanden sind.

5. Eigener Hausstand bei doppelter Haushaltsführung

Ein eigener Hausstand setzt eine **eingerichtete**, den Lebensverhältnissen des Arbeitnehmers entsprechende **Wohnung** voraus, die er aus eigenem Recht (z.B. als Eigentümer oder als Mieter) nutzt. Alternativ genügt auch eine Nutzung aus gemeinsamem oder abgeleitetem Recht als Ehegatte, Lebenspartner oder Lebensgefährte sowie Mitbewohner. Ferner wird eine **finanzielle** Beteiligung an den Kosten der Lebensführung (laufende Kosten der Haushaltsführung) vorausgesetzt (§ 9 Abs. 1 Satz 3 Nr. 5 Satz 3 EStG). **304**

Es genügt **nicht**, wenn

- der Arbeitnehmer z.B. im Haushalt der Eltern lediglich ein oder mehrere Zimmer unentgeltlich bewohnt,
- der Arbeitnehmer – wenn auch gegen Kostenbeteiligung – in den Haushalt der Eltern eingegliedert ist,
- dem Arbeitnehmer eine Wohnung im Haus der Eltern unentgeltlich zur Nutzung überlassen wird.

Die **finanzielle Beteiligung** an den Kosten der Haushaltsführung ist dem Finanzamt darzulegen und wird auch bei volljährigen Kindern, die bei ihren Eltern oder einem Elternteil wohnen, nicht allgemein unterstellt.

Eine finanzielle Beteiligung an den Kosten der Haushaltsführung mit Bagatellbeträgen reicht nach Auffassung der Finanzverwaltung nicht aus. Betragen die Barleistungen des Arbeitnehmers **mehr als 10 %** der monatlich regelmäßig anfallenden laufenden Kosten der Haushaltsführung (z.B. Miete, Mietnebenkosten, Kosten für Lebensmittel und andere Dinge des täglichen Bedarfs), ist von einer finanziellen Beteiligung oberhalb der Bagatellgrenze **auszugehen**. Liegen die Barleistungen darunter, kann der **Arbeitnehmer** dem Finanzamt eine hinreichende finanzielle Beteiligung auch auf andere Art und Weise darlegen. Bei Ehegatten oder Lebenspartnern mit den **Steuerklassen** III, IV oder V können der **Arbeitgeber** und das Finanzamt eine finanzielle Beteiligung an den Kosten der Haushaltsführung ohne entsprechenden Nachweis unterstellen.

Da eine doppelte Haushaltsführung neben der eigenen Wohnung eine finanzielle Beteiligung an den Kosten der Lebensführung verlangt, entfallen grundsätzlich die Prüfungen, wo sich der Mittelpunkt der Lebensinteressen des Arbeitnehmers befindet, sowie die Anzahl der Übernachtungen am tatsächlichen Wohnort. Es ist nicht erforderlich, dass in der Wohnung am Ort des eigenen Hausstands hauswirtschaftliches Leben herrscht. Deshalb kann eine doppelte Haushaltsführung auch dann berücksichtigt werden, wenn der Ehegatte oder Lebenspartner nicht ständig in der Zweitwohnung wohnt.

305 Haben **ledige** bzw. **alleinstehende** Arbeitnehmer einen eigenen Hausstand und liegen die Voraussetzungen der → Rz. 304 vor, führen auch sie einen doppelten Haushalt, wenn sie auch am Ort der ersten Tätigkeitsstätte wohnen.

6. Fahrtkosten bei doppelter Haushaltsführung

306 Wird für Fahrten aus Anlass des Wohnungswechsels zu **Beginn** und am **Ende** der doppelten Haushaltsführung ein eigenes Fahrzeug benutzt, so können ohne Einzelnachweis beim Kfz bis zu 0,30 € und bei anderen Kfz (z.B. Motorrad, Motorroller oder Moped/Mofa) bis zu 0,20 € pro gefahrenen Kilometer steuerfrei gezahlt werden (→ Rz. 210); ansonsten ist der Ansatz als Werbungskosten möglich. Außerdem können etwaige Nebenkosten (→ Rz. 193) berücksichtigt werden.

307 Die Fahrtkosten für jeweils eine **tatsächlich durchgeführte Heimfahrt** wöchentlich

– an den Ort des eigenen Hausstands oder

– an den **bisherigen Wohnort** bzw. zum Ort, an dem sich der Lebensmittelpunkt befindet,

können mit der Entfernungspauschale von 0,30 € je Entfernungskilometer angesetzt werden. Schwerbehinderte können höhere Kilometersätze geltend machen (→ Rz. 286).

Im Übrigen gilt das zu Wegen zwischen Wohnung und erster Tätigkeitsstätte Gesagte (→ Rz. 271 ff.; zu außergewöhnlicher Kosten s. die Erläuterungen → Rz. 290). Bei Familienheimfahrten gilt die Begrenzung auf den Höchstbetrag von 4 500 € nicht.

Führt der Arbeitnehmer mehr als eine Heimfahrt wöchentlich durch, so muss er bei der **Veranlagung** zur Einkommensteuer wählen, ob er die notwendigen Mehraufwendungen wegen einer doppelten Haushaltsführung – hierunter fallen u.a. Verpflegungsmehraufwendungen und Aufwendungen für die Zweitwohnung – oder aber Fahrtkosten nach Maßgabe der Pauschsätze für Wege zwischen Wohnung und erster Tätigkeitsstätte als Werbungskosten geltend macht.

7. Familienferngespräche

308 Tritt an die Stelle einer Familienheimfahrt oder der Besuchsfahrt der Ehefrau (→ Rz. 319) ein **Ferngespräch mit Angehörigen**, so können Gebühren bis zu einer Dauer von 15 Minuten mit Angehörigen, die zum Familienhausstand des Arbeitnehmers gehören, als Werbungskosten berücksichtigt werden, **wenn sie nachgewiesen werden**.[1] Dabei ist es auf Grund des vielschichtigen Angebots im Telefonbereich nicht erforderlich, dass das Telefongespräch zum günstigsten Tarif geführt werden muss, weil derartige Tarifermittlungen dem Arbeitnehmer kaum zugemutet werden können.

8. Verpflegungsmehraufwendungen bei doppelter Haushaltsführung

309 Die notwendigen Mehraufwendungen für Verpflegung für einen **Zeitraum von drei Monaten** nach Aufnahme der Beschäftigung am neuen Beschäftigungsort im Inland können **für jeden Kalendertag**, an dem der Arbeitnehmer von seinem Mittelpunktwohnort (→ Rz. 92, 304) abwesend ist, mit dem für berufliche Auswärtstätigkeiten anzusetzenden **Pauschbetrag** von **24 €** geltend gemacht werden. Dabei ist allein die Dauer der Abwesenheit von dem Mittelpunktwohnort maßgebend.

Für Tage der Familienheimfahrten im Inland kommen für den Tag der Heimfahrt und den Tag der Rückreise zum Beschäftigungsort stets 12 € in Betracht. Die **Lohnsteuer-Pauschalierung** (→ Rz. 222) höherer vom Arbeitgeber gezahlter Verpflegungsaufwendungen ist bei einer doppelten Haushaltsführung **ausgeschlossen**.

---

1) BFH v. 18.3.1988, VI R 90/84, BStBl II 1988, 988; BFH v. 8.11.1996, VI R 48/96, HFR 1997, 567.

Im Übrigen gelten für den Ansatz der Verpflegungspauschalen die Regelungen zur **Dreimonatsfrist** sowie die **Unterbrechungsregelung** von mindestens vier Wochen (→ Rz. 182, 312) auch für eine doppelte Haushaltsführung. Für die **Prüfung**, ob der Arbeitnehmer seine berufliche Tätigkeit an der ersten Tätigkeitsstätte unterbrochen hat, kommt es **nicht** darauf an, wo der Arbeitnehmer in der Unterbrechungszeit wohnt. Folglich kann er in diesen vier Wochen auch seine Zweitwohnung am Beschäftigungsort nutzen; er muss nicht in der Wohnung seines Hausstandes wohnen. Dies ist für einen Neubeginn der Dreimonatsfrist unbeachtlich. **Entscheidend** ist nur die Unterbrechung der beruflichen Tätigkeit an der ersten Tätigkeitsstätte.

Ist der Tätigkeit am Beschäftigungsort eine Auswärtstätigkeit an diesem Beschäftigungsort unmittelbar **vorausgegangen**, so ist deren Dauer auf die Dreimonatsfrist anzurechnen. Für den Beginn der Dreimonatsfrist gelten dieselben Regelungen wie zur Auswärtstätigkeit (→ Rz. 96, 182).

Nach Ablauf der Dreimonatsfrist können Verpflegungspauschalen auf Grund einer doppelten Haushaltsführung nicht mehr steuerfrei ersetzt oder als Werbungskosten angesetzt werden. Soweit für denselben Zeitraum Verpflegungspauschalen anlässlich einer Auswärtstätigkeit, Fahrtätigkeit, Einsatzwechseltätigkeit oder wegen einer doppelten Haushaltsführung anzuerkennen sind, ist **nur der höchste Pauschbetrag** anzusetzen.

> **Beispiel: Ansatz Verpflegungspauschale**
>
> Arbeitnehmer A führt seit zwei Monaten einen doppelten Haushalt. Vom Ort der auswärtigen Beschäftigung unternimmt er eine zehnstündige Auswärtstätigkeit.
>
> **Folge:** Einzeln betrachtet stünden dem Arbeitnehmer Mehraufwendungen für Verpflegung für die doppelte Haushaltsführung i.H.v. 24 € pro Arbeitstag und für die Auswärtstätigkeit als solche i.H.v. 12 €, also insgesamt 36 € zu.
>
> Es darf jedoch nur der höchste in Betracht kommende Einzelbetrag von 24 € angesetzt werden.

Auch wenn bei einer doppelten Haushaltsführung Verpflegungsmehraufwendungen grundsätzlich nur für die ersten drei Monate steuerlich anerkannt werden, kann es vorkommen, dass bei derselben doppelten Haushaltsführung mehrmals der Dreimonatszeitraum für die Anerkennung von Verpflegungsmehraufwendungen zum Zuge kommt. Möglich ist dies, wenn der Arbeitnehmer nicht am Tätigkeitsort, sondern auswärts tätig wird (§ 9 Abs. 1 und Abs. 4a Satz 12 EStG).

9. Ausländische Tätigkeitsstätte

Vgl. → Rz. 346 ff.   **310**

10. Weitere Fälle beruflicher Veranlassung

Begründen Ehegatten ihren **Familienwohnsitz** außerhalb des Arbeitsorts des **allein verdienenden Ehemannes** und behält der Ehemann eine in der Nähe seines Arbeitsplatzes gelegene Wohnung bei, so muss nicht stets eine **berufliche** Veranlassung für die Unterhaltung eines doppelten Haushalts vorliegen;[1] s. aber → Rz. 298.   **311**

Besteht zwischen Begründung des Familienwohnsitzes und der Errichtung des zweiten Haushalts **kein enger Zusammenhang** (z.B. Errichtung des zweiten Haushalts **fünf Jahre später**), ist der doppelte Haushalt dennoch **beruflich veranlasst**.[2] Mit letzterem Urteil hat der BFH eine Frist von 1 ½ Jahren genügen lassen unter der Voraussetzung, dass die täglichen Fahrten (z.B. wegen schwerer Erkrankung) nicht mehr zumutbar sind.

Eine beruflich veranlasste doppelte Haushaltsführung kann auch in sog. Wegzugsfällen begründet werden (→ Rz. 297 f.), wenn ein Arbeitnehmer **zunächst** einen **doppelten**   **312**

---
1) BFH v. 26.11.1976, VI R 153/74, BStBl II 1977, 158; BFH v. 2.12.1981, VI R 167/79, BStBl II 1982, 297.
2) BFH v. 30.10.1987, VI R 76/84, BStBl II 1988, 358; BFH v. 22.9.1988, VI R 14/86, BStBl II 1989, 94.

Haushalt führt, danach am **Beschäftigungsort** jahrelang mit der Familie lebt und dann die Familie wieder an ihren früheren Wohnort **zurückkehrt**.[1]

Die Frage, ob die **Dreimonatsfrist** erneut beginnt, wenn die doppelte Haushaltsführung durch Wegverlegung des Haupthausstandes vom Beschäftigungsort und Umwidmung der bisherigen Wohnung in einen Zweithaushalt am Beschäftigungsort entsteht (ohne Anrechnung des vorausgegangenen Aufenthalts am Beschäftigungsort) ist vom BFH bejaht worden. Mit dem Zeitpunkt der Umwidmung beginnt in sog. Wegverlegungsfällen die Dreimonatsfrist für den Ansatz von Verpflegungspauschalen.[2]

313 Bei **Eheschließung** sind häufig **zwei Wohnungen** vorhanden. Ein beruflicher Anlass für einen doppelten Haushalt kann dann gegeben sein, wenn **beide Ehegatten berufstätig** sind und jeder an seinem Arbeitsort eine Wohnung hat. In einem solchen Fall wird zwangsläufig eine der beiden Wohnungen zur Familienwohnung. Die Wohnung des anderen Ehegatten ist dann die beruflich veranlasste Zweitwohnung.[3]

314 Ein beruflich veranlasster doppelter Haushalt (bzw. eine doppelte Haushaltsführung) besteht auch, wenn der **Familienwohnsitz verlegt** wird und z.B. die Ehefrau am neuen Wohnsitz ein Beschäftigungsverhältnis eingeht. Wird dann die bisherige Wohnung beibehalten, weil der Ehemann von dieser Wohnung aus seiner Berufstätigkeit nachgeht, wird die bisherige Familienwohnung zur Zweitwohnung und gilt als Begründung eines doppelten Haushalts.[4]

315 Eheleute, die am Beschäftigungsort in einer **familiengerechten Wohnung** einen doppelten Haushalt unterhalten, führen **keinen** doppelten Haushalt, wenn in der beibehaltenen früheren Familienwohnung eine von den Eheleuten unterstützte Angehörige lebt, die die minderjährige Tochter der Eheleute versorgt und erzieht.[5]

316 Lebt die Familie eines Arbeitnehmers im **Ausland**, so können Werbungskosten wegen doppelter Haushaltsführung unter den allgemeinen Voraussetzungen anerkannt werden (→ Rz. 296 f., 304). Ist der Hausstand am Beschäftigungsort der Mittelpunkt der Lebensinteressen geworden, liegt **keine** doppelte Haushaltsführung mehr vor.

317 Führt ein Ehegatte den **doppelten Haushalt**, d.h., sind die Eheleute an verschiedenen Orten beschäftigt, so kann dieser Ehegatte hierfür Werbungskosten geltend machen. Es ist nicht erforderlich, dass es ihm unmöglich ist, eine gleichwertige Arbeit am gemeinsamen Wohnort zu finden.

318 Sind **Ehegatten an verschiedenen Orten berufstätig** und ist die Tätigkeit eines Ehegatten nicht ortsgebunden, so sind die Mehraufwendungen für den doppelten Hausstand Werbungskosten. Auch in diesem Fall ist die Zumutbarkeit des Umzugs bzw. Begründung des gemeinsamen Hausstands nicht erforderlich.

11. Familienheimfahrten, Besuchsfahrten bei doppelter Haushaltsführung

319 Tritt ein **Besuch des Ehegatten** an die Stelle einer Familienheimfahrt des Arbeitnehmers (umgekehrte Familienheimfahrt), so kommen die Reisekosten des Ehegatten als Werbungskosten in Betracht.[6] Dies gilt insbesondere, wenn der Arbeitnehmer **aus beruflichen Gründen an** einer **Familienheimfahrt gehindert** ist, und ihn deshalb sein Ehegatte am Arbeitsort besucht. Als Werbungskosten sind nur die Fahrtkosten, nicht aber der Mehraufwand des Ehegatten für Unterkunft und Verpflegung am Arbeitsort, ansatzfähig.

Tritt der den doppelten Haushalt führende Ehegatte die wöchentliche Familienheimfahrt aus **privaten** Gründen nicht an, sind die Aufwendungen für die stattdessen durchge-

---
1) BFH v. 2.12.1981, VI R 22/80, BStBl II 1982, 323.
2) BFH v. 8.10.2014, VI R 7/13, BStBl II 2015, 336.
3) BFH v. 13.7.1976, VI R 172/74, BStBl II 1976, 654; BFH v. 4.10.1989, VI R 44/88, BStBl II 1990, 321.
4) BFH v. 2.10.1986, VI R 149/84, BStBl II 1987, 852.
5) BFH v. 29.11.1974, VI R 77/73, BStBl II 1975, 459.
6) BFH v. 2.7.1971, VI R 35/68, BStBl II 1972, 67.

führte Besuchsfahrt des anderen Ehegatten zum Beschäftigungsort **keine** Werbungskosten.[1]

Aufwendungen für eine Fahrt des Ehegatten zum Arbeitsort des anderen Ehegatten, um eine neue Wohnung **zu suchen oder besichtigen**, sind Werbungskosten bis zu der Höhe, die ein vergleichbarer Bundesbeamter für eine solche Reise als Umzugskostenvergütung erhalten würde.[2] **320**

XIII. Umzugskosten

1. Allgemeines

Umzugskosten eines Arbeitnehmers können steuerlich als **Werbungskosten** abziehbar sein oder vom Arbeitgeber **steuerfrei** ersetzt werden, wenn und soweit sie durch einen **beruflich veranlassten** Umzug entstehen. In Betracht kommen Kosten der Wohnungssuche, Transportkosten, Reisekosten, Unterricht für Kinder, Beschaffungskosten für Kochherde, Öfen, Heizgeräte sowie sonstige Umzugsauslagen. **321**

Für die Berücksichtigung von Umzugskosten eines **Unternehmers/Freiberuflers** als Betriebsausgaben gelten die für Arbeitnehmer maßgebenden Grundsätze entsprechend. Zu den Umzugskosten eines frei praktizierenden **Arztes** s. BFH v. 28.4.1988.[3]

2. Umzüge im Inland

Ein beruflicher Anlass für den Umzug ist u.a. der erstmalige Antritt einer Stellung, ein Wechsel des Arbeitgebers oder eine Versetzung/Abordnung durch den Arbeitgeber an einen neuen oder anderen auswärtigen Tätigkeitsort. **322**

Bei Umzügen am (Wohn-)Ort kann eine berufliche Veranlassung nur anerkannt werden, wenn der Arbeitgeber den Umzug aus **beruflichen** Gründen fordert (z.B. weil eine Dienstwohnung bezogen oder geräumt werden muss), oder wenn der Arbeitnehmer innerhalb einer Großstadt seinen **Arbeitsplatz** gewechselt hat und er eine näher am neuen Arbeitsplatz gelegene Wohnung bezieht, um die **Zeitspanne** für die täglichen Fahrten zur ersten Tätigkeitsstätte erheblich zu vermindern.[4] Nach der Rechtsprechung des BFH v. 23.3.2001[5] reicht eine wenigstens zeitweise **Fahrtzeitverkürzung** um mindestens eine Stunde aus, um den Umzug als beruflich veranlasst anzuerkennen.

Private Motive – wie Heirat und erhöhter Wohnbedarf wegen der Geburt eines Kindes – treten dabei in den Hintergrund. Es reicht jedoch **nicht** aus, wenn die geforderte Zeitersparnis von mindestens einer Stunde täglich lediglich an einigen Arbeitstagen erreicht wird.[6] Sind beide **Ehegatten** berufstätig, ist die geforderte Verkürzung der Fahrtzeit um mindestens eine Stunde für jeden Ehegatten allein zu betrachten. Verkürzt sich bei **einem Ehegatten** die Fahrtzeit um mindestens eine Stunde und tritt bei dem anderen Ehegatten eine Fahrtzeitverlängerung ein, so sind die **Fahrtzeiten nicht zu saldieren**.[7]

Auch bei einem Wohnungswechsel aus Anlass der **erstmaligen Aufnahme einer beruflichen Tätigkeit** können die Umzugskosten ansatzfähig sein, wenn der Arbeitnehmer im ganz überwiegenden betrieblichen Interesse des Arbeitgebers seine Wohnung wechselt. Dies gilt insbesondere beim Beziehen einer Dienstwohnung und dergleichen oder wenn durch den Wohnungswechsel die Entfernung zwischen Wohnung und erster Tätigkeitsstätte erheblich verkürzt wird und die verbleibende Wegezeit im Berufsverkehr als normal angesehen werden kann.

---

1) BFH v. 2.2.2011, BStBl II 2011, 456.
2) BFH v. 21.8.1974, VI R 201/72, BStBl II 1975, 64.
3) BFH v. 28.4.1988, IV R 42/86, BStBl II 1988, 777.
4) BFH v. 10.9.1982, VI R 95/81, BStBl II 1983, 16; BFH v. 6.11.1986, VI R 106/85, BStBl II 1987, 81.
5) BFH v. 23.3.2001, VI R 189/97, BStBl II 2002, 56.
6) BFH v. 26.5.2003, VI B 28/03, BFH/NV 2003, 1183.
7) BFH v. 21.2.2006, IX R 79/01, BStBl II 2006, 598.

Ein Umzug ist auch dann **beruflich veranlasst**, wenn er zum Beziehen oder zur Aufgabe der Zweitwohnung anlässlich einer beruflich veranlassten doppelten Haushaltsführung durchgeführt wird (R 9.11 Abs. 9 LStR 2015). Auch wenn berufliche Gründe für den Umzug sprechen, können Aufwendungen für die Anschaffung von Bekleidung, die wegen des mit dem Umzug verbundenen Klimawechsels erforderlich wird, nicht als Werbungskosten (Umzugskosten) angesetzt werden.[1]

Als **Werbungskosten** werden nur tatsächlich entstandene und nachgewiesene Aufwendungen anerkannt; eine Pauschalierung kommt hier nicht in Betracht.

323 Ob **Umzugskosten** Betriebsausgaben, steuerfrei erstattungsfähig oder Werbungskosten sind, hängt **nicht** davon ab, ob der Stpfl. seine berufliche Tätigkeit und seine Lebensstellung **wesentlich** ändert, sondern ob der **Wechsel der Tätigkeit ursächlich für** den **Umzug** war. Bei einem Wechsel der Wohnung innerhalb desselben Orts ist das nur unter besonderen Umständen anzunehmen.[2]

Ein Umzug kann auch ohne Arbeitsplatzwechsel beruflich veranlasst sein, wenn er ausschließlich erfolgt, um die **Fahrzeit** zur ersten Tätigkeitsstätte wesentlich zu verkürzen (→ Rz. 322). Das gilt auch, wenn der Umzug in ein zuvor erworbenes Eigenheim erfolgt. Im Urteilsfall verkürzte sich die Entfernung zwischen Wohnung und erster Tätigkeitsstätte durch den Umzug von 10 auf 1 km.[3] Jedoch ist ein Umzug in eine **größere Wohnung** nicht dadurch beruflich veranlasst, dass die Fahrzeit zur ersten Tätigkeitsstätte um 20 Minuten verkürzt und ein Arbeitszimmer eingerichtet wird.[4]

Ist ein Umzug **privat veranlasst**, sind nach Auffassung der Finanzverwaltung auch die anteiligen Umzugskosten für das häusliche Arbeitszimmer **keine Werbungskosten**. Umzugsaufwendungen eines Beamten sollen dann nicht als Werbungskosten abziehbar sein, wenn er auf Grund eines von ihm aus privaten Gründen gestellten Versetzungsantrags in ein anderes Bundesland versetzt wird.[5]

324 Soweit der Arbeitgeber die angefallenen Umzugskosten nicht steuerfrei ersetzt hat, sind sie als **Werbungskosten** bis zu der Höhe ansatzfähig, die ein **vergleichbarer Bundesbeamter** bei Versetzung aus dienstlichen Gründen oder eines solchen Wohnungswechsels als Umzugskosten-Vergütung erhalten würde (R 9.9 Abs. 2 LStR 2015). Für diese Berechnung ist das Bundesumzugskostengesetz (BUKG) maßgebend.

Nach diesen Vorschriften umfasst die Umzugskostenvergütung u.a. folgende Aufwendungs- und Kostenarten:

– Die Erstattung der notwendigen Auslagen für das **Befördern** des Umzugsgutes von der bisherigen zur neuen Wohnung,

– eine Erstattung der Reisekosten, die dem Umziehenden und den zu seiner häuslichen Gemeinschaft gehörenden Personen vom bisherigen zum neuen Wohnort entstehen, sowie Reisen zum Suchen oder zur **Besichtigung** einer Wohnung (nach § 7 BUKG für zwei Reisen mit zwei Reise- und zwei Aufenthaltstagen für eine Person oder eine Reise für zwei Personen),

– eine **Mietentschädigung**, d.h. die wegen eines Umzugs geleisteten doppelten Mietzahlungen können beruflich veranlasst und deshalb in voller Höhe steuerfrei erstattet werden oder als Werbungskosten abziehbar sein. Diese Mietaufwendungen können jedoch nur zeitanteilig, und zwar für die neue Familienwohnung ab dem Kündigungs- bis zum Umzugstag und für die bisherige Wohnung ab dem Umzugstag, längstens bis zum Ablauf der Kündigungsfrist des bisherigen Mietverhältnisses, angesetzt werden;[6] die nach dem Bundesumzugskostengesetz maßgebende Begren-

---

1) BFH v. 20.3.1992, VI R 55/89, BStBl II 1993, 192.
2) BFH v. 18.10.1974, VI R 72/72, BStBl II 1975, 327.
3) BFH v. 10.9.1982, VI R 95/81, BStBl II 1983, 16; BFH v. 6.11.1986, VI R 106/85, BStBl II 1987, 81.
4) BFH v. 16.10.1992, VI R 132/88, BStBl II 1993, 610.
5) Niedersächsisches FG v. 25.9.2001, 1 K 271/00, DStRE 2002, 411.
6) BFH v. 13.7.2011, VI R 2/11, BStBl II 2012, 104.

zung auf höchstens sechs Monate ist für steuerliche Zwecke unmaßgeblich,[1] vorausgesetzt, für dieselbe Zeit ist für die neue Wohnung Miete zu zahlen,

- die Erstattung der ortsüblichen **Maklergebühren**,
- die Erstattung der Auslagen für zusätzlichen **Unterricht** der Kinder, sofern dieser durch den Umzug bedingt ist, bis zu 40 % des Endgrundgehalts der Besoldungsgruppe A 12 des Bundesbesoldungsgesetzes für jedes Kind; davon werden bis zu 50 % voll und darüber hinausgehende Auslagen zu ¾ erstattet. Der Höchstbetrag, der für die Anerkennung umzugsbedingter Unterrichtskosten für ein Kind nach § 9 Abs. 2 BUKG maßgebend ist, beträgt bei Beendigung des Umzugs:[2]

  - seit dem 1.2.2017   1 926 €,

- zusätzlich zu den vorgenannten Aufwendungen eine Pauschvergütung für sonstige Umzugsauslagen für Verheiratete bei Beendigung des Umzugs:

  - seit dem 1.2.2017   1 528 €,

- und ebenso zu den vorgenannten Aufwendungen eine Pauschvergütung für sonstige Umzugsauslagen für Ledige bei Beendigung des Umzugs:

  - seit dem 1.2.2017   764 €.

- Diese Beträge erhöhen sich für jedes Kind sowie für jede weitere zum Haushalt gehörende Person mit Ausnahme des Ehegatten bei Beendigung des Umzugs seit dem 1.2.2017 um 337 € unter der Voraussetzung, dass sie auch am neuen Wohnort in häuslicher Gemeinschaft mit dem Umziehenden leben. Mit den genannten Pauschvergütungen sind beamtenrechtlich alle sonstigen nicht vorgenannten Umzugsauslagen pauschal abgegolten.

Der vorgenannte Höchstbetrag sowie die Pauschvergütungen **erhöhen** sich voraussichtlich im Kalenderjahr 2018.

Für den steuerlichen Werbungskostenabzug ist auch der **Einzelnachweis** zulässig. Werden höhere sonstige Umzugskosten einzeln nachgewiesen, können diese auch über die vorgenannten Pauschalen hinaus **steuerfrei gezahlt** werden. Der Pauschbetrag für sonstige Umzugsauslagen **ist nicht** anzusetzen bei einem Umzug anlässlich **der Begründung und der Beendigung einer doppelten Haushaltsführung**; hier sind die Aufwendungen im Einzelnen nachzuweisen.

Falls der Arbeitnehmer **höhere Aufwendungen** als ein vergleichbarer Bundesbeamter nachweist und der Arbeitgeber sie steuerfrei ersetzt, können diese im Einzelfall (je nach den besonderen Gegebenheiten) anerkannt werden. In diesem Fall entfällt die Pauschale für sonstige Umzugsauslagen. Das Finanzamt muss, auch wenn ein dienstlich veranlasster Umzug vorliegt, im Einzelnen prüfen, ob und inwieweit es sich bei den geltend gemachten Beträgen um anzuerkennende **Werbungskosten** oder um nicht abziehbare Kosten der Lebensführung (z.B. um die Neuanschaffung von Einrichtungsgegenständen) handelt.

Folgende **Umzugsauslagen** kommen zusätzlich zu den zuvor (→ Rz. 324) genannten Aufwendungen in Betracht:

- **Trinkgeld**,
- Auslagen für das Anschaffen, Ändern, Abnehmen und Anbringen von **Vorhängen** in begrenztem Umfang. Die Auffassung, dass die vorgenannten Aufwendungen als Werbungskosten abzugsfähig sind, basiert auf § 3 der Verordnung zu § 10 Bundesumzugskostengesetz, die vor Einführung der vorgenannten Pauschale für sonstige

---
1) BFH v. 1.12.1993, I R 61/93, BStBl II 1994, 323.
2) BMF v. 18.10.2016, IV C 5 – S 2353/16/10005, BStBl I 2016, 1147.

B. Arbeitnehmer   Dritter Teil: Inlandsreisen

Umzugsauslagen eine Vielzahl von Einzelerstattungen vorsah. Die Rechtsprechung tendiert jedoch dahin, dass Aufwendungen für Neuanschaffungen grundsätzlich den nicht abzugsfähigen Lebenshaltungskosten zuzurechnen sind,[1]

- weiter in begrenztem Umfang Auslagen für **elektrische Kochgeschirre**, wenn diese durch den erforderlichen Übergang auf die elektrische Kochart angeschafft werden müssen (bis zu 21 € je Haushaltsangehöriger, höchstens 103 €),
- Auslagen für den Abbau, das Anschließen, Abnehmen und Anbringen von **Herden, Öfen** bis zu 164 € je Zimmer, anderen hauswirtschaftlichen Geräten (z.B. Kochherd bis zu 230 €), **Beleuchtungskörpern** usw.,
- Auslagen für das Ändern und Erweitern von Elektro-, Gas- und Wasserleitungen, soweit dies erforderlich ist,
- Auslagen für das Ändern von **elektrischen Geräten**, wenn in der neuen Wohnung eine andere Spannung oder Stromart ist, sowie das Umbauen von Gasgeräten auf eine andere Gasart oder auf elektrischen Anschluss,
- Auslagen für das Anbringen von **Anschlüssen an elektrischen Geräten** sowie für die hierfür notwendigen Stecker und Verbindungsschnüre, um die in der bisherigen Wohnung genutzten Gegenstände verwenden zu können,
- Auslagen für den Einbau eines **Wasserenthärters** für Geschirrspülmaschinen,
- Auslagen für neue **Glühbirnen** bei Wechsel der Stromspannung,
- Auslagen für Ersatz oder Ändern von Rundfunk- und Fernsehantennen (bis zu 103 €) sowie Ändern von **Rundfunk- und Fernsehgeräten** (bis zu 103 €) sowie Auslagen für den Abbau und das Anbringen von Antennen,
- Auslagen für Anschließen oder Übernahme eines **Fernsprechanschlusses** sowie von bis zu zwei notwendigen Zusatzeinrichtungen, wenn in der bisherigen Wohnung ein Anschluss vorhanden war,
- Auslagen für das **Umschreiben von Personalausweisen und von Pkw** einschließlich der Auslagen für deren amtliche Kennzeichen,
- Auslagen für den **Erwerb eines zusätzlichen ausländischen Führerscheins** für Pkw bei im Grenzverkehr Tätigen,
- Auslagen für **Schulbücher und Umschulungsgebühren**, die durch den Schulwechsel der Kinder verursacht sind,
- Auslagen für das Anschaffen von **Mülleimern** in der am neuen Wohnort vorgeschriebenen Form,
- Auslagen für Anzeigen und amtliche Gebühren zum Zwecke der **Wohnungsbeschaffung**,
- in beschränktem Umfang Auslagen für **Schönheitsreparaturen**,
- Gebühren für die **Bescheinigung über die Ungezieferfreiheit** des Umzugsgutes.

Erwirbt ein Arbeitnehmer anlässlich eines beruflich veranlassten Umzugs ein Einfamilienhaus am neuen Arbeitsort und zahlt sein Arbeitgeber die dabei entstandenen Maklerkosten, so ist hierin jedenfalls insoweit kein steuerfreier Umzugskostenersatz nach § 3 Nr. 16 EStG, sondern steuerpflichtiger Arbeitslohn zu erblicken.[2] Der BFH hat mit vier Urteilen v. 24.5.2000 nochmals dazu Stellung genommen, inwieweit bei dem berufsbedingten Umzug eines Arbeitnehmers auch Aufwendungen zu berücksichtigen sind, die im Zusammenhang mit dem Eigenheim anfallen. Dabei geht der BFH von dem Grundsatz aus, dass solche Aufwendungen regelmäßig der privaten Vermögenssphäre zuzuordnen sind und damit keine Werbungskosten darstellen.

Dies gilt zum einen, wenn ein **Verlust** aus dem Verkauf eines Hauses entsteht. In den entschiedenen Fällen veräußerten die Kläger ihr Haus wegen eines Arbeitsplatzwechsels

---
1) So das FG Hamburg v. 2.12.1994, V 133/92, EFG 1995, 518.
2) BFH v. 24.8.1995, IV R 27/94, BStBl II 1995, 895.

und machten – vergeblich – die Verluste geltend, die aus dem gegenüber dem Kaufpreis niedrigeren Verkaufspreis sowie aus der vorzeitigen Ablösung einer Hypothek resultierten.[1] Entsprechendes gilt zum anderen beim **Erwerb** eines Eigenheims (z.B. für Maklerkosten). Diese wurden ebenfalls nicht zum Abzug zugelassen, weil es sich dabei um Anschaffungskosten des Hauses handelt.[2] Dagegen bleiben Maklerkosten beim Bezug einer Mietwohnung nach wie vor als Werbungskosten abziehbar.

Ausnahmsweise können versetzungsbedingte Aufwendungen in der privaten Vermögenssphäre aber bei einer **fehlgeschlagenen** Veräußerung zu berücksichtigen sein. Dies hat der BFH für einen Fall entschieden, bei dem der Arbeitgeber eine Versetzung angekündigt, dann aber wieder rückgängig gemacht hatte. Der Arbeitnehmer hatte bereits vorher einen Makler beauftragt, sein Haus zu verkaufen und das Honorar entrichtet, obwohl es nicht mehr zur Veräußerung des Hauses gekommen ist. Hier erkannte der BFH für die vergeblichen Aufwendungen den Werbungskostenabzug an, da die Berührung mit der privaten Vermögenssphäre durch die berufliche Veranlassung überlagert worden sei.[3]

Werden anlässlich eines beruflich veranlassten Umzugs vorhandene Möbel zunächst eingelagert, weil der Stpfl. plant, später in eine größere Wohnung oder ein Haus umzuziehen, sind die **Einlagerungskosten** nicht als Werbungskosten abzugsfähig, weil für die Einlagerung allein private Gründe ausschlaggebend sind.[4] Ebenfalls keine umzugsbedingten Werbungskosten liegen vor, wenn zwar der Umzug beruflich veranlasst ist, die Aufwendungen jedoch für die Ausstattung der neuen Wohnung (z.B. Renovierungsmaterial, Gardinen, andere Einrichtungsgegenstände) anfallen.[5]

Zur **umsatzsteuerlichen Behandlung** → Rz. 371.

3. Auslandsumzüge

Der Grundsatz, dass Umzugskosten als Werbungskosten abgezogen oder vom Arbeitgeber steuerfrei ersetzt werden können – und zwar in der Höhe, wie sie ein vergleichbarer Bundesbeamter als Umzugskostenvergütung erhalten würde –, gilt auch bei Auslandsumzügen der privaten Arbeitnehmer (R 9.9 Abs. 2 LStR 2015). Maßgeblich ist danach die Auslandsumzugskostenverordnung (AUV). **326**

Als Auslandsumzüge **gelten** nur Umzüge vom Inland in das Ausland und im Ausland, nicht jedoch Umzüge vom Ausland in das Inland. Für diese können lediglich die Aufwendungen für Inlandsumzüge als Werbungskosten geltend gemacht werden. Dabei ist weiter Voraussetzung, dass der Umzug im Zusammenhang mit einem im Inland begründeten Dienst- oder Arbeitsverhältnis steht, bzw. bei einem weiterhin im Ausland bestehenden Dienstverhältnis die Einkünfte aus diesem Dienstverhältnis im Inland besteuert werden.

Die steuerlich **berücksichtigungsfähigen** Auslandsumzugskosten bemessen sich nach dem Arbeitslohn, Familienstand sowie der Zahl und dem Alter der Kinder, nach der Zahl der Personen und dem Umstand, ob der Hausstand am neuen Arbeitsort innerhalb eines Jahres eingerichtet wird. Im Einzelnen können als **Werbungskosten** geltend gemacht bzw. vom Arbeitgeber **steuerfrei** erstattet werden:

- Die notwendigen Auslagen für das **Befördern des Umzugsgutes** vom bisherigen Arbeitsort zu einem in seiner Nähe gelegenen Wohnort, soweit der Umfang des Umzugsgutes ein angemessenes Maß nicht überschreitet,
- Lagerkosten für das **Lagern des Umzugsgutes** zwischen dem Tag der Räumung der bisherigen Wohnung und dem Tag des Bezuges der neuen Wohnung,

---
1) BFH v. 24.5.2000, VI R 28/97, BStBl II 2000, 474; VI R 147/99, BStBl II 2000, 476.
2) BFH v. 24.5.2000, VI R 188/97, BStBl II 2000, 586.
3) BFH v. 24.5.2000, VI R 17/96, BStBl II 2000, 584.
4) FG Schleswig-Holstein v. 28.8.1997, V 348/97, EFG 1998, 358; BFH v. 21.9.2000, IV R 78/99, BStBl II 2001, 70.
5) BFH v. 17.12.2002, VI R 188/98, BStBl II 2003, 314.

B. Arbeitnehmer   Dritter Teil: Inlandsreisen

- Auslagen für das **Unterstellen von Umzugsgut** und Entschädigung für ersparte Beförderungsauslagen,
- Auslagen für die **Umzugsreise**, wie sie für die Inlandsreisekostenregelungen gelten,
- Mietentschädigung für die **Miete der bisherigen Wohnung** bis zu dem Zeitpunkt, in dem das Mietverhältnis frühestens gelöst werden kann, längstens jedoch für sechs Monate, im Ausland für neun Monate, wenn für dieselbe Zeit Miete für die neue Wohnung gezahlt werden muss,
- Erstattung der **Wohnungsvermittlungs- und Vertragsabschlussgebühren** bei Umzügen vom Inland in das Ausland und im Ausland im angemessenen Rahmen,
- Beitrag zum **Beschaffen von Warmwassergeräten und Klimageräten** zu 90 % der angemessenen Beschaffungskosten zuzüglich 100 % der Einbaukosten,
- **Pauschvergütung für sonstige Umzugsauslagen nach der AUV**. Die vorgenannte Pauschvergütung ist auch anzuwenden, *ohne* die beamtenrechtlich vorgeschriebene Kürzung um 20 %, wenn ein Arbeitnehmer aus beruflichen Gründen aus dem Ausland nach Deutschland zieht[1] oder wenn er wieder in das Ausland zurückzieht.[2] Beim Rückumzug ins Ausland ist nach dem vorgenannten BFH-Urteil die Pauschvergütung um 20 % zu kürzen.

  Die Aufwendungen für den Rückumzug ins Ausland sind jedoch dann nicht abzugsfähig, wenn der ausländische Arbeitnehmer unbefristet ins Inland versetzt wurde, seine Familie mit ins Inland umzog und nach vielen Jahren, nach Erreichen der Pensionsgrenze ins Heimatland zurückzieht.[3]

  Bei Umzügen innerhalb der Europäischen Union entspricht die Pauschvergütung für sonstige Umzugsauslagen der inländischen Pauschvergütung (§ 18 AUV),
- nachgewiesene sonstige Umzugsauslagen, wie **Mehrauslagen** für Unterkunft und Verpflegung während des Umzugs, Fahrtkosten zum Suchen einer Wohnung in bestimmtem Umfang,
- Auslagen für neue **Glühbirnen** bei Wechsel der Fassungen sowie Auslagen für Transformatoren bei Wechsel der Stromspannung bis zur Höhe der Kosten für eine Änderung der **elektrischen Geräte**, Auslagen für einen Stromspannungsregler, wenn am neuen ausländischen Dienstort wegen ständiger erheblicher Schwankungen im Stromnetz ein Spannungsausgleich notwendig ist; hier kann bei einer anderen Stromspannung oder Frequenz (Hertzzahl) als am bisherigen Wohnort auch eine Pauschvergütung für sonstige Umzugsauslagen gezahlt werden,
- Auslagen für einen am neuen Dienstort vorgeschriebenen **Führerschein** und für **notwendiges Reisegepäck**,
- die notwendigen Auslagen für umzugsbedingten zusätzlichen **Unterricht der Kinder** (→ Rz. 324),
- Erstattung der Auslagen für Umzüge aus zwingenden persönlichen Gründen, für Umzüge in eine vorläufige Wohnung und Auslagen bei späterer Eheschließung; Beschränkung der Umzugskostenvergütung bei einem Auslandsaufenthalt von weniger als zwei Jahren.

Zur Frage des Vorsteuerabzugs bei der Mehrwertsteuer in den Fällen, in denen der Unternehmer seinem Arbeitnehmer Beträge für dienstlich veranlasste Umzugskosten zahlt, s. die Erläuterungen unter → Rz. 371.

---

[1] BFH v. 6.11.1986, VI R 135/85, BStBl II 1987, 188.
[2] BFH v. 4.12.1992, VI R 11/92, BStBl II 1993, 722.
[3] BFH v. 8.11.1996, VI R 65/94, BStBl II 1997, 207.

Vierter Teil:
Auslandsreisen

A. Selbständige

I. Allgemeines zur Abzugsfähigkeit von Auslandsreisekosten

Zu den steuerlich berücksichtigungsfähigen Aufwendungen anlässlich einer betrieblich veranlassten Auslandsreise des selbständig Tätigen, Gewerbetreibenden oder Land- und Forstwirts (Stpfl.) gehören sämtliche Kosten, die unmittelbar durch diese Geschäftsreise (→ Rz. 26) verursacht werden. Auch bei Auslandsreisen gilt wie bei Reisen im Inland grundsätzlich die Verpflichtung, die entstehenden Reisekosten zur steuerlichen Berücksichtigung einzeln aufzuzeichnen und nachzuweisen. Dies gilt insbesondere für Fahrt-, Übernachtungs- und Nebenkosten.

327

II. Verpflegungskosten

Bei Auslandsreisen dürfen – ebenso wie im Inland – zur Abgeltung der Mehraufwendungen für Verpflegung nur pauschale Beträge angesetzt werden. Übersteigen die einzeln entstandenen und nachweisbaren Verpflegungsmehraufwendungen diese Pauschbeträge (Verpflegungspauschalen oder auch Auslandstagegelder genannt), können die überschießenden Beträge nicht als Betriebsausgaben angesetzt werden. Für den Ansatz von Verpflegungsmehraufwendungen bei Auswärtstätigkeiten im Ausland gelten nach Staaten unterschiedliche Pauschbeträge (Auslandstagegelder), die vom BMF im Einvernehmen mit den obersten Finanzbehörden der Länder auf der Grundlage der höchsten Auslandstagegelder nach dem Bundesreisekostengesetz (BRKG) bekannt gemacht werden.

328

An die Stelle des Verpflegungspauschbetrags i.H.v. 24 €, der bei Inlandsreisen bei einer Abwesenheitsdauer von 24 Stunden berücksichtigt werden kann, treten bei Auslandsreisen länderweise unterschiedliche Pauschbeträge, die mit 120 % der höchsten Auslandstagegelder nach dem BRKG festgesetzt werden. Entsprechend wird für den inländischen Pauschbetrag von 12 € verfahren. Dieser Betrag wird durch 80 % des jeweiligen Auslandstagegelds nach dem BRKG ersetzt. Zur Arbeitsvereinfachung sind die so **anzusetzenden** Verpflegungspauschalen für sämtliche Länder in alphabetischer **Übersicht** in der Tabelle → Rz. 2 **aufgelistet**.

Für die in der amtlichen Bekanntmachung **nicht** erfassten Staaten ist der für **Luxemburg** geltende Pauschbetrag maßgebend; für die nicht erfassten Übersee- und Außengebiete eines Staates ist der für das **Mutterland** geltende Pauschbetrag zu Grunde zu legen (R 9.6 Abs. 3 Satz 2 LStR 2015).

1. Eintägige Reisen

Sucht der Stpfl. während einer eintägigen betrieblich veranlassten Auslandsreise ausschließlich einen ausländischen Staat auf, dürfen die Reisekostensätze des jeweiligen Landes angesetzt werden. Reisen vom Inland in das Ausland und zurück, die keinen vollen Kalendertag beanspruchen, werden in ihrer **Gesamtheit** wie Auslandsreisen behandelt.

329

Werden während einer eintägigen Auslandsreise **mehrere** Tätigkeitsstätten in **verschiedenen** Ländern aufgesucht, ist der für das Land der letzten Tätigkeitsstätte maßgebende Pauschbetrag anzusetzen.

Schließt sich nach Rückkehr aus dem Ausland eine Inlandsgeschäftsreise an, ist gleichwohl für diesen Tag das Auslandstagegeld des letzten Tätigkeitsortes im Ausland maßgebend. Dieser Grundsatz gilt auch dann,

– wenn die überwiegende Zeit im Inland verbracht wird oder die letzte Tätigkeitsstätte der Auslandsreise im Inland liegt oder
– wenn nach einer Unterbrechung am selben Tag noch eine Inlandsgeschäftsreise begonnen wird.

A. Selbständige

Unabhängig davon, ob nur eine oder mehrere Geschäftsreisen an einem Tag durchgeführt werden, sind **mehrere** Abwesenheitszeiten an einem Kalendertag stets zusammenzurechnen. Beginnt der Stpfl. seine Reise an einem Kalendertag und beendet er sie am nachfolgenden Kalendertag, ohne dass eine Übernachtung stattfindet, darf die gesamte Abwesenheitsdauer zusammengerechnet und als eintägige Auswärtstätigkeit (Auslandsreise) behandelt werden.

Bei einer **Abwesenheitsdauer** vom inländischen Betrieb bzw. der inländischen Wohnung von mehr als **8 Stunden** beträgt die Verpflegungspauschale 80 % des für das jeweilige Land maßgebenden höchsten Auslandstagegeldes nach dem BRKG. Die danach **anzusetzende** Verpflegungspauschale kann aus der Tabelle → Rz. 2 unmittelbar **abgelesen** werden (→ Rz. 328).

2. Mehrtägige Reisen

330   Bei mehrtägigen Reisen in das Ausland ist zu unterscheiden zwischen

- dem Anreisetag sowie dem Rück-/bzw. Abreisetag und
- den dazwischen liegenden Reisetagen (sog. Zwischentage).

Bei Auswärtstätigkeiten in **verschiedenen** ausländischen Staaten gilt für die Ermittlung der Verpflegungspauschalen am **An-** und **Abreisetag** Folgendes:

- Bei einer Anreise vom Inland ins Ausland oder vom Ausland ins Inland jeweils ohne Tätigwerden ist die Verpflegungspauschale des Ortes maßgebend, der vor 24.00 Uhr erreicht wird.
- Bei einer Abreise vom Ausland ins Inland oder vom Inland ins Ausland ist die Verpflegungspauschale des letzten Tätigkeitsortes maßgebend.
- Für Zwischentage ist der Pauschbetrag des Ortes maßgebend, den der Arbeitnehmer vor 24.00 Uhr Ortszeit erreicht.

Als Verpflegungspauschalen sind für den **An-** und **Abreisetag** einer **mehrtägigen** auswärtigen Tätigkeit mit **Übernachtung** außerhalb der Wohnung ansetzbar:

- Ohne Prüfung einer Mindestabwesenheitszeit kann hier als Betriebsausgabe eine Verpflegungspauschale i.H.v. 80 % des höchsten Auslandstagegelds nach dem BRKG angesetzt werden. Die so **anzusetzende** Verpflegungspauschale kann aus der Tabelle → Rz. 2 unmittelbar **abgelesen** werden (→ Rz. 328).
- Für die dort **nicht erfassten** Länder ist der für Luxemburg geltende Pauschbetrag maßgebend. Sind dort die **Übersee- und Außengebiete** eines Landes nicht genannt, ist der für das Mutterland geltende Pauschbetrag maßgebend.

Für die Ermittlung der **Abwesenheitsdauer** ist es unerheblich, ob der Stpfl. die Reise von der Wohnung oder dem Betrieb bzw. einer weiteren Betriebsstätte aus antritt. Im Hinblick auf die bei auswärtigen betrieblichen Tätigkeiten im Ausland oftmals über Nacht oder mehrere Tage andauernden An- und Abreisen genügt es für die Qualifizierung als An- und Abreisetag, wenn der Stpfl. unmittelbar nach der Anreise oder vor der Abreise auswärtig übernachtet.

Beginnt die Auslandsreise im **Inland**, bestimmt sich der Pauschbetrag für das **Ausland** nach dem Ort, den der Stpfl. vor 24.00 Uhr Ortszeit zuletzt erreicht hat.

331   Wird für eine mehrtägige Geschäftsreise in einen grenznahen ausländischen Ort als Übernachtungsort ein Ort im Inland gewählt, so ist für die Tage mit der betrieblichen Tätigkeit im Ausland das Auslandstagegeld des ausländischen Tätigkeitsortes anzusetzen.

Vierter Teil: Auslandsreisen A. Selbständige

> **Beispiel: Ansatz Verpflegungspauschalen**
>
> Ein Unternehmer unternimmt im Kalenderjahr 2018 eine viertägige Geschäftsreise nach Straßburg (Frankreich), die am ersten Tag um 16.05 Uhr beginnt und am vierten Tag um 16.00 Uhr endet. Er übernachtet am ersten Tag in Kehl (Deutschland), um von dort aus vom zweiten bis zum vierten Tag zu den Geschäftsbesprechungen nach Straßburg zu fahren.
>
> **Folge:** Der Unternehmer kann folgende Verpflegungspauschalen als Betriebsausgaben ansetzen:
>
> 1. Reisetag (nur Inland): Anreisetag, eine Abwesenheitsdauer von über 8 Stunden ist nicht erforderlich — 12 €
> 2. und 3. Reisetag (Besprechungen in Straßburg): 2 × volles Tagegeld für Straßburg für Abwesenheitsdauer von 24 Stunden (2 × 51 €) — 102 €
> 3. Reisetag (= Rückreisetag): Tagegeld für Straßburg für Abreisetage, Abwesenheitsdauer (über 8 Stunden) ist unbeachtlich — 34 €
>
> Verpflegungspauschalen insgesamt — 148 €

Tritt ein Stpfl. hingegen Auslandsreisen **täglich** hintereinander von der **inländischen Wohnung** bzw. dem Betrieb aus an, handelt es sich nicht um mehrtägige, sondern um jeweils eintägige Auslandsreisen. In diesem Fall ist die erforderliche Abwesenheitsdauer von mehr als 8 Stunden zu beachten.

Übernachtet im vorgenannten Beispiel der Stpfl. hingegen außerhalb seiner Wohnung aber im **Inland** und fährt er täglich in das **Ausland** und wieder zurück, handelt es sich ebenfalls nur um eintägige Auslandsreisen. Für die **Übernachtungen** im Inland dürfen als Betriebsausgaben nur die tatsächlich nachgewiesenen inländischen Übernachtungskosten angesetzt werden. Der inländische Übernachtungs-Pauschbetrag von 20 € ist nur zulässig für steuerfreie **Arbeitgebererstattungen**.

Mitunter kann es vorkommen, dass für eine Auslandsreise mit nur einem ausländischen Tätigkeitsort unterschiedliche Auslandstagegelder in Betracht kommen, z.B. dann, wenn der ausländische Ort, den der Arbeitnehmer vor 24.00 Uhr erreicht, und der ausländische Tätigkeitsort auseinanderfallen.

> **Beispiel: Ansatz Verpflegungspauschalen**
>
> Ein Unternehmer unternimmt im Kalenderjahr 2018 eine viertägige Geschäftsreise nach Japan, um dort in Osaka geschäftliche Verhandlungen zu führen. Die Geschäftsreise beginnt am ersten Tag um 18.00 Uhr in Frankfurt und endet in Frankfurt am vierten Tag um 10.00 Uhr. Am Ankunftstag in Japan (zweiter Tag) übernachtet der Unternehmer in Tokio, um dann am dritten Tag die Verhandlungen in Osaka zu führen.
>
> **Folge:** Der Unternehmer kann folgende Verpflegungspauschalen als Betriebsausgaben ansetzen:
>
> | | | |
> |---|---|---|
> | 1. Tag | Anreisetag, keine Mindestabwesenheitsdauer | 12 € |
> | 2. Tag | Ort, den der Unternehmer vor 24.00 Uhr erreicht: Tokio | 66 € |
> | 3. Tag | ausländischer Tätigkeitsort: Japan | 51 € |
> | 4. Tag | Rück-/Abreisetag: letzter ausländischer Tätigkeitsort ist Japan, keine Mindestabwesenheitsdauer | 44 € |
> | Auslandstagegeld insgesamt | | 17344 € |

3. Flugreisen

332 Soll für die Dauer einer **Flugreise** eine Verpflegungspauschale angesetzt werden, ist Folgendes zu beachten:

– bei Flugreisen gilt ein Staat in dem Zeitpunkt als erreicht, in dem das Flugzeug dort landet. Zwischenlandungen bleiben unberücksichtigt, es sei denn, dass durch sie Übernachtungen notwendig werden,

A. Selbständige

Vierter Teil: Auslandsreisen

- erstreckt sich eine Flugreise über mehr als zwei Kalendertage, ist für die Tage, die zwischen dem Tag des Abflugs und dem Tag der Landung liegen, das für Österreich geltende Tagegeld maßgebend,
- für den Tag des Abflugs ist die Verpflegungspauschale des Abflugortes anzusetzen, falls nicht vor 24.00 Uhr dieses Tages ein (anderes) Land erreicht wird.

> **Beispiel: Ansatz Verpflegungspauschalen**
>
> Ein Unternehmer unternimmt im Kalenderjahr 2018 eine Geschäftsreise nach Japan, Flug nach Tokio, Abreise vom Flughafen Köln/Bonn am Mittwoch um 10.00 Uhr, Ankunft in Tokio am Freitag um 15.00 Uhr (Beginn der Geschäftstätigkeit in Japan).
>
> **Folge:** Der Unternehmer kann folgende Verpflegungspauschalen als Betriebsausgaben ansetzen:
>
> | | |
> |---|---:|
> | – für den Abflug die Inlandspauschale | 12 € |
> | – für den Zwischentag das für Österreich geltende Auslandstagegeld | 36 € |
> | – für den Ankunftstag in Tokio | 66 € |
> | Insgesamt | 114 € |

333 Anders verhält es sich, wenn der Stpfl. bei der vorgenannten (mehrtägigen) Flugreise anlässlich einer **Zwischenlandung** im Ausland am Ort der Zwischenlandung übernachtet. In diesem Fall ist für den Übernachtungstag nicht das für Österreich, sondern das für den ausländischen **Übernachtungsort** geltende Auslandstagegeld maßgebend (R 9.6 Abs. 3 Satz 4 Nr. 1 LStR 2015).

4. Schiffsreisen

334 Bei Schiffsreisen ist für die Reisetage das für **Luxemburg** geltende Tagegeld anzusetzen. Für die Tage der **Einschiffung** und **Ausschiffung** gelten die allgemeinen Grundsätze; folglich ist das für den **Hafenort** geltende Tagegeld maßgebend.

> **Beispiel: Ansatz Verpflegungspauschalen**
>
> Ein Unternehmer unternimmt eine betrieblich veranlasste Schiffsreise nach Brasilien, die Fahrtkosten einschl. Verpflegung betragen 1 500 €. Antritt der Reise (Einschiffung in Bremen) am Montag um 13.00 Uhr. Ausschiffung in Rio de Janeiro am Donnerstag der folgenden Woche um 13.00 Uhr.
>
> **Folge:** Der Unternehmer kann folgende Verpflegungspauschalen als Betriebsausgaben ansetzen:
>
> | | |
> |---|---:|
> | – für den Tag der Einschiffung in Bremen (Montag, keine Mindestabwesenheitsdauer) | 12 € |
> | – für die Dauer der Schiffsreise je Reisetag 47 € Tagegeld (Luxemburg) (für 10 Tage) | 470 € |
> | – für den Ausschiffungstag in Brasilien, Rio de Janeiro (Donnerstag) | 57 € |
> | Insgesamt | 539 € |

5. Dreimonatsfrist

335 Auch bei einer längerfristigen betrieblichen Tätigkeit an derselben Tätigkeitsstätte im Ausland ist der Abzug von ausländischen Verpflegungspauschalen auf die ersten drei Monate der Tätigkeit beschränkt (→ Rz. 182). Im Übrigen gelten die für das Inland zu beachtenden allgemeinen Regelungen, z.B. zur Unterbrechungsdauer für den Neubeginn der Dreimonatsfrist (→ Rz. 96, 182).

Eine Pauschalbesteuerung nach § 40 Abs. 2 Satz 1 Nr. 4 EStG (→ Rz. 223) für die über den steuerfreien Verpflegungspauschalen liegenden Verpflegungskosten ist bei betrieblichen Geschäftsreisen und damit für selbständig Tätige, Gewerbetreibende sowie Land- und Forstwirte nicht zulässig.

III. Übernachtungskosten

Bei der Verbuchung von Betriebsausgaben ist zu beachten, dass ein Ansatz der Pauschbeträge für Übernachtungskosten nicht zulässig ist. Zur steuerlichen Berücksichtigung sind die Übernachtungskosten regelmäßig nachzuweisen. **336**

Enthält der tatsächliche Übernachtungspreis die Kosten eines Frühstücks, ist der Preis um diesen Betrag zu kürzen, wenn es sich nicht um eine Mahlzeitengestellung handelt (→ Rz. 202). Zur pauschalen Kürzung der nachgewiesenen Übernachtungskosten um das darin enthaltene **Frühstück** s. die Erläuterungen → Rz. 59, 228 ff. **337**

Enthält die Hotelrechnung für die Übernachtung im Ausland kein Frühstück, kann von einer Kürzung um die Frühstückskosten abgesehen werden, wenn der Reisende auf der Hotelrechnung vermerkt, dass in den Übernachtungskosten kein Frühstück enthalten ist. Zur Anwendung der Regelungen im Reisekostenrecht s. die Erläuterungen → Rz. 58 f., 228 (sowie ggf. Rz. 11 des für Gewinneinkünfte bestimmten BMF-Schreibens v. 23.12.2014[1]). Für die Anwendung der allgemeinen Regelungen des Reisekostenrechts sind ergänzend zu → Rz. 191 die folgenden Grundsätze zu beachten:

1. **Unterkunftskosten bei einer längerfristigen Auswärtstätigkeit an derselben Tätigkeitsstätte im Ausland**

   Für eine längerfristige betriebliche Geschäftsreise an derselben Tätigkeitsstätte im Ausland, die keine erste Betriebsstätte ist, gelten die für das Inland maßgebenden Regelungen (→ Rz. 58 f.) entsprechend.

   Bei Übernachtungen im Ausland im Rahmen einer längerfristigen Geschäftsreise sind die üblichen Voraussetzungen für eine geschäftliche Veranlassung und zur Notwendigkeit der entstandenen Aufwendungen (→ Rz. 31 ff.) zu beachten. Hingegen gelten die für das Inland zu beachtende die 48-Monatsfrist sowie die Begrenzung der Unterkunftskosten auf 1 000 €/Monat nicht.

2. **Der Stpfl. behält seine bisherige Wohnung bei und bezieht eine weitere Wohnung bzw. Unterkunft am auswärtigen Beschäftigungsort (doppelter Haushalt)**

   Bei einer doppelten Haushaltsführung im Ausland sind nur die notwendigen Aufwendungen in tatsächlicher Höhe abzugsfähig. Notwendig bedeutet: soweit die Aufwendungen die ortsübliche Miete für eine nach Lage und Ausstattung durchschnittliche Wohnung am Ort der ersten Tätigkeitsstätte mit einer Wohnfläche bis zu 60 qm nicht überschreiten (R 9.11 Abs. 8 LStR 2015 und Rz. 107 des lohnsteuerlichen BMF-Schreibens vom 24.10.2014[2]).

   Ansatzfähig sind grundsätzlich die **tatsächlich** entstehenden Aufwendungen für die weitere Wohnung bzw. Unterkunft. Dies können auch Aufwendungen für ein Appartement oder ein Doppelzimmer im Hotel sein. Unschädlich ist es, wenn die Wohnung am auswärtigen Beschäftigungsort kurzfristig auch von Familienmitgliedern des selbständig Tätigen, Gewerbetreibenden oder Land- und Forstwirts genutzt wird (z.B. für Besuchszwecke). Bei längeren Besuchszeiten ist zu prüfen, wo sich der Lebensmittelpunkt der Familie befindet.

   Verlagert sich der Lebensmittelpunkt der Familie in die auswärtige Wohnung, können nur noch Aufwendungen für den betrieblich veranlassten Flächenanteil angesetzt werden und nicht für den, den die Familie bewohnt. Im Falle einer solchen Aufteilung kann m.E. die im lohnsteuerlichen Bereich für Tätigkeiten im Ausland geltende 60 qm-Regelung der doppelten Haushaltsführung entsprechend angewandt werden (s. zuvor sowie H 9.11 Abs. 5–10 LStH 2018 „Unterkunftskosten"). Folglich sind die Aufwendungen auszuschließen, die auf das Wohnen von Personen, die aus privaten Gründen mitreisen wie z.B. Ehepartner und Kinder, entfallen. Dies gilt sowohl für Geschäftsreisen im Inland als auch im Ausland.

---

[1] BMF v. 23.12.2014, IV C 6 – S 2145/10/10005 :001, BStBl I 2015, 26.
[2] BMF v. 24.10.2014, IV C 5 – S 2353/14/10002, BStBl I 2014, 1412.

Für die Frage, ob der Stpfl. eine oder mehrere Wohnungen bewohnt, sind die Regelungen des BMF-Schreibens zur Anwendung des steuerlichen Reisekostenrechts v. 24.10.2014[1)] maßgebend (→ Rz. 58, 191 ff.).

3. Der Stpfl. gibt seine bisherige Wohnung auf

Weil in diesem Fall die Eingangsvoraussetzung von zwei geführten Wohnungen nicht vorliegt, sind die Aufwendungen für die neue alleinige Wohnung am auswärtigen Beschäftigungsort steuerlich nicht ansatzfähig. Diese Rechtsfolge tritt auch dann ein, wenn der Stpfl. während der Auswärtstätigkeit über seine bisherige Wohnung nicht verfügen kann, z.B. weil sie vermietet ist.

338 Bei Übernachtung auf oder in einem Transportfahrzeug können regelmäßig keine Übernachtungskosten angesetzt werden. Dies gilt bei Flug-, Schiffs- und Bahnreisen selbst dann, wenn die Fahrtkosten auch Aufwendungen für **Schlafwagen-** oder **Schiffskabinenbenutzung** enthalten. In diesen Fällen enthält der Fahrpreis bereits die Übernachtungskosten.

Jedoch können evtl. außerhalb des Transportmittels entstandene Übernachtungskosten angesetzt werden, wenn die Übernachtung in einer anderen Unterkunft begonnen oder beendet worden ist.

IV. Reisenebenkosten

339 Zusätzlich zu den typischen Reisenebenkosten (→ Rz. 61 ff., 193 f.) können bei Geschäftsreisen in das Ausland die folgenden anlässlich betrieblicher/geschäftlicher Ausgaben angefallenen auslandsspezifischen Nebenkosten steuerlich angesetzt werden:

– Wechselkursdifferenzen (z.B. bei ungünstigerem Wechselkurs im Hotel),
– Gebühr für den Auslandseinsatz der Kreditkarte,
– Umtauschgebühren bei der Beschaffung und Rückgabe von Zahlungsmitteln in ausländischer Währung.

S. auch → Rz. 354.

---

1) BMF v. 24.10.2014, IV C 5 – S 2353/14/10002, BStBl I 2014, 1412, Rz. 99 ff.

B. Arbeitnehmer

I. Arbeitnehmer trägt die Reisekosten selbst

1. Allgemeines

Arbeitnehmer können die für Reisen ins Ausland sowie die für Auswärtstätigkeiten im Ausland anfallenden Aufwendungen als Werbungskosten ansetzen, soweit sie **beruflich veranlasst** sind und vom **Arbeitgeber nicht steuerfrei ersetzt** worden sind. Dabei kann es sich um Kosten anlässlich von 340

– beruflich veranlassten **Auswärtstätigkeiten** einschließlich der Fahr- bzw. Einsatzwechseltätigkeiten oder

– Beschäftigungen an einer ersten Tätigkeitsstätte oder einer weiteren Tätigkeitsstätte handeln.

Bei Auswärtstätigkeiten im Ausland gelten **besondere** Regelungen, insbesondere für den Ansatz von **Verpflegungs- und Übernachtungskosten** sowie für die **umsatzsteuerliche Behandlung**. Soweit die Reisekosten vom Arbeitgeber erstattet werden → Rz. 199 ff., 349 ff.

Erhält der Arbeitnehmer für seine Auslandstätigkeit Arbeitslohn, der **nicht** der **deutschen Besteuerung** unterliegt, kann er insoweit **keine Werbungskosten** ansetzen.[1] Umfasst der Arbeitslohn Reisekostenerstattungen und entfällt der Arbeitslohn insoweit auf die ausländische Beschäftigung, unterliegen diese Reisekostenerstattungen ebenfalls nicht der deutschen Besteuerung, wenn das Besteuerungsrecht dem ausländischen Staat zusteht oder der Arbeitslohn nach dem Auslandstätigkeitserlass für eine begünstigte Auslandstätigkeit gezahlt wird.[2] 341

2. Gemischt veranlasste Reisen

Bei gemischt veranlassten Auslandsreisen des Arbeitnehmers sind die Kosten in einen beruflich veranlassten Anteil und einen den Kosten der Lebensführung zuzurechnenden Anteil aufzuteilen. Dies gilt auch für die Verpflegungsmehraufwendungen. Für Aufwendungen, die sowohl den beruflichen als auch den privaten Reiseteil betreffen (Kosten der Beförderung, die Unterbringung im Hotel, Verpflegung), ist in der Regel als sachgerechter Aufteilungsmaßstab das Verhältnis der beruflich und privat veranlassten Zeitanteile anzulegen. 342

Stellt der Arbeitgeber dem Arbeitnehmer im Rahmen einer gemischt veranlassten Reise Mahlzeiten zur Verfügung, ist die Kürzung der Verpflegungspauschalen nach Ermittlung des beruflich veranlassten Teils der Verpflegungspauschalen vorzunehmen.

S. im Übrigen → Rz. 37 ff.

3. Verpflegungspauschalen bei Auswärtstätigkeit

Der Arbeitnehmer kann auch im Ausland eine beruflich veranlasste Auswärtstätigkeit ausüben sowie einen doppelten Haushalt begründen. Ein Werbungskostenabzug scheidet nach § 3c EStG jedoch aus, wenn der im Ausland erzielte **Arbeitslohn** im Inland steuerfrei bleibt, z.B. nach einem Doppelbesteuerungsabkommen. 343

Befindet sich die (erste) Tätigkeitsstätte im Ausland, so dürfen für die ersten drei Monate ab dem Beginn der Tätigkeit am ausländischen Beschäftigungsort die notwendigen Mehraufwendungen für Verpflegung ohne Einzelnachweis mit der für das jeweilige

---

[1] BFH v. 28.9.1990, VI R 157/89, BStBl II 1991, 86.
[2] BMF v. 31.10.1983, IV B 6 – S 2293-50/83, BStBl I 1983, 470.

B. Arbeitnehmer — Vierter Teil: Auslandsreisen

Land maßgebenden Verpflegungspauschale angesetzt werden (→ Rz. 2). Ein **Einzelnachweis** der Verpflegungsmehraufwendungen über die zulässigen Pauschbeträge hinaus ist auch für Auswärtstätigkeiten bzw. Reisen ins Ausland **nicht** zulässig. Erstattet der Arbeitgeber seinem Arbeitnehmer einen höheren Betrag als die steuerlich maßgebende Auslandspauschale, so ist der übersteigende Betrag als Arbeitslohn zu versteuern (vgl. wegen weiterer Einzelheiten → Rz. 222 ff., 234).

Erhält der Arbeitnehmer anlässlich beruflicher Auswärtstätigkeiten im Ausland Mahlzeiten unentgeltlich oder verbilligt (Arbeitgebergestellung), so ist wie bei einer Auswärtstätigkeit im Inland zu verfahren. Für die gestellte „übliche" Mahlzeit ist grundsätzlich der amtliche Sachbezugswert anzusetzen (→ Rz. 202 ff.).

Jedoch ist die steuerliche Erfassung einer solchen im Ausland gestellten Mahlzeit als Arbeitslohn ausgeschlossen, wenn der Arbeitnehmer für die betreffende Auswärtstätigkeit dem Grunde nach eine **Verpflegungspauschale** als Werbungskosten geltend machen könnte. Im Gegenzug wird der Werbungskostenabzug tageweise gekürzt

- für ein Frühstück um 20 % der maßgebenden ausländischen Verpflegungspauschale und
- für ein Mittag- und Abendessen um jeweils 40 % der maßgebenden ausländischen Verpflegungspauschale.

Maßgebend ist jeweils die für den im Ausland belegenen Ort für eine **24-stündige** Abwesenheit anzusetzende (höchste) Verpflegungspauschale.

Beispiel: Kürzung der Verpflegungspauschale

Arbeitnehmer A erhält im Kalenderjahr 2018 anlässlich seiner zweitägigen Auswärtstätigkeit in Frankreich vom Arbeitgeber lediglich ein Abendessen und ein Frühstück kostenlos gestellt.

Folge: A kann folgende Verpflegungspauschalen als Werbungskosten ansetzen (nach Abzug der Kürzungsbeträge):

Anreisetag	29,00 €
Kürzungsbetrag 40 % von 44 € (höchste Verpflegungspauschale) =	17,60 €
anzusetzende Pauschale	11,40 €
Abreisetag	29,00 €
Kürzungsbetrag 20 % von 44 € =	8,80 €
Anzusetzender Gesamtbetrag	20,20 €

Im Übrigen gelten die Erläuterungen in → Rz. 202 ff. entsprechend.

Mitunter wird gefragt, welche Verpflegungspauschale für die Kürzung bei einer Mahlzeitengestellung anzusetzen ist, wenn der Arbeitnehmer nicht in dem Land übernachtet, in dem er auswärts tätig ist, z.B. mehrtägige Auswärtstätigkeit in Straßburg (Frankreich) und tägliche Übernachtung im Hotel in Kehl (Deutschland), wobei der Arbeitgeber das Hotelfrühstück bezahlt.

In solchen Fällen ist der Grundsatz zu beachten, dass bei der Gestellung von Mahlzeiten durch den Arbeitgeber die Kürzung der Verpflegungspauschale i.S.d. § 9 Abs. 4a Satz 8 ff. EStG tagesbezogen vorzunehmen ist. Folglich ist die für den jeweiligen Reisetag maßgebende Verpflegungspauschale für eine 24-stündige Abwesenheit (§ 9 Abs. 4a Satz 5 EStG) anzusetzen, unabhängig davon, in welchem Land die jeweilige Mahlzeit zur Verfügung gestellt wurde.

Beispiel: Kürzung Verpflegungspauschale bei Mahlzeitengestellung in anderem Land

Der Arbeitnehmer A ist im Kalenderjahr 2018 für 3 Tage in der Schweiz auf einer Auswärtstätigkeit (Tätigkeitsort Schweiz) und übernachtet die beiden Nächte (1. auf 2. und 2. auf 3. Tag) in Deutschland (Grenzgebiet.) Der Arbeitgeber gestellt ihm jeweils ein Frühstück.

Vierter Teil: Auslandsreisen B. Arbeitnehmer

> **Folge:** Die Kürzung der Verpflegungspauschale ist tagesbezogen vorzunehmen von der für den jeweiligen Reisetag maßgebenden Verpflegungspauschale (für eine 24-stündige Abwesenheit). Hier also vom Tätigkeitsort Schweiz (62 €).
>
> Es ist nicht zulässig, die Kürzung von der für Deutschland maßgebenden Verpflegungspauschale (24 €) zu berechnen.

a) Eintägige Reisen

Reisen vom Inland in das Ausland und zurück, die keinen vollen Kalendertag beanspruchen, werden wie Auslandsreisen behandelt. Der Pauschbetrag für Verpflegungsmehraufwendungen beträgt bei einer Abwesenheit von **344**

– mehr als 8 Stunden 80 %

der höchsten Auslandstagegelder nach BRKG (→ Rz. 2). Die danach anzusetzende Verpflegungspauschale kann aus der Tabelle → Rz. 2 unmittelbar abgelesen werden → Rz. 328.

b) Mehrtägige Reisen

Bei mehrtägigen Reisen gelten für den An- und Rück-/Abreisetag dieselben Pauschalen wie für eintägige Auslandsreisen. Dabei sind die Abwesenheitszeiten von der Wohnung bzw. der ersten Tätigkeitsstätte unbeachtlich (→ Rz. 330). Für die dazwischen liegenden Reisetage sind die Auslandstagegelder des Tätigkeitsortes anzusetzen (→ Rz. 2). **345**

Wegen weiterer Einzelheiten zur Höhe der Pauschbeträge (→ Rz. 2)

– bei eintägigen Reisen → Rz. 2, → Rz. 329,
– bei mehrtägigen Reisen → Rz. 2, → Rz. 330 f.,
– bei Reisen vom Ausland ins Inland → Rz. 2, → Rz. 329, 331,
– bei Flugreisen → Rz. 2, → Rz. 332 f.,
– bei Schiffsreisen → Rz. 2, → Rz. 334,
– zur Dreimonatsfrist → Rz. 335 und
– falls der Arbeitgeber die Reisekosten ersetzt, zur Pauschalbesteuerungsmöglichkeit des Werts für die gestellten üblichen Mahlzeiten mit 25 % Lohnsteuer nach § 40 Abs. 2 Satz 1 Nr. 1a EStG → Rz. 223.

> **Beispiele: Ansatz von Verpflegungspauschalen**
>
> **1. Auswärtstätigkeit in mehreren Ländern**
>
> Der Arbeitnehmer A reist im Kalenderjahr 2018 am Montag um 20.00 Uhr zu einer beruflichen Auswärtstätigkeit von seiner Wohnung in Berlin nach Brüssel. Er erreicht Belgien um 2.00 Uhr. Dienstag ist er den ganzen Tag in Brüssel tätig. Am Mittwoch reist er zu einem weiteren Geschäftstermin um 8.00 Uhr nach Amsterdam. Er erreicht Amsterdam um 14.00 Uhr. Dort ist er bis Donnerstag um 13.00 Uhr tätig und reist anschließend zurück nach Berlin. Er erreicht seine Wohnung am Donnerstag um 22.30 Uhr.
>
> **Folge:** A kann folgende Werbungskosten ansetzen:
> – Für Montag ist die inländische Verpflegungspauschale für den Anreisetag maßgebend, da A sich um 24.00 Uhr noch im Inland befindet (12 €).
> – Für Dienstag ist die Verpflegungspauschale für Belgien (42 €) anzuwenden.
> – Für Mittwoch ist die Verpflegungspauschale der Niederlande (46 €) zu Grunde zulegen, da sich der Ort, den A vor 24 Uhr Ortszeit zuletzt erreicht hat, in den Niederlanden befindet (§ 9 Abs. 4a Satz 5 EStG).
> – Für Donnerstag (Abreisetag) ist ebenfalls die Verpflegungspauschale der Niederlande (46 €) maßgeblich, da A noch bis 13.00 Uhr in Amsterdam beruflich tätig war.

B. Arbeitnehmer Vierter Teil: Auslandsreisen

> **2. Anreise über die Mitternachtsgrenze**
>
> Der Arbeitnehmer A reist für ein berufliches Projekt am Sonntag um 22.00 Uhr von Paris nach Mannheim. Am Sonntag um 24.00 Uhr befindet sich A noch in Frankreich. A ist in Mannheim von Montag bis Freitag beruflich tätig und verlässt Mannheim am Freitag um 11.00 Uhr. Er erreicht Paris am Freitag um 14.30 Uhr.
>
> **Folge:** A kann folgende Werbungskosten ansetzen:
>
> Für Sonntag (Anreisetag) ist die Verpflegungspauschale für Paris (39 €) maßgebend. Für Montag bis Freitag ist die jeweils maßgebliche inländische Verpflegungspauschale anzuwenden (4 x 24 €, 1 x 12 €).

Eine Einschränkung hat das Personal auf deutschen Staatsschiffen und auf Schiffen der Handelsmarine unter **deutscher** Flagge auf **hoher See** zu beachten: in diesem Gewässer gilt das Inlandstagegeld. Nur für die Tage der Einschiffung und Ausschiffung ist allgemein das für den Hafenort geltende Tagegeld maßgebend.

4. Übernachtungskosten bei Auswärtstätigkeit/doppelter Haushaltsführung

346 Als **Werbungskosten** dürfen nur die **nachgewiesenen** tatsächlichen Aufwendungen für die Übernachtung bzw. für eine Unterkunft im Ausland angesetzt werden, sofern der Arbeitnehmer nicht in einer vom Arbeitgeber unentgeltlich gestellten Unterkunft übernachtet. Im Einzelfall können Übernachtungskosten geschätzt werden, wenn sie dem Grunde nach zweifelsfrei entstanden sind. Die vom Bundesministerium der Finanzen bekanntgegebenen Pauschbeträge für Übernachtungskosten dürfen nicht als Werbungskosten geltend gemacht werden. Sie gelten allein für den steuerfreien Arbeitgeberersatz (→ Rz. 349) und werden regelmäßig jährlich durch BMF-Schreiben bekannt gemacht (→ Rz. 2).

Wird bei den **nachgewiesenen** Übernachtungskosten nur ein Gesamtpreis für Unterkunft und Verpflegung ausgewiesen und lässt sich der Preis für die vom Arbeitnehmer getragene **Verpflegung** nicht feststellen (z.B. bei einer Tagungspauschale), ist der Gesamtpreis zur Ermittlung der Übernachtungskosten zu kürzen. Der Kürzungsbetrag beträgt

– für das Frühstück 20 %,

– für das Mittag- und Abendessen jeweils 40 %

des für den **ausländischen Unterkunftsort** maßgebenden Pauschbetrags für Verpflegungsmehraufwendungen bei einer Abwesenheitsdauer von mindestens 24 Stunden.

Gestellt der Arbeitgeber oder in seinem Auftrag ein Dritter dem Arbeitnehmer eine oder mehrere Mahlzeiten, ist der Gesamtpreis für Unterkunft und Verpflegung nicht zu kürzen (→ Rz. 343).

Ist in der Hotelrechnung der Preis für das Frühstück oder eine andere Mahlzeit **nicht** enthalten, kann von einer Kürzung für die Mahlzeiten abgesehen werden, wenn der Arbeitnehmer auf der Hotelrechnung vermerkt, dass in den Übernachtungskosten kein Frühstück/keine Mahlzeit enthalten ist. Diese Handhabung wird von der Finanzverwaltung anerkannt.[1]

Im Gegensatz zum Inland gilt bei Übernachtungen im Ausland im Rahmen einer längerfristigen Auswärtstätigkeit die Höchstgrenze von 1 000 € nicht. Die 48-Monatsgrenze ist ebenfalls nicht zu beachten. Steht bei einer doppelten Haushaltsführung die Zweitwohnung im Ausland im Eigentum des Arbeitnehmers, sind die Aufwendungen in der Höhe berücksichtigungsfähig, in der sie der Arbeitnehmer als Mieter für eine nach Größe, Ausstattung und Lage angemessene Wohnung tragen müsste.

Für die Ermittlung der steuerlich berücksichtigungsfähigen Übernachtungskosten bzw. beim Arbeitgeberersatz der Übernachtungspauschalen → Rz. 336 ff. und → Rz. 302 ff.

---

[1] OFD Erfurt v. 24.10.2001, S 2353 A-03 St 331, www.stotax-first.de.

5. Verpflegungspauschalen bei doppelter Haushaltsführung

Für den Ansatz von **Verpflegungsmehraufwendungen** anlässlich einer **doppelten Haushaltsführung** im **Ausland** gelten die Regelungen zu Geschäftsreisen (→ Rz. 328 ff.) und zum Inland (→ Rz. 177 ff., → Rz. 226 ff.) entsprechend. **347**

Danach ist auch eine auf drei Monate begrenzte Berücksichtigung zu beachten; d.h., nach Ablauf der **Dreimonatsfrist** können die Verpflegungspauschalen nicht mehr als Werbungskosten oder für den steuerfreien Arbeitgeberersatz angesetzt werden. Maßgebend sind die Pauschbeträge für Verpflegungsmehraufwendungen bei Auslandsreisen (→ Rz. 2).

6. Reisenebenkosten, Fahrtkosten

Zu den Reisenebenkosten bei Auslandsreisen → Rz. 354; für die Fahrtkosten gelten → Rz. 209 f., → Rz. 306 f. entsprechend. Zu den Familienferngesprächen bei einer doppelten Haushaltsführung → Rz. 308. **348**

II. Arbeitgeber ersetzt die Reisekosten

1. Allgemeines

Zahlt der Arbeitgeber an den Arbeitnehmer für berufliche Tätigkeiten im Ausland Reisekosten bis zur Höhe der Beträge, die der **Arbeitnehmer** andernfalls als **Werbungskosten** geltend machen könnte, liegt darin **kein** steuerpflichtiger **Arbeitslohn**. Übersteigende Beträge gehören als Reisekostenerstattungen zum steuerpflichtigen Arbeitslohn; für den Lohnsteuereinbehalt ist der Zufluss maßgebend (regelmäßig sonstiger Bezug). **349**

Laufender steuerpflichtiger Arbeitslohn sind hingegen Reisekostenvergütungen, die unabhängig von der Anzahl der tatsächlichen Reisen **monatlich** in gleichbleibender Höhe oder regelmäßig wiederkehrend ohne Abrechnung und über die lohnsteuerlich zulässigen Höchstbeträge hinaus gezahlt werden.

2. Fahrtkosten

Die dem Arbeitnehmer erstatteten Kosten für die Benutzung eines privaten **Kraftfahrzeugs** bleiben ohne Einzelnachweis steuerfrei, wenn sie die gesetzlichen Pauschbeträge nicht übersteigen (→ Rz. 209 ff.). **350**

Der steuerfreie Ersatz von höheren Beträgen, etwa in Form von **Kilometergeldern**, ist zulässig, wenn der erstattete **Kilometersatz** nach einer Einzelberechnung ermittelt worden ist. Dazu sind die Gesamtkosten des privaten Kraftfahrzeugs für ein Kalenderjahr zu ermitteln und durch die Anzahl der gefahrenen km zu dividieren. Dies ergibt den durchschnittlichen Kilometersatz (→ Rz. 209). Zu beachten ist aber auch hier, dass bei besonders aufwändigen bzw. hochpreisigen Wagentypen der steuerlich anzuerkennende Kilometersatz auf das angemessene Maß gekürzt werden kann. Das angemessene Maß wird in aller Regel mit den Pauschsätzen übereinstimmen.

3. Verpflegungs- und Übernachtungskosten

Ist der Arbeitnehmer im Ausland beruflich tätig, kann ihm der Arbeitgeber steuerfreie **Verpflegungspauschalen** zahlen. Diese Steuerfreiheit wird begrenzt durch die für den Auslandsort amtlich festgelegten Höchstbeträge → Rz. 2. **351**

Zur Lohnsteuer-Pauschalierung der über den steuerfreien Höchstbeträgen liegenden Verpflegungspauschalen → Rz. 222; diese Möglichkeit besteht auch bei einer Mahlzeitengestellung durch den Arbeitgeber → Rz. 223.

Hinsichtlich der **Übernachtungskosten** des Arbeitnehmers darf der Arbeitgeber wählen. Er darf entweder die **tatsächlichen** Übernachtungskosten (ohne Verpflegung) oder aber einen Betrag bis zu der landesbezogen amtlich festgelegten **Übernachtungspauschale** steuerfrei zahlen. Die tatsächlichen Übernachtungskosten hat der Arbeitnehmer durch Rechnungen nachzuweisen. Zur Kürzung der Übernachtungskosten im Hotel um das Frühstück s. die Erläuterungen unter → Rz. 59. Für die steuerfreie Zahlung der Übernachtungspauschale(n) sind keine Hotelrechnungen o.Ä. erforderlich.

Ferner sind folgende Grundsätze zu beachten:

a) Berufliche Auswärtstätigkeit

352
- Zahlungen des Arbeitgebers für die Übernachtungsaufwendungen des Arbeitnehmers bleiben bis zu den Übernachtungspauschalen oder bis zu den nachgewiesenen höheren tatsächlichen Aufwendungen steuerfrei;
- gestellt der Arbeitgeber oder aufgrund des Dienstverhältnisses ein Dritter dem Arbeitnehmer die Unterkunft unentgeltlich oder teilentgeltlich, sind steuerfreie pauschale Zahlungen des Arbeitgebers nicht zulässig;
- übernachtet der Arbeitnehmer in einem Fahrzeug (Transportmittel), wie z.B. in der Schlafkabine eines Lkw, im Schlafwagen oder in einer Schiffskabine, darf der Arbeitgeber keine Übernachtungspauschalen steuerfrei zahlen.

b) Doppelte Haushaltsführung

353 Sollen anstelle der für den ausländischen Tätigkeitsort festgelegten amtlichen Übernachtungspauschalen die **tatsächlichen** Aufwendungen des Arbeitnehmers für die steuerfreie Erstattung angesetzt werden, dürfen bei einer doppelten Haushaltsführung im Ausland nur die angemessenen und notwendigen Aufwendungen des Arbeitnehmers berücksichtigt werden.

Danach gelten die Aufwendungen als angemessenen und notwendig, soweit sie die ortsübliche Miete für eine nach Lage und Ausstattung durchschnittliche Wohnung am Ort der ersten Tätigkeitsstätte mit einer Wohnfläche bis zu 60 m² nicht überschreiten (R 9.11 Abs. 8 LStR 2015, H 9.11 Abs. 5–10 LStH 2018, → Rz. 337). Steht die Zweitwohnung im Ausland im Eigentum des Arbeitnehmers, sind die Aufwendungen in der Höhe als notwendig anzusehen, in der sie der Arbeitnehmer als Mieter für eine nach Größe, Ausstattung und Lage angemessene Wohnung tragen müsste.

Möchte der Arbeitgeber die Übernachtungskosten **pauschal** bis zur Höhe der amtlichen **Übernachtungspauschale** (→ Rz. 2) steuerfrei zahlen, kann er diesen Betrag für die ersten **drei Monate** ab Bezug der Unterkunft am ausländischen Beschäftigungsort ansetzen.

In der **Folgezeit** (nach den ersten drei Monaten der Auslandstätigkeit) darf als steuerfreie Übernachtungskosten je Kalendertag ein Pauschbetrag bis zu 40 % des für das jeweilige Land maßgebenden Auslandsübernachtungsgelds angesetzt werden. Auch für eine doppelte Haushaltsführung im Ausland gilt der Grundsatz, dass die Pauschale nur pro tatsächlicher Übernachtung des Arbeitnehmers gezahlt werden kann.

Maßgebend sind jeweils die in → Rz. 2 aufgelisteten Übernachtungspauschalen (→ Rz. 329 f., → Rz. 336 f.).

4. Reisenebenkosten

354 Zu den steuerfrei zahlbaren Reisenebenkosten gehören z.B.:
- Kosten für ein Visum und sonstige Reisepapiere,
- Kosten für den Kauf von Devisen sowie den Kursverlust und die Gebühren beim Rücktausch,
- Maut und Straßenbenutzungsgebühren, Parkgebühren,
- Verluste auf Grund eines Diebstahls von notwendigem Reisegepäck.

S. auch → Rz. 339 sowie zu typischen Reisenebenkosten → Rz. 61 ff., → Rz. 193 f.

5. Belege, Lohnkonto

Auch bei beruflich veranlassten Auslandsreisen ist Voraussetzung für steuerfreie Zahlungen des Arbeitgebers, dass der Arbeitnehmer Belege und Unterlagen vorlegt, und die Reisedauer, den Reiseweg und ggf. auch die tatsächlichen Reisekosten nachweist. Der Arbeitgeber hat diese Unterlagen zum Lohnkonto zu nehmen. **355**

Fünfter Teil: Umsatzsteuer

A. Vorbemerkung: Umfang der Reisekosten

Der Begriff der Reisekosten ist für die Umsatzsteuer grundsätzlich nach den Merkmalen abzugrenzen, wie sie für die Einkommen- und Lohnsteuer gelten. **356**

Durch Art. 4 HBeglG 2006[1] wurde der allgemeine Steuersatz (§ 12 Abs. 1 UStG) zuletzt von **16 % auf 19 %** angehoben. Der ermäßigte Steuersatz von 7 % blieb unverändert.

Seit dem StÄndG 2003[2] ist der Vorsteuerabzug in den folgenden Fällen wieder zugelassen:

Vorsteuerabzug zulässig bei ...	
– **Übernachtungskosten** des Unternehmers und des Arbeitnehmers	✓
– **Verpflegungskosten** des Unternehmers und des Arbeitnehmers	✓
– **Fahrtkosten**, die Arbeitnehmern bei Benutzung eines eigenen Kfz entstehen	✓
– **Fahrten** mit öffentlichen Verkehrsmitteln (hierzu gehört auch das Taxi)	✓
– **Reisenebenkosten**	✓
– **Benutzung eines Mietwagens** bei Geschäfts- und Dienstreisen	✓
– **Geschäftsreisen** des Unternehmers und der Nutzung eines unternehmenseigenen Kfz (→ Rz. 383)	✓

Seit **1.4.1999** ist der Vorsteuerabzug nur anhand von Einzelbelegen zulässig.

Auch der Vorsteuerabzug aus Bewirtungskosten ist in vollem Umfang zugelassen. Die entsprechende gesetzliche Regelung in § 15 Abs. 1a UStG erfolgte durch das Jahressteuergesetz 2007.[3]

Eine Begrenzung des Vorsteuerabzugs gilt seit dem 1.4.1999 auch für **Geschenke** an Geschäftsfreunde. Hier gilt je Empfänger und Wirtschaftsjahr für den Vorsteuerabzug die Grenze von 35 € für das Geschenk.

Zur Änderung des Vorsteuerabzugs bei der **Privatnutzung von Geschäftswagen** durch den Unternehmer s. die Erläuterungen unter → Rz. 395.

Bei der **Berechnung der Vorsteuer** (→ Rz. 369) ist von den Beträgen auszugehen, die nach den einkommen- oder lohnsteuerrechtlichen Vorschriften angesetzt werden könnten, sofern es sich um Inlandsreisen handelt. Bei Geschäfts- oder Dienstreisen in das **Ausland** können Vorsteuern nur auf die auf das Inland entfallenden Aufwendungen berechnet werden. **357**

Bei der Berechnung der in Bruttobeträgen enthaltenen Vorsteuer (z.B. Kleinbeträge → Rz. 361 ff.) empfiehlt sich zur Vermeidung von Abrundungsdifferenzen folgendes Verfahren: Die Bruttoeingangsrechnungen sind im Voranmeldungszeitraum brutto zu erfassen (bzw. zu sammeln). Die Summe der Bruttobeträge ist zur Ermittlung der darin enthaltenen **Vorsteuer von 7 % durch 15,29** und **von 19 % durch 6,26** zu teilen. Zur **Ermittlung des Nettoentgelts** ist die **Summe der Bruttobeträge bei 7 % Vorsteuer durch 1,07** und **bei 19 % durch 1,19** zu teilen. **358**

Die nachfolgenden Ausführungen beschränken sich auf die Ausgaben, die in diesem Ratgeber angesprochen werden.

---

1) Haushaltsbegleitgesetz 2006 (HBeglG) 2006 v. 29.6.2006, BGBl. I 2006, 1402.
2) Zweites Gesetz zur Änderung steuerlicher Vorschriften (Steueränderungsgesetz 2003 – StÄndG 2003) v. 15.12.2003, BGBl. I 2003, 2645.
3) Jahressteuergesetz 2007 v. 13.12.2006, BGBl. I 2006, 2878.

B. Ausstellung von Rechnungen

359 Das Umsatzsteuer-System ist auf dem Nettowertprinzip aufgebaut, die Umsatzsteuer ist also getrennt in den Rechnungen auszuweisen. Der richtigen Ausstellung von Rechnungen kommt besondere Bedeutung zu, weil ein Vorsteuerabzug grundsätzlich nur dann möglich ist, wenn eine nach §§ 14, 14a UStG ordnungsgemäße Rechnung vorliegt (§ 15 Abs. 1 Satz 1 Nr. 1 UStG).

I. Rechnungsausstellung mit gesondertem Steuerausweis

360 Führt der Unternehmer steuerpflichtige Lieferungen oder sonstige Leistungen aus, ist er berechtigt und (soweit er die Umsätze an einen anderen Unternehmer für dessen Unternehmen oder an eine juristische Person ausführt) auf Verlangen des Anderen **verpflichtet, Rechnungen auszustellen, in denen die Umsatzsteuer gesondert ausgewiesen** ist. Die Rechnungen nach § 14 Abs. 4 UStG müssen seit 2004 die folgenden Angaben enthalten:

Checkliste: Rechnungsausstellung (Mindestangaben gem. § 14 Abs. 4 UStG)		
Name und Anschrift	Anzugeben sind der vollständige Name und die vollständige Anschrift des leistenden Unternehmers und des Leistungsempfängers (vgl. § 14 Abs. 4 Nr. 1 UStG)	☐
Steuernummer	Anzugeben ist die dem leistenden Unternehmer vom Finanzamt erteilte Steuernummer oder die ihm vom Bundeszentralamt für Steuern (BZSt) erteilte Umsatzsteuer-Identifikationsnummer (vgl. § 14 Abs. 4 Nr. 2 UStG)	☐
Ausstellungsdatum	Anzugeben ist das Datum der Rechnungsausstellung (vgl. § 14 Abs. 4 Nr. 3 UStG)	☐
Fortlaufende Nummer	Anzugeben ist eine fortlaufende Nummer mit einer oder mehreren Zahlenreihen, die zur Identifizierung der Rechnung vom Rechnungsaussteller als Rechnungsnummer einmalig vergeben wird (vgl. § 14 Abs. 4 Nr. 4 UStG)	☐
Mengenangabe und Produktbezeichnung	Anzugeben sind genaue Menge und Art (handelsübliche Bezeichnung) der gelieferten Gegenstände oder der genaue Umfang und die genaue Art der sonstigen Leistung (vgl. § 14 Abs. 4 Nr. 5 UStG)	☐
Lieferzeitpunkt	Anzugeben ist der Zeitpunkt der Lieferung oder sonstigen Leistung (vgl. § 14 Abs. 4 Nr. 6 i.V.m. Abs. 5 UStG)	☐
Entgelt	Anzugeben ist das nach Steuersätzen und einzelnen Steuerbefreiungen aufgeschlüsselte Entgelt für die Lieferung oder sonstige Leistung sowie jede im Voraus vereinbarte Minderung des Entgelts, sofern sie nicht bereits im Entgelt berücksichtigt ist (vgl. § 14 Abs. 4 Nr. 7 UStG)	☐
Steuersatz/ -betrag	Anzugeben ist der anzuwendende Steuersatz sowie der auf das Entgelt entfallende Steuerbetrag oder im Fall einer Steuerbefreiung eine Hinweis darauf, dass für die Lieferung oder sonstige Leistung eine Steuerbefreiung gilt (vgl. § 14 Abs. 4 Nr. 8 UStG)	☐

Dabei sind in der Rechnung sowohl das Entgelt (Nettorechnungsbetrag) als auch der auf das Entgelt entfallende Umsatzsteuerbetrag anzugeben.[1]

Ist der Leistungsempfänger Steuerschuldner nach § 13b UStG, ist der leistende Unternehmer zur Ausstellung einer Rechnung verpflichtet, in der die Steuer nicht gesondert ausgewiesen ist (§ 14a Abs. 5 Satz 2 UStG). Neben den übrigen oben dargestellten Angaben nach § 14 Abs. 4 UStG muss die Rechnung zwingend die Angabe „Steuerschuldnerschaft des Leistungsempfängers" in einer der Amtssprachen eines EU-Mitgliedstaates enthalten (§ 14a Abs. 5 Satz 1 UStG). Fehlt diese Angabe in der Rechnung, bleibt der Leistungsempfänger dennoch Steuerschuldner. Der Leistungsempfänger kann die von ihm geschuldete Steuer, die er in seiner Umsatzsteuer-Voranmeldung und/oder einer Umsatzsteuer-Jahreserklärung angemeldet hat, gleichzeitig als Vorsteuer abziehen, soweit er zum Vorsteuerabzug berechtigt ist (§ 15 Abs. 1 Satz 1 Nr. 4 UStG). Das Vorliegen einer – ordnungsgemäßen – Rechnung ist allerdings nicht Voraussetzung für den Vorsteuerabzug (vgl. Abschn. 13b.15 Abs. 2 UStAE).

Die in der Rechnung geforderten Angaben können auch durch Schlüsselzahlen oder Symbole auf den Rechnungen ausgedrückt werden, wenn ihre eindeutige Bestimmung aus der Rechnung oder aus den anderen Unterlagen gewährleistet ist. Es dürfte sich hierbei vielfach um im maschinellen oder elektronischen Verfahren erstellte Rechnungen handeln. Eine Rechnung, die per Telefax übermittelt wird, ist deshalb anzuerkennen, nicht dagegen jedoch Rechnungen, die auf Grund der Übermittlung elektronischer Daten selbst erstellt werden.[2] Durch das Steuersenkungsgesetz v. 23.10.2000[3] wurde § 14 Abs. 4 UStG (seit dem 1.1.2009: § 14 Abs. 3 UStG) geändert. Danach gelten seit dem 1.1.2002 auch mit einer digitalen Signatur versehene elektronische Abrechnungen als Rechnung.

Mit der Neufassung des § 14 Abs. 1 UStG durch das StVereinfG 2011[4] wurde umsatzsteuerlich die Papierrechnung mit Wirkung vom 1.7.2011 weitgehend mit der elektronischen Rechnung gleichgestellt. § 14 Abs. 1 Satz 8 UStG definiert seitdem eine elektronische Rechnung als eine Rechnung, die in einem elektronischen Format ausgestellt und empfangen wird. Hierunter fallen Rechnungen, die per E-Mail, im EDI-Verfahren, als PDF- oder Textdatei, per Computer-Telefax oder Fax-Server (nicht aber Standard-Telefax) oder im Wege des Datenträgeraustauschs übermittelt werden. Diese Gleichstellung führt zu keiner Erhöhung der Anforderungen an Papierrechnungen. Bei Papierrechnungen sind bereits nach den bestehenden Grundsätzen der ordnungsmäßigen Buchführung die Echtheit der Herkunft, die Unversehrtheit des Inhalts und die Lesbarkeit zu gewährleisten. Die Regelungen in § 14 Abs. 1 Satz 2 bis 6 UStG haben insoweit lediglich deklaratorischen Charakter.

Das Erfordernis der Echtheit der Herkunft und der Unversehrtheit des Inhalts bleiben als abstrakte Voraussetzungen für die umsatzsteuerliche Anerkennung von elektronischen Rechnungen bestehen; jedoch werden die sonstigen Vorgaben für elektronische Rechnungen aufgegeben. Somit sind keine technischen Verfahren mehr vorgegeben, die die Unternehmen verwenden müssen. Die Regelung ist technologieneutral ausgestaltet. Selbst die Übermittlung als schlichte E-Mail ohne Signatur reicht aus.

Jeder Unternehmer legt fest, in welcher Weise die Echtheit der Herkunft, die Unversehrtheit des Inhalts und die Lesbarkeit der Rechnung gewährleistet werden können. Die Echtheit der Herkunft einer Rechnung ist gewährleistet, wenn die Identität des Rechnungsausstellers sichergestellt ist. Die Unversehrtheit des Inhalts einer Rechnung ist gewährleistet, wenn die nach dem UStG erforderlichen Angaben während der Übermittlung der Rechnung nicht geändert worden sind. Eine Rechnung gilt als lesbar, wenn sie für das menschliche Auge lesbar ist; hinzuweisen ist darauf, dass Rechnungsdaten, die

---
1) BFH v. 27.7.2000, V R 55/99, BStBl II 2001, 426.
2) OFD Koblenz v. 1.4.1999, UR 2000, 175.
3) Gesetz zur Senkung der Steuersätze und zur Reform der Unternehmensbesteuerung (Steuersenkungsgesetz – StSenkG) v. 23.10.2000, BStBl I 2000, 1428.
4) Steuervereinfachungsgesetz 2011 v. 1.11.2011, BStBl I 2011, 2131.

per EDI-Nachrichten, XML-Nachrichten oder in anderen strukturierten elektronischen Nachrichtenformen übermittelt werden, in ihrem Originalformat nicht lesbar sind, sondern erst nach einer Konvertierung.

Die Erfüllung dieser Voraussetzungen kann durch jegliches innerbetriebliches Kontrollverfahren erreicht werden, das einen verlässlichen Prüfpfad zwischen einer Rechnung und einer Lieferung oder Dienstleistung schaffen kann.

Unter „innerbetriebliche Kontrollverfahren" sind Verfahren zu verstehen, die der Unternehmer zum Abgleich der Rechnung mit seinen Zahlungsverpflichtungen einsetzt. Der Unternehmer wird im eigenen Interesse insbesondere überprüfen, ob

- die Rechnung in der Substanz korrekt ist, d.h. ob die in Rechnung gestellte Leistung tatsächlich in dargestellter Qualität und Quantität erbracht wurde,
- der Rechnungsaussteller also tatsächlich den Zahlungsanspruch hat,
- die vom Rechnungssteller angegebene Kontoverbindung korrekt ist und Ähnliches,

um zu gewährleisten, dass das Unternehmen tatsächlich nur die Rechnungen begleicht, zu deren Begleichung es auch verpflichtet ist. Zwar nennt § 14 Abs. 3 Nr. 1 und 2 UStG die qualifizierte elektronische Signatur oder die qualifizierte elektronische Signatur mit Anbieter-Akkreditierung nach dem Signaturgesetz und den elektronischen Datenaustausch (EDI) nach Art. 2 der Empfehlung 94/820/EG der Kommission vom 19.10.1994 über die rechtlichen Aspekte des elektronischen Datenaustauschs[1] noch als Beispiele für Technologien, die die Echtheit der Herkunft und die Unversehrtheit des Inhalts einer elektronischen Rechnung gewährleisten. Der Unternehmer ist aber frei darin, ein für ihn geeignetes Verfahren zu wählen. Dabei werden weder vom Gesetzgeber noch von der Verwaltung technische Verfahren vorgegeben, die der Unternehmer verwenden muss. Die Festlegung des Verfahrens kann also im Rahmen eines entsprechend eingerichteten Rechnungswesens geschehen, aber z.B. auch durch manuellen Abgleich der Rechnung mit vorhandenen geschäftlichen Unterlagen (z.B. Kopie der Bestellung, Auftrag, Kaufvertrag, Lieferschein). Diese Regelung führt für den Unternehmer zu keiner zusätzlichen Verpflichtung zur Dokumentation des Kontrollverfahrens. Eine inhaltlich zutreffende Rechnung – insbesondere Leistung, Entgelt, leistender Unternehmer und Zahlungsempfänger sind zutreffend angegeben – rechtfertigt die Annahme, dass bei der Übermittlung keine die Echtheit der Herkunft oder die Unversehrtheit des Inhalts beeinträchtigenden Fehler vorgekommen sind.

In diesem Zusammenhang ist darauf hinzuweisen, dass für die Erfüllung der Anspruchsvoraussetzungen für den Vorsteuerabzug (z.B. ordnungsgemäße Rechnung, Leistungsbezug für sein Unternehmen, Höhe der gesetzlich geschuldeten Steuer) der Unternehmer weiterhin die Feststellungslast trägt.

Werden für ein und dieselbe Leistung mehrere Rechnungen ausgestellt, ohne dass sie als Duplikat oder Kopie gekennzeichnet werden, schuldet der Unternehmer den hierin ausgewiesenen Steuerbetrag nach § 14c Abs. 1 UStG (vgl. Abschn. 14c.1 Abs. 4 UStAE). Dies gilt jedoch nicht, wenn inhaltlich identische (§ 14 Abs. 4 UStG) Mehrstücke derselben Rechnung übersandt werden. Besteht eine Rechnung aus mehreren Dokumenten, gilt dies für die Dokumente in ihrer Gesamtheit.

Nach § 14 Abs. 4 Satz 1 Nr. 2 UStG hat der leistende Unternehmer in Rechnungen und Gutschriften die ihm vom Finanzamt erteilte Steuernummer oder die ihm vom Bundeszentralamt für Steuern (BZSt) erteilte Umsatzsteuer-Identifikationsnummer (USt-IdNr.) anzugeben. In Fahrausweisen (§ 34 UStDV) ist die Angabe der Steuernummer oder der USt-IdNr. nicht erforderlich (vgl. Abschn. 14.5 Abs. 8 UStAE). Das heißt: fehlt z.B. auf der Rechnung die dem leistenden Unternehmer vom Finanzamt erteilte Steuernummer bzw. die vom BZSt erteilte USt-IdNr., führt dies bereits zur Versagung des Vorsteuerabzugs; die Rechnung kann aber mit Rückwirkung entsprechend berichtigt werden.[2]

---

[1] ABl.EG 1994 Nr. L 338, 98.
[2] Siehe EuGH v. 15.9.2016, Senatex GmbH, C-518/14, StEd 2016, 611.

Lediglich bei Fahrausweisen verbleibt es dabei, dass die Angabe der Steuernummer bzw. der USt-IdNr. auf dem Fahrausweis nicht erforderlich ist.

Sind in einer Rechnung Lieferungen oder sonstige Leistungen enthalten, die **verschiedenen Steuersätzen** unterliegen, sind die Entgelte und Steuerbeträge **nach Steuersätzen zu trennen**. Das bedeutet jedoch nicht, dass jeder einzelne Rechnungsposten in Entgelt und Steuer aufzuteilen ist. Es genügt vielmehr, wenn die Steuer jeweils von der Zwischensumme der mit dem normalen Steuersatz und dem ermäßigten Steuersatz zu versteuernden Umsätze berechnet und gesondert ausgewiesen wird. Es ist auch möglich, die Steuer hinter jedem einzelnen Teilposten in Unterspalten auszuweisen und die dann in den Unterspalten ausgewiesenen Beträge zu addieren.

Die Verpflichtung, Entgelt und Steuerbeträge nach Steuersätzen zu trennen, wenn in der Rechnung unterschiedlich besteuerte Umsätze zusammengefasst sind, entfällt, wenn der Steuerbetrag automatisch (maschinell) ausgewiesen wird. Ist für den einzelnen Rechnungsposten der jeweilige Steuersatz in der Rechnung angegeben, genügt der Ausweis des gesamten Steuerbetrags in einer Summe.

Werden bei kurzfristigen Beherbergungsleistungen neben der reinen, dem ermäßigten Steuersatz nach § 12 Abs. 2 Nr. 11 UStG unterliegenden kurzfristigen Beherbergungsleistung noch weitere Leistungen erbracht, die dem allgemeinen Steuersatz von 19 % unterliegen und für die kein gesondertes Entgelt berechnet wird, muss der Entgeltanteil für diese Leistungen geschätzt werden und die entsprechend aufgeteilten Entgelte und Steuerbeträge in der Umsatzsteuer-Voranmeldung angemeldet werden. Als angemessenen Schätzungsmaßstab sieht die Verwaltung hierbei beispielsweise den kalkulatorischen Kostenanteil zuzüglich eines angemessenen Gewinnaufschlags (vgl. Abschn. 12.16 Abs. 11 UStAE und Rz. 14 des BMF-Schreibens v. 5.3.2010[1]).

Jedoch beanstandet es die Verwaltung auch für Zwecke des Vorsteuerabzugs des Leistungsempfängers nicht, wenn in einem Pauschalangebot enthaltene nicht begünstigte Leistungen in der Rechnung zu einem Sammelposten (z.B. „Business-Package", „Servicepauschale") zusammengefasst werden und der darauf entfallende Entgeltanteil in einem Betrag ausgewiesen wird (vgl. Abschn. 12.16 Abs. 12 UStAE und Rz. 15 des BMF-Schreibens vom 5.3.2010[2]). Bei diesen zusammengefassten Leistungen darf es sich aber nur um folgende Leistungen handeln:

– Abgabe eines Frühstücks,
– Nutzung von Kommunikationsnetzen,
– Reinigung und Bügeln von Kleidung, Schuhputzservice,
– Transport zwischen Bahnhof/Flughafen und Unterkunft,
– Transport von Gepäck außerhalb des Beherbergungsbetriebs,
– Nutzung von Saunaeinrichtungen,
– Überlassung von Fitnessgeräten,
– Überlassung von Plätzen zum Abstellen von Fahrzeugen.

Der Entgeltanteil für diese Leistungen kann auch mit 20 % des vereinbarten Gesamtpreises angesetzt werden. Dies gilt entsprechend bei Kleinbetragsrechnungen bis 250 €[3] (§ 33 UStDV) hinsichtlich der in der Rechnung anzugebenden Steuerbeträge.

> **Hinweis zur abweichenden Verwaltungspraxis bei gesondert vereinbarten Entgelten**
> Die Verwaltung akzeptiert diese Vereinfachungsregelungen nicht, wenn für die Leistungen jeweils gesonderte Entgelte vereinbart worden sind.

---

1) BMF v. 5.3.2010, IV D 2 – S 7210/07/10003 / IV C 5 – S 2353/09/10008, BStBl I 2010, 259.
2) BMF v. 5.3.2010, IV D 2 – S 7210/07/10003 / IV C 5 – S 2353/09/10008, BStBl I 2010, 259, Rz. 15.
3) Bis 31.12.2016: 150 €.

B. Ausstellung von Rechnungen — Fünfter Teil: Umsatzsteuer

Hinzuweisen ist darauf, dass der BFH inzwischen entschieden hat, dass bei Beherbergungsleistungen nur die unmittelbar der Vermietung (= Beherbergung) dienenden Leistungen des Unternehmers dem ermäßigten Steuersatz unterliegen. Hierzu gehört nicht die Einräumung von Parkmöglichkeiten. Dies gilt auch dann, wenn hierfür kein gesondertes Entgelt berechnet wird.[1]

II. Kleinbetragsrechnungen

361 Eine für die Praxis wesentliche und bedeutsame Erleichterung bringt folgende Regelung:

Rechnungen, deren Gesamtbetrag 250 €[2] nicht übersteigt, müssen nach § 33 UStDV seit 2004 nur die folgenden Angaben enthalten:[3]

Checkliste: Kleinbetragsrechnungen bis zu 250 € (Mindestangaben gem. § 33 UStDV)		
Name und Anschrift	Anzugeben ist der vollständige Name und die vollständige Anschrift des leistenden Unternehmers	☐
Ausstellungsdatum	Anzugeben ist das Ausstellungsdatum	☐
Mengenangabe und Produktbezeichnung	Anzugeben sind die Menge und die Art der gelieferten Gegenstände oder der Umfang und die Art der sonstigen Leistung	☐
Entgelt	Anzugeben ist das Entgelt und der darauf entfallende Steuerbetrag für die Lieferung oder sonstige Leistung in einer Summe	☐
Steuersatz/-betrag	Anzugeben ist der anzuwendende Steuersatz oder im Fall einer Steuerbefreiung ein Hinweis darauf, dass für die Lieferung oder sonstige Leistung Steuerbefreiung gilt.	☐

In diesen sog. Kleinbetragsrechnungen bis zu 250 €[2] kann also auf die Angabe des Namens oder der Anschrift des Abnehmers der Lieferung oder des Empfängers der sonstigen Leistung sowie auf die Angabe des Tages und des steuerlichen Tages der Lieferung oder sonstigen Leistung verzichtet werden. Ebenfalls ist in diesen Fällen die **Steuer nicht** neben dem Netto-Entgelt (Netto-Warenpreis) **gesondert auszuweisen**. Es kann vielmehr der Bruttopreis (Summe von Entgelt und Steuerbetrag) angegeben werden, wenn die Rechnung den auf den Umsatz anzuwendenden Steuersatz enthält. Gerade diese Erleichterungen haben auch auf dem Gebiet der Kostenaufwendungen eine große Bedeutung, wenn man z.B. an die Vielzahl von Belegen und Quittungen für Übernachtungen, Benzin, Bewirtungen usw. denkt.

III. Fahrausweise als Rechnungen

362 Fahrausweise im Personenbeförderungsverkehr gelten als Rechnungen, wenn sie nach § 34 UStDV seit 2004 zumindest die folgenden Angaben enthalten:

---

1) BFH v. 1.3.2016, XI R 11/14, StEd 2016, 439, BStBl II 2016, 753.
2) Bis 31.12.2016: 150 €.
3) Durch das Zweite Bürokratieentlastungsgesetz vom 30.6.2017 (BGBl. II 2017, 2143) ist rückwirkend zum 1.1.2017 eine Erhöhung auf 250 € erfolgt.

B. Ausstellung von Rechnungen

Checkliste: Fahrausweise (Mindestangaben gem. § 34 UStDV)		
Name und Anschrift	Anzugeben sind der vollständige Name und die vollständige Anschrift des Unternehmers, der die Beförderungsleistung ausführt; hier ist es ausreichend, wenn sich auf Grund der Bezeichnungen in den Rechnungen der Name und die Anschrift sowohl des leistenden Unternehmers als auch des Leistungsempfängers eindeutig feststellen lassen (Vereinfachungsregelung des § 31 Abs. 2 UStDV)	☐
Ausstellungsdatum	Anzugeben ist das Ausstellungsdatum	☐
Entgelt	Anzugeben sind das Entgelt und der darauf entfallenden Steuerbetrag in einer Summe	☐
Steuersatz	Anzugeben ist der anzuwendenden Steuersatz, wenn die Beförderungsleistung nicht dem ermäßigten Steuersatz unterliegt	☐
Vermerk über grenzüberschreitende Personenbeförderung	Im Fall der Anwendung des § 26 Abs. 3 UStG ist ein Hinweis auf die grenzüberschreitende Beförderung von Personen im Luftverkehr erforderlich	☐

Werden Fahrausweise (z.B. Fahrkarten, Flugscheine usw.) bei **Reisebüros** erworben, sollte für den Vorsteuerabzug, um der Gefahr eines zweifachen Vorsteuerabzugs entgegenzuwirken, das Abrechnungsverfahren so gestaltet werden, dass nur noch ein Beleg (entweder die Fahrkarte, der Flugschein usw. oder die Abrechnung des Reisebüros) zum Vorsteuerabzug berechtigt. Hier bieten sich nach dem BMF-Schreiben v. 28.2.2001[1)] an die betroffenen Verbände folgende zwei Möglichkeiten an:

1. In den Rechnungen der Reisebüros über Fahrausweise wird die Umsatzsteuer nicht gesondert ausgewiesen (Erteilung einer sog. Bruttorechnung). Hier kann dann der Vorsteuerabzug aus dem Fahrausweis, Flugschein usw. vorgenommen werden.

2. Wird in den Rechnungen der Reisebüros über Fahrausweise die Umsatzsteuer ausgewiesen und somit der Vorsteuerabzug ermöglicht, sollten die entsprechenden Fahrausweise so gestaltet werden, dass sie nicht für den Vorsteuerabzug verwendet werden können (z.B. durch einen Hinweis oder Aufdruck auf dem Fahrausweis, dass dieser nicht zum Vorsteuerabzug berechtigt).

Bei Fahrausweisen ist ein gesonderter Steuerausweis nicht vorgeschrieben. Bei Fahrausweisen der **Deutschen Bahn AG** und der nicht bundeseigenen Eisenbahnen kann **an Stelle des Steuersatzes die Tarifentfernung** angegeben werden (§ 34 Abs. 1 Satz 2 UStDV).

363 Diese Vorschrift ist gerade für das Gebiet der Reisekosten von großer Wichtigkeit, da sie die notwendigen Erleichterungen bei Fahrausweisen im öffentlichen Personenbeförderungsverkehr (Schienenbahn-, Omnibus- und Schiffsverkehr) bringt, und zwar ohne Rücksicht auf die Höhe des Fahrpreises.

Auf die Angabe des Namens und der Anschrift des Fahrgastes, der Art des Umfangs der Beförderungsleistung (= Beförderungsstrecke) sowie des Tages der Beförderung kann ganz allgemein verzichtet werden. Lediglich Name und Anschrift des Beförderungsunternehmers sind anzugeben.

Hinsichtlich des auf den Fahrausweisen auszuweisenden Steuersatzes ist festzuhalten:

364 Bei **Beförderungen bis zu 50 km** genügt der **Ausweis des Beförderungspreises insgesamt** (Summe von Entgelt und Steuerbetrag). Der **Normalsteuersatz ist** jedoch **anzugeben, sofern** die Beförderungsleistung nicht dem ermäßigten Steuersatz von 7 % unter-

---
1) BMF v. 28.2.2001, IV B 7 – S 7300 – 8/01, UR 2001, 180.

B. Ausstellung von Rechnungen — Fünfter Teil: Umsatzsteuer

liegt, d.h. die **Beförderungsstrecke mehr als 50 km** beträgt. Unterliegt die Beförderungsleistung dem ermäßigten Steuersatz, braucht auf den Fahrausweisen weder Steuersatz noch Tarifentfernung angegeben zu werden.

365 Eine **Sonderregelung** gilt für die Fahrkarten der **Deutschen Bahn AG** und der nicht bundeseigenen Eisenbahnen. Auf ihren Fahrkarten genügt anstelle der Angabe des Steuersatzes die **Angabe der Tarifentfernung**. Bei ihnen ist auch das Beförderungsunternehmen nicht namentlich anzugeben; es ergibt sich aus der Bezeichnung des Bahnhofs, von dem aus die Reise angetreten wird. Bei nicht bundeseigenen Eisenbahnen finden sich im Gegensatz zu den Fahrkarten der Deutschen Bundesbahn zusätzliche Bezeichnungen bei der Angabe der Bahnhöfe.

366 Bei Fahrausweisen im **inländischen Luftverkehr** kommt ein Vorsteuerabzug unter Zugrundelegung des ermäßigten Steuersatzes nicht in Betracht. Der Abzug auf der Grundlage des allgemeinen Steuersatzes ist nur dann zulässig, wenn der Steuersatz auf dem Fahrausweis (Flugschein) ausdrücklich angegeben ist.

367 Nur der inländische Teil der **Beförderung** unterliegt der Umsatzsteuer (§ 3b Abs. 1 Satz 1 UStG). Aus den Fahrausweisen ist i.d.R. der Anteil des Beförderungspreises, der auf die inländische Strecke entfällt, nicht zu ersehen. Fahrausweise im grenzüberschreitenden Personenbeförderungsverkehr und im internationalen Eisenbahn-Personenverkehr gelten nur dann als Rechnungen und berechtigen zum Vorsteuerabzug, wenn eine **Bescheinigung des Beförderungsunternehmens** (z.B. Deutsche Bahn AG, Omnibusunternehmer, Reisebüro) vorliegt, aus der sich der **auf die inländische Strecke entfallende Beförderungspreis** ergibt. Diese Bescheinigung des Beförderungsunternehmers muss außerdem den für den inländischen Teil der Beförderungsleistung maßgebenden Steuersatz enthalten.

368 Auch für Belege im **Reisegepäckverkehr** gilt das für die Fahrausweise Gesagte. Belege im Reisegepäckverkehr sind also als Rechnungen anzusehen, wenn sie die unter → Rz. 363 ff. genannten erforderlichen Angaben enthalten.

Zu Rechnungen, die per Telefax oder E-Mail übermittelt werden, und Online-Fahrausweisen wird auf Abschn. 14.4 Abs. 2 und 11 UStAE hingewiesen.

C. Vorsteuerabzug

I. Allgemeines

Durch den Vorsteuerabzug soll erreicht werden, dass eine Kumulation vermieden wird. Alle Waren und Leistungen werden bei gleichem Steuersatz und gleichem Preis, unabhängig von der Häufigkeit ihres Umsatzes, gleich hoch belastet. **369**

Unternehmer, die im Inland Lieferungen oder sonstige Leistungen ausführen oder in diesem Gebiet ihren Sitz oder eine Betriebstätte haben, können die folgenden Vorsteuerbeträge abziehen:

- Die ihnen von anderen Unternehmern gesondert in Rechnung gestellte Steuer für Lieferungen oder sonstige Leistungen, die für ihr Unternehmen ausgeführt worden sind (§ 15 Abs. 1 Satz 1 Nr. 1 UStG),
- die entstandene Einfuhrumsatzsteuer für Gegenstände, die für ihr Unternehmen eingeführt worden sind (§ 15 Abs. 1 Satz 1 Nr. 2 UStG),
- die Steuer für den innergemeinschaftlichen Erwerb von Gegenständen für das Unternehmen (§ 15 Abs. 1 Satz 1 Nr. 3 UStG),
- die Steuer, die der Unternehmer als Leistungsempfänger nach § 13b Abs. 5 UStG schuldet, wenn die Leistungen für sein Unternehmen ausgeführt werden (§ 15 Abs. 1 Satz 1 Nr. 4 UStG).

Der **Vorsteuerabzug** ist bereits dann **zulässig, wenn die Lieferungen** oder sonstigen Leistungen **tatsächlich bewirkt** worden sind; es kommt also auf die Bezahlung nicht an. Leistungen im Ausland sind nicht umsatzsteuerbar. Von **Auslandsreisen** können **nur** die **auf das Inland** entfallenden Reisekostenanteile zu abziehbaren Vorsteuern führen. Soweit der Unternehmer als Leistungsempfänger die Steuer nach § 13b Abs. 5 UStG schuldet, kann er die insoweit angemeldete Steuer auch dann als Vorsteuer abziehen, wenn ihm noch keine – ordnungsgemäße – Rechnung des leistenden Unternehmers vorliegt (vgl. Abschn. 13b.15 Abs. 2 UStAE).

Die für die Kleinbetragsrechnungen und Fahrausweise (→ Rz. 361 ff.) gewährten Erleichterungen bei der Rechnungsausstellung gelten auch für den Vorsteuerabzug.

II. Kleinbetragsrechnungen

Bei Rechnungen über Kleinbeträge **bis zu 250 €**[1] kann **auch ein Vorsteuerabzug** in Anspruch genommen werden, **wenn kein offener Steuerausweis** vorliegt.[2] In diesem Fall ist der **Rechnungsbetrag in Entgelt und Steuerbetrag** aufzuteilen. **370**

Die **Vorsteuer für Kleinumsätze**, die dem Steuersatz von **19 %** unterliegen, ist durch Anwendung des Bruttosteuersatzes von **15,97 %** zu berechnen. Bei einem Steuersatz von 7 % gilt der Bruttosteuersatz von 6,54 % (→ Rz. 358).

III. Vorsteuerabzug für Umzugskosten

Erstattet der Arbeitgeber seinem Arbeitnehmer die Aufwendungen für einen beruflich veranlassten Umzug, ist nach dem BMF-Schreiben v. 18.7.2006[3] nach den allgemeinen Grundsätzen des § 15 UStG der Vorsteuerabzug zulässig. Zum Vorsteuerabzug aus Übernachtungs- und Verpflegungskosten s. die Erläuterungen unter → Rz. 379, 381. **371**

---

[1] Bis 31.12.2016: 150 €.
[2] Durch das Zweite Bürokratieentlastungsgesetz vom 30.6.2017 (BGBl. II 2017, 2143) ist rückwirkend zum 1.1.2017 eine Erhöhung auf 250 € erfolgt.
[3] BMF v. 18.7.2006, IV A 5 – S 7303a – 7/06, BStBl I 2006, 450.

IV. Fahrausweise und Reisegepäck

372 Auch bei Fahrausweisen und Belegen im Reisegepäckverkehr kann der **Vorsteuerabzug** bei Geschäfts- oder Dienstreisen in Anspruch genommen werden; der Vorsteuerabzug bei Benutzung öffentlicher Verkehrsmittel (hierzu gehört auch das Taxi) **bleibt erhalten**. Es ist der sich aus dem **Fahrausweis** oder dem Beleg ergebende Beförderungs- oder Leistungspreis **in Entgelt und Vorsteuerbetrag** aufzuteilen. Ist auf dem Fahrausweis der Normalsteuersatz oder auf Fahrkarten der Deutschen Bahn AG und der nicht bundeseigenen Eisenbahnen eine **Tarifentfernung von mehr als 50 km** angegeben, ist beim **Normalsteuersatz** der Hundertsatz von **15,97 %** auf den Bruttobetrag zur Errechnung der Vorsteuer anzuwenden.

373 Fehlt die Angabe des Steuersatzes auf dem Fahrausweis, kann man grundsätzlich davon ausgehen, dass die Beförderungsleistung dem **ermäßigten Steuersatz** unterliegt. Bei fehlender Steuersatzangabe und einer **Tarifentfernung** bis zu **50 km** auf Fahrkarten der Deutschen Bahn AG und der nicht bundeseigenen Eisenbahnen sind die Vorsteuerbeträge immer nach dem Hundertsatz von **6,54 %** zu berechnen.

374 Bei inländischen Beförderungsleistungen im Eisenbahnpersonenverkehr berechtigen nur die Fahrausweise der Deutschen Bahn AG und der nicht bundeseigenen Eisenbahnen zum Vorsteuerabzug. Für Zuschlagkarten, Zuschlagscheine, Platz-, Liege- und Schlafwagenkarten ist der Steuersatz zu Grunde zu legen, der für den dazugehörigen Fahrausweis gilt. Bei Fahrausweisen mit Umwegkarten ist der Steuersatz maßgebend, der für die Summe der im Fahrausweis und in der Umwegkarte angegebenen Tarifentfernung gilt. **Keine Fahrausweise** sind Belege über die Benutzung von Mietwagen oder von Kraftomnibussen außerhalb des Linienverkehrs. Der ermäßigte Steuersatz von 7 % gilt allerdings bei Beförderung mit Kraftdroschken (Taxi). Erfolgt die Beförderung innerhalb einer Gemeinde, wird ohne Rücksicht auf die Entfernung der ermäßigte Steuersatz unterstellt. Bei einer Beförderung über die Gemeindegrenze hinaus gilt der ermäßigte Steuersatz nur dann, wenn die Beförderungsstrecke nicht mehr als 50 km beträgt. Auf der Rechnung des Taxiunternehmens muss stets der Steuersatz angegeben sein, auch wenn es sich um eine Kleinbetragsrechnung bis 250 €[1] (§ 33 UStDV) handelt (→ Rz. 361, 370).

Übersteigt die Taxirechnung den Betrag von 250 €,[1] ist eine allgemeine Rechnung nach § 14 Abs. 1 UStG auszustellen (→ Rz. 360).

375 Bis zum 31.12.2011 unterlag die **Personenbeförderung mit Schiffen** – unabhängig von der Länge der Beförderungsstrecke – dem ermäßigten Steuersatz von **7 %** (§ 12 Abs. 2 Nr. 10 Buchst. a UStG). Die abziehbare Vorsteuer war u.a. durch Anwendung des **Faktors 6,54** auf den Bruttobetrag zu ermitteln. Für die Beförderung von **Gegenständen** (ggf. Gepäck) galt der ermäßigte Steuersatz von 7 % im **Fährverkehr** nur, wenn dieser innerhalb einer Gemeinde erfolgt oder die Beförderungsstrecke nicht mehr als 50 km beträgt. **Seit dem 1.1.2012 ist der ermäßigte Steuersatz bei Personenbeförderungen mit Schiffen nur noch im Fährverkehr und im genehmigten Linienverkehr bei Beförderungen innerhalb einer Gemeinde oder bei einer Beförderungsstrecke von nicht mehr als 50 km möglich.**

376 Im **Luftverkehr mit dem Ausland** wird die auf die Streckenanteile im Inland entfallende Umsatzsteuer erlassen, soweit der leistende Unternehmer keine Rechnung mit offenem Steuerausweis erstellt hat (§ 26 Abs. 3 UStG). Hier besteht in diesem Fall keine Vorsteuerabzugsmöglichkeit. Findet in Deutschland eine Zwischenlandung statt, sind die zwischen zwei angeflogenen deutschen Flughäfen liegenden Strecken dagegen steuerpflichtig, wenn nach der Zwischenlandung nicht von der nächsten Möglichkeit des Weiterflugs Gebrauch gemacht wird; bei einem Steuerausweis kann diese Steuer als Vorsteuer abgezogen werden. Fliegt das bisher benutzte Flugzeug den Zielflughafen an und wird mit ihm der Flug fortgesetzt, fällt generell keine Steuer an. Kann mit dem

---

1) Bis 31.12.2016: 150 €.

gleichen Flugzeug der Zielflughafen nicht erreicht werden, wird die Steuer erlassen, wenn mit dem nächsten (erreichbaren) Flugzeug weitergeflogen wird. Dann aber ist ein Vorsteuerabzug wiederum nicht möglich.

Im grenzüberschreitenden Beförderungsverkehr (**Fahrten ins Ausland**) kann ein Vorsteuerabzug auf Grund von Fahrausweisen nur in Anspruch genommen werden, wenn eine **Bescheinigung** des Beförderungsunternehmens vorliegt; aus der Bescheinigung müssen sich der auf die inländische Beförderungsstrecke entfallende Teil des Beförderungspreises und der für den inländischen Teil der Beförderungsleistung **maßgebende Steuersatz** ergeben. 377

V. Vorsteuerabzug bei Übernachtungs- und Verpflegungskosten

1. Vorsteuerabzug aus Übernachtungskosten des Unternehmers

Der Unternehmer kann auch aus Übernachtungsrechnungen während einer Geschäftsreise den Vorsteuerabzug in Anspruch nehmen. Voraussetzung ist, dass die Rechnung des Beherbergungsunternehmens mit gesondertem Umsatzsteuerausweis auf seinen Namen ausgestellt wurde oder es sich um eine Kleinbetragsrechnung i.S.d. § 33 UStDV handelt. Enthält die Rechnung auch den Preis für das Frühstück, ist diese für den Vorsteuerabzug nicht um den Frühstücksanteil zu kürzen, weil auch aus Verpflegungsaufwendungen anlässlich einer Geschäftsreise dem Unternehmer der Vorsteuerabzug zusteht, d.h. der Vorsteuerabzug kann aus der Gesamtrechnung vorgenommen werden. 378

Seit dem 1.1.2010 ist auf die Vermietung von Wohn- und Schlafräumen, die ein Unternehmer zur kurzfristigen Beherbergung von Fremden bereithält, ein ermäßigter Steuersatz anzuwenden. Der ermäßigte Steuersatz gilt aber nur für die Beherbergung, nicht für folgende Leistungen, die nicht unmittelbar der Vermietung dienen, auch wenn es sich um Nebenleistungen zur Beherbergung handelt und diese Leistungen mit dem Entgelt für die Vermietung abgegolten sind (Aufteilungsgebot):

- Verpflegungsleistungen (z.B. Frühstück, Halb- oder Vollpension, „all inclusive"),
- Getränkeversorgung aus der Minibar,
- Nutzung von Kommunikationsnetzen (insbesondere Telefon und Internet),
- Nutzung von Fernsehprogrammen außerhalb des allgemein und ohne gesondertes Entgelt zugänglichen Programms („pay per view"),
- Leistungen, die das körperliche, geistige und seelische Wohlbefinden steigern („Wellnessangebote"). Die Überlassung von Schwimmbädern oder die Verabreichung von Heilbädern im Zusammenhang mit einer begünstigten Beherbergungsleistung kann dagegen nach § 12 Abs. 2 Nr. 9 Satz 1 UStG dem ermäßigten Steuersatz unterliegen,
- Überlassung von Fahrberechtigungen für den Nahverkehr, die jedoch nach § 12 Abs. 2 Nr. 10 UStG dem ermäßigten Steuersatz unterliegen können,
- Überlassung von Eintrittsberechtigungen für Veranstaltungen, die jedoch nach § 4 Nr. 20 UStG steuerfrei sein oder nach § 12 Abs. 2 Nr. 7 Buchst. a oder d UStG dem ermäßigten Steuersatz unterliegen können,
- Transport von Gepäck außerhalb des Beherbergungsbetriebs,
- Überlassung von Sportgeräten und -anlagen,
- Ausflüge,
- Reinigung und Bügeln von Kleidung, Schuhputzservice,
- Transport zwischen Bahnhof/Flughafen und Unterkunft.

Die Rechnung muss das nach Steuersätzen aufgeschlüsselte Entgelt, den anzuwendenden Steuersatz sowie den auf das Entgelt entfallenden Steuerbetrag (§ 14 Abs. 4 Satz 1 Nr. 7 und 8 UStG) enthalten. Wird in einer Rechnung über Leistungen, die verschiedenen Steuersätzen unterliegen, der Steuerbetrag durch Maschinen automatisch ermittelt und durch diese in der Rechnung angegeben, ist der Ausweis des Steuerbetrags in einer Summe zulässig, wenn für die einzelnen Posten der Rechnung der Steuersatz angegeben wird (§ 32 UStDV).

Wird für Leistungen, die nicht von der Steuerermäßigung nach § 12 Abs. 2 Nr. 11 Satz 1 UStG für Beherbergungsleistungen erfasst werden, kein gesondertes Entgelt berechnet, ist deren Entgeltanteil zu schätzen. Schätzungsmaßstab kann hierbei beispielsweise der kalkulatorische Kostenanteil zuzüglich eines angemessenen Gewinnaufschlags sein (vgl. Abschn. 12.16 Abs. 11 UStAE).

Jedoch beanstandet es die Verwaltung für Zwecke des Vorsteuerabzugs des Leistungsempfängers nicht, wenn in einem Pauschalangebot enthaltene nicht begünstigte Leistungen in der Rechnung zu einem Sammelposten (z.B. „Business-Package", „Servicepauschale") zusammengefasst werden und der darauf entfallende Entgeltanteil in einem Betrag ausgewiesen wird (vgl. Abschn. 12.16 Abs. 12 UStAE). Bei diesen zusammengefassten Leistungen darf es sich aber nur um folgende Leistungen handeln:

– Abgabe eines Frühstücks,
– Nutzung von Kommunikationsnetzen,
– Reinigung und Bügeln von Kleidung, Schuhputzservice,
– Transport zwischen Bahnhof/Flughafen und Unterkunft,
– Transport von Gepäck außerhalb des Beherbergungsbetriebs,
– Nutzung von Saunaeinrichtungen,
– Überlassung von Fitnessgeräten,
– Überlassung von Plätzen zum Abstellen von Fahrzeugen.

Der Entgeltanteil für diese Leistungen kann auch mit 20 % des vereinbarten Gesamtpreises angesetzt werden. Dies gilt entsprechend bei Kleinbetragsrechnungen bis 250 €[1] (§ 33 UStDV) hinsichtlich der in der Rechnung anzugebenden Steuerbeträge.

> **Hinweis zur abweichenden Verwaltungspraxis bei gesondert vereinbarten Entgelten**
>
> Die Verwaltung akzeptiert diese Vereinfachungsregelungen nicht, wenn für die Leistungen jeweils gesonderte Entgelte vereinbart worden sind.

Hinzuweisen ist außerdem darauf, dass der BFH inzwischen entschieden hat, dass bei Beherbergungsleistungen nur die unmittelbar der Vermietung (= Beherbergung) dienenden Leistungen des Unternehmers dem ermäßigten Steuersatz unterliegen. Hierzu gehört nicht die Einräumung von Parkmöglichkeiten. Dies gilt auch dann, wenn hierfür kein gesondertes Entgelt berechnet wird.[2]

2. Vorsteuerabzug aus Übernachtungskosten des Arbeitnehmers

379 Der Vorsteuerabzug ist auch aus den Übernachtungskosten des Arbeitnehmers anlässlich von Auswärtstätigkeiten zulässig. Voraussetzung ist hier, dass die Übernachtungsrechnung auf den Namen des Arbeitgebers ausgestellt ist, denn nur der Leistungsempfänger ist auch zum Vorsteuerabzug berechtigt. Dies wird regelmäßig bei einer Zimmerbuchung durch den Arbeitgeber der Fall sein. Bucht der Arbeitnehmer das Zimmer selbst, reicht es für den Vorsteuerabzug durch den Arbeitgeber aus, wenn der Arbeitnehmer die Rechnung auf den Namen des Arbeitgebers ausstellen lässt. Ein Vorsteuerabzug scheidet deshalb aus, wenn die Übernachtungsrechnung auf den Namen des Arbeitnehmers ausgestellt ist (vgl. Abschn. 15.2a Abs. 3 Satz 1 UStAE). In diesem Fall darf die Rechnung auch nicht nachträglich auf den Namen des Arbeitgebers umgeschrieben wer-

---
1) Bis 31.12.2016: 150 €.
2) BFH v. 1.3.2016, XI R 11/14, StEd 2016, 439, BStBl II 2016, 753; vgl. Auch Abschn. 12.16 Abs. 8 UStAE.

den, weil der Leistungsempfänger auf Grund der Bestellmodalitäten der Arbeitnehmer war. Zur Rechnungsausstellung und zum Steuerausweis in der Rechnung seit dem 1.1.2010 auf Grund der Anwendung des ermäßigten Steuersatzes auf kurzfristige Beherbergungsleistungen nach § 12 Abs. 2 Nr. 11 UStG im Einzelnen → Rz. 371.

Ein Ausschluss vom Vorsteuerabzug gilt auch für Kleinbetragsrechnungen bis 150 €, wenn die Rechnung auf den Namen des Arbeitnehmers ausgestellt wird. Lediglich aus Kleinbetragsrechnungen bis 250 €,[1)] bei denen kein Leistungs- bzw. Rechnungsempfänger angegeben ist, kann der Vorsteuerabzug in Anspruch genommen werden.

Der Arbeitgeber kann die Vorsteuer aus den Übernachtungskosten der Arbeitnehmer bei allen Arten der beruflichen Auswärtstätigkeiten (Dienstreise, Einsatzwechseltätigkeit, Fahrtätigkeit und doppelte Haushaltsführung) abziehen. Für den Vorsteuerabzug ist die Rechnung nicht um den Frühstücksanteil zu kürzen (→ Rz. 378).

3. Vorsteuerabzug aus Verpflegungskosten des Unternehmers

Zulässig ist auch der Vorsteuerabzug aus Verpflegungskosten anlässlich von Geschäftsreisen. Danach kann der Unternehmer aus Verpflegungskosten anlässlich einer Geschäftsreise den Vorsteuerabzug unter den weiteren Voraussetzungen des § 15 UStG in Anspruch nehmen, wenn die Aufwendungen durch Rechnungen mit gesondertem Ausweis der Umsatzsteuer auf den Namen des Unternehmers lauten bzw. durch Kleinbetragsrechnungen i.S.d. § 33 UStDV belegt sind. Eine Begrenzung des Vorsteuerabzugs aus den Verpflegungskosten auf die ertragsteuerlich abziehbaren Betriebsausgaben (Pauschbeträge für Verpflegungsmehraufwendungen) enthält die gesetzliche Neuregelung nicht. Der Unternehmer kann deshalb bei Geschäftsreisen den Vorsteuerabzug aus den gesamten Verpflegungskosten (Frühstück, Mittagessen, Abendessen, Getränke) in Anspruch nehmen. Eine Beschränkung greift lediglich dann, wenn die Verpflegungskosten nach allgemeiner Verkehrsauffassung als unangemessen anzusehen sind. Hier greift dann der Vorsteuerausschluss nach § 15 Abs. 1a Satz 1 UStG i.V.m. § 4 Abs. 5 Satz 1 Nr. 7 EStG.

380

4. Vorsteuerabzug aus Verpflegungskosten des Arbeitnehmers

Beim Einzelnachweis der Verpflegungskosten bei Dienstreisen, Einsatzwechseltätigkeit, Fahrtätigkeit und doppelter Haushaltsführung ist der Vorsteuerabzug zulässig, wenn der Arbeitgeber die Verpflegungskosten – unabhängig von der lohnsteuerlichen Erfassung – voll trägt, d.h., die Rechnung mit gesondertem Ausweis der Umsatzsteuer auf ihn ausgestellt ist. Erstattet der Arbeitgeber auch die Verpflegungskosten aus Kleinbetragsrechnungen bis 250 €,[1)] ist auch hier der Vorsteuerabzug zulässig. In beiden Fällen ist erforderlich, dass der Arbeitgeber entweder die Mahlzeiten selbst bestellt hat oder er bei einer Bestellung durch den Arbeitnehmer so gestellt wird, als wäre die Bestellung durch ihn erfolgt. Hiervon wird ausgegangen, wenn der Arbeitgeber dem Arbeitnehmer die Aufwendungen **in voller Höhe** – unabhängig von der steuerlichen Behandlung der die Pauschbeträge für Verpflegungsmehraufwendungen übersteigenden Beträge – erstattet. Erstattet der Arbeitgeber dagegen die Verpflegungskosten nur in Höhe der Pauschbeträge, ist der Vorsteuerabzug weiterhin ausgeschlossen, weil offensichtlich davon ausgegangen wird, dass die Speisen und Getränke vom Arbeitnehmer und nicht vom Arbeitgeber empfangen worden sind. M.E. müsste der Vorsteuerabzug jedoch dann möglich sein, wenn der Arbeitgeber die Verpflegungsmehraufwendungen mit den steuerlichen Pauschbeträgen erstattet und die auf den Arbeitgeber ausgestellte Rechnung oder die Kleinbetragsrechnung unter dem zulässigen Verpflegungspauschbetrag liegt.

381

---

1) Bis 31.12.2016: 150 €.

C. Vorsteuerabzug

Fünfter Teil: Umsatzsteuer

VI. Reisekosten-Pauschbeträge

1. Allgemeines

382 Seit dem 1.4.1999 ist durch das StEntlG 1999/2000/2002[1]) der Vorsteuerabzug aus den Pauschbeträgen für Verpflegungs- und Übernachtungskosten, die weder dem Unternehmen zugeordnet noch öffentliche Verkehrsmittel sind, ausgeschlossen (→ Rz. 356).

383 **Erhalten bleibt** jedoch der Vorsteuerabzug bei den Reisenebenkosten und der Nutzung eines unternehmenseigenen Kfz durch den Unternehmer zu Geschäftsreisen. Hier ist der Vorsteuerabzug weiterhin in voller Höhe mit 15,97 % des Gesamtrechnungsbetrags zulässig. Bei Dienstreisen des Arbeitnehmers und Benutzung eines arbeitnehmereigenen Kfz ist **seit 2004** aus den Fahrtkosten wieder der Vorsteuerabzug zulässig (→ Rz. 385).

> **Hinweis zur Verbuchung bei Nutzung von Firmen-Kfz für Geschäftsreisen**
>
> Werden für Geschäftsreisen unternehmenseigene Kfz benutzt, sollten die dafür anfallenden Aufwendungen vom Unternehmer nicht als Reisekosten, sondern wegen des unterschiedlichen Vorsteuerabzugs unter anderen Kostenarten (z.B. auf dem Konto Treibstoffe) verbucht werden.

Soweit der Vorsteuerabzug erhalten bleibt, hat der Unternehmer die ihm anlässlich beruflich oder betrieblich bedingter Reisen entstandenen Kosten durch Rechnungen, Belege, Quittungen usw. nachzuweisen. Es gelten, sofern auf ihnen die Umsatzsteuer gesondert ausgewiesen ist, die allgemeinen Bedingungen (→ Rz. 360). Auch bei Rechnungen bis zu 250 €[2]) ergeben sich bei der Ermittlung der Vorsteuer angesichts der gewährten Erleichterungen keine besonderen Schwierigkeiten (→ Rz. 361). Die Vorsteuer ist durch Anwendung der entsprechenden Vomhundertsätze 6,54 % (Umsatzsteuer 7 %) und 15,97 % (Umsatzsteuer 19 %) aus dem Gesamtrechnungsbetrag zu berechnen oder unter Verwendung von Umsatzsteuer-Tabellen zu ermitteln.

2. Reisekosten-Pauschbeträge des Unternehmers

384 Bei Geschäftsreisen des Unternehmers ist für Reisetage aus den Verpflegungspauschbeträgen kein Vorsteuerabzug mehr möglich. Auch bei der Verwendung eines nicht zum Unternehmen gehörenden Kfz ist ein pauschaler Vorsteuerabzug aus dem Kilometersatz von 0,30 € nicht zulässig. Zum Vorsteuerabzug aus nachgewiesenen Übernachtungskosten und Verpflegungskosten anlässlich von Geschäftsreisen (→ Rz. 378, 380).

3. Reisekostenersatz an Arbeitnehmer

385 Der Vorsteuerabzug aus dem Reisekostenersatz des Unternehmers an seine Arbeitnehmer ist unter bestimmten Voraussetzungen möglich. Zum Vorsteuerabzug aus nachgewiesenen Übernachtungskosten → Rz. 379 und aus nachgewiesenen Verpflegungskosten → Rz. 384.

Weiterhin möglich ist der Vorsteuerabzug bei:

- Dienstreisen des Arbeitnehmers für Fahrten mit öffentlichen Verkehrsmitteln und Mietwagen (→ Rz. 372 ff.),
- Fahrtkosten anlässlich von Dienstreisen des Arbeitnehmers und der Nutzung eines arbeitnehmereigenen Kfz. Hier sind die Aufwendungen durch Rechnungen, die auf den Namen des Arbeitgebers lauten, oder Kleinbetragsrechnungen nachzuweisen (z.B. Tankquittungen). Der Vorsteuerabzug aus dem pauschalen Kilometersatz von 0,30 € ist dagegen nicht zulässig,

---

1) Steuerentlastungsgesetz 1999/2000/2002 v. 24.3.1999, BGBl. I 1999, 402.
2) Bis 31.12.2016: 150 €.

– Reisenebenkosten sowie Bewirtungskosten, die anlässlich von Dienstreisen des Arbeitnehmers für den Arbeitgeber anfallen. Benutzt der Arbeitnehmer für die Dienstreise sein eigenes Kfz und fallen z.B. Park-, Garagen- oder Fährkosten an, ist aus diesen Reisenebenkosten der Vorsteuerabzug zulässig.

Soweit der Vorsteuerabzug zulässig ist, verbleibt es dabei, dass beim Reisekostenersatz an Arbeitnehmer die Herausrechnung der Vorsteuer nur insoweit zulässig ist, als die Aufwendungen auf Inlandsreisen entfallen.

4. Sammeltransport

Werden Arbeitnehmer von einem durch den Arbeitgeber beauftragten Busunternehmer unentgeltlich von der Wohnung bzw. vom örtlichen Bahnhof zum Betriebsgelände und umgekehrt und/oder zu ständig wechselnden Arbeitsstellen befördert (Sammeltransport), handelt es sich um **umsatzbesteuerte Leistungen (19 %)**. Führt der Arbeitgeber die Sammeltransporte mit firmeneigenen Fahrzeugen durch, können diese Leistungen – ggf. mit 7 % – der Umsatzsteuer unterliegen, wenn der Arbeitgeber einen dem genehmigten Linienverkehr gleichzustellenden Linienverkehr betreibt.[1]

386

Der **EuGH** hat mit Urteil v. 16.10.1997[2] auf Grund des Vorlagebeschlusses des BFH v. 11.5.1995[3] entschieden, dass die Sammelbeförderung von Arbeitnehmern durch den Arbeitgeber keine steuerbare Leistung i.S.d. § 1 Abs. 1 Nr. 1 Satz 2 Buchst. b UStG a.F. (neu: § 1 Abs. 1 Nr. 1 UStG) ist, wenn die Erfordernisse des Unternehmens im Hinblick auf besondere Umstände, wie die Schwierigkeit, andere geeignete Verkehrsmittel zu benutzen, sowie wechselnde Einsatzstellen, es gebieten, dass die Beförderung der Arbeitnehmer (hier Bauarbeiter mit wechselnden Einsatzstellen) vom Arbeitgeber übernommen wird. Derartige besondere Umstände sind anzunehmen, wenn

– die Arbeitnehmer an ständig wechselnden Tätigkeitsstätten oder an verschiedenen Stellen eines weiträumigen Arbeitsgebiets eingesetzt werden,
– die Beförderung mit öffentlichen Verkehrsmitteln nicht oder nur mit unverhältnismäßig hohem Zeitaufwand durchgeführt werden könnte oder
– im Einzelfall die Beförderungsleistungen wegen eines außerordentlichen Arbeitseinsatzes erforderlich werden oder wenn sie dem Materialtransport an die Arbeitsstelle dienen und der Arbeitgeber dabei einige Arbeitnehmer unentgeltlich mitnimmt.[4]

VII. Kfz-Gestellung an Arbeitnehmer/Geschäftswagen

1. Umsatzsteuerliche Behandlung der Kfz-Gestellung an Arbeitnehmer

Überlässt der Unternehmer (Arbeitgeber) seinem Personal (Arbeitnehmer) ein Fahrzeug auch zu Privatzwecken (Privatfahrten, Fahrten zwischen Wohnung und erster Tätigkeitsstätte sowie Familienheimfahrten aus Anlass einer doppelten Haushaltsführung), ist dies regelmäßig eine **entgeltliche sonstige Leistung** im Sinne des § 1 Abs. 1 Nr. 1 Satz 1 UStG, die der **Umsatzsteuer zu unterwerfen** ist. Das Fahrzeug wird, wenn es nicht ausnahmsweise zusätzlich vom Unternehmer nichtunternehmerisch verwendet wird, durch die entgeltliche umsatzsteuerpflichtige Überlassung an das Personal ausschließlich unternehmerisch genutzt. Die sowohl aus den Anschaffungskosten als auch aus den Unterhaltskosten der sog. Dienst- oder Firmenwagen anfallenden Vorsteuerbeträge können in voller Höhe abgezogen werden (§ 15 Abs. 1 Satz 1 UStG), sofern kein Ausschlusstatbestand nach § 15 Abs. 1a und 2 in Verbindung mit Abs. 3 UStG vorliegt. Dies gilt auch für die Überlassung von Fahrzeugen an Gesellschafter-Geschäftsführer von Kapi-

387

---
1) BFH v. 11.3.1988, V R 30/84, BStBl II 1988, 643, 651, R 175 UStR.
2) EuGH v. 16.10.1997, Fillibäck, C-258/95, HFR 1998, 61.
3) BFH v. 11.5.1995, V R 105/92, HFR 1995, 659, fortentwickelt durch BFH v. 11.5.2000, V R 73/99, BStBl 2000, 1899.
4) Vgl. BFH v. 9.7.1998, V R 105/92, BStBl II 1998, 635.

C. Vorsteuerabzug

talgesellschaften, wenn sie umsatzsteuerrechtlich insoweit nicht als Unternehmer anzusehen sind. Die spätere Veräußerung und die Entnahme der Fahrzeuge unterliegen insgesamt der Umsatzsteuer, wenn sie im vollen Umfang dem Unternehmen zugeordnet werden konnten.

Die Gegenleistung des Arbeitnehmers für die Fahrzeugüberlassung besteht regelmäßig in der anteiligen Arbeitsleistung, die er für die Privatnutzung des gestellten Fahrzeugs erbringt. Die Überlassung des Fahrzeugs ist als Vergütung für geleistete Dienste und damit als entgeltlich anzusehen, wenn sie im Arbeitsvertrag geregelt ist oder auf mündlichen Abreden oder sonstigen Umständen des Arbeitsverhältnisses (z.B. der faktischen betrieblichen Übung) beruht. Von Entgeltlichkeit ist stets auszugehen, wenn das Fahrzeug dem Arbeitnehmer für eine gewisse Dauer und nicht nur gelegentlich zur Privatnutzung überlassen wird.

Zur privaten Nutzung zählen die reinen Privatfahrten, die Wege zwischen Wohnung und erster Tätigkeitsstätte bzw. den weiteren Tätigkeitsstätten (bis 31.12.2013: Arbeitsstätte) und die Heimfahrten bei einer doppelten Haushaltsführung.

Bei der entgeltlichen Fahrzeugüberlassung zu Privatzwecken des Personals liegt ein tauschähnlicher Umsatz (§ 3 Abs. 12 Satz 2 UStG) vor. Die Bemessungsgrundlage ist nach § 10 Abs. 2 Satz 2 in Verbindung mit Abs. 1 Satz 1 UStG der Wert der nicht durch den Barlohn abgegoltenen Arbeitsleistung. Deren Wert entspricht dem Betrag, den der Arbeitgeber zu diesem Zweck aufzuwenden bereit ist (vgl. Abschnitt 10.5 Abs. 1 UStAE). Das sind die Gesamtausgaben für die Überlassung des Fahrzeugs. Die Gesamtausgaben für die entgeltliche sonstige Leistung im Sinne des § 1 Abs. 1 Nr. 1 Satz 1 UStG umfassen auch die Ausgaben, bei denen ein Vorsteuerabzug nicht möglich ist. Der so ermittelte Wert ist der Nettowert; die Umsatzsteuer ist mit dem allgemeinen Steuersatz hinzuzurechnen. Treffen die Parteien Aussagen zum Wert der Arbeitsleistungen, ist dieser Wert als Bemessungsgrundlage für die Überlassung des Fahrzeugs zu Grunde zu legen, wenn er die Ausgaben für die Fahrzeugüberlassung übersteigt.

Werden die Privatfahrten und die Fahrten zwischen Wohnung und erster Tätigkeitsstätte aber nach der 1 %-Regelung (→ Rz. 243) ermittelt, kann aus Vereinfachungsgründen für die umsatzsteuerliche Bemessungsgrundlage von dem lohnsteuerlichen Wert ausgegangen werden, wobei jedoch keine Kürzung des inländischen Listenpreises für Elektro- und Hybridelektrofahrzeuge vorzunehmen ist. Hinzu kommt der Wert für die Überlassung des Firmenwagens für Wege zwischen Wohnung und Arbeitsstätte (→ Rz. 243). Der umsatzsteuerliche Wert für Heimfahrten bei einer doppelten Haushaltsführung kann aus Vereinfachungsgründen mit 0,002 % des Listenpreises für jeden Kilometer der Entfernung zwischen dem Ort des eigenen Hausstandes und dem Beschäftigungsort angesetzt werden, wobei keine Kürzung für Elektro- und Hybridelektrofahrzeuge erfolgt. Der Umsatzsteuer unterliegen die auf die Heimfahrten entfallenden Kosten auch dann, wenn hierfür nach § 8 Abs. 2 Satz 5 EStG ein lohnsteuerlicher Wert nicht anzusetzen ist (→ Rz. 223). Von der ermittelten Bemessungsgrundlage kann für die nicht mit Vorsteuern belasteten Kosten **kein** pauschaler Abschlag von 20 % vorgenommen werden. Aus dem sich so ergebenden Betrag ist die Umsatzsteuer herauszurechnen.

Beispiel: Firmenwagen und doppelte Haushaltsführung

Ein Arbeitnehmer mit einer am 1.1.2016 begründeten doppelten Haushaltsführung nutzt einen sog. Firmenwagen mit einem Listenpreis einschließlich Umsatzsteuer von 30 000 € im gesamten Kalenderjahr 2016 zu Privatfahrten, zu Fahrten zur 10 km entfernten Arbeitsstätte und zu 20 Familienheimfahrten zum 150 km entfernten Wohnsitz der Familie.

Die Umsatzsteuer für die Firmenwagenüberlassung ist wie folgt zu ermitteln:

a) für die allgemeine Privatnutzung
   1 % von 30 000 € × 12 Monate =   3 600 €
b) für Fahrten zwischen Wohnung und Arbeitsstätte
   0,03 % von 30 000 € × 10 km × 12 Monate   1 080 €
   lohnsteuerlicher geldwerter Vorteil =   4 680 €

> c) für Familienheimfahrten
>   0,002 % von 30 000 € × 150 km × 20 Fahrten =   1 800 €
> Bruttowert der sonstigen Leistung an den Arbeitnehmer =   6 480 €
> Die darin enthaltene USt beträgt 19/119 von 6 480 € =   1 034,62 €

Wie das vorstehende Beispiel zeigt, besteht hinsichtlich der steuerlichen Behandlung der Überlassung von Firmenwagen bei Heimfahrten anlässlich einer doppelten Haushaltsführung zwischen der Lohnsteuer und der Umsatzsteuer ein erheblicher Unterschied. Während bei der Lohnsteuer für die wöchentliche Heimfahrt (zuvor ggf. nur innerhalb der Zweijahresfrist der doppelten Haushaltsführung) kein geldwerter Vorteil anzusetzen ist, sind diese Fahrten immer umsatzsteuerpflichtig.

Wird der private Nutzungswert durch ein ordnungsgemäßes Fahrtenbuch anhand der durch Belege nachgewiesenen Gesamtkosten ermittelt (R 8.1 Abs. 9 Nr. 2 LStR 2015; → Rz. 234), ist von diesem Wert auch für die Umsatzsteuer (für die sonstige Leistung) auszugehen. Aus den Gesamtkosten dürfen keine Kosten ausgeschieden werden, bei denen ein Vorsteuerabzug nicht möglich ist. Wege zwischen Wohnung und Arbeitsstätte sowie die Heimfahrten bei einer doppelten Haushaltsführung gelten auch hier als Privatfahrten. Für umsatzsteuerliche Zwecke erfolgt keine Kürzung der insgesamt entstandenen Aufwendungen um Aufwendungen, die auf das Batteriesystem bei Elektro- und Hybridelektrofahrzeugen entfallen.

> **Beispiel: Privatfahrten mit Firmenwagen von 3 400 km**
>
> Ein sog. Firmenwagen mit einer Jahresfahrleistung von 20 000 km wird von einem Arbeitnehmer laut ordnungsgemäß geführtem Fahrtenbuch an 180 Tagen jährlich für Fahrten zur 10 km entfernten ersten Tätigkeitsstätte benutzt. Die übrigen Privatfahrten des Arbeitnehmers belaufen sich auf insgesamt 3 400 km. Die für Lohnsteuerzwecke nach **R 8.1 Abs. 9 Nr. 2 LStR 2015 ermittelten Gesamtkosten (Nettoaufwendungen zzgl. Umsatzsteuer und AfA) betragen 9 000 €.**
>
> Von den Privatfahrten des Arbeitnehmers entfallen 3 600 km auf Wege zwischen Wohnung und erster Tätigkeitsstätte (180 Tage × 20 km) und 3 400 km auf sonstige Fahrten. Dies entspricht einer Privatnutzung von insgesamt 35 % (7 000 km von 20 000 km). Für die umsatzsteuerliche Bemessungsgrundlage ist von einem Betrag von (35 % von 9 000 € =) 3 150 € auszugehen. Die Umsatzsteuer beträgt (19 % von 3 150 € =) 598,50 €.

Oftmals bestimmt bei Firmenwagen der Arbeitgeber die Obergrenze für die Anschaffungskosten. Will jedoch der Arbeitnehmer ein höherwertiges oder besser ausgestattetes Firmenfahrzeug, hat er dem Arbeitgeber zu den Anschaffungskosten eine Zuzahlung zu leisten. Dem Arbeitgeber bleibt trotz der Zuzahlung der Vorsteuerabzug von den gesamten Anschaffungskosten des Kfz erhalten. Etwas anderes gilt nur dann, wenn der Arbeitnehmer z.B. die Sonderausstattung in eigenem Namen bestellt; hier scheidet der Vorsteuerabzug aus.

Wird die umsatzsteuerliche Bemessungsgrundlage für die Kfz-Gestellung nach den **pauschalen Methoden** ermittelt, ist vom Listenpreis einschließlich der vom Arbeitnehmer gewünschten Sonderausstattung auszugehen. Vom Arbeitnehmer selbst erworbene Sonderausstattungen bleiben dagegen bei der Ermittlung des Listenpreises außer Betracht. Die Zuzahlung des Arbeitnehmers, die zur Minderung des lohnsteuerlich zu erfassenden geldwerten Vorteils führt (→ Rz. 266), **mindert** also die umsatzsteuerliche Bemessungsgrundlage **nicht**; und zwar auch dann nicht, wenn sie lohnsteuerlich nach R 8.1 Abs. 9 Nr. 4 Satz 2 LStR 2015 auf den privaten Nutzungswert angerechnet wird. Die Zuzahlung ist beim Arbeitgeber kein umsatzsteuerliches Entgelt.

Eine andere Regelung gilt jedoch bei der Ermittlung des privaten Nutzungswerts der Kfz-Gestellung nach der **Fahrtenbuchmethode**. Ertragsteuerlich hat der Arbeitgeber ein Wahlrecht, ob er die Zuzahlung des Arbeitnehmers als Betriebseinnahme erfasst oder erfolgsneutral behandelt. Bei der Erfassung als Betriebseinnahme bleiben die Anschaffungskosten des Kfz dadurch unberührt. Wird dagegen der Zuschuss erfolgsneutral behandelt, ergibt sich dadurch eine geringere Bemessungsgrundlage für die Absetzung für Abnutzung (Anschaffungskosten des Kfz abzüglich Zuschuss des Arbeitnehmers). Bei der Ermittlung des privaten Nutzungswerts nach der Fahrtenbuchmethode anhand der nachgewiesenen Gesamtkosten ist für die Zwecke der Umsatzsteuer jedoch von den **ungekürzten Anschaffungskosten** des Kfz auszugehen.

Zahlt der Arbeitnehmer dem Arbeitgeber für die Überlassung eines Firmenwagens eine pauschale oder kilometerbezogene Vergütung, mindert sich hierdurch zwar der lohnsteuerliche geldwerte Vorteil, nicht jedoch die umsatzsteuerliche Bemessungsgrundlage. Andererseits stellt die Zahlung des Arbeitnehmers kein Entgelt für eine zusätzliche Leistung des Arbeitgebers dar.

Muss der Arbeitnehmer für die Privatnutzung des Firmenwagens einen Teil der Kfz-Kosten (z.B. Benzinkosten für Privatfahrten) übernehmen, kann der Arbeitgeber den Vorsteuerabzug aus den entsprechenden Rechnungen vornehmen. Die umsatzsteuerliche Bemessungsgrundlage wird durch die Kostenbeteiligung des Arbeitnehmers jedoch nicht gemindert.

Von einer unentgeltlichen Kfz-Überlassung kann ausgegangen werden, wenn die private Nutzung durch den Arbeitnehmer dermaßen gering ist, dass sie nicht als Gehaltsbestandteil anzusehen ist. Dies ist dann der Fall, wenn die vereinbarte private Nutzung des Fahrzeugs derart gering ist, dass sie für die Gehaltsbemessung keine wirtschaftliche Rolle spielt, und nach den objektiven Gegebenheiten eine weitergehende private Nutzungsmöglichkeit ausscheidet. Danach kann Unentgeltlichkeit nur angenommen werden, wenn der Arbeitnehmer das Kfz aus besonderem Anlass oder zu einem besonderen Zweck nur gelegentlich – nicht mehr als fünf Tage im Kalendermonat – nutzen darf (z.B. für einen Umzug am Wochenende oder anlässlich einer Fahrt zur Wohnung, um von dort aus am nächsten Tag eine Dienstreise anzutreten). Als Bemessungsgrundlage sind die Kosten der Überlassung anzusetzen, aus der die nicht mit Vorsteuern belasteten Kosten auszuscheiden sind. Auf diesen Wert ist die Umsatzsteuer mit 19 % aufzuschlagen. Aus Vereinfachungsgründen kann hier von den lohnsteuerlichen Werten ausgegangen werden, die als Bruttowerte anzusehen sind, aus denen die Umsatzsteuer herauszurechnen ist. Danach ist der geldwerte Vorteil bei gelegentlichen Überlassungen zu Privatfahrten und für Wege zwischen Wohnung und Arbeitsstätte je Fahrtkilometer mit 0,001 % des inländischen Listenpreises des Kfz anzusetzen. Dabei kann für die nicht mit Vorsteuern belasteten Kosten ein Abschlag von 20 % vorgenommen werden (zu weiteren Einzelheiten s. Abschn. 15.23 UStAE).

Bei der Überlassung eines Fahrzeugs durch den Unternehmer (Arbeitgeber) an einen Arbeitnehmer ist Folgendes zu beachten:

Mit dem Amtshilferichtlinie-Umsetzungsgesetz vom 26.6.2013[1] wurde die langfristige Vermietung von Beförderungsmitteln an Nichtunternehmer neu geregelt. Der Leistungsort bei der langfristigen Vermietung von Landfahrzeugen von mehr als 30 Tagen wird seit dem 30.6.2013 grundsätzlich an den Ort verlagert, an dem der Leistungsempfänger seinen Wohnsitz oder Sitz hat (§ 3a Abs. 3 Nr. 2 Satz 2 UStG). Diese Neuregelung hat auch Auswirkungen auf die Umsatzbesteuerung der Überlassung von Dienstwagen an Arbeitnehmer.

Überlässt der Unternehmer (Arbeitgeber) seinem Personal (Arbeitnehmer) ein erworbenes Fahrzeug langfristig auch zur privaten Nutzung (Privatfahrten, Fahrten zwischen Wohnung und Arbeitsstätte sowie Familienheimfahrten aus Anlass einer doppelten Haushaltsführung) ist dies regelmäßig als entgeltliche Vermietung eines Beförderungsmittels anzusehen.[2] Der Leistungsort dieser Leistung bestimmte sich bis zum 29.6.2013 entsprechend § 3a Abs. 1 UStG nach dem Sitz oder der Betriebsstätte des leistenden Unternehmers (Arbeitgebers). Für nach dem 29.6.2013 ausgeführte Dienstwagenüberlassungen richtet sich der Leistungsort nach § 3a Abs. 3 Nr. 2 UStG. Dies bedeutet:

---
1) Gesetz zur Umsetzung der Amtshilferichtlinie sowie zur Änderung steuerlicher Vorschriften (Amtshilferichtlinie-Umsetzungsgesetz – AmtshilfeRLUmsG) v. 26.6.2013, BGBl. I 2013, 1809.
2) Vgl. BMF v. 27.8.2004, IV B 7 – S 7300 – 70/04, BStBl I 2004, 864, Tz. 4.1.

Erfolgt die **Überlassung für einen Zeitraum von bis zu 30 Tagen**, ist Leistungsort – seit dem 1.1.2010 – der Ort, an dem das Fahrzeug tatsächlich dem Arbeitnehmer zur Verfügung gestellt wird (§ 3a Abs. 3 Nr. 2 Satz 1 UStG). Das wird in der Regel am Sitz oder an einer Betriebsstätte des Unternehmers (= Arbeitgebers) sein, also an dem Ort, an dem der Arbeitnehmer auch seiner Tätigkeit nachgeht.

> **Beispiel: Überlassen eines Firmenwagens für 14 Tage**
>
> Der in Trier (Deutschland) ansässige Unternehmer (Arbeitgeber) DE überlässt seinem Arbeitnehmer LU, der in Luxemburg seinen Wohnsitz hat, aber während der Arbeitswoche nach Trier mit dem eigenen Pkw fährt, im Juli 2017 für zwei Wochen einen Firmenwagen vor allem zur Fahrt zwischen Wohnung und Arbeitsstätte. Der Firmenwagen wird dem LU auf dem Firmengelände des DE übergeben.
>
> **Folge:** Es handelt sich bei der Überlassung um eine entgeltliche kurzfristige Vermietung eines Beförderungsmittels, da die Vermietung über einen Zeitraum von bis zu 30 Tagen erfolgt. Der Leistungsort ist an dem Ort, an dem das Fahrzeug dem LU übergeben wurde, also in Deutschland (§ 3a Abs. 3 Nr. 2 Satz 1 UStG).

Erfolgt die **Überlassung für einen Zeitraum von mehr als 30 Tagen**, ist der Leistungsort seit dem 30.6.2013 an dem Ort, an dem der Arbeitnehmer seinen Sitz, Wohnsitz, oder gewöhnlichen Aufenthaltsort hat.

> **Beispiel: Zeitlich unbegrenzte Überlassung eines Firmenwagens**
>
> Der in Trier (Deutschland) ansässige Unternehmer (= Arbeitgeber) DE überlässt seinem Arbeitnehmer LU, der in Luxemburg seinen Wohnsitz hat, aber während der Arbeitswoche in Trier arbeitet und zur Arbeitsstätte täglich mit dem Pkw fährt, seit 1.7.2017 ohne zeitliche Beschränkung einen Firmenwagen auch zur privaten Nutzung. Der Firmenwagen wird dem LU auf dem Firmengelände des DE übergeben.
>
> **Folge:** Es handelt sich bei der Überlassung um eine entgeltliche langfristige Vermietung eines Beförderungsmittels, da die Vermietung über einen Zeitraum von mehr als 30 Tagen erfolgt. Der Leistungsort ist an dem Ort, an dem LU seinen Wohnsitz hat, also in Luxemburg (§ 3a Abs. 3 Nr. 2 Satz 2 UStG).

Problematisch könnte die Feststellung des Leistungsortes sein, wenn der Arbeitnehmer in Deutschland arbeitet und hier auch eine Wohnung (gewöhnlicher Aufenthaltsort) hat, der **Familienwohnsitz sich aber im Ausland** befindet. Hier ist in unionsrechtlicher Auslegung auf den Ort abzustellen, der am ehesten eine Besteuerung am Ort des tatsächlichen Verbrauchs gewährleistet (vgl. hierzu Art. 24 Abs. 1 MwStDVO).

> **Beispiel: Wochenendheimfahrer mit Wohnsitz in Den Haag**
>
> Der in Essen (Deutschland) ansässige Unternehmer (= Arbeitgeber) DE überlässt seinem Arbeitnehmer NL, der in Den Haag (Niederlande) seinen Wohnsitz hat, aber während der Arbeitswoche in Essen arbeitet und hier auch eine Wohnung (gewöhnlicher Aufenthaltsort) hat und nur am Wochenende nach Den Haag mit dem eigenen Pkw fährt, seit 1.7.2017 ohne zeitliche Beschränkung einen Firmenwagen auch zur privaten Nutzung. Der Firmenwagen wird dem NL auf dem Firmengelände des DE übergeben. Er wird von NL überwiegend in Deutschland genutzt.
>
> **Folge:** Es handelt sich bei der Überlassung um eine entgeltliche langfristige Vermietung eines Beförderungsmittels, da die Vermietung über einen Zeitraum von mehr als 30 Tagen erfolgt. Da NL seinen Wohnsitz und seinen gewöhnlichen Aufenthaltsort in verschiedenen Mitgliedstaaten hat, ist der Leistungsort an dem Ort, an dem eine Besteuerung des tatsächlichen Verbrauchs am ehesten gewährleistet wird, das ist in Deutschland, weil das überlassene Fahrzeug hier überwiegend genutzt wird (§ 3a Abs. 3 Nr. 2 Satz 2 UStG und Art. 24 Abs. 1 MwStDVO).

Ist der Arbeitnehmer **ausschließlich im Ausland** tätig und hat er dort auch seinen Wohnsitz, ist der Leistungsort in jedem Fall im Ausland mit der Folge, dass der Umsatz vom Unternehmer (= Arbeitgeber) dort zu versteuern ist.

C. Vorsteuerabzug

> **Beispiel: Italienischer Außendienstmitarbeiter für den italienischen Markt**
>
> Der in München (Deutschland) ansässige Unternehmer (= Arbeitgeber) DE überlässt seinem Arbeitnehmer IT, der in Mailand (Italien) seinen Wohnsitz hat und auch dort ausschließlich als unselbständiger Außendienstmitarbeiter tätig ist, seit 1.7.2017 ohne zeitliche Beschränkung einen Firmenwagen auch zur privaten Nutzung. Der Firmenwagen wird dem NL auf dem Firmengelände des DE übergeben. Er wird von IT ausschließlich in Italien genutzt.
>
> **Folge:** Es handelt sich bei der Überlassung um eine entgeltliche langfristige Vermietung eines Beförderungsmittels, da die Vermietung über einen Zeitraum von mehr als 30 Tagen erfolgt. Da IT seinen Wohnsitz in Italien hat und auch nur dort tätig ist, ist der Leistungsort an dem Ort, an dem IT seinen Wohnsitz hat (§ 3a Abs. 3 Nr. 2 Satz 2 UStG).

Die gesetzlichen Regelungen des § 3a Abs. 3 Nr. 2 UStG beruhen auf Art. 56 MwStSystRL[1)].

2. Umsatzsteuerliche Behandlung der Privatnutzung von Geschäftswagen durch den Unternehmer

388 Die Frage einer Besteuerung einer privaten Nutzung eines Kfz stellt sich nur, soweit das Fahrzeug dem Unternehmen zugeordnet worden ist. Bei der Frage der Zuordnung eines Kfz zum Unternehmen gelten ausschließlich umsatzsteuerliche Grundsätze. Auf die ertragsteuerliche Behandlung als Betriebs- oder Privatvermögen kommt es grundsätzlich nicht an.

Besteht die nichtunternehmerische Tätigkeit in einer unternehmensfremden Verwendung (private Zwecke), hat der Unternehmer ein Zuordnungswahlrecht (Sonderfall), und kann das Fahrzeug

– insgesamt seiner unternehmerischen Tätigkeit zuordnen,
– in vollem Umfang in seinem nichtunternehmerischen Bereich belassen oder
– nur im Umfang der tatsächlichen (ggf. zu schätzenden) unternehmerischen Verwendung seiner unternehmerischen Tätigkeit zuordnen, wobei der unternehmensfremd genutzte Fahrzeugteil als separater Gegenstand anzusehen ist (vgl. Abschn. 15.2c Abs. 2 Nr. 2 Buchst. b und Abs. 4 UStAE).

Maßgebend für die Zuordnung ist die im Zeitpunkt der Anschaffung des Fahrzeugs beabsichtigte Verwendung für den Besteuerungszeitraum der erstmaligen Verwendung (vgl. Abschn. 15.2c Abs. 12 UStAE). Dabei ist auf das voraussichtliche Verhältnis der Jahreskilometer für die unterschiedlichen Nutzungen abzustellen. Im Falle einer Ersatzbeschaffung kann das Aufteilungsverhältnis des Vorjahres herangezogen werden. Seine Verwendungsabsicht muss der Unternehmer objektiv belegen und in gutem Glauben erklären.

389 Beträgt der Umfang der unternehmerischen Verwendung des Fahrzeugs weniger als 10 % (unternehmerische Mindestnutzung), greift das Zuordnungsverbot nach § 15 Abs. 1 Satz 2 UStG. Die Fahrten des Unternehmers zwischen Wohnung und Betriebsstätte sowie Familienheimfahrten wegen einer aus betrieblichem Anlass begründeten doppelten Haushaltsführung sind dabei der unternehmerischen Nutzung des Fahrzeugs zuzurechnen und unterliegen keiner Vorsteuerkürzung nach § 15 Abs. 1a UStG.

Maßgebend für die 10 %-Grenze nach § 15 Abs. 1 Satz 2 UStG ist bei einem Fahrzeug das Verhältnis der Kilometer unternehmerischer Fahrten zu den Jahreskilometern des Fahrzeugs. In Zweifelsfällen muss der Unternehmer dem Finanzamt die unternehmerische Mindestnutzung glaubhaft machen. Bei sog. Zweit- oder Drittfahrzeugen von Einzelunternehmern oder sog. Alleinfahrzeugen bei einer nebenberuflichen Unternehmertätigkeit ist regelmäßig davon auszugehen, dass diese Fahrzeuge zu weniger als 10 % unternehme-

---

1) Richtlinie 2006/112/EG des Rates der EU v. 28.11.2006 über das gemeinsame Mehrwertsteuersystem, ABl.EU 2006 Nr. L 347, 1, zuletzt geändert durch Art. 1 der Richtlinie (EU) 2016/856 v. 25.5.2016, ABl.EU 2016 Nr. L 142, 12.

risch genutzt werden. Das gleiche gilt bei Personengesellschaften, wenn ein Gesellschafter mehr als ein Fahrzeug privat nutzt, für die weiteren privat genutzten Fahrzeuge.

Bei ausschließlich unternehmerischer Verwendung des Fahrzeugs kann der Unternehmer die auf die Anschaffung des Fahrzeugs entfallenden Vorsteuerbeträge abziehen (§ 15 Abs. 1 Satz 1 UStG), sofern kein Ausschlusstatbestand nach § 15 Abs. 1a und 2 in Verbindung mit Abs. 3 UStG vorliegt. Das Gleiche gilt bei teilunternehmerischer Verwendung des Fahrzeugs für unternehmensfremde (private) Tätigkeiten, wenn der Unternehmer das Fahrzeug vollständig seinem Unternehmen zuordnet. In diesem Fall unterliegt die unternehmensfremde Nutzung unter den Voraussetzungen des § 3 Abs. 9a Nr. 1 UStG als unentgeltliche Wertabgabe der Besteuerung. **390**

Ordnet der Unternehmer nur den unternehmerisch genutzten Fahrzeugteil seinem Unternehmen zu (unter Beachtung der unternehmerischen Mindestnutzung), darf er nur die auf diesen Teil entfallende Vorsteuer aus den Anschaffungskosten nach § 15 Abs. 1 Satz 1 UStG abziehen, wobei die erforderliche Vorsteueraufteilung nach den Grundsätzen des § 15 Abs. 4 UStG zu erfolgen hat. Die auf den anderen Fahrzeugteil entfallende unternehmensfremde Nutzung unterliegt dann nicht der Wertabgabenbesteuerung nach § 3 Abs. 9a Nr. 1 UStG.

Hat der Unternehmer das Kfz insgesamt dem unternehmerischen Bereich zugeordnet, unterliegen die nicht als Betriebsausgaben abziehbaren Teile der Aufwendungen für Fahrten zwischen Wohnung und Betrieb (→ Rz. 69), für Heimfahrten bei einer doppelten Haushaltsführung und Privatfahrten (→ Rz. 95) als unentgeltliche Wertabgabe der Umsatzsteuer. Hier ist der volle Vorsteuerabzug zugelassen, wenn das Kfz nicht weniger als 10 % unternehmerisch genutzt wird.[1] Dies gilt auch für Gesellschafter von Personengesellschaften oder deren Familienangehörigen. Gesellschafter-Geschäftsführer gelten dagegen als Arbeitnehmer und brauchen eine unentgeltliche Wertabgabe (= Eigenverbrauch) nicht zu versteuern. Hier ist die unentgeltliche Kfz-Gestellung wie bei Arbeitnehmern zu behandeln und zu besteuern (→ Rz. 387). **391**

a) Fahrtenbuchmethode

Wird das Kfz zu mehr als 50 % unternehmerisch genutzt und für Ertragsteuerzwecke die private Nutzung mit den auf die Privatfahrten entfallenden Aufwendungen nach der Fahrtenbuchmethode ermittelt, ist von diesem Wert auch für die Besteuerung der unentgeltlichen Wertabgabe auszugehen. Aus den Gesamtkosten für das Kfz können für Umsatzsteuerzwecke die nicht mit Vorsteuern belasteten Kosten (z.B. Kfz-Steuer, Versicherungen, die Absetzung für Abnutzung bei Anschaffung des Kfz ohne Vorsteuerabzug) ausgeschieden werden. **392**

> **Beispiel: Berechnung bei ordnungsgemäßem Fahrtenbuch**
> Bei einem Unternehmer mit ordnungsgemäßem Fahrtenbuch beträgt die private Nutzung 20 % der gesamten Kfz-Nutzung. Die Kfz-Kosten, die mit der Vorsteuer belastet sind, betragen netto 4 000 €. Die Abschreibung für Abnutzung beläuft sich auf 4 000 € (Vorsteuerabzug wurde in Anspruch genommen). Auf die Kfz-Steuer und Kfz-Versicherung entfielen 1 000 €.
>
> Die Bemessungsgrundlage für den Verwendungseigenverbrauch beträgt:
>
> 20 % der mit Vorsteuer belasteten Aufwendungen von 8 000 €
> (= 4 000 € + 4 000 €) =   1 600 €
> Umsatzsteuer (19 %) hierauf   304 €

b) 1 %-Methode

Verzichtet der Unternehmer auf die Führung eines Fahrtenbuchs und wird der private Nutzungswert nach der ertragsteuerlichen 1 %-Methode ermittelt, ist von diesem Wert **393**

---
[1] S. hierzu BMF v. 30.3.2004, IV B 7 – S 7300 – 24/04, BStBl I 2004, 451; BMF v. 27.8.2004, IV B 7 – S 7300-70/04, BStBl I 2004, 864.

C. Vorsteuerabzug

bei der Bemessungsgrundlage für den Leistungseigenverbrauch auszugehen. Für umsatzsteuerliche Zwecke erfolgt jedoch keine pauschale Kürzung des inländischen Listenpreises für Fahrzeuge mit Antrieb ausschließlich durch Elektromotoren, die ganz oder überwiegend aus mechanischen oder elektrochemischen Energiespeichern oder aus emissionsfrei betriebenen Energiewandlern gespeist werden (Elektrofahrzeuge), oder für extern aufladbare Hybridelektrofahrzeuge. Für die nicht mit Vorsteuern belasteten Kfz-Kosten (z.B. Kfz-Steuer, Kfz-Versicherung) kann ein pauschaler Abschlag von 20 % vorgenommen werden. Der so ermittelte Betrag ist ein Nettowert, auf den die Umsatzsteuer aufzuschlagen ist.

> **Beispiel: Berechnung bei 1 %-Methode**
>
> Ein Unternehmer nutzt ein betriebliches Kfz (Listenpreis einschließlich Umsatzsteuer: 35 000 €) auch für Privatfahrten. Die Bemessungsgrundlage für den Verwendungseigenverbrauch beträgt:
>
> | | | |
> |---|---|---:|
> | 1 % | von 35 000 € × 12 Monate = | 4 200 € |
> | ./. | pauschaler Abschlag für nicht mit Vorsteuer belastete Kosten: | |
> | | 20 % von 4 200 € = | 840 € |
> | | Bemessungsgrundlage für den Verwendungseigenverbrauch | 3 360 € |
> | | Umsatzsteuer: 3 360 € × 19 % = | 638,40 € |

c) Privater Nutzungsanteil bei Kraftfahrzeugen, die nicht zu mehr als 50 % betrieblich genutzt werden

394 Nutzt der Unternehmer das Kfz nicht zu mehr als 50 % betrieblich, ist die Anwendung der 1 %-Regelung nach § 6 Abs. 1 Nr. 4 Satz 2 EStG ausgeschlossen. Der für ertragsteuerliche Zwecke nach § 6 Abs. 1 Nr. 4 Satz 1 EStG ermittelte Nutzungsanteil ist grundsätzlich auch der Umsatzbesteuerung zu Grunde zu legen. Für Umsatzsteuerzwecke sind allerdings die Gesamtaufwendungen für Elektro- und Hybridelektrofahrzeugen nicht um solche Aufwendungen zu kürzen, die auf das Batteriesystem entfallen.

d) Schätzung des privaten Nutzungsanteils

395 Macht ein Unternehmer von der 1 %-Methode keinen Gebrauch und führt er auch kein ordnungsgemäßes Fahrtenbuch, wird ihm gleichwohl die Möglichkeit eingeräumt, den Privatanteil der Kfz-Nutzung für Umsatzsteuerzwecke anhand geeigneter Unterlagen im Wege einer sachgerechten Schätzung zu ermitteln. Der geschätzte Anteil ist nur auf Kfz-Kosten anzuwenden, die mit Vorsteuer belastet sind. Die Schätzungsmethode bietet sich an, wenn die 1 %-Methode zu einem unverhältnismäßig ungünstigen Ergebnis führt, weil z.B. der Zeitraum für die Absetzung für Abnutzung bereits abgelaufen ist und die tatsächlichen Aufwendungen für das Kfz unter dem Betrag nach der 1 %-Methode liegen. Die Kostendeckelung im Ertragsteuerbereich kann aus EU-rechtlicher Sicht nicht für den Bereich der Umsatzsteuer übernommen werden.

Der Unternehmer hat bei der Wahl der Schätzungsmethode geeignete Unterlagen vorzulegen, aus denen sich der Umfang der betrieblichen und der privaten Nutzung ergibt. Entsprechendes gilt auch, wenn die ertragsteuerliche Anwendung der 1 %-Methode nach § 6 Abs. 1 Nr. 4 Satz 2 EStG ausgeschlossen ist, wenn der betriebliche Nutzungsanteil lediglich zwischen 10 % und 50 % beträgt. In diesem Fall ist der private Nutzungsanteil im Wege der Schätzung anhand geeigneter Unterlagen zu ermitteln, wobei der Umsatzbesteuerung grundsätzlich nicht der für ertragsteuerliche Zwecke ermittelte private Nutzungsanteil zu Grunde zu legen ist. Als geeignete Unterlagen kommen insbesondere Aufzeichnungen für einen repräsentativen Zeitraum in Betracht, aus denen sich zumindest die unternehmerischen Fahrten mit Fahrtziel und gefahrenen Kilometern und die Gesamtkilometer ergeben. Liegen keine geeigneten Unterlagen für eine Schätzung vor, ist der private Nutzungsanteil mit mindestens 50 % zu schätzen, soweit sich aus den besonderen Verhältnissen des Einzelfalls nichts Gegenteiliges ergibt. Aus den Gesamtaufwendungen sind die nicht mit Vorsteuern belasteten Aufwendungen in der beleg-

e) Fahrten zwischen Wohnung und Betrieb/doppelte Haushaltsführung

Nutzt ein Unternehmer ein betriebliches Kfz auch für Wege zwischen Wohnung und Betrieb, fällt hier umsatzsteuerlich eine unentgeltliche Wertabgabe an. Bemessungsgrundlage sind hier die Aufwendungen, die ertragsteuerlich nicht als Betriebsausgabe abgezogen werden dürfen. Die auf die Wege zwischen Wohnung und Betriebsstätte entfallenden, nichtabziehbaren Betriebsausgaben können mit 0,03 % vom inländischen Listenpreis je Entfernungskilometer ermittelt werden. Von dem sich ergebenden Betrag ist sodann die als Betriebsausgabe abziehbare Entfernungspauschale von 0,30 € je Entfernungskilometer für die tatsächlich durchgeführten Fahrten abzuziehen. Jedoch wird eine pauschale Kürzung um 20 % für nicht mit Vorsteuern belastete Kosten zugelassen (vgl. Abschn. 15.23 Abs. 5 Satz 4 Nr. 1 Buchst. a UStAE). Für umsatzsteuerliche Zwecke erfolgt jedoch keine pauschale Kürzung des inländischen Listenpreises für Fahrzeuge mit Antrieb ausschließlich durch Elektromotoren, die ganz oder überwiegend aus mechanischen oder elektrochemischen Energiespeichern oder aus emissionsfrei betriebenen Energiewandlern gespeist werden (Elektrofahrzeuge), oder für extern aufladbare Hybridelektrofahrzeuge. Auf den verbleibenden Wert ist die Umsatzsteuer mit 19 % zu erheben.

396

> **Beispiel: Fahrten zur Betriebsstätte ohne Fahrtenbuch**
>
> Ein Unternehmer nutzt den betrieblichen Pkw (Listenpreis einschließlich Umsatzsteuer: 40 000 €) an 200 Tagen zu Fahrten zur 30 km entfernten Betriebsstätte. Die Bemessungsgrundlage für den Aufwendungseigenverbrauch beträgt:
>
> | | |
> |---|---:|
> | 0,03 % von 40 000 € × 20 km × 12 Monate = | 2 880 € |
> | davon als Betriebsausgaben abziehbar: | |
> | 0,30 € × (30 km ./. 20 km =) 10 km × 200 Tage = | ./. 600 € |
> | nicht abziehbare Betriebsausgaben | 2 280 € |
> | ./. Pauschalabschlag für nicht mit Vorsteuern belastete Kosten: 20 % von 2 280 € = | ./. 456 € |
> | | 1 824 € |
> | Umsatzsteuer: 1 824 € × 19 % = | 346,56 € |

Entscheidet sich der Unternehmer dagegen für die **Fahrtenbuchmethode**, ermittelt er die auf die Fahrten zwischen Wohnung und Betrieb entfallenden Aufwendungen mit einem individuellen Kilometersatz. Auch hier ist der die Entfernungspauschale von 0,30 € je Entfernungskilometer übersteigende Betrag nicht als Betriebsausgabe abziehbar. Auf den übersteigenden Betrag ist die Umsatzsteuer mit 19 % zu erheben. Bei den Heimfahrten anlässlich einer betrieblich veranlassten doppelten Haushaltsführung ist entsprechend zu verfahren, wobei jedoch bei der pauschalen Methode die Heimfahrten mit 0,002 % vom inländischen Listenpreis je Entfernungskilometer vom auswärtigen Ort der Betriebsstätte zum Heimatort anzusetzen sind.

Wird dagegen die private Nutzung durch ein ordnungsgemäßes Fahrtenbuch nachgewiesen, berechnet sich die Umsatzsteuer für den Aufwendungseigenverbrauch nach den angefallenen vorsteuerbelasteten Kosten. Nicht zum Vorsteuerabzug berechtigende Aufwendungen (z.B. Steuern und Versicherung) sind auszuscheiden.

f) Behandlung außergewöhnlicher Kfz-Kosten

Wendet der Unternehmer für die Ermittlung der privaten Kfz-Nutzung die Pauschalierungsmethode (sog. 1 %-Regelung) an, sind durch den pauschalen Nutzungswert auch privat verursachte außergewöhnliche Kfz-Kosten (z.B. Unfallkosten im Zusammenhang mit einer Privatfahrt oder einem durch private Gründe verursachten Unfall) abgegolten.

397

C. Vorsteuerabzug

Bei der Fahrtenbuchmethode sind die außergewöhnlichen Fahrzeugkosten zu den Gesamtaufwendungen zu rechnen, die anhand der gefahrenen Kilometer auf die jeweilige Nutzungsart zu verteilen sind. Wendet der Unternehmer für Umsatzsteuerzwecke die Methode der sachgerechten Schätzung (→ Rz. 395) an, kann entsprechend verfahren werden.

Abweichend von Abschn. 10.6 Abs. 3 UStAE ist hiernach nicht mehr zwischen unternehmerisch und nicht unternehmerisch veranlassten Unfallkosten zu unterscheiden. Die nicht unternehmerisch veranlassten Unfallkosten sind nicht mehr neben der unentgeltlichen Wertabgabe nach § 3 Abs. 9a UStG zu erfassen. Wird das Kfz völlig zerstört, verbleibt es bei den Grundsätzen des Abschn. 3.3 Abs. 6 UStAE, wonach keine unentgeltliche Wertabgabe vorliegt.

VIII. Unternehmerische Nutzung privater Kfz

398 Bei Geschäftsreisen und Nutzung eines zum Privatvermögen gehörenden Kfz ist es regelmäßig nicht zulässig, die Vorsteuer pauschal aus dem steuerlichen Kilometersatz von 0,30 € herauszurechnen. Gleichwohl können nach Abschn. 15.2c Abs. 3 Satz 2 und 3 UStAE ausnahmsweise weiterhin solche Vorsteuerbeträge abgezogen werden, die unmittelbar durch die unternehmerische Nutzung des Kfz entstanden sind, wie Vorsteuerbeträge für Unfallaufwendungen während einer Geschäftsreise oder aus Benzinkosten für eine längere und von den übrigen Fahrten abgrenzbare Geschäftsreise. Die auf die Geschäftsfahrten entfallenden Vorsteuerbeträge müssen zwingend anhand von Rechnungen mit gesondertem Vorsteuerausweis oder Kleinbetragsrechnungen (z.B. Benzinquittungen ohne gesonderten Vorsteuerausweis) ermittelt werden. Deshalb ist für diese Fahrten für Zwecke des Vorsteuerabzugs die Anwendung des steuerlichen Kilometersatzes von 0,30 € ausgeschlossen.

D. Verbot des Vorsteuerabzugs

I. Steuerfreie Umsätze

Vom **Vorsteuerabzug** sind **ausgeschlossen:** **399**

- Steuern für die Lieferungen, die Einfuhr und den innergemeinschaftlichen Erwerb von Gegenständen, die der Unternehmer zur **Ausführung steuerfreier Umsätze** verwendet,
- Steuern für sonstige Leistungen, die der Unternehmer zur **Ausführung steuerfreier Umsätze** in Anspruch nimmt.

Durch diese Regelung soll vermieden werden, dass Unternehmer, ohne selbst Steuern zu zahlen (weil sie nur steuerfreie Umsätze nach § 4 Nr. 8 bis 28 UStG tätigen), laufend die auf den Vorstufen von anderen Unternehmern gezahlten Steuerbeträge erstattet erhalten.

II. Besteuerung der Kleinunternehmer

Ein Kleinunternehmer braucht unter bestimmten Voraussetzungen keine oder nur einen Teil der Umsatzsteuer für seine steuerpflichtigen Umsätze zu zahlen. **400**

Eine Steuerbefreiung ist in folgenden Fällen möglich:

- Unternehmer, deren Umsatz im **Vorjahr 17 500 €** nicht überstiegen hat und im **laufenden Kalenderjahr 50 000 €** voraussichtlich nicht übersteigen wird, müssen keine Umsatzsteuer zahlen. Sie sind daher auch nicht berechtigt, die ihnen in Rechnung gestellten Vorsteuer-Beträge – auch für Reisekosten – abzuziehen und in von ihnen ausgestellten Rechnungen die Umsatzsteuer offen auszuweisen. Im **Erstjahr** einer unternehmerischen Betätigung wird die Umsatzsteuer nicht erhoben, wenn der – ggf. hochgerechnete – Gesamtumsatz dieses Jahres voraussichtlich 17 500 € nicht übersteigen wird.[1]
- **Hatte der Unternehmer im Vorjahr** einen höheren Umsatz als **17 500 €** oder beträgt der Umsatz im **laufenden Kalenderjahr** voraussichtlich **mehr als 50 000 €**, ist die in Rechnung gestellte Umsatzsteuer in vollem Umfang an das Finanzamt zu zahlen. Die Vorsteuer kann unter den weiteren Voraussetzungen des § 15 UStG in voller Höhe von der Umsatzsteuerschuld abgezogen werden.
- Bei der **Ermittlung** der **Umsatzgrenzen** von 17 500 € und 50 000 € ist jeweils von dem **Gesamtumsatz** i.S.d. § 19 Abs. 3 UStG auszugehen.
- Kleinunternehmer können die in den **Reisekosten enthaltenen Vorsteuern nicht** von der zu zahlenden Umsatzsteuer **abziehen.**

Der Unternehmer kann auf die Befreiung von der Umsatzbesteuerung als Kleinunternehmer **verzichten** (§ 19 Abs. 2 UStG).

Nach einer Verzichtserklärung, die bis zur Rechtskraft der für das betreffende Kalenderjahr möglichen Umsatzsteuerfestsetzung gegenüber dem Finanzamt zu erklären ist, wird die Umsatzsteuer voll erhoben. Verzichtet der Unternehmer auf die Anwendung der Kleinunternehmerregelung, ist er unter den allgemeinen Voraussetzungen des § 15 UStG zum Vorsteuerabzug berechtigt, auch hinsichtlich der für Reisekosten in Rechnung gestellten Steuerbeträge. Ein Verzicht wird deshalb insbesondere dann zu empfehlen sein, wenn trotz geringer Umsätze insgesamt hohe Vorsteuern mit Eingangsrechnungen zu zahlen waren. Hinzuweisen ist darauf, dass der Unternehmer an den Verzicht mindestens fünf Jahre gebunden ist (§ 19 Abs. 2 Satz 2 UStG).

---

[1] BFH v. 22.11.1984, V R 170/83, BStBl II 1985, 142.

Stichwortverzeichnis

4
48-Monatsgrenze
– erste Tätigkeitsstätte 152
– Tätigkeitsbeginn vor 2014 154

A
Abordnung
– erste Tätigkeitsstätte 155
Arbeitnehmer
– Auswärtstätigkeit 167 f.
– Einsatzwechseltätigkeit 145
– Fahrtätigkeit 145
– Reisekosten 143 ff., 147, 167 f.
– Reisekosten, Nachweis 146
Arbeitnehmerentsendung
– erste Tätigkeitsstätte 164
Arbeitszimmer
– s. a. häusliches Arbeitszimmer 148
Aufzeichnungspflicht
– Bewirtungskosten 127
– Geschenke 139 ff.
Ausland
– Übernachtungskosten 336
– Umzug 326
Auslandsreise
– Abzug der Reisekosten 342
– Arbeitnehmer 340 f., 343
– Belege 355
– berufliche, betriebliche Fortbildung 34
– eintägig 344
– gemischt veranlasste Reisen 342
– Lohnkonto 355
– Mahlzeitengestellung durch Arbeitgeber 351
– Pauschbetrag Verpflegung, Übernachtung (Tabelle 2) 2
– Studienreisen 34
– Übernachtungskosten 346, 351
– Werbungskosten 341
Auslandstagegeld
– Ansatz bei Geschäftsreise 327
– Arbeitnehmer 349
– Auslandsreisekosten 327
– Auslösung für Arbeitnehmer 361 ff.
– Dreimonatsfrist Ausland 335
– eintägige Auslandsreisen 329
– Einzelnachweis 328
– Flugreise 332
– Kürzung bei Mahlzeitengestellung 343
– Mehraufwendungen für Verpflegung 328
– Pauschbetrag 328
– Schiffsreise 334
– steuerfreier Arbeitslohn 341
– Übernachtungspauschalen (Tabelle 2) 2
– Verpflegungspauschale 343
– Verpflegungspauschalen bei Übernachtung im Ausland 330
– Verpflegungspauschalen (Tabelle 2) 2
– Zwischenlandung 333

Auslösung
– Allgemeines 235
– Auswärtstätigkeit 167
– erste Tätigkeitsstätte 147
– Familienheimfahrt 303
– Grundsatz 234
– nicht tägliche Rückkehr des Arbeitnehmers 303
Auswärtstätigkeit
– Auslandstätigkeit eines Arbeitnehmers 352
– Begleitperson 188
– Begriff 9, 167 f.
– berufliche Veranlassung 167 f.
– Dreimonatsfrist 182
– Fahrtkosten 167 f., 172
– gemischt veranlasste Auswärtstätigkeiten/Veranstaltungen 37
– Kurzdarstellung 9
– Lohnkonto, Ausland 355
– Nachweis Tätigkeit und Aufwendungen 232
– Reisekostensätze Ausland 2
– steuerfreier Arbeitgeberersatz 172
– Übernachtungspauschalen Inland 1
– Unterbrechung 182
– Verpflegungspauschalen Inland 1

B
Bahncard
– Bahncard 100 235
– steuerfreier Ersatz der Kosten 235
Barlohnumwandlung
– Kfz-Gestellung 267
– Reisekostenvergütung 195
Baucontainer
– ortsfeste betriebliche Einrichtung 148
Befristetes Dienstverhältnis
– erste Tätigkeitsstätte 151
Behinderung
– s. a. körperbehinderte Arbeitnehmer 263
Berufsausbildung
– Bildungseinrichtung 167 f.
– erste Tätigkeitsstätte 167 f.
– Sonderausgabenabzug 167 f.
Berufskraftfahrer
– Auswärtstätigkeit 167, 170
– Dienstreise 167, 170
Betrieb
– Betriebsstätten, mehrere 64 ff.
– Fahrten bei mehreren Betriebsstätten 64
– Fahrten zwischen Wohnung und Betriebsstätte 69, 71
Betriebsstätte
– Begriff 27
– Begriff für Gewinneinkünfte 16 f.
– Bestimmung 27
– Betriebsstätten, mehrere 75
– Erledigung betrieblicher Angelegenheiten 73

Stichwortverzeichnis

- Fahrten zwischen Wohnung und Betriebsstätte 69, 71
- Körperbehinderte 72
- Kurzdarstellung für Gewinneinkünfte 16 f.
- maßgebliche Entfernung 77
- maßgebliche Entfernung zur Wohnung 73
- mehrfache Fahrten zwischen 76
- Mittagsheimfahrt 74
- Privatfahrten 78
- s. a. Fahrten zwischen Wohnung und Betriebsstätte 72
- Selbständiger 72
- Wohnungen, mehrere 77

Betriebsveranstaltung 199

Bewirtung
- Geschäftsfreunde 132

Bewirtungsanlass
- Anlass 107
- Nachweis 107

Bewirtungskosten 125 f.
- Abzugsbeschränkung von 70 % 98, 119
- Abzugsfähigkeit 138
- Angaben zur Rechnung 107
- Angemessenheit 99
- Angemessenheit/Prüfung 102 ff.
- Anlass 107
- Arbeitnehmer 118, 196
- Arbeitsräume 110
- Aufzeichnungspflicht 127, 139 ff.
- Auslagenersatz 196
- außerhalb des Privathaushalts 101
- Begriff 97 f.
- Berücksichtigung des eigenen Verzehrs 41
- beruflicher Anlass 121
- bewirtete Personen 106
- Büro 110, 112
- Eigenbeleg 105
- Familienangehörige 124
- freie Berufe 114
- Gästehäuser 136
- Gästehäuser am Betriebsort 137
- Gartenfest 100
- Gaststätte 108
- Geburtstag 111
- geschäftlicher Anlass 97 ff.
- Geschäftsreise 115 ff.
- Jachten 136
- Jachten am Betriebsort 137
- Jagden 136
- Jagden am Betriebsort 137
- Kundschaftstrinken 128
- Mitarbeiter 121 ff.
- Nachweis 102 ff., 108 f.
- Praxis 110, 112
- privater Anlass 121
- Privathaushalt 100
- Privatwohnung 112 f.
- Rechnung 108 f.
- Schiffe 136
- Schiffe am Betriebsort 137
- Trinkgelder 62, 108
- Werbungskosten 122, 196

Bildungsmaßnahme
- erste Tätigkeitsstätte 167 f.
- Sonderausgabenabzug 167 f.

Bildungsreise 34

Bus
- Campingbus, Übernachtung im 226, 301
- Gestellung durch Arbeitgeber 261

D

Dauerhafte Zuordnung
- erste Tätigkeitsstätte 149

Deutsche Bahn AG
- Vorsteuerabzug 372

Dokumentation
- Aufzeichnungen zum Ort der ersten Tätigkeitsstätte 166
- s. a. Lohnkonto 166

Doppelte Haushaltsführung 296
- Arbeitnehmer 303
- Aufwendungen, berücksichtigungsfähige 95
- Auslandstätigkeit eines Arbeitnehmers 353
- Begriff 14
- Begriff für Gewinneinkünfte 21
- Begriffsbestimmung 91
- bei Steuerklassen III, IV, V 302
- berufliche Veranlassung 298, 311 f.
- Dreimonatsfrist 309
- eigener Haushalt der Ehefrau 319
- eigener Haushalt eines Ehegatten 317 f.
- eigener Hausstand 304 f.
- Fahrtkosten 95, 306 ff.
- Familienheimfahrt 95
- Familienwohnsitz 314
- Familienwohnung 313
- Firmen-Pkw 243
- Gewerbetreibende 91
- Hausstand, eigener 92 f.
- Höchstbetrag 300 f.
- Kfz-Nutzung 251
- Kurzdarstellung 14
- Kurzdarstellung für Gewinneinkünfte 21
- Land- oder Forstwirte 91
- Lohnkonto 302
- Maklerkosten 301
- Mehraufwendungen für Verpflegung 96, 309
- Nachweis 302
- Neubeginn der Dreimonatsfrist 309
- selbständig Tätige 91
- Übernachtungskosten 300 f.
- Verpflegungspauschale 312
- Verpflegungspauschalen Ausland 347
- Voraussetzungen 92
- Wahlrecht Fahrtkosten/Unterkunft 307
- Wegverlegung 299
- Wegverlegungsfälle 312
- Werbungskostenansatz 302
- Zweitwohnung 300

Dreimonatsfrist
- Auswärtstätigkeit 167
- Geschäftsreise 30

Drittaufwand
- Fahrten zwischen Wohnung und Tätigkeitsstätte 277
- Zweitwohnung, doppelte Haushaltsführung 301

Stichwortverzeichnis

E

Eigener Hausstand
– Begriff 304

Einsatzstellen, wechselnde
– doppelte Haushaltsführung 296 f., 299
– Kfz-Gestellung 262
– Lohnsteuer-Pauschalierung 222
– Vorsteuerabzug 379, 381

Einsatzwechseltätigkeit
– Auswärtstätigkeit 167
– Begriff 171
– Fahrtkosten als Werbungskosten 173
– Fahrtkosten/doppelte Haushaltsführung 173
– Feuerwehrmann 171
– Leiharbeitnehmer 171
– Lotse 171
– Seeleute 171

Elektrofahrzeug
– Abschlag Listenpreis 70, 252

Elektronisches Fahrtenbuch 79
– Apps 80
– GPS-Ermittlung der Fahrtstrecken 81
– Intranet 81
– Veränderungen, Ausschluss nachträglicher 80
– Webportal 81

Entfernungspauschale
– Arbeitgeberleistungen, Anrechnung von 287
– Entfernung, maßgebliche 278
– Fahrgemeinschaft 282
– Fahrten zwischen Wohnung und Betriebsstätte 19
– Höchstbetrag 272
– ÖPNV 271
– Pkw 273
– Pkw, geleaster 273
– s. a. Wege zwischen Wohnung und Tätigkeitsstätte 278
– Verkehrsmittels, Art des 276

Erholungsreise 34

Erste Betriebsstätte
– s. a. Betriebsstätte 27

Erste Tätigkeitsstätte
– 48-Monatsgrenze 152
– Abordnung 155
– Änderung der Prognoseentscheidung 162
– Änderung der Zuordnung 162
– Arbeitszimmer 148
– Aufzeichnungen zum Ort der ersten Tätigkeitsstätte im Lohnkonto 166
– ausfüllende Absprachen oder Weisungen 156
– Baucontainer 148
– befristetes Dienstverhältnis 151
– Begriffsbestimmung 147 ff., 156 ff.
– dauerhafte Zuordnung 149, 153
– ergänzende Regelungen 157 f.
– ergänzende Regelungen 156, 159
– grenzüberschreitende Arbeitnehmerentsendung 164
– Großbaustelle 148
– Kurzdarstellung 6
– Leiharbeitnehmer 148

– Lohnkonto 166
– mehrere Tätigkeitsstätten 159
– ortsfeste betriebliche Einrichtung 148
– Pflegedienstkräfte 160
– Prognoseentscheidung 161
– quantitative Voraussetzungen 158
– Schaubild zur Detailprüfung 8
– Tätigkeitsart 149
– Tätigkeitsbeginn vor 2014 154
– Tätigkeitsstätte 149
– unbefristete Tätigkeit 150
– unvorhergesehene Änderung der Prognoseentscheidung 163
– Versetzung 155
– Voraussetzungen 153
– Zuordnung 153
– zusammenfassendes Schaubild 7
– Zusammenfassung 153, 165

F

Fahrausweis
– Umsatzsteuer 362 ff.
– Vorsteuer 372

Fahrergestellung 268

Fahrgemeinschaft
– Fahrten zwischen Wohnung und Tätigkeitsstätte 282

Fahrkarten
– Job-Ticket 295
– öffentliche Verkehrsmittel 295
– Pauschalierung Lohnsteuer 295

Fahrtätigkeit
– Auswärtstätigkeit 167
– Begriff 170
– Werbungskosten des Arbeitnehmers 174

Fahrten zwischen mehreren Betriebsstätten 64, 75

Fahrten zwischen Wohnung und Betriebsstätte 69, 71, 74
– Berechnung der Entfernung 73
– Betriebsausgabe 42
– Betriebsstätten, mehrere 75
– Betriebsstätten, mehrfache Fahrten zwischen 76
– Körperbehinderte 72
– Kurzdarstellung für Gewinneinkünfte 18
– maßgebliche Entfernung 77
– mehrere tägliche Fahrten 73
– privateigenes Kfz, Nutzung 89

Fahrtenbuch
– Anforderungen 240
– App 240
– Aufzeichnungserleichterungen 241
– Berufsgruppen, Vereinfachungen für bestimmte 82
– elektronisches 240
– Excel-Tabelle 240
– Fahrlehrer 82
– Fahrtenschreiber 240
– GPS-Ermittlung der Fahrtstrecken 81
– Grundsatz 79
– Handelsvertreter 82
– Inhalt 79, 82
– Intranet, ergänzende Angaben im 81
– Kurierdienst 82

263

Stichwortverzeichnis

– Leasing-Fahrzeug 83
– Lieferanten 82
– mit Webportal 79
– Nutzungswert 79
– Ordnungsmäßigkeit 79, 82
– s. a. elektronisches Fahrtenbuch 79
– Spediteure 82
– Taxifahrer 82
– Webportal, ergänzende Angaben 81

Fahrtenbuchmethode 79

Fahrtenschreiber 240

Fahrtkosten
– Auswärtstätigkeit 172
– doppelte Haushaltsführung 306 ff.
– Ersatz durch Arbeitgeber 209 ff.
– Ersatz durch Arbeitgeber bei Auslandstätigkeit 350
– Fahrtätigkeit 174
– Flug, Versicherung 43
– Gebiet des Hamburger Hafens 176
– Geschäftsreise 43 ff.
– Kaskoversicherung 211
– Nachweis 44
– privater Nutzungsanteil 78
– Sammelbeförderung 173
– Sammelpunkt 175
– steuerfreier Arbeitgeberersatz 172
– Unfallversicherung 43
– Wahl des Beförderungsmittels 45
– weiträumiges Tätigkeitsgebiet 176
– Werbungskosten 172
– Werbungskosten des Arbeitnehmers 173 f.

Fahrtkostenersatz
– Pauschalbesteuerung 236 f.

Fahrzeugpool
– geldwerter Vorteil 260

Familienheimfahrt
– Arbeitnehmer 307 f.
– Besuch eines Ehegatten 319
– Firmen-Pkw 243
– Selbständiger 95

Feuerwehrmann
– Tätigkeitsstätte 171

Firmenwagen
– Einzelunternehmen 84
– Junggesellenregelung 84
– Kostendeckelung 86
– mehrere betriebliche Kfz 84 f.
– Methodenwahl 87
– Personengesellschaft 85
– private Nutzung bei doppelter Haushaltsführung 95
– Privatnutzung, erstmalig 88
– s. a. Kfz 86
– Wechselkennzeichen 84

Flugreise
– Ausland/Vorsteuer 367
– Auslandstagegeld 332
– Übernachtungskosten 338
– Verpflegungspauschale 332
– Zwischenlandung 333

Flugzeug
– Gestellung durch Arbeitgeber 261

Frühstückskosten
– Abrechnung 59

– Betriebsausgabe 59
– Gesamtpreis für Unterkunft und Verpflegung 59
– Hotelrechnung 59
– Kürzungsbetrag 59
– Sammelposten 59

Führerschein
– Arbeitslohn 215
– Kostenersatz 215

G

Gastgeschenke
– private Unterbringung 60

Gaststätte
– Bewirtung 108 f.

Gehaltsumwandlung
– s. a. Barlohnumwandlung 267

Gemischte Aufwendungen 32 f.

Geschäftlicher Anlass
– Bewirtungskosten 97 f.

Geschäftsreise
– Aufteilung betriebliche/private Veranlassung 33
– Aufteilung gemischter Aufwendungen 33
– Ausland 327
– Auslandstagegeld 328 f.
– Begleitung einer nicht im Betrieb tätigen Person 35
– Begriff 16 f., 26, 30
– betriebliche/berufliche/private Veranlassung 34
– betriebliche/berufliche Veranlassung 35
– betriebliche/private Veranlassung 32 f.
– betriebliche Veranlassung 31
– Betriebsstätte 27
– Dreimonatsfrist 30
– gemischte Aufwendungen 32
– geschäftliche Veranlassung 31
– Glaubhaftmachung 33
– Kurzdarstellung 16 f.
– Nachweis 33
– private/betriebliche Veranlassung 32
– Tätigkeitsstätte 27
– teils privater Anlass 32
– Vorsteuerabzug 379
– Zuordnung Einkunftsarten 26

Geschenk
– Arbeitnehmer 135
– Begriff 129
– Beispiele 131
– Betriebsausgabe 129
– Freigrenze (35 €) 130, 133
– Geschäftsfreunde 129 ff.
– Reisen 131
– Vorsteuerabzug 356

Geschenk für Geschäftsfreunde 97

Gewinneinkünfte
– Begriff 26

Großbaustelle
– erste Tätigkeitsstätte 148

Großbuchstabe „M" 208

H

Häusliches Arbeitszimmer
– keine erste Tätigkeitsstätte 147 f.

Stichwortverzeichnis

Hamburger Hafen
– weiträumiges Tätigkeitsgebiet 176
Hausstand, eigener 93
– doppelte Haushaltsführung 92
Hotelrechnung
– Ausweis Übernachtungskosten 228
Hybridelektrofahrzeug
– Abschlag Listenpreis 70, 252

I

Incentive-Reisen 34
– Arbeitslohn 36
– Begriff 36
– Betriebsausgabenabzug 36
– Betriebseinnahme 36
Inlandsreise
– Übernachtungspauschalen (Tabelle 1) 1
– Verpflegungspauschalen (Tabelle 1) 1
Inlandstagegelder
– Pauschbetrag (Tabelle 1) 1

J

Job-Ticket
– Pauschalierung Lohnsteuer 295
– steuerfreier Fahrtkostenersatz 235
Junggesellenregelung 84

K

Kaskoversicherung 211
Kfz
– 0,002 %-Regelung 248
– 0,03 %-Methode 78
– 0,03 %-Regelung 246
– 1 %-Methode 78
– 1 %-Regelung 243
– Abschreibung 47
– Absetzung für Abnutzung 47
– Abstimmung Ermittlungsmethode bei Kfz-Gestellung 253
– anteilige tatsächliche Kosten 48
– Barlohnumwandlung 267
– Begrenzung Nutzungswert auf Gesamtkosten 258
– Bereitschaftsdienst 255
– betrieblicher Nutzungsumfang 78
– Betriebsvermögen 46 f.
– Bewertungsmethode, Wahl der 247
– Bus, Gestellung 261
– Doppelte Haushaltsführung 251
– Einsatz privates Fahrzeug 48
– Einzelnachweis 49
– Elektrofahrzeug 70
– Entfernungspauschale 254, 273, 276 f.
– Fahrergestellung 268
– Fahrgemeinschaft 282
– Fahrtenbuchmethode 79, 240 f.
– Fahrzeugkosten 46 ff.
– Fahrzeugpool 260
– Gesamtkosten 47
– Gestellung 265, 267
– Gestellung an Arbeitnehmer 237, 239 f.
– Gestellung bei Einsatzwechseltätigkeit 262
– Gestellung bei körperbehinderten Arbeitnehmern 263

– Gestellung für andere Einkünfte 270
– Gestellung für mehrere Arbeitnehmer 259 f.
– Gestellung mehrerer Pkw 269
– Gestellung mit Fahrer 268
– Gestellung und Garage 264
– Gestellung und Umsatzsteuer 387
– Gestellung und Zuzahlungen 243, 266
– gewillkürtes Betriebsvermögen 46
– Hybridelektrofahrzeug 70
– Junggesellenregelung 84
– körperbehinderte Arbeitnehmer 254, 263
– Kostendeckelung 258
– Leasing 78, 273
– Leasing-Fahrzeug 83
– Listenpreis 70, 78 f., 243, 252
– mehrere betriebliche Kfz 84
– mehrere Einkunftsarten, Nutzung 90
– Navigationsgerät 252
– Nutzungsart 46
– Nutzungsverbot 256
– Nutzungswert 70, 244 f.
– Nutzungswert, individueller 240 f.
– Nutzungswert, Minderung bei pauschalem 250
– Nutzungswert, pauschaler 243
– Nutzungswert, Pauschalierung 243
– Nutzungswert, privater 242
– Omnibus 386
– Park and Ride 249, 257
– Pauschalbesteuerung 237
– pauschale Kilometersätze 48
– privateigenes Kfz, Nutzung 89
– privater Nutzungsanteil 78 f.
– privates Fahrzeug 49
– Privatnutzung 67 f., 244
– s. a. Firmenwagen 79
– s. a. Pkw 86
– Sammelbeförderung 259
– Sammeltransport 386
– Sonderausstattung 252
– steuerfreier Ladestrom 242
– tatsächliche Kosten 49
– Überlassung zur privaten Nutzung des Arbeitnehmers 240 f.
– Unfallkosten 265
– Versteuerung Privatnutzung 67 f.
– Wechselkennzeichen 84
– Wege zwischen Wohnung und Betriebsstätte 70
– Wege zwischen Wohnung und erster Tätigkeitsstätte 245
– Werbungskosten 254
– Werkstattwagen 255
– Zuzahlung 241 f.
Kfz-Gestellung
– 1 %-Regelung 239
– Anscheinsbeweis 239
– Fahrtenbuch 239
– Überlassung zur privaten Nutzung des Arbeitnehmers 239
Kfz-Kosten
– Ersatz durch Arbeitgeber 209 ff., 234, 236
Kfz-Nutzung
– 0,002 %-Regelung 248
– 0,03 %-Regelung 246
– 1 %-Regelung 18

Stichwortverzeichnis

- Begriff 15
- Bewertungsmethode, Wahl der 247
- geldwerter Vorteil 15
- Kurzdarstellung 15
- Kurzdarstellung für Gewinneinkünfte 18
- Nutzungswert 241 f., 244 f.
- Nutzungswert, Minderung bei pauschalem 250
- Park and Ride 249
- private (Umsatzsteuer) 388 ff., 395
- s. a. Kfz 15
- steuerfreier Ladestrom 242
- Umsatzsteuer 388 ff., 395
- Zuzahlung 242

Kfz-Nutzung, private
- Umsatzsteuer 392 ff.

Kilometergeld
- Fahrtkostenersatz 209 ff., 234, 236, 266
- Vorsteuerabzug 385

Kleidung
- keine Reisekosten 39

Kleinbetragsrechnung
- Umsatzsteuer 361
- Vorsteuerabzug 370, 378 ff.

Körperbehinderte Arbeitnehmer
- Pkw-Gestellung 263
- Werbungskosten für Kfz 254

Koffer
- keine Reisekosten 39

Kostendeckelung
- betriebliches Kfz 86

Kraftfahrer
- Reisenebenkosten 226
- Übernachtungskosten 226

Krankheit
- auf Geschäfts- oder Berufsreise 38

Kreditkarte
- Erstattung durch Arbeitgeber 194
- Reisenebenkosten 194
- Werbungskosten 194

Kreditkosten
- Erwerb eines Kfz 289

Kundschaftstrinken 97
- betriebliche Veranlassung 128

Kurzdarstellung
- Reisekosten 5

L

Ladestrom
- steuerfrei 242

Lastkraftwagen 252

Leasing
- Kfz 78, 239
- Kfz-Gestellung an Arbeitnehmer 239

Leasing-Fahrzeuge 83
- Kfz-Gestellung an Arbeitnehmer 239

Lebenshaltungskosten
- Abgrenzung zu Bewirtungskosten 99
- doppelte Haushaltsführung 296 f., 299

Lebenspartner
- Einbeziehung in Erläuterungen des Ratgebers 25

Lebenspartnerschaften
- s. a. Lebenspartner 25

Leiharbeitnehmer
- erste Tätigkeitsstätte 148, 171

Listenpreis Kfz 252

Lkw-Fahrer
- Reisenebenkosten 226
- Übernachtungskosten 226

Lohnkonto
- Aufzeichnungen zum Ort der ersten Tätigkeitsstätte 166

Lohnsteuerbescheinigung
- Großbuchstabe „M" 208

Lohnsteuer-Pauschalierung
- Abwälzung 225
- bei gestellten Mahlzeiten 223
- Übernahme Lohnsteuer 225
- Verpflegungsmehraufwendungen 222
- Verpflegungspauschale 222

Lotse
- Tätigkeitsstätte 171

M

Mahlzeit
- Abgrenzung Snack/Mahlzeit 202
- übliche 203
- Zwischenheimfahrt zur Einnahme von 74, 275

Mahlzeiten
- Lohnsteuer-Pauschalierung bei Mahlzeitengestellung 223

Mahlzeitengestellung 190
- Abgrenzung Snack/Mahlzeit 202
- Ansatz Sachbezugswert 202 f.
- Großbuchstabe „M" 208
- Kürzung der Kürzung 207
- Kürzung der Verpflegungspauschale 204, 206 f.
- mehrere Essen zu einer Mahlzeit 207
- Offshore-Plattform 202
- Snack 202
- Versteuerung Sachbezugswert 205
- Voraussetzungen 202
- Zuzahlung des Arbeitnehmers 207

Mehraufwendungen für Verpflegung
- buchmäßige Behandlung 52
- doppelte Haushaltsführung 96, 303, 309
- doppelte Haushaltsführung Ausland 347
- Dreimonatsfrist 309
- Geschäftsreise 50, 52
- kein Nachweis durch Einzelbelege 51
- Neubeginn der Dreimonatsfrist 309
- s. a. Verpflegungspauschale 184

Mehrere Tätigkeitsstätten
- erste Tätigkeitsstätte 159

Mehrtägige Reise
- Ausland 330, 345

Miles and More 217

N

Nachtfahrerregelung 179, 185, 187
Navigationsgerät 252
Nebenkosten
- Bewirtungskosten 40

– Gastgeschenke 60
– mittelbare Reisekosten 39
– Nachweis/Glaubhaftmachung 60
– private Unterbringung 60
– Reisekosten 40
– Reisekosten bei Gewinnermittlung 38
Nutzfahrzeuge 252
Nutzungsverbot
– Kfz 256

O

ÖPNV
– Bus 271
– Entfernungspauschale 271
– Job-Ticket 295
– Park and Ride 257, 288
– Wege zwischen Wohnung und Tätigkeitsstätte 284
Offshore-Plattform
– Mahlzeitengestellung 202
Omnibus
– Gestellung durch Arbeitgeber 261, 386
– Sammeltransport 386

P

Park and Ride 249, 288
– Kfz, Teilstrecke 257
Pkw
– 0,002 %-Regelung 248
– 0,03 %-Regelung 246
– Bewertungsmethode, Wahl der 247
– Doppelte Haushaltsführung 251
– Elektrofahrzeug 70
– Entfernungspauschale 273, 276 f.
– Fahrgemeinschaft 282
– Hybridelektrofahrzeug 70
– Kostendeckelung 86
– Leasing 273
– Listenpreis 70
– Nutzungswert 70, 244 f.
– Nutzungswert, Minderung bei pauschalem 250
– Nutzungswert, privater 242
– Park and Ride 249, 257
– Privatnutzung 67 f., 244
– s. a. Kfz 86
– steuerfreier Ladestrom 242
– unentgeltliche Überlassung durch Arbeitgeber 239 ff.
– Versteuerung Privatnutzung 67 f.
– Wege zwischen Wohnung und Betriebsstätte 70
– Wege zwischen Wohnung und erster Tätigkeitsstätte 245
– Zuzahlung 242
Privatnutzung Pkw 67 f.
Prognoseentscheidung
– Änderung der Verhältnisse 163
– erste Tätigkeitsstätte 161 f.

Q

Quantitative Voraussetzungen
– erste Tätigkeitsstätte 158

R

Rechnung
– Ausstellung 359 ff.
– Fahrausweis 362 ff.
– s. a. Kleinbetragsrechnung 361
– Umsatzsteuerausweis 359 ff.
Rechnung, elektronische
– Anforderungen 360
Reiseantritt
– Auslandsreise 330, 343, 345
– Inlands-/Auslandsreise 329
Reisegepäck
– Reisenebenkosten 194
– Umsatzsteuer 368
– Vorsteuer 372
Reisegepäckversicherung 211
Reisekosten
– Abgrenzung bei doppelter Haushaltsführung 14
– Abgrenzung Snack/Mahlzeit 202
– Abzug der Reisekosten im Ausland 342
– aufzubewahrende Belege 200
– Auswärtstätigkeit 9, 143, 145
– Auswärtstätigkeit, Nachweis beruflicher 146
– Ausweis Übernachtungskosten in Hotelrechnung 228
– Barlohnumwandlung 195
– Begleitperson 55
– Begriff 143
– Begriff für Gewinneinkünfte 20
– Begriff für Gewinnermittlung 38
– berufliche Veranlassung 144
– Betriebsveranstaltung 199
– Bewirtungskosten 40
– buchmäßige Behandlung 54
– Einsatzwechseltätigkeit 143, 145
– Ersatz durch Arbeitgeber 199, 234
– Ersatz durch Arbeitgeber bei Auslandstätigkeit 349
– Erstattung durch Arbeitgeber 193
– erste Tätigkeitsstätte 6 ff., 143
– Fahrtätigkeit 143, 145
– Fahrtkosten 143
– feste Sätze 218
– gemischt veranlasste Auswärtstätigkeiten/Veranstaltungen 37
– gemischt veranlasste Reisen 342
– Gepäck 194
– Gesamtdarstellung steuerfreie Reisekostenzahlung 199
– Geschäftsreise 26
– Geschäftsreise Ausland 327
– Gesetzesregelungen, aktuelle 23
– Gewinneinkünfte Regelungen ab 2014 16 f.
– Kfz-Nutzung 15
– Kreditkarte 194
– Kurzdarstellung 5 f., 9, 16 f.
– Kurzdarstellung für Gewinneinkünfte 20
– Lebenspartner und Lebenspartnerschaften 25
– Lohnkonto 200
– Mahlzeitengestellung 202
– mittelbare 39
– Nachweis 44

Stichwortverzeichnis

- Nachweis Tätigkeit und Aufwendungen 232
- pauschaler Gesamtbetrag 231
- pauschalierte Übernachtungskosten 226
- Pauschbetrag/Vorsteuer (seit 1.4.1999) 382, 385
- private Angelegenheiten 144
- Rechtsgrundlagen, aktuelle 23
- Regelungen für Gewinneinkünfte 18, 20
- Reisegepäckversicherung 211
- Reisenebenkosten 61, 143, 193, 226
- s. a. Auslandsreise 340
- s. a. Geschäftsreise 16 f.
- Schaubild zur Detailprüfung 8
- steuerfreie Reisekostenzahlungen, Gesamtdarstellung 199
- steuerfreies Volumen 224
- Übernachtung im Fahrzeug 226
- Übernachtungskosten 143, 226
- Umsatzsteuer 356 ff.
- Verpflegungsmehraufwendungen 143
- Verpflegungspauschale 220
- Verrechnung Vergütungsarten 224
- Verwaltungsanweisungen, aktuelle 24
- Vorschüsse 54
- Werbungskosten 193
- Zahlung durch Arbeitgeber 219 ff.
- Zahlung tatsächlicher Verpflegungsaufwendungen 201
- zusammenfassendes Schaubild 7
- Zusammenrechnung Vergütungsarten 224

Reisekostensätze
- Ausland 2
- Inland 1

Reisekostenvergütung
- Barlohnumwandlung 195
- buchmäßige Behandlung 54
- steuerfreies Volumen 224
- Vorschüsse 54
- Zusammenrechnung Vergütungsarten 224

Reisenebenkosten
- Ausland 339, 354
- Auswärtstätigkeit 193
- Begriff 193
- bei Lkw-Fahrern 193
- Erstattung durch Arbeitgeber 193
- Nachweis/Glaubhaftmachung 61 f.
- Tageszimmer im Hotel 63
- Trinkgelder 62
- Werbungskosten 193

S

Sachbezugswerte
- Mahlzeiten 205
- Versteuerung 205

Sammelbeförderung 173, 261
- Arbeitslohn 259
- geldwerter Vorteil 259

Sammelposten 59

Sammelpunkt
- Begriff 175
- Busfahrer 175
- Fahrtkosten 175
- Flugbegleiter 175
- Kundendienstmonteure 175

- Lkw-Fahrer 175
- Piloten 175

Schiffsreise
- Auslandstagegeld 334
- Übernachtungskosten 338

Seeleute
- Tätigkeitsstätte 171

Snack
- Abgrenzung Snack/Mahlzeit 202

Sonderausstattung Kfz 252

Studienreise 34

T

Tätigkeitsstätte
- Auswärtstätigkeit 167 f.
- Busfahrer 175
- Einsatzwechseltätigkeit 171
- erste 170 f.
- Fahrtätigkeit 170
- Flugbegleiter 175
- Kundendienstmonteure 175
- Lkw-Fahrer 175
- Piloten 175
- s. a. erste Tätigkeitsstätte 147

Transportmittel 338

Trinkgelder 62

U

Übernachtung
- Ausland 338
- Ausweis Gesamtpreis 59
- Gastgeschenke 60
- im Ausland 59
- private Unterbringung 60
- Sammelposten 59

Übernachtungskosten
- Arbeitnehmer 191 f.
- Arbeitnehmer/Pauschalierung 233 f.
- Aufteilung 58
- Ausland 338
- Ausland, Kurzdarstellung 13
- Auslandstätigkeit eines Arbeitnehmers 346, 351
- Auswärtstätigkeit 191 f.
- Ausweis 228
- Begrenzung für Wohnung 191 f.
- Campingbus 301
- Erstattung durch Arbeitgeber 191 f.
- Frühstück Ausland 337
- Geschäftsreise Ausland 336 f.
- Hotelrechnung 228
- Inland, Kurzdarstellung 12
- Nachweis 58, 232 f.
- Pauschalbetrag 226
- Pauschalbetrag, Wechsel 227
- pauschalierte 226
- Pauschbetrag 338
- Selbständiger, Geschäftsreise Ausland 336
- Selbständiger, Unternehmer 58
- tatsächliche 227
- Übernachtung im Fahrzeug 226
- Übernachtung im Transportmittel 338
- Umfang 58
- Vorsteuerabzug 378 f.

Stichwortverzeichnis

– Wechsel Pauschalbetrag 227
– Wechsel pauschalierte 227
– Werbungskosten 191 f.
– Wohnmobil 226, 301

Übernachtungspauschalen
– Auslandstätigkeit 346
– Inland 1

Umsatzsteuer
– außergewöhnliche Kfz-Kosten 396
– Kfz-Gestellung an Arbeitnehmer 387
– Kleinunternehmer 400
– Privatnutzung bei unter 50 % unternehmerischer Nutzung 394
– Privatnutzung Geschäftswagen 388 ff.
– Rechnungsausstellung und Steuerausweis 359
– Reisekosten 22
– Sammelbeförderung 386
– Schätzung der Privatnutzung bei Geschäftswagen 395
– Umfang der Reisekosten 356
– unternehmerische Nutzung privater Kfz 398
– Vorsteuerabzug 369
– Vorsteuerabzugsverbot 399

Umzugskosten
– Grundsatz 321

Umzugskosten der Arbeitnehmer
– Arbeitgebererstattung 324, 326
– Ausland 326
– doppelte Haushaltsführung 322
– Inland 322 ff.
– Pauschvergütung 324
– Vorsteuerabzug 370

Unbefristete Tätigkeit
– erste Tätigkeitsstätte 150

Unfallkosten
– Kfz-Gestellung 265

Unfallversicherung
– Beiträge 216
– Fahrtkosten 43
– Leistungen 216

Unterkunftskosten
– Arbeitnehmer 191
– Begrenzung für Wohnung 191 f.
– doppelte Haushaltsführung Ausland 346
– Erstattung durch Arbeitgeber 191
– s. a. Übernachtungskosten 191
– Werbungskosten 191 f.

V

Verpflegungskosten
– Abgrenzung Snack/Mahlzeit 202
– Ansatz Sachbezugswert 203
– Auslandstätigkeit 343
– Auswärtstätigkeit Arbeitnehmer 177, 343
– buchmäßige Behandlung 53 f.
– doppelte Haushaltsführung 296 f., 299
– eintägige Reisen Ausland 329
– Einzelnachweis 50, 201, 209 f.
– einzelne und getrennte Aufzeichnungen 52
– Geschäftsreise 50, 52
– Geschäftsreise Ausland 328
– Großbuchstabe „M" 208
– kein Nachweis durch Einzelbelege 51
– Kürzung der Verpflegungspauschale 206
– Mahlzeitengestellung 202 f.
– Pauschbetrag 52
– s. a. Verpflegungspauschale 50
– Selbständige, Unternehmer 50
– Verpflegungspauschale 177
– Versteuerung Sachbezugswert 205
– Vorschüsse 54
– Vorsteuerabzug 380 f.

Verpflegungspauschale
– Abgrenzung Snack/Mahlzeit 202
– Abwesenheitsdauer 179, 187
– Angehörige, mitreisende 56
– Arbeitnehmer Auslandstätigkeit 343
– Ausland 2, 181
– Ausland, Kurzdarstellung 11
– Auslandstätigkeit 345
– Auslandstagegeld 335
– Auswärtstätigkeit Arbeitnehmer 177, 182 f., 345
– Begleitperson 55 f.
– Betriebsausgabe 57
– Dreimonatsfrist 182
– Ehefrau, mitreisende 56
– Einsatzwechseltätigkeit 184 f., 187
– eintägige Abwesenheit 179
– einzelne und getrennte Aufzeichnungen 52
– Ersatz durch Arbeitgeber bei Auslandstätigkeit 349, 351
– Fahrtätigkeit 184 f., 187
– Geschäftsreise 50
– höchster Pauschbetrag 221
– Höhe 184
– Höhe (Inland) 178
– Inland 1, 177
– Inland (Höhe der Pauschale) 178
– Inland, Kurzdarstellung 10
– kein Nachweis durch Einzelbelege 51
– Kürzung 206
– Kürzung bei Mahlzeitengestellung 50, 343
– Kürzung der Kürzung 207
– Kürzung der Verpflegungspauschale 204
– Kurzdarstellung 9
– Lohnsteuer-Pauschalierung 222
– Mahlzeitengestellung 190, 202 ff.
– mehrere Essen zu einer Mahlzeit 207
– mehrtägige Abwesenheit 180
– mehrtägige Auslandsreisen 330
– Nachtfahrerregelung 179, 185, 187
– pauschalierte Zahlungen 219
– Reisetag 185, 187
– Schiffsreise 334
– Werbungskosten 183, 219
– Zahlung durch Arbeitgeber 220, 222
– Zahlung tatsächlicher Verpflegungsaufwendungen 201
– Zusammenrechnung Abwesenheitsdauer 185
– Zuzahlung des Arbeitnehmers 207

Versetzung
– erste Tätigkeitsstätte 155

Vielfliegerprogramme 217

Vorsteuer
– bei unternehmerischer Kfz-Nutzung 382

269

Stichwortverzeichnis

- Einsatzwechseltätigkeit 385
- Fahrausweis 372
- Kfz-Gestellung an Arbeitnehmer 387
- Kfz-Nutzung durch Unternehmer 388 ff.
- Kleinbetragsrechnung 370
- Mindestnutzung durch das Unternehmen 389
- Reisegepäck 372
- Reisekostenersatz an Arbeitnehmer 379, 381, 385
- Reisekosten-Pauschbeträge 384
- Taxi 374
- Übernachtungskosten 378 f.
- Umzugskosten 371
- Verbot des Vorsteuerabzugs 399
- Verpflegungsaufwendungen 380 f.
- Verpflegungspauschbeträge 382, 384
- Zuordnung zum Unternehmen 388 ff.

Vorsteuerabzug
- Reisekosten 22

W

Wahlrecht
- Fahrtkosten/doppelte Haushaltsführung 173, 307

Wege zwischen Wohnung und Arbeitsstätte
- Fahrtkostenersatz durch Arbeitgeber 398

Wege zwischen Wohnung und Tätigkeitsstätte
- Abgeltungswirkung 289 f.
- Anzahl der Fahrten 275
- Arbeitgeberleistungen, Anrechnung von 287
- Ausbildungsstätte 167
- Austauschmotor 289
- Auswärtstätigkeit 167
- berufstätige Ehegatten 282
- Dienstverhältnisse, mehrere 283
- Drittaufwand 277
- Entfernung, maßgebliche 278
- Entfernungspauschale 271
- Fahrgemeinschaft 282
- Fahrtkosten 167
- Fahrtkostenersatz durch Arbeitgeber 239 ff., 287

- Fahrtkostenzuschüsse 293
- Falschbetankung 289
- geleaster Pkw 274
- Hin- oder Rückfahrt 277
- Höchstbetrag Entfernungspauschale 272
- körperbehinderte Arbeitnehmer 286
- Park and Ride 288
- Pauschalbesteuerung Fahrtkostenersatz 236
- Pauschalierung Lohnsteuer 293 f.
- Pauschbetrag 271
- Pkw, geleaster 273
- Sammelbeförderung 294
- Tätigkeitsstätten, mehrere 283
- tatsächliche Aufwendungen 284
- Teilstrecken 288
- teilweise Benutzung eines öffentlichen Verkehrsmittels 284
- Umweg 282
- Unfallkosten 290
- Verkehrsmittel 276
- Wohnungen, mehrere 280 ff.

Werbegeschenke
- Arbeitnehmer 196
- Werbungskosten 196

Werbungskosten
- Bewirtungsaufwendung 122, 196

Wohnung
- bei Auswärtstätigkeit 180
- Wohnungssuche 320

Z

Zugmaschine 252

Zuzahlung
- Kfz-Kosten 243, 266, 387
- Nutzungswert Kfz 241

Zwischenheimfahrt
- Auswärtstätigkeit 172
- Einnahme von Mahlzeiten 74, 275
- längere Auswärtstätigkeit 172
- steuerfreier Arbeitgeberersatz 172
- Werbungskosten des Arbeitnehmers 172